Über dieses Buch Hannie Schaft, »das Mädchen mit den roten Haaren«, war knapp zwanzig Jahre alt, als sie von der Gestapo in Holland zum Staatsfeind Nummer eins erklärt wurde. In Warschau jagten die Vollstrecker der »Endlösung« hinter einer »Wanda mit den Zöpfen« her, die in Wirklichkeit Niuta Tejtelbojm hieß, zwanzig Jahre alt und Jüdin war. An den Fronten des spanischen Bürgerkrieges standen die Franco-Putschisten sechzehnjährigen Milicianas gegenüber. In den Ghettos Osteuropas, in den besetzten Niederlanden, in Titos Partisanenarmee, von Lyon bis Bialystok kämpften auch Frauen mit der Waffe in der Hand gegen den nationalsozialistischen und faschistischen Terror. Doch während ihre männlichen Kameraden nach dem Krieg als Helden gefeiert wurden, versanken sie im Dunkel der Geschichte: Diese Frauen hatten allzu radikal gegen ihre Rolle als wehrlose, friedfertige Wesen verstoßen.

Ingrid Strobls Buch erhellt ein bislang verschwiegenes Kapitel der jüngsten Vergangenheit und ist ein wichtiger Beitrag zur Erforschung weiblicher Geschichte.

Die Autorin Ingrid Strobl, geboren 1952, studierte Germanistik und Kunstgeschichte in Wien und promovierte über »Rhetorik im Dritten Reich«. Langjährige Redakteurin bei »Emma«, freie Autorin für diverse Zeitschriften, für Funk und Fernsehen. Herausgeberin der Anthologie »›Das kleine Mädchen, das ich war.‹ Schriftstellerinnen über ihre Kindheit«.

Ingrid Strobl

»Sag nie, du gehst den letzten Weg«

Frauen im bewaffneten Widerstand gegen Faschismus und deutsche Besatzung

Fischer Taschenbuch Verlag

Die Frau in der Gesellschaft
Lektorat: Ingeborg Mues

21.–25. Tausend: Februar 1991

Originalausgabe
Veröffentlicht im Fischer Taschenbuch Verlag GmbH,
Frankfurt am Main, November 1989

Umschlaggestaltung: Susanne Berner, Heidelberg
Foto: Republikanische Soldatinnen an der Estremadura-Front
im September 1936 (Ausschnitt).
Interfoto-Pressebild-Agentur, München.
Gesamtherstellung: Clausen & Bosse, Leck
Printed in Germany
ISBN 3-596-24752-7

Inhalt

Der Weg in den bewaffneten Widerstand

Für Fifi, Zala, Truus, Dina, Chayke, Niuta und all die anderen

Für Martina Domke, Peter Neff, Monika Richarz
und Monika Tessadri-Wackerle,
ohne deren Hilfe dieses Buch nie entstanden wäre

Vorwort:
Kurze Geschichte einer langen Recherche

Nach »Fifi« sollen wir nur fragen, hatte uns Fidela Fernandez de Velasca Perez, genannt Fifi, am Telefon geraten. Ihr Haus stehe außerhalb des Dorfes, es sei ein bißchen schwierig zu finden, aber wir würden es schon schaffen. Die Suche nach dem Haus gestaltete sich dann wesentlich einfacher als zuvor die Suche nach Fifis Aufenthaltsort. Bevor ich nach Madrid gefahren war, um die ersten Recherchengespräche für dieses Buch zu führen, hatte Pilar Panes Casas, meine Freundin in Madrid und im folgenden Übersetzerin der Interviews, bereits das Terrain sondiert. Der Name Fifi war in all den Gesprächen aufgetaucht, die Pilar mit alten Kommunistinnen führte, die den Bürgerkrieg noch miterlebt hatten und die sie nach den Adressen von ehemaligen Frontkämpferinnen befragte. Ja, Fifi war an der Front gewesen, hörte Pilar von allen Seiten. Fifi habe auch noch andere gefährliche Sachen gemacht. Aber ihre Adresse wollte niemand herausrücken. Nach dem Grund dieser seltsamen Zurückhaltung befragt, erfuhr Pilar schließlich, Fifi sei irgendwie eigen. – Fifi sei eine eher männliche Frau. Grund genug für Pilar, nun erst recht nicht lockerzulassen. Als ich in Madrid ankam, wußten wir noch immer nicht, wo Fifi wohnte. Nach mehreren Telefonaten quer durch ganz Spanien bekamen wir es endlich, zwei Tage vor meiner Abreise, doch noch heraus: Im Sommer lebt Fifi in der Sierra von Madrid, in ihrem kleinen Haus.

Als wir ankommen, steht Fifi auf der Leiter, Werkzeug in der Hand. Sie ist gerade dabei, ihr Dach zu reparieren. Das Häuschen hat sie selbst gebaut, allein, mit ihren Händen. Es steht einsam zwischen Felsbrocken, gut 15 Minuten Fußmarsch vom Dorf entfernt. Ihr Leben in dieser Kartause teilt Fifi einzig mit einer streunenden Katze, die sich von ihr füttern und manchmal auch streicheln läßt. Als sie an diesem Tag ankommt und sieht, daß Fifi Besuch hat, verschwindet sie fauchend. Fifi stellt Wein auf den Tisch und schweigt. Daß ich ein Tonbandgerät dabeihabe, gefällt ihr nicht, ich darf es aber trotzdem auspacken. Pilar erklärt ihr, was wir fragen wollen, und nun will sie wissen, warum uns das so interessiert. Hat ja bisher auch keiner hören wollen.

Das »Verhör« beginnt. Bei Fifi dauert es länger als bei den meisten anderen Frauen, mit denen ich später gesprochen habe. Sie alle freuen sich zwar einerseits, daß sich endlich jemand für diesen Abschnitt ihres Lebens interessiert, sind aber gleichzeitig äußerst skeptisch, was meine Absichten und Motive betrifft. Kerzengerade sitzt uns Fifi gegenüber, in Arbeitshosen, das dichte, graue Haar kurz geschnitten, kein Schmuck, kein Make-up, wach, intelligent, mißtrauisch. Ein paar Stunden und zwei Flaschen Wein später ist der Bann gebrochen. Fifi erzählt, läßt uns nachhaken, antwortet auch auf die heikelsten Fragen, allerdings unter der Bedingung, daß ich dabei das Tonband ausmache. Am Ende des Gesprächs sind wir Freundinnen geworden. Für sie sind wir, obwohl wir nicht der Partei angehören, junge Genossinnen, denen man die Wahrheit sagen kann. Wir liegen ihr zu Füßen. Von diesem Tag an arbeite ich an diesem Buch auch unter dem Anspruch: Es muß einer Fifi würdig sein.

Dabei hatte ich mir nicht träumen lassen, daß im Spanien-Kapitel dieses Buches fast nur Kommunistinnen zu Wort kommen würden. Ich war mit der Absicht nach Madrid gefahren, vor allem Anarchistinnen zu interviewen. Ich hatte mich ausführlich mit dem spanischen Bürgerkrieg beschäftigt und wußte um die bedeutende Rolle, die die Anarchisten, und um die zweifelhafte Rolle, die die Kommunisten darin spielten. Ich wußte, daß die anarchistische Revolution von der KP Spaniens brutal unterdrückt worden war, daß in den Gefängnissen der stalinistischen GPU Anarchist/inn/en und (wirkliche oder als solche verdächtigte) Trotzkist/inn/en gefangengehalten und sogar gefoltert worden waren. Ich hatte mich mit den Theorien und Aktivitäten der Mujeres Libres, der feministischen Anarchistinnen, auseinandergesetzt, die die Befreiung der Frauen hier und jetzt gefordert hatten, im Gegensatz zu den Kommunistinnen, die alle »sozialen Fragen« dem Primat des Krieges unterordneten.

Als ich ankam, »gestand« mir Pilar, daß es ihr bisher nicht gelungen war, ehemalige anarchistische Milicianas für ein Interview aufzutreiben. Wir sollten es aber in den folgenden Tagen weiter versuchen, denn da fand der nationale CNT-Kongreß in Madrid statt, und dazu reisten auch alte Kämpferinnen aus dem

Exil in Frankreich an. Und wir könnten uns auch noch im Büro der Mujeres Libertarias umhören, einer Art Nachfolgeorganisation der historischen Mujeres Libres. Die Enttäuschung war groß. Nein, Frauen hätten nicht gekämpft, behaupteten alle, mit denen wir sprachen, der Anarchismus sei überhaupt eine pazifistische Bewegung gewesen. Warum wir denn ausgerechnet auf solche Frauen fixiert seien? Anarchistinnen hätten schließlich Großes geleistet in der Kindererziehung und -betreuung, in der Pflege der Verwundeten, der Einrichtung von Volksküchen, in den wahrhaft weiblichen Aufgabenbereichen eben. Nach drei Tagen des immer wieder An- und Nachfragens, des immer offener gezeigten Unglaubens, werden wir schließlich mit einer Broschüre über Säuglingspflege endgültig vor die Tür gesetzt. An die, natürlich vorhandene, linke und feministische Opposition innerhalb der Organisation kamen wir leider nicht heran.

Auch bei den Kommunistinnen gestaltete sich die Sache alles andere als einfach. Ohne Pilars Hartnäckigkeit hätte ich einen Teil dieses Buches gar nicht schreiben können. Die heutigen Funktionärinnen der KP Spaniens beharrten darauf, die wahren Heldinnen des Bürgerkriegs hätten in der Etappe gekämpft, in den Feldküchen und Lazaretten, an der politischen Front. Als sie schließlich doch mit einigen Adressen herausrückten, taten sie das aber nicht ohne einen gewissen Stolz. Und die alten Kämpferinnen selbst zeigten, nach anfänglichem Mißtrauen, offene Begeisterung. Endlich einmal interessierte sich jemand für sie, nicht obwohl, sondern weil sie »wie ein Mann« an der Front gekämpft hatten.

1984 war das Buch »Der Himmel ist blau. Kann sein. Frauen im österreichischen Widerstand 1938–1945« erschienen. Drei der in diesem Buch interviewten Antifaschistinnen hatten sich dem bewaffneten Widerstand angeschlossen: als Partisaninnen in Titos Befreiungsarmee. Der militärische Widerstand spielte im »angeschlossenen« Österreich im Vergleich zum politischen keine große Rolle. Die beinahe einzigen, die sich den Nazis im größeren Rahmen bewaffnet widersetzt hatten, waren die Slowenen in Kärnten. Sie kämpften in den Reihen der Tito-Partisanen und machten den Deutschen sehr zu schaffen. Ich hatte bereits herausgefunden, daß in der jugoslawischen Befreiungsarmee sehr viele Frauen aktiv gewesen waren, und machte mich nun auf die Suche nach österreichischen Interviewpartnerinnen. Im Dokumentationszentrum des österreichischen Widerstands in Wien stieß ich durch Zufall auf Helena Verdel, die an einem großen Projekt zum slowenischen Widerstand arbeitet. Helena, selbst Slowenin, und ihre Kolleginnen und Kollegen sind gebrannte Kinder: Mit wenig finanzieller Unterstützung und viel Engagement sind sie seit Jahren dabei, die verschüttete, verschwiegene Geschichte der slowenischen Kärntner Partisan/inn/en aufzuarbeiten. Bis vor wenigen Jahren hat sich außer ihnen niemand dafür interessiert. Doch nun kommen immer wieder Journalisten an, lassen sich von Helena und den anderen erzählen, wie das damals war, schreiben dann ihre Artikel und profilieren sich als »Kenner« des slowenischen Antifaschismus. »Das habe ich ziemlich satt«, sagt mir Helena, während sie überlegt, ob ich auch zu dieser Sorte gehöre. Als sie dann beschließt, mir zu helfen, unterstützt sie mich weit mehr, als ich zu hoffen gewagt hatte. Sie organisiert meine Reise nach Kärnten, räumt alle Schwierigkeiten beiseite, damit ich mit Zala sprechen kann. Denn Johanna Sadolšek, als Partisanin Zala genannt, war, darüber wurden wir uns schnell einig, meine ideale Gesprächspartnerin.

Zala ist auch eine der Frauen, die in dem Band »Der Himmel ist blau. Kann sein« ihre Geschichte erzählen. Ich treffe mich mit Lisbeth N. Trallori, einer der vier Autorinnen des Buches und des Filmes »Küchengespräche mit Rebellinnen«, in dem Zala gleichfalls auftritt. Und auch hier: nichts als Solidarität und Unterstützung. Keine Spur von dem sonst unter Autor/inn/en und Historiker/inne/n durchaus üblichen Konkurrenzneid, keine Angst, ich könnte ihre Arbeitsergebnisse mißbrauchen. Lisbeth N. Trallori stellt mir die Abschrift des umfangreichen Interviews zur Verfügung, das sie selbst für das Buch und den Film mit Zala gemacht hat und von dem nur ein Teil später veröffentlicht wurde.

Die nächste Station ist Klagenfurt. Hier treffe ich Mirko Messner, einen von Helena Verdels Projektkollegen, Redakteur der zweisprachigen Kärntner Zeitschrift »Kladivo«. Er fährt mich nach Lobnig, wo Zala wohnt, er erzählt mir im Auto genau und kompetent die Geschichte der Kärntner Slowenen, eine Geschichte der Diskriminierung, der Rebellion, der Enttäuschungen. Er entziffert die Postkartenlandschaft des südöstlichen Kärnten für mich: Hier, auf diesem Berg, war ein wichtiger Partisanenstützpunkt, dort, über jenen Sattel, sind die Freischärler aus Jugoslawien eingedrungen, da, hinter dem Grat, hat eine Schlacht mit den Deutschen stattgefunden.

Zala stellt Wein und Speck auf den Tisch und mustert mich aufmerksam durch ihre große Brille. Sie lebt heute nicht mehr vorwiegend von der Landwirtschaft, dafür ist sie zu krank und zu müde. Daß sie als junge Frau ihr Leben im Kampf gegen den Faschismus riskiert und ihre Gesundheit für immer ruiniert hat, das hat ihr nie Dank eingebracht, ganz im Gegenteil. »Es ist heute keine Ehre, bei den Partisanen gewesen zu sein«, sagt sie. Deshalb hat sie auch jahrzehntelang den Mund gehalten, wie alle anderen auch. Jetzt, im Alter, sieht sie nicht mehr ein, warum sie sich eigentlich schämen soll für das, was sie getan hat. Schämen sollen sich lieber die anderen, die nichts getan oder sogar mit den Nazis paktiert haben. Den einst kleinen, verschuldeten Hof hat sie mühsam nach dem Krieg wieder aufgebaut, heute vermietet sie Fremdenzimmer. »Ja, Deutsche kommen auch«, sagt sie. »Aber am liebsten sind mir die Holländer. Die waren manchmal selber im Widerstand, da sitzen wir dann oft bis in die Nacht zusammen und erzählen.«

Vor ein paar Jahren lief im Fernsehen der Film »Das Mädchen mit den roten Haaren«. Ich konnte ihn damals nicht sehen, hatte aber die Vorschau gelesen: Um eine junge Frau ging es da, die mit der Waffe in der Hand gegen die Deutschen gekämpft hatte, eine reale Person, deren Leben in einem – nun auch verfilmten – Buch des gleichen Titels beschrieben wurde. Das war mein einziger konkreter Hinweis darauf, daß auch in den Niederlanden Frauen am bewaffneten Widerstand beteiligt waren. Ich setzte mich mit Mies Bouhuys in Verbindung, die ich als Autorin eines Jugendbuches über Anne Frank kannte und von der ich überdies wußte, daß sie Präsidiumsmitglied der Anne-Frank-Gesellschaft ist. Vorsichtig erzählte ich ihr von meinem Vorhaben. Vorsichtig deshalb, weil ich inzwischen die Standardreaktion fast aller von mir Befragten schon kannte: »Frauen im bewaffneten Widerstand? Nein, da werden Sie wohl kein Glück haben. Die hat es nicht gegeben.« Mies Bouhuys ließ mich geduldig ausreden und sagte dann: »Eine meiner besten Freundinnen war in einer Spezialgruppe, die hohe SD- und Gestapo-Offiziere erschoß. Wollen Sie mit ihr sprechen?« Und ob ich wollte. Mies holte mich in Amsterdam vom Bahnhof ab, betreute mich auf das liebevollste, spielte die Fremdenführerin und Chauffeuse für mich, brachte mich mit ihren anderen Freunden aus dem Widerstand zusammen und fuhr mich nach Venhuizen, wo Truus Menger lebt, die Frau, die ich interviewen wollte.

In dem kleinen Haus, das Truus mit Mann, Tochter und Schwiegersohn bewohnt, standen schon Kaffee und Kuchen auf dem Tisch. An den Wänden Fotos, eine Gitarre, die Truus durch alle Kriegswirren gerettet hat, und ein Ölbild, das Porträt einer jungen Frau mit dichten Locken. »Das ist Hannie Schaft«, klärt Truus mich auf, »die dritte Frau aus meiner Gruppe. Über sie gibt es ein Buch und einen Film: ›Das Mädchen mit den roten Haaren.‹«

Überall im Haus stehen Truus' Plastiken. Ein paar Jahre nach dem Krieg hatte sie beschlossen, Bildhauerin zu werden, seither arbeitet sie als anerkannte Künstlerin. Nach unserem Gespräch führt sie mich in ihr Atelier, das sie sich in einem ehemaligen Schuppen eingerichtet hat. Am Abend fährt mich Truus nach Amsterdam zurück, auf dem Weg schauen wir noch bei Freddie vorbei, ihrer Schwester, der dritten im Bunde des berüchtigten, von den Deutschen fieberhaft gesuchten Mädchentrios Truus-Freddie-Hannie. Freddie, die, wie auch Truus, einen ehemaligen Mitkämpfer geheiratet hat, sitzt mit Mann und Enkelkindern vor dem Fernseher. »Nein, ihr stört gar nicht«, beteuert sie und schiebt uns Gläser und Bierflaschen hin. Wir sollen es uns gemütlich machen – und was ich denn von ihr wissen wolle? Truus habe mir doch sicher schon alles erzählt. Die beiden Schwestern werfen sich nun gegenseitig die Bälle zu, Anekdoten fallen ihnen ein, die heiteren Aspekte eines Lebens als »Topterroristinnen« auf der Fahndungsliste der Gestapo. Als sie aber auf ihr Leben nach der Befreiung zu sprechen kommen, werden sie wieder ernst. Nun mischt sich Freddies Mann zum erstenmal in das Gespräch. »Hast du ihr auch erzählt, wie sie uns als Kommunisten verfolgt haben?« fragt er Truus. Sie hat. »Neonazis« und »Berufsverbot« sind die deutschen Worte, die sie in die englisch geführte Unterhaltung werfen. Ob denn die Jugend heute anders wäre in Deutschland, wollen sie von mir wissen – und hoffen, daß ich mit einem eindeutigen Ja antworte.

Später, beim Abendessen in Amsterdam, erzählt mir Truus: »Weißt du, wenn ich Deutsche in meinem Alter sehe, dann frage ich mich immer, was haben die wohl damals gemacht?« Einmal war sie mit ihrem Mann in Südfrankreich zum Camping. Direkt neben ihnen hatte ein älteres deutsches Ehepaar sein Zelt aufgeschlagen, freundliche Leute, die sie immer wieder auf eine Tasse Kaffee einluden. Truus und Pit beschlossen, ihre »Vorurteile« aufzugeben, und verabredeten sich mit den Deutschen zum Essen: »Und als es dann immer später wurde, wir hatten auch schon einiges getrunken, da kamen sie auf den Krieg zu sprechen. Der Mann war in Rußland gewesen, die Frau erzählte von den Bombennächten. Und da sagte sie zu uns: ›Ihr Holländer habt es gut gehabt. Ihr habt ja nichts mitgemacht, so wie wir, ihr wart ja nur besetzt.‹«

Der Weg nach Nancy führte über Paris und Genf. Ich hatte schon nicht mehr daran geglaubt, doch noch zu einem Interview mit einer Résistance-Kämpferin zu kommen. Mehrere Gespräche in Frankreich hatten zu keinem konkreten Ergebnis geführt. Meine ganze Hoffnung war Rita Thalmann, Professorin an der Pariser Universität, Feministin und Expertin für das »Dritte Reich«. Als ich sie endlich erreichte, war sie sofort bereit, mir zu helfen. Zuvor hatte ich in einem Artikel in »Le Monde« zum erstenmal die Abkürzung M.O.I. gelesen. Die M.O.I., Main d'Œuvre Immigrée, stand da, war eine der aktivsten Widerstandsgruppen in Frankreich gewesen, und sie hatte vor allem aus ostjüdischen Immigranten bestanden. Von Frauen als Mitgliedern stand da nichts, aber das war ich inzwischen gewohnt, das hielt mich längst nicht mehr davon ab, in diese Richtung nachzufragen. Als ich dann Rita Thalmann gegenüber die M.O.I. erwähnte, mußte ich erst gar nicht nachhaken. Spontan nannte sie mir die Namen von zwei Frauen, die in dieser Organisation gekämpft hatten. »Und es gibt sicher noch andere«, fügte sie ganz selbstverständlich hinzu. Dazu müßte ich aber Herbert Herz befragen, ihren Jugendfreund, der selbst Mitglied der M.O.I. war und heute über die Geschichte der Gruppe arbeitet. Sie zögerte nicht eine Sekunde, mir seine Adresse zu geben und mich an ihn zu empfehlen. Auch diese rückhaltlose Hilfsbereitschaft war ich inzwischen gewohnt, wenn ich auch immer wieder dankbar darüber staunte. Herbert Herz schlug vor, wir sollten uns in Nancy bei seinen Freunden und ehemaligen Mitkämpfern Dina und Henri Krischer treffen. Ich könnte dann ausführlich mit Dina sprechen und außerdem ihr umfangreiches Archiv benutzen.

Dina und Henri empfingen mich mit einer Herzlichkeit, die mich beschämte. Ich bin Österreicherin, und der Waldheim-

Skandal beschäftigte gerade die ganze Welt. Außerdem hatten Leute wie die Krischers schon vor Waldheim gewußt, daß Österreich nicht das unschuldige Opfer Nazideutschlands war und daß Hitler seinen Antisemitismus in Wien gelernt hat. Ich konnte keine andere Referenz vorweisen, als daß Rita Thalmann mich an Herbert Herz empfohlen hatte, der mich auch nur vom Telefon kannte. Alles andere mußten sie mir einfach glauben. Den Vormittag des ersten Tages verbrachten wir mit Fragen und Gegenfragen, wir diskutierten über Waldheim und Le Pen, ich erzählte von meiner Arbeit über den jüdischen Widerstand in Osteuropa und über die Frauen, die ich bisher interviewt hatte. Am Nachmittag »befahl« mir Dina, mein Hotelzimmer abzubestellen. Sie machte mir im Arbeitszimmer ein Gästebett zurecht. Sie bekochte mich wie eine Königin. Und wenn wir gerade nicht aßen, steckte sie mir Süßigkeiten zu. Zwei Tage und eine Nacht lang erzählten mir Dina und Henri, Herbert Herz und »Jacquot« Szmulewicz von ihrem Kampf gegen die deutschen Besatzer und Endlöser. Und von der Marginalisierung dieses Kampfes nach der Befreiung. Von der mühsamen Arbeit, diesen Kampf dem Vergessen und Verschwiegenwerden zu entreißen und ein Archiv der M.O.I.-Gruppen in Südfrankreich aufzubauen. Freunde, ehemalige Mitkämpfer/innen, wurden dazu geladen, um Einzelheiten zu ergänzen, die die Krischers nicht mehr im Detail wußten. Auf meinen Einwand, daß sie doch müde sein müßten und daß ich ein schlechtes Gewissen habe, weil ich ihnen so viel Mühe mache, entgegnete mir Henri: »Weißt du, wir freuen uns über jeden, der sich für unsere Geschichte interessiert. Aber du bist der erste Mensch, der aus Deutschland gekommen ist. Und darüber freuen wir uns besonders.«

Im »Spiegel« hatte ich das Foto entdeckt: Drei Galgen, an denen drei Menschen hängen. Rechts und links je ein Mann, in der Mitte eine junge Frau. Partisanen aus Minsk seien die drei, hieß es in der Bildunterschrift, die Frau sei Jüdin, und erst jetzt sei ihr Name bekannt geworden. Ich nahm mir wieder einmal vor, auch den jüdischen Widerstand in Osteuropa in mein Buch mitaufzunehmen. Doch das Projekt drohte ständig zu scheitern. Es gab einfach kein Material. Ich wußte natürlich vom Warschauer Ghettoaufstand, und ich ging, wie ich es mir inzwischen angewöhnt hatte, einfach davon aus, daß auch Frauen aktiv daran beteiligt waren. Das Foto im »Spiegel« bestätigte meine Hypothese, aber der Mangel an Literatur blieb der gleiche. Für eine ernsthafte historische Aufarbeitung reichen Hypothesen bekanntlich nicht aus. Doch das Thema ließ mich nicht los. Schließlich ging Monika Richarz, die Leiterin der Germania Judaica in Köln, zwar skeptisch, aber geduldig ihren Bibliothekskatalog mit mir durch. Und tatsächlich stießen wir auf ein paar englische Titel, die relativ vielversprechend klangen. Ich hatte das Ende des Fadens gefunden.

Was nun vor mir lag, war ein mühseliges Puzzlespiel, aber es lohnte sich. Vor mir breitete sich eine ungeahnte Welt aus, eine Welt der aufständischen Ghettos, der Partisanengruppen in den polnischen und litauischen Wäldern, eines Widerstands, von dem hierzulande bis auf ein paar Eingeweihte niemand auch nur das geringste ahnt. Zur selben Zeit, als ich meine Tage in der Germania Judaica verbrachte, lief eines Nachts im Spätprogramm des WDR der Film »Die Partisanen von Wilna«, gedreht von Aviva Kempner und Josh Waletzky. Ich schrieb Aviva Kempner an, die sofort antwortete und mir die Adressen überlebender Ghettokämpferinnen in Israel schickte. Auch zu dieser Zeit erschien in den USA die dreibändige »Anthology on Jewish Armed Resistance«, auf die mich Monika Richarz aufmerksam machte und die mir die letzten Steinchen zu meinem Puzzle lieferte.

Ende 1987 hatte ich endlich alles Material zusammen und konnte mit dem Schreiben beginnen. Zuvor aber wollte ich meine Lektorin noch um eine Verschiebung des Abgabetermins bitten: Ich war entschlossen, nach Israel zu fahren, um auch noch mit den Frauen zu sprechen, deren Adressen mir Aviva Kempner gegeben hatte. Daraus wurde nichts, denn am 20. Dezember wurde ich unter dem Verdacht, einer »terroristischen Vereinigung« anzugehören, verhaftet.

Ich habe dieses Buch im Gefängnis geschrieben. Der Fischer-Verlag verhielt sich sehr großzügig und verlängerte meinen Abgabetermin. Pilar schrieb mir ins Gefängnis, daß Fifi sich sehr um mich sorgt und mir bestellen läßt, ich solle sofort nach meiner Entlassung nach Spanien kommen, damit sie mich wieder aufpäppeln kann. Sie und die anderen Genossinnen seien in ihren Gedanken bei mir und wünschten mir Mut. Auch die anderen Frauen schrieben mir aufmunternde, liebevolle, solidarische Briefe, Krischers kopierten mir ihr halbes Archiv, damit ich mit der Arbeit vorankomme. Daß ich unter diesen Umständen, an einem winzigen Tisch, in einer winzigen Zelle, von allen Gesprächen und Ereignissen abgeschnitten, im Gefängnis eben, die Kraft fand, dieses Buch zu schreiben, verdanke ich vor allem diesen Frauen. Und den Freundinnen und Freunden, die die Interviewbänder für mich abtippten und mir durch ihre Briefe und Besuche den Rücken stärkten.

Wenn ich an die Jahre denke, die die spanischen Frontkämpferinnen in den Foltergefängnissen der Franco-Diktatur zubrachten, an das Leid der jüdischen Kämpferinnen in Polen, die mitansehen mußten, wie ihre Liebsten bestialisch ermordet wurden, an die Entbehrungen des Partisaninnenlebens in den verschneiten Kärntner Bergen, an die verzweifelten Versuche Truus Mengers, ihre Kameradin Hannie Schaft aus den Fängen der Gestapo zu befreien, an die Ängste einer Dina Krischer, die, selbst gehetzt, nicht wußte, ob die Deutschen ihre Eltern schon »abgeholt« hatten, dann gelingt es mir sehr gut, die eigene Situation zu relativieren. Dieses Buch soll nicht nur eine historische Darstellung und Analyse der Beteiligung von Frauen am bewaffneten Widerstand sein, sondern auch eine Hommage an diese unbekannten Heldinnen der Geschichte: Fifi, Zala, Truus, Dina, Chayke, Niuta und all die anderen.

Ingrid Strobl
Untersuchungsgefängnis München-Neudeck,
im Juni 1988

Einleitung: Das dreifache Stigma

Warschau: Ein alter Mann, drei junge Männer. Ihre Haltung ist entschlossen, sie sind bewaffnet, mit Gewehr, Handgranate, Messer, Stein, sie kämpfen. Vor ihnen ein Gefährte, der bereits gefallen ist, gefallen im Kampf. Hinter ihnen eine Frau. Sie wirft die Arme zum Himmel empor. Ihre Brüste sind entblößt, sie trägt ein Kind, keine Waffe, sie kämpft nicht, sie ist Symbol. Ein Symbol für den jüdischen Widerstand, für den Aufstand des Warschauer Ghettos gegen die Übermacht der deutschen Mörder. Das Denkmal steht auf einem großen begrünten Platz auf dem Gelände des ehemaligen Ghettos, das nach der Niederschlagung des Widerstands von den deutschen Besatzern dem Erdboden gleichgemacht wurde. Auf der Vorderseite des Denkmals ist die Kampfszene dargestellt, die Rückseite zeigt den Abtransport der wehrlosen Opfer. Eine scheinbar endlose Reihe von Frauen, alten Männern und Kindern geht niedergeschlagen, mit gebeugten Schultern, gesenktem Kopf dem Tod entgegen. Nur ein Kind dreht sich um, dem Beschauer zu, es blickt in die Zukunft. Das Kind ist ein Knabe.

Am 11. Januar 1943 schrieb Himmler, Reichsführer der SS, an SS-Obergruppenführer Krüger, Sicherheits-Chef des Generalgouvernements, das Warschauer Ghetto müsse bis zum 15. Februar liquidiert werden. Am 18. Januar marschierten SS-Truppen mit ihren lettischen und litauischen Hilfstruppen und polnischer Polizei im Ghetto ein, bewaffnet mit Panzern und Maschinengewehren.

Die ZOB, die jüdische Widerstandsbewegung, hatte zwar die »große Aktion« seit langem erwartet, wurde aber von diesem Einfall im Morgengrauen überrascht. Nur ein Teil der Kämpferinnen und Kämpfer konnte an ihre Waffen gelangen, doch sie reagierten schnell. Als die Deutschen an den Werkstätten der Gesiastraße, an der südlichen Grenze des Zentralghettos (von den Deutschen »Restghetto« genannt) entlangfuhren, flog eine Handgranate mitten in ihre Truppen. Das Zeichen, den Kampf zu beginnen. Geworfen hatte die Handgranate eine Frau, Emilia Landau[1], Mitglied der linkszionistischen Jugendorganisation Haschomer Hazair. Ein paar Wochen zuvor, am 29. Oktober, hatte Emilia Landau zusammen mit zwei Genossen den Stellvertreter der Ghetto-Polizei, Jacob Leijkin, einen der schlimmsten Nazi-Kollaborateure, erschossen.[2]

Emilia Landau war bei weitem nicht die einzige Frau, die bewaffnet am Aufstand des Ghettos teilnahm, und sie war auch nicht die einzige, die dabei eine wichtige Rolle spielte. Die Beteiligung der Frauen an den Kämpfen war so massiv, daß SS-Gruppenführer Jürgen Stroop, Generalleutnant der SS und Polizei, der Schlächter der Aufständischen, noch sechs Jahre später, 1949, seinem Zellengenossen im Warschauer Mokotow-Gefängnis fassungslos darüber berichtet:

»Das dritte Phänomen, das sich (...) bemerkbar machte, (war) die Beteiligung jüdischer Frauen an den Kämpfen. Ich meine die organisierten Gruppen der Chaluzzenbewegung*.

Diese Mädels waren keine menschlichen Wesen; vielleicht Göttinnen oder Teufelinnen. Kaltblütig und geschickt wie Zirkusreiterinnen. Sie schossen oft beidhändig! Verbissen und ausdauernd kämpften sie bis zum Ende.«[3]

Und sie jagten den heldenhaften SS-Männern einen solchen Schrecken ein, daß sie beschlossen, diese Frauen nicht mehr gefangenzunehmen, sondern gleich abzuknallen wie wilde Tiere. Stroop: »Und aus der Nähe waren sie besonders gefährlich! So ein geschnapptes Chaluzzenmädel wirkte zuerst wie ein unschuldiges Lämmchen. Aber wehe, wenn unsere Männer sich ihnen auf ein paar Schritte näherten! Unter dem Rock nach der versteckten Granate greifen und sie blitzschnell mitten in die SS-Gruppe schleudern, das war eins! (...) In solchen Situationen hatten wir regelmäßig Tote und Verwundete zu beklagen, deshalb befahl ich, diese Mädchen nicht mehr gefangenzunehmen, sie auf keinen Fall zu nahe herankommen zu lassen und sie aus sicherer Entfernung mit der Maschinenpistole umzulegen.«[4]

St. Genis-Laval, Frankreich: Eine Plakette auf einem Stein. »Jeanine Sontag. Heldin des Bataillon Carmagnole Liberté der F.T.P. M.O.I., an dieser Stelle am 20.8.1944 ermordet.«

19 Jahre alt war die Jura-Studentin Jeanine Sontag aus Straßburg, als sie sich den kommunistischen Partisanen in Lyon anschloß. Als Jüdin stieß sie zur M.O.I. (Main-d'Œuvre Immigrée,

* Der linkszionistischen Hechaluz-(= Pionier-)Bewegung.

die Organisation der internationalen Arbeitsimmigranten in Frankreich, die zu einem großen Prozentsatz aus jüdischen Mitgliedern bestand). In den Sommerwochen des Jahres 1944 trieben die Gruppen der Lyoneser F.T.P. M.O.I., Carmagnole genannt, die deutschen Besatzer zur Verzweiflung. Jeden Tag jagten sie Rüstungsbetriebe, Warenlager, Garagen und Maschinenparks in die Luft, erschossen Gestapo- und SD-Offiziere, überfielen Firmen, deren Besitzer mit den Besatzern kollaborierten. Nacht für Nacht brachten sie Züge zum Entgleisen. Jeanine Sontag war nicht die einzige Frau in diesen wohl effektivsten Einheiten des französischen Widerstands. Am 3. Juli, am hellichten Mittag, überfiel ein Dutzend M.O.I.-Aktivist/inn/en die Garage Gambetta. Mit dabei: Jeanine Sontag, »Jeannette« genannt. Doch die Aktion ging schief, die Garage wurde von G.M.R.-Leuten umzingelt (Groupe Mobile de Réserve, die französische Antiterror-Einheit), die Kämpfer/inn/en versuchten, über ein schmales Brett auf das gegenüberliegende Dach zu fliehen. »Jeannette« trug billige Holzschuhe, die ihren Füßen keinen Halt gaben, und das wurde ihr zum Verhängnis – sie stürzte ab, verletzte sich, wurde verhaftet. Am 20. August 1944 wurde sie nach Wochen der Folter zusammen mit 120 anderen Widerstandskämpfern in St. Genis-Laval hingerichtet.[5]

Haarlem, Niederlande: Fast vier Meter hoch ist die Statue, geschaffen von einer Frau, eine Frau darstellend. Ein Symbol für die Beteiligung der Frauen am niederländischen Widerstand gegen die deutsche Besatzung. Aber dieses ungewöhnliche Denkmal stellt auch eine reale Person dar, Hannie Schaft, Studentin, 23 Jahre alt zum Zeitpunkt ihres Todes.

Am 26. März 1945 war Hannie, wie so oft, mit ihrem Fahrrad unterwegs. Diesmal in einer vergleichsweise harmlosen Mission. Es ging nicht – wie »gewöhnlich« – darum, einen Gestapo-Offizier oder Verräter zu erschießen, diesmal sollte sie »nur« die neueste Ausgabe der kommunistischen Untergrundzeitschrift »De Waarheid« transportieren. Doch wie auch sonst immer trug Hannie ihre Pistole bei sich. Seit sie als aktive Kämpferin »abgetaucht« war, tat sie keinen Schritt mehr unbewaffnet. Hannie trägt kurzes schwarzes Haar und eine Brille mit Fensterglas, denn in ganz Holland hängt ihr Steckbrief aus: Die deutschen Besatzer fahnden nach ihr, nach dem »Mädel mit den roten Haaren«, einer der gefürchtetsten »Terroristinnen«.

An diesem 26. März, wenige Wochen vor der Befreiung, gerät Hannie in eine deutsche Kontrolle und wird sofort verhaftet. Vergeblich versuchen ihre Genoss/inn/en, sie zu befreien. Ihre Freundin und Mitkämpferin Truus Menger gibt ihre Rettungsversuche erst auf, als sie hört, daß Hannie tot ist.[6] Diese Truus Menger, selbst eine der aktivsten des bewaffneten holländischen Widerstands, wird später Bildhauerin. Als 1983 ein Wettbewerb für die Errichtung eines Hannie-Schaft-Denkmals ausgeschrieben wird, bewirbt sich auch Truus Menger, zusammen mit 119 anderen Bildhauern – und gewinnt den Wettbewerb. Sie, die aus eigener Erfahrung weiß, was Frauen in diesem ungleichen Kampf geleistet haben, gestaltet die Erinnerung an ihre Freundin, als Symbol für alle Kämpferinnen, monumental: Vier Meter sind ihr gerade hoch genug.

Zwei Mythen halten sich hartnäckig seit inzwischen mehreren Jahrzehnten: Die Juden seien wie die Lämmer zur Schlachtbank gegangen. Und Frauen hätten zwar diverse Hilfsdienste im Widerstand geleistet, aber nicht selbst bewaffnet gekämpft. Selbst jüdische Historiker (wie Raoul Hilberg zum Beispiel) beklagen den mangelnden Widerstand der Millionen Ermordeten.[7] Und Nicht-Juden fragen nicht ohne Zynismus: Warum haben sie sich denn nicht gewehrt, sie waren doch so viele?

Rita Thalmann berichtet auf einem Symposium der »Association pour la Récherche sur l'Histoire Contemporaine des Juifs« über den Forschungsstand zum Thema Frauen im französischen Widerstand. Von den 17 Werken, die auf die Rolle der Frauen in der Résistance eingehen, erschienen 13 nach 1971, also nach dem ersten Auftreten des französischen Feminismus. Von den vier Arbeiten, die vorher geschrieben wurden, entstanden drei zwischen 1945 und 1947.[8]

Ähnliches gilt für die jiddisch-, hebräisch- und polnischsprachige Literatur. Werke, in denen die Rolle der Frauen ausdrücklich erwähnt und hervorgehoben wird, wurden von den direkt Beteiligten in den ersten Jahren nach der Befreiung geschrieben, als die Erinnerung noch lebendig und unverfälscht war.[9] Jahrzehnte später, als die feministische Forschung und allgemein ein verändertes Frauenbewußtsein sich in den USA durchgesetzt hatten, verwiesen ursprünglich polnisch-jüdische Autoren in ihren nun englischsprachigen historischen Arbeiten wieder verstärkt auf die Bedeutung der Frauen im Rahmen des jüdischen Widerstands.[10] Doch im allgemeinen läßt kaum ein

Werk eines jüdischen Autors zum Thema die Beteiligung der Frauen völlig unerwähnt. Die Überlebenden der Massenvernichtung, die selbst gegen den Mythos ihrer passiven Haltung ankämpfen müssen, sind stolz auf ihre kämpferischen Frauen.

Deutschsprachige Literatur zum Thema bewaffneter Widerstand ist quasi nicht existent. Die in der DDR erschienene Arbeit von Bernhard Mark über den Warschauer Ghetto-Aufstand[11] ist eine der wenigen ruhmreichen Ausnahmen. In der Bundesrepublik hüllt man sich seit nunmehr über 40 Jahren in Schweigen. Die wenigen historischen Werke, die sich mit dem Widerstand von Frauen beschäftigen, konzentrieren sich auf den Widerstand im »Reich«. Da es in Deutschland – mit wenigen Ausnahmen – keine bewaffnete Résistance gab, spielt dieser Aspekt auch in den wichtigen Darstellungen von Hanna Elling, Margarete Schütte-Lihotzky, Gerda Szepansky und dem Wiener Autorinnen-Team Berger/Holzinger/Podgornik/Trallori kaum eine Rolle.[12]

Eine fundierte Darstellung des organisierten bewaffneten Widerstands in den von Deutschen besetzten Ländern Europas und in der Sowjetunion gibt es meines Wissens nicht. Die Literatur, mit der ich gearbeitet habe, ist (mit Ausnahme einiger weniger DDR-Ausgaben) vor allem französisch- oder englischsprachig (wobei hier viele Arbeiten aus dem Polnischen, Jiddischen oder Hebräischen übersetzt sind) oder niederländisch, spanisch, jugoslawisch (in englischer Übersetzung).

Doch auch in den betroffenen Ländern selbst dauerte es zum Teil Jahrzehnte, bis einschlägige Werke erscheinen konnten. Ein wichtiger Teil des aktiven Widerstands leidet nämlich unter einem doppelten Stigma: Er war jüdisch und er war kommunistisch. In den Ländern Westeuropas, von Frankreich bis zu den Niederlanden, starteten die (meist aus London) zurückgekehrten Exilregierungen schon bald nach der Befreiung ihre Gegenoffensive: Die Bedeutung des kommunistischen Widerstands wurde marginalisiert bis verschwiegen, später im Kalten Krieg waren die soeben aus der Illegalität Aufgetauchten schon wieder Opfer erneuter Verfolgung. Die Westmächte, wohl wissend um den entscheidenden Anteil der Kommunisten am Kampf gegen die Besatzer und um die Befreiung, fürchteten den Einfluß dieser ungeliebten Heldinnen und Helden auf die Bevölkerung. Ein großer Erfolg oder gar ein Sieg der kommunistischen Parteien bei den Wahlen in den befreiten Ländern war ihnen eine unerträgliche Vorstellung. Die offizielle Heldenverehrung konzentrierte sich auf die Inlandsstreitkräfte der Exilregierungen, auf de Gaulles »Forces françaises intérieures« etwa oder die niederländischen Binnenstreitkräfte unter der Führung Prinz Bernhards.[13]

Doch auch in Israel und im Rahmen der offiziellen jüdischen Geschichtsschreibung wurde die Rolle der kommunistischen jüdischen Kämpferinnen und Kämpfer eher ignoriert als hervorgehoben. – Die Partisanen der M.O.I. wurden bis heute gar nicht oder nur zögerlich dem jüdischen Widerstand zugerechnet.[14] Denn obwohl ein Großteil der M.O.I. jüdische Immigranten waren und manche Untergruppen fast ausschließlich aus jüdischen Mitgliedern bestanden, die jiddisch miteinander sprachen und ihre Untergrundzeitschriften auf jiddisch herausgaben, waren sie nicht – wie die Zionisten – dezidiert als Juden organisiert, sondern als Kommunisten.

Die Geschichte der M.O.I. ist eine Tragödie des Vergessens. Denn auch ihre eigenen Genossen wußten ihnen ihren Kampf nicht zu danken. Niemand konnte übersehen, daß ein Großteil der von den Nazis am meisten gefürchteten »Terroristen« so gar nicht französische Namen wie Shmulewicz, Grzwacz, Puterflam, Fingerweig und Bancic trug. Diese Tatsache diente nicht zur Stärkung des in den letzten Kriegsjahren propagierten Nationalismus. Als die Französische Kommunistische Partei beschloß – im Widerspruch zum einstigen Internationalismus –, sich mindestens so patriotisch zu geben wie de Gaulles Truppe, waren diese Juden, die meist noch nicht einmal französische Juden waren, sondern polnische, ungarische, rumänische, armenische Immigrant/inn/en, ein Fleck, der das neugemalte Bild störte. Einigen der Führer der M.O.I., deren Existenz einfach nicht zu leugnen war, wurde nahegelegt, sich französische Namen zuzulegen.[15]

In der Sowjetunion und Polen spielte sich eine ähnliche Tragödie ab. Zigtausende Juden hatten sich den Partisanen angeschlossen und auch eigene Partisanen-Einheiten gegründet, jahrelang hatten sie gekämpft und diesen Kampf mit unzähligen Opfern bezahlt. Und doch wurde ihr Einsatz mit kaum einem Wort erwähnt. Von einigen der bekanntesten Partisanenführer wurde erst Jahre später bekannt, daß sie Juden waren.[16] In Polen hatte der Antisemitismus eines großen Teils der Bevölkerung die Niederlage der deutschen Besatzer überdauert. Anfänglich um diesen Antisemitismus nicht zu schüren, später während der antisemitischen Hetzkampagne unter Gomulka offen auf ihn spekulierend, verschwieg die polnische Partei die unvergleichliche Rolle, die die jüdische Bevölkerung im Partisanenkampf und in den Ghetto-Aufständen gespielt hatte.[17]

Der Mythos, die Juden hätten sich nicht gegen ihre Vernichtung gewehrt, wurde systematisch erzeugt und galt bald als geschichtliche »Wahrheit«. Der kommunistische Widerstand war auch in den westlichen Nachkriegsstaaten nicht so einfach totzuschweigen, doch er fand keinen Eingang in die offizielle Geschichtsschreibung, die an Schulen und Universitäten gelehrt wird und deren Inhalte in populären Romanen beschrieben und in Fernsehfilmen gezeigt werden.

In der Bundesrepublik wird der bewaffnete Widerstand gegen die deutsche Besatzung aus einem zusätzlichen und entscheidenden Grund verschwiegen. Was allenfalls noch populär aufgearbeitet wird, in Zeitungsartikeln, Filmen und Fernsehinszenierungen, ist die französische Résistance. Doch auch hier konzentriert sich das Interesse auf die Verfolgung. Bespitzelung, Verhaftung, Folter, Deportation in das Konzentrationslager spielen eine wesentlich größere Rolle als die Aktionen der Résistance. Kein Wunder, denn die richteten sich gegen – Deutsche. In den Zügen, die von Partisanen zum Entgleisen gebracht wurden, saßen deutsche Soldaten. Die SD-Offiziere, die von den niederländischen Widerständler/inne/n auf offener Straße erschossen wurden, waren deutsche Offiziere. Die Landser, die in den litauischen Wäldern in einen Partisanen-»Hinterhalt« gerieten, waren die eigenen Brüder, Väter, Großväter.

Eine historische Arbeit, die über den bewaffneten Widerstand in den besetzten Ländern Europas berichtet, muß sich in einem ständig wiederholen: diese Frauen und Männer kämpften gegen »die Deutschen«. Es ist eine Tatsache, daß viele der Soldaten, die in Hitlers Krieg geschickt wurden, mit ihrer »Aufgabe« weder einverstanden, geschweige denn darüber glücklich waren. Daß sie Angst hatten: vor den Partisanen, vor der Roten Armee, vor den eigenen vorgesetzten Offizieren, und auch Angst zu desertieren. Und während sie der Roten Armee wenigstens »offen« gegenüberstanden, kämpften die Partisanen aus dem »Hinterhalt«, tauchten plötzlich auf, eröffneten das

Feuer, brachten den Zug zum Entgleisen und verschwanden wieder. Niemand wußte, wann und wo sie wieder aus dem »Nichts« erscheinen würden.

Und erst recht der »normale« Gefreite in der Wehrmacht, der, ohne daß er es sich hätte aussuchen können, in Frankreich, Belgien, den Niederlanden stationiert war, mußte die Résistance als seinen schlimmsten Feind betrachten. Während er in Lyon oder Grenoble im Gleichschritt zur Kaserne marschierte, detonierte plötzlich eine Bombe mitten im Trupp, der doch hier als Sieger in einem ruhiggestellten Land marschierte, das kapituliert hatte. Er war hier nicht an der Front und sah sich doch unvermutet dem Feind gegenüber.

Die bewaffneten Kämpfer/innen waren sich dessen bewußt. Als Internationalisten bedachten sie, daß viele dieser deutschen Soldaten einfache Arbeiter waren wie sie selbst. Sie wählten bei Anschlägen auf Einzelpersonen ihre Opfer sehr gezielt aus. Ihre Attentate galten Offizieren des SD, der Gestapo, der SS, Kollaborateuren und Verrätern.

Anders war die Situation für die Partisan/inn/en in Osteuropa und der Sowjetunion. Sie standen einer Armee gegenüber, die das Land zerstörte, die Menschen ermordete, ganze Dörfer dem Erdboden gleichmachte. Der einfache Soldat war in der Regel zwar nicht beteiligt an der Durchführung der »Endlösung«, der systematischen Ausrottung der jüdischen Bevölkerung, aber er garantierte sie durch seine Anwesenheit. Jeder Schritt, den die deutsche Armee zurückgetrieben wurde, bedeutete eine Hoffnung auf Überleben für die wenigen Juden, die sich noch in den Städten und Wäldern Polens, der Sowjetunion und Litauens verbergen konnten. Jede Armee-Einheit, die durch den Partisanenkampf gebunden wurde, bedeutete eine Schwächung der Front.

Die Frauen und Männer, deren Eltern, Kinder, Geschwister in Treblinka und Auschwitz in den Krematorien verbrannt worden waren oder sich die Gruben selber ausheben mußten, in die sie die Maschinengewehrsalven der Mörder schleuderten, sie konnten keine Rücksicht darauf nehmen, ob ein Angehöriger der deutschen Armee, die den reibungslosen Ablauf der Mordmaschine deckte, vielleicht nicht damit einverstanden war, daß er in diesem fremden Land im Schneesturm fror und auf Menschen schießen mußte, die auf der anderen Seite des Schützengrabens vielleicht genauso zitterten vor Angst wie er selbst.

Jude oder Kommunist zu sein, war also häufig Grund genug, von der Geschichtsschreibung über den Widerstand »übersehen« zu werden. Jüdischer Kommunist zu sein bot beinahe die Garantie, von der offiziellen Historie – und zwar in Ost und West – verschwiegen zu werden. Frau zu sein, war auch ohne zusätzliche Stigmatisierung allein schon Grund genug, um einfach nicht gesehen zu werden, und die meisten Frauen, von denen dieses Buch handelt, waren noch zusätzlich Jüdin oder Kommunistin. Einige waren beides.

Quer durch alle Ideologien herrschte und herrscht zum Teil noch immer die Ansicht, Frau und Kampf, das schließe sich aus. In den letzten Jahren setzte sich, dank der feministischen Erarbeitung von »Her-story«, also der Geschichte des weiblichen Teils der Bevölkerung, die Erkenntnis durch, daß Frauen einen wichtigen Beitrag zur Bekämpfung des Faschismus und Nationalsozialismus geleistet haben. Interviews mit ehemals Aktiven und historische Recherchen haben ergeben, daß die Infrastruktur jeder Art von Widerstand vor allem von Frauen getragen wurde. Frauen haben die illegalen Zeitschriften transportiert und zum Teil auch gedruckt. Frauen beförderten Flugblätter und Klebezettel gegen das Regime und verteilten beziehungsweise verklebten sie auch. Frauen betrieben Sabotage in den Rüstungsbetrieben. Frauen versteckten die Untergrundkämpfer und Partisanen, sorgten für ihre Ernährung, ihr Überleben. Auf alle diese Aktivitäten standen hohe Haftstrafen, die Deportation ins Konzentrationslager, nicht selten auch die Todesstrafe. Tausende Frauen wurden für ihre Unterstützung des Widerstands hingerichtet, Tausende verendeten in den Lagern, starben an den Folgen der Folterungen oder setzten ihrem Leben selbst ein Ende aus Angst, unter der Tortur schwach zu werden und andere zu verraten. Der Gegner machte keinen Unterschied zwischen dem leitenden Funktionär und der »Kofferträgerin«.

Jede Arbeit im Widerstand war mit ungezählten Todesängsten, ungezählten Gefahren, einem Leben in Verstellung, absoluter Verschwiegenheit, oft Einsamkeit und mit permanenter Lebensgefahr verbunden. Und während der aktive Kämpfer noch versuchen konnte, sich bei einer Verhaftung mit seiner Waffe zu wehren, war die unbewaffnete Frau mit ihrer Einkaufstasche voll illegaler Flugblätter den Häschern wehrlos ausgeliefert.

Besonders prekär war die Situation der deutschen und österreichischen Kommunistinnen, die in Frankreich und Belgien in der sogenannten Travaille Allemande (TA) arbeiteten: Ihre Aufgabe war es, sich mit deutschen Soldaten anzufreunden, entweder um kriegswichtige Informationen aus ihnen herauszubekommen, oder um sie zur Desertion zu überreden.[18] Diese Frauen setzten nicht selten auch ihre körperliche Integrität mit ein, und, auch wenn es nicht zugegeben wird, es ist nicht auszuschließen, daß sie dafür von den eigenen Genossen verachtet wurden. Nach Kriegsende waren viele dieser TA-Arbeiterinnen dem Volkszorn ausgesetzt. Ihren Nachbarn war nur bekannt, daß sie sich mit deutschen Soldaten »herumgetrieben« hatten – und so wurden sie wie die Kollaborateurinnen geschoren und durch die Straßen gehetzt.[19]

Von der Arbeiterin, die ihre Wohnung als Versteck für den Untergrund zur Verfügung stellte, bis zur TA-Agentin, alle diese Frauen erfüllten typisch weibliche Aufgaben, die ihre Rolle letztlich nicht sprengten. Sie behausten, ernährten, umsorgten, leisteten Hilfsdienste. Sie taten, was Frauen gerade noch zugestanden wird. Eine Ausnahme bildeten die Funktionärinnen, die politisch das Geschehen mitbestimmten, wenn auch selten auf den höheren Posten. Gänzlich aus dem Rahmen aber, in dem sich eine Frau zu bewegen hat, fielen die Kämpferinnen, die mit der Waffe in der Hand gegen den Feind vorgingen.

Über sie wird kaum berichtet, weil kaum einer der männlichen Historiker sich auch nur vorstellen kann, daß es sie überhaupt gab. Da auch in den Berichten der Überlebenden häufig nur von Partisanen und Kämpfern die Rede ist, selbst wenn unausgesprochen die Partisaninnen und Kämpferinnen mitgemeint sind, mangelt es an Hinweisen. Und selbst da, wo von Überlebenden auf diese Frauen explizit verwiesen wird, werden diese Verweise ignoriert: Weil nicht sein kann, was nicht sein darf. Weil der Historiker selbst solches Verhalten unweiblich findet und der Meinung ist, die Erwähnung weiblicher bewaffneter Mitglieder diskreditiere die entsprechende Untergrundgruppe. Bei Interviews mit ehemaligen Widerständlern werden automatisch nur die männlichen Gesprächspartner gesucht. Kaum jemand kommt auf die Idee, die Frau, die während des Interviews den Kaffee serviert, zu fragen, ob vielleicht auch sie... Und auch die Frauen selbst schweigen. Sie schweigen aus vielen Gründen: Aus weiblicher Bescheidenheit. Weil sie sich nicht »vordrängen« wollen. Weil sie nie gelernt haben, sich selbst darzustellen. Weil sie sich selbst für unbedeutend halten. Weil sie verbittert sind über die Reaktionen, die sie auch von seiten der eigenen Mitkämpfer erleben mußten. Spanische Frontkämpferinnen erklärten mir, sie gelten auch in der eigenen Partei als Huren. Der blaue Overall, das »Ehrenkleid« der Milicianos, wird, von einer Frau getragen, zum Paria-Gewand. Andere ehemalige Kämpferinnen haben selbst das herrschende Bild der Weiblichkeit verinnerlicht. Sie bestehen darauf, daß sie zwar einer bewaffneten Einheit angehörten, aber nie selbst geschossen hätten. Erst wenn sie sehr viel Vertrauen gewonnen haben, sagen sie, wie es wirklich war. Frauen wie die Französin Dina Krischer von der M.O.I., die mir erklärte: »Die Deutschen haben uns als Terroristen bezeichnet. Und schließlich – wir waren auch Terroristen. Wir wollten die Deutschen terrorisieren. Sie sollten endlich verschwinden, das Morden sollte endlich aufhören«, solche Frauen sind selten. Doch all die alten Kämpferinnen, mit denen ich länger gesprochen habe, waren sich in einem einig. »Fifi«, Frontkämpferin im spanischen Bürgerkrieg, drückte es so aus: »Ich bin froh, daß ich damals das Richtige getan habe. Und in einer vergleichbaren Situation würde ich es wieder tun.«

1947 erschien in New York ein Band mit dem Titel »Blessed is the Match«. Die amerikanische Journalistin Marie Syrkin war nach Palästina gefahren, um die Überlebenden aus den polnischen und litauischen Ghettos zu befragen über ihren Kampf, ihr Leben. Das Buch, das sie über ihre Gespräche mit den Untergrundkämpfer/inne/n und Partisan/inn/en schrieb, war das erste, das sich dezidiert auch mit der weiblichen Seite des bewaffneten Widerstands befaßte. Und für eine lange Zeit war es auch das letzte. 1983 erschien in Connecticut die Arbeit von Vera Laska »Women in the Resistance and in the Holocaust«, in der die Autorin auch ein paar Beispiele für bewaffnete Widerständlerinnen anführt. Sie sind jedoch die Minderheit in diesem Buch, das den ersten Überblick über die Beteiligung von Frauen am Widerstand in Europa bietet. Dazwischen erschienen einige Aufsätze und Autobiographien, die meisten davon in Hebräisch oder Jiddisch, zum Teil später in englischer Übersetzung. Vereinzelte Arbeiten über die Aktivitäten von Frauen gegen die Besatzung in Italien, Jugoslawien, Griechenland, der

Sowjetunion liegen in den einschlägigen Archiven und Fachbibliotheken im ungestörten Dornröschenschlaf.

Während die aktiven Kämpferinnen aus der westlichen Fachliteratur (mit Ausnahme der jüdischen) mehr oder weniger verbannt sind, ist die Haltung der sowjetischen Geschichtsschreibung zu ihren Heldinnen ambivalent. Vielen ehemaligen Partisaninnen und Soldatinnen der Roten Armee wurden noch während des Krieges und direkt danach höchste Auszeichnungen verliehen, in der einschlägigen Literatur werden ihre Namen genannt. Doch während diese Frauen noch in verschmutzter, zerrissener Uniform, hungrig, erschöpft, unter Einsatz ihres Lebens dazu beitrugen, die Besatzer aus dem Land zu treiben, erklärte Olga Mischakowa, Sekretärin des ZK der Organisation der kommunistischen Jugend, 1944 in einem Interview: »Die sowjetischen Frauen sollen versuchen, sich so anziehend zu machen, wie die Natur und der gute Geschmack es nur erlauben. Nach dem Krieg sollen sie sich als Frauen kleiden und als Frauen bewegen. (...) Man muß den Mädchen sagen, sie sollten sich wie Mädchen betragen und bewegen, und deshalb wird man sie wahrscheinlich sehr enge Röcke tragen lassen, die sie zu einem anmutigen Gehen zwingen.«[20] Es wird nirgends berichtet, ob und wie die heimkehrenden Partisaninnen auf diese Verhöhnung ihres ganzen Daseins reagierten.

Die Situation der anderen Frauen, von Toulouse bis Haarlem, war nicht viel anders. Einige von ihnen heirateten ehemalige Mitkämpfer, andere kehrten vorerst zu ihren Eltern zurück – falls diese noch lebten. Diese Frauen, die die Jahre, in denen andere die Schule beendet, studiert oder einen Beruf erlernt hatten, als Illegale gelebt hatten, kärglich unterstützt von der Partei oder den Hilfsorganisationen, standen finanziell vor dem Nichts, emotional vor einer teilweise verständnislosen Umwelt und als »vermännlichte« Frauen vor einer Welt, in der Weiblichkeit wieder Trumpf war. In allen Ländern wurden die Arbeitsplätze mit den heimkehrenden Soldaten, Kriegsgefangenen, zur Zwangsarbeit in Deutschland verschleppten Männern besetzt. Den Frauen wurde der Platz zu Hause angewiesen. Und nicht wenige von ihnen wählten diesen Weg »freiwillig«: Aus Erschöpfung, aus dem Bedürfnis, endlich wieder ein »normales« Leben zu führen. So verschwanden sie von der Bildfläche. Sie setzten sich (mit wenigen Ausnahmen) nicht hin, um Bücher zu schreiben, sie kämpften nicht um die ihnen zustehenden Posten in der

Parteihierarchie, sie nahmen zum Teil nicht einmal an den Treffen der »Veteranen«-Organisationen teil. Sie versanken im Schweigen, und niemand machte sich auf, sie zum Sprechen zu bringen. Die Ausnahmen, deren Bücher gedruckt wurden, deren Stellung in der Partei von Bedeutung war, deren Aussagen zu Protokoll genommen wurden, bestätigen die Regel.

Erst heute ist es möglich, aus dem Berg der vorhandenen Literatur wie in einem Puzzlespiel einzelne Teile zu suchen, die ein bescheidenes Porträt eines weiblichen Kämpfers ergeben. Es erfordert detektivische Arbeit, Überlebende zu finden, die befragt werden können. Die Frauen, mit denen ich in den Niederlanden, in Frankreich, Österreich und Spanien gesprochen habe, konnte ich auch zu ihrer Person befragen, zu ihrer Kindheit, ihrer Herkunft, ihren Motivationen, ihrem Leben nach Kriegsende. Viele von ihnen verstanden diese Fragen erst gar nicht. In jedem einzelnen dieser Gespräche bekam ich zuerst die »offizielle« Version zu hören: Die beginnt beim Eintritt in die Untergrundorganisation, die Frontmiliz oder die Partisaneneinheit und endet bei der Niederlage der Deutschen beziehungsweise in Spanien mit der Beendigung der Franco-Herrschaft. Auf die Frage, warum sie diesen Weg gegangen waren, bekam ich zur Antwort: »Aber was hätte ich denn sonst tun sollen?« Erst nach langem Reden, nach einigen Gläsern Wein und einer Art »Verhör«, dem ich, die Fragerin, unterzogen wurde, begann das eigentliche Gespräch.

In meiner Darstellung des Kampfes der jüdischen Frauen in Osteuropa und der Sowjetunion mußte ich mich auf die vorhandene Literatur beschränken. Dabei stieß ich stets auf dasselbe Phänomen: In den meisten Büchern jiddischer Autoren werden zwar einzelne Frauen erwähnt, doch die Leserin erfährt nichts oder nur steckbriefartige Informationen über ihr Leben. Während Herkunft, politischer Werdegang, Beruf der männlichen Kommandanten sehr wohl vorgestellt werden, tauchen die Frauen nur in Zusammenhang mit einer speziellen Tat auf – und verschwinden sofort wieder. In beinahe jedem Werk über das Warschauer Ghetto findet sich ein zumindest kurzer Lebenslauf des ZOB-Kommandanten Mordechai Anielewicz. Zu seiner Frau Mira Fuchrer, selbst aktives ZOB-Mitglied und Mitbewohnerin des Führungsbunkers (in dem Familienangehörige nicht zugelassen waren, es sei denn, sie seien selbst Mitglieder der Untergrundführung), findet sich höchstens der Hinweis, sie sei in diesem Bunker zusammen mit den anderen, zusammen mit ihrem Mann, gestorben. Frauen waren keine Kommandanten, somit ist eine Darstellung ihrer Person nicht von Interesse. Doch es gab sogar Frauen, die Bataillone kommandierten – ohne daß wir von ihnen mehr erführen als von der »einfachen« Militanten. Andererseits werden, zumindest ansatzweise, auch die persönlichen Geschichten von Männern geschildert, die keine leitende Funktion innehatten. Um die Geschichte von Niuta Tejtelbojm, einer der erfolgreichsten und wagemutigsten Kämpferinnen des Warschauer Untergrunds, zu rekonstruieren, habe ich Puzzlesteinchen aus vier verschiedenen Büchern zusammengetragen.

Obwohl ich trotz intensiver Recherchen sicher nur einen Bruchteil der tatsächlichen Beteiligung von Frauen am bewaffneten, militärischen Widerstand gegen den Faschismus und die deutsche Besatzung erfassen konnte, ergibt sich ein beeindrukkendes Bild. Von Madrid bis Bialystok, von Belgrad bis Amsterdam kämpften Frauen mit der Waffe in der Hand gegen die faschistischen Invasoren. Die folgenden Beispiele mögen vorab eine Ahnung davon vermitteln.

– Die erste Sabotage-Aktion in Litauen wurde von einer Frau ausgeführt. Vitka Kempner, 19 Jahre alt, Mitglied der Wilnaer jüdischen Untergrundorganisation FPO, spähte drei Tage lang die Eisenbahnstrecke bei Wilna aus, schmuggelte dann die Bombe aus dem Ghetto und plazierte sie, unterstützt von zwei Mitkämpfern, auf den Gleisen, wo sie am 8. Juli 1942 einen deutschen Nachschubzug in die Luft sprengte.[21]

– Halina Mazanik, Mitglied des Minsker Untergrunds, arbeitete als Hausmädchen in der Wohnung des berüchtigten Generalkommissars für Weißrußland, Wilhelm Kube, der sich als besonderer Experte für Greueltaten hervorgetan hatte. Am 21. September 1943 plazierte Halina Mazanik unter dem Bett Kubes die Bombe, die ihn tötete.[22]

– Wochenlang schmuggelten Zwangsarbeiterinnen in einem Rüstungsbetrieb in Auschwitz Sprengstoff, den sie Roza Robota, Mitglied des Lager-Untergrunds, übergaben. Roza Robota brachte die lebensgefährliche Schmuggelware dem Sonderkommando in den Krematorien und ermöglichte damit dessen Aufstand und die Sprengung eines der Todesöfen.[23]

– Sima Perston, 12 Jahre alt, führte monatelang auf Schleichwegen Menschen aus dem Minsker Ghetto zu den Partisanen in die Wälder. Ihre Pistole trug sie in einer Geheimtasche ihres Mantels ständig bei sich. Auf die Frage, was sie denn tun wolle, wenn sie erwischt würde, antwortete die 12jährige: »Keine Angst, lebend kriegen mich die Fritzen nicht.«[24]

– Rosario »Dinamitera« war vermutlich der einzige weibliche Dinamitero an der spanischen Bürgerkriegsfront. Ein Dinamitero stellte die Handgranaten her, mit denen die schlecht ausgerüsteten republikanischen Truppen gegen die faschistischen Angreifer kämpften. Eine dieser von ihr fabrizierten Granaten riß Rosario die rechte Hand ab.[25]

– Marie-Madeline Fourcade, Pariserin, Mutter zweier Kinder, war die einzige Frau, die im gaullistischen Widerstand eine bedeutende Einheit leitete. Sie war Chefin der Spionageorganisation »Alliance«, von den Deutschen die »Arche Noah« genannt, da alle Mitglieder Tiernamen als Decknamen trugen. Die »Alliance« umfaßte 3000 Mitglieder und war die erste Abwehrorganisation, die die Alliierten über die Produktion der V1-Raketen in Peenemünde informieren konnte. Die Deutschen wußten fast bis zuletzt nicht, daß der fieberhaft gesuchte »Kopf der Bande« eine Frau war. Und nicht einmal ihre britischen Vorgesetzten wußten zu Anfang, daß sie es nicht mit einem Mann zu tun hatten.[26]

– Mehr als 100000 Frauen waren in Jugoslawien Mitglieder von Titos Partisanenarmee. Am 25. August 1942 wurde das erste von mehreren Frauenbataillonen gegründet. Die slowenische Textilarbeiterin Pavle Mede Katarina war Kommandantin der Frauen-Abteilung des Pohor-Bataillons. Im Januar 1943 fiel sie in einer Schlacht gegen die Deutschen auf dem Pohorje-Berg.[27]

– Das »Feind-Nachrichtenblatt Nr. 14 Juli/August 1944« der Oberkommando-Heeresgruppe E im besetzten Griechenland meldet in einem Bericht über das »Bandenwesen«: »Die Aufstellung von Frauenabteilungen wird im allgemeinen bestätigt. Es handelt sich meist um Mustergruppen von 20 bis 25 Frauen. Sie werden am Gewehr und MG ausgebildet. Irgendwelche Vergehen an diesen Frauen finden angeblich schwerste Bestrafung (Todesstrafe). In Thessalien bewachen berittene weibliche EPON-Abteilungen Ortschaften und Durchgangsstraßen und verteilen antifaschistische Propaganda.«[28]

– Am 18. Mai 1942 verübte die jüdische Berliner »Herbert Baum Gruppe« ein Sprengstoffattentat auf Goebbels' Propaganda-Ausstellung »Das Sowjet-Paradies«. Es war eine der seltenen bewaffneten Aktionen des deutschen Widerstands. Von den Aktivisten, die die Bombe legten, waren drei Männer und vier Frauen.[29]

– Der Tagesrapport Nr. 3 der Gestapo-Zentrale in Köln meldet: »Am 10. 12. 1944 wurde (...) bekannt, daß in einer Straße am Großen Griechenmarkt Mitglieder einer Bande Unterschlupf gefunden hatten. Bei dem Eindringen in die Kellerräume stießen die Beamten auf Widerstand. Ein aus hiesigen Beamten gebildeter Stoßtrupp ging daraufhin mit Maschinenpistolen und Handgranaten gegen die Banditen vor. Diese verteidigten sich ebenfalls mit Maschinenpistolen und Handgranaten. (...) Bei der Aktion wurde ein längst gesuchter Bandenführer erschossen, ein Bandenangehöriger und eine Frau wurden tot aufgefunden und eine weitere Frau wurde festgenommen.«[30]

– Selbst im Vorzimmer des Todes leisteten Frauen noch Widerstand. Am 23. Oktober 1943 traf eine Gruppe aus dem Hotel Polski in Auschwitz ein. Die Gestapo hatte in einem perfekt arrangierten Betrugsmanöver die versteckten Warschauer Juden aufgefordert, sich im Hotel Polski einzufinden, mit dem Versprechen, sie könnten nach Südamerika auswandern. Viele glaubten an diese Lüge und verließen die relative Sicherheit ihres Unterschlupfes – um aus dem Hotel in die Gaskammern von Birkenau verschleppt zu werden. In diesem Transport befand sich auch eine Schauspielerin oder Tänzerin (die Quellen geben beides an) namens Horowitz. Im »Umkleideraum« vor der Gaskammer herrschte sie der für seinen Sadismus berüchtigte SS-Hauptscharführer Schillinger an, sie solle sich sofort ganz entkleiden. Die Frau packte ihr Kleid, schlug es dem Mann in das Gesicht, entriß ihm im selben Moment seine Pistole und schoß ihm in den Bauch. Schillinger starb später auf dem Weg in das Krankenhaus. Horowitz schoß auch auf den SS-Mann Emmerich, der sich allerdings von seiner Wunde wieder erholte. In der Aufregung, die durch die völlig unerwartete (und, soweit bekannt, einmalige) Aktion der Frau entstand, folgten die anderen Gefangenen ihrem Beispiel, entwaffneten ihre Wächter und kämpften, bis ihnen die Munition ausging. Erst dann gelang es der SS – Lagerleiter Höss war persönlich gekommen, um die »Katastrophe« zu beenden –, die Menschen zu überwältigen.[31]

Widerstand in Westeuropa

Spanien

»Ich bin nicht an die Front gekommen, um mit einem Putzlumpen in der Hand zu krepieren«

Am 18. Juli 1936, dem Tag, an dem die faschistischen Militärs gegen die Volksfrontregierung der spanischen Republik putschten, ging die 16jährige Rosario Sanchez Mora zur Schule wie immer. Das Mädchen vom Land war nach Madrid gekommen, um im »Centro Cultural Aida Lafuente«, einem Ausbildungszentrum der »Vereinigten Sozialistischen Jugend«, Näherin zu lernen. Am 20. Juli kam eine Gruppe junger Männer in das Centro, ausgestattet mit Papier und Bleistiften, und unterbrach den Unterricht, um eine Rede zu halten über die Bedeutung des Putsches und die Notwendigkeit, sofort und vehement Widerstand zu leisten. Am Ende seiner Ansprache forderte der junge kommunistische Agitator die Anwesenden auf, sich als voluntarios, als Freiwillige, zu melden. »Voluntarios« ist nun allerdings die männliche Form für Freiwillige, die weibliche heißt »voluntarias«. Rosario Sanchez Mora erzählt: »Ich schaute mich um und bemerkte, daß es in unserem Nähunterricht natürlich nur Frauen gab. Also hob ich den Finger und fragte schüchtern: ›Dürfen wir Frauen uns auch einschreiben?‹ – ›Ja‹, antwortete der Junge. ›Dann schreib mich auf.‹ – ›In Ordnung, compañera, wir geben dir Bescheid.‹ Und so geschah es.« Am nächsten Morgen um acht Uhr bestieg Rosario den Lastwagen, der sie an die Front brachte.[1]

Der Putsch der faschistischen Offiziere hatte nicht nur die politischen Verhältnisse, sondern auch den Alltag der Bevölkerung und das herkömmliche – und in Spanien besonders strikte – Rollenverhalten der Geschlechter erschüttert. 16jährige Mädchen tauschten das Kleid gegen den blauen Overall der Milizen, hängten sich ein Gewehr über die Schulter und fuhren in den Krieg. Hausfrauen gingen daran, das gesellschaftliche Leben zu organisieren. Es kam in diesen ersten Tagen und Wochen nach Ausbruch des Krieges zu einer Revolution in der Revolution. Alle Beobachter schildern noch nachträglich erstaunt das neuartige Auftreten der Frauen, das, da es sich um Spanierinnen handelte, besonders radikal anmutete.[2] Die überwiegende Mehrheit der spanischen Frauen stand unter der Diktatur von Armut, Kirche und Ehemännern. Bis zur ersten Republik (1931) hatten sie so gut wie gar keine Rechte, skandalös niedrige Löhne und keinerlei Interessenvertretung.[3] Auch die Anarchisten, die in ihrem Grundsatzprogramm für die Gleichberechtigung der Frauen plädiert hatten, rührten in der Praxis keinen Finger, nicht auf gewerkschaftlicher Ebene, geschweige denn zu Hause.[4]

Die Mehrheit der Spanierinnen arbeitete noch zu Anfang der dreißiger Jahre in der Landwirtschaft, 18 Stunden pro Tag, für Hungerlöhne. Die Arbeiterinnen schufteten in Kleinstbetrieben – nach dem Sweating-System schutzlos ausgebeutet, als Heimarbeiterinnen oder in Haushalten. Die Einführung des Achtstundentages durch die republikanische Regierung 1931 und die gleichzeitig erfolgte Einrichtung eines Sozialversicherungssystems nützte den meisten von ihnen gar nichts, nur die (vor allem männlichen) Arbeiter in den größeren Betrieben und Industrien profitierten davon. Frauen erhielten die Sozialhilfe, die von den Unternehmern bezahlt werden mußte, prinzipiell nicht, auch dann nicht, wenn sie nachweislich die Alleinernährer in der Familie waren.[5] Lediglich das Ehescheidungsgesetz brachte manchen von ihnen den Vorteil, einen allzu brutalen Mann verlassen zu können. Zumindest theoretisch. Praktisch werden es nur die wenigsten Frauen gewagt haben, diesen Schritt zu tun, das heißt, sich dem Ruf, eine Hure zu sein, auszusetzen und zudem auf den Hungerlohn einer Frau allein angewiesen zu sein. Das ebenfalls erlassene Gesetz gegen die Prostitution erwies sich ganz eindeutig als ein Gesetz gegen die Prostituierten und damit gegen eine beachtliche Anzahl von Frauen, die gezwungen waren, sich so ihren Lebensunterhalt zu verdienen oder durch Gelegenheitsprostitution ihr kärgliches Gehalt etwas aufzubessern.[6]

Mit dem Sieg der Volksfront beziehungsweise den durch den Putsch ausgelösten Krieg im Juli 1936 änderte sich die Situation der Spanierinnen grundlegend. Die Männer zogen an die Front, die Frauen mußten die frei gewordenen Arbeitsplätze einnehmen und gewannen allein schon dadurch ein neues Selbstbewußtsein. Fähigkeiten, die ihnen jahrhundertelang systematisch abgesprochen worden waren, wurden nun plötzlich von ihnen verlangt und ihnen auch zugetraut. Auf gesetzlicher Ebene wurde kaum etwas zugunsten der Frauen geändert, doch die anarchistische Gesundheitsministerin Federica Montseny setzte immerhin die Freigabe der Abtreibung durch. Die Kollektivierung des gesellschaftlichen Lebens im anarchistischen Barcelona zum Beispiel lag fast ausschließlich in den Händen der Frauen. Die Schweizerin Clara Thalmann, die 1936 nach Spanien gekommen war und sich sofort den Kämpfenden anschloß, beschreibt die Situation in der katalanischen Hauptstadt: »Frauen, die vorher sich nur um die eigene Familie gekümmert haben, haben jetzt bestimmt: Das Mehl, das die Bäckerei bekam, da mußte soundsoviel Brot dabei rauskommen. Sie haben Straßen- und Preiskontrollen gemacht, mit den Kontrollkommissionen zusammen, die eingriffen, wenn es sich um schwierige Fälle handelte. Sonst haben das die Frauen allein gemacht.«[7] – Und sie machten es gut. Clara Thalmann: »Solange die Kontrolle der Frauen und Arbeiter existierte, gab es jeden Tag Brot. Sonst, bei jeder Revolution, bei jedem Krieg: das Problem der Lebensmittelverteilung, der schlechten Organisation. Und die Preise waren stabil. Erst im Januar 1937 (...) da hat die katalanische Regierung bestimmt: (...) man muß (die kleinen Betriebe) den Eigentümern zurückgeben, sie diesen ›Wilden‹ abnehmen – und schon wurden die Lebensmittel teurer, es gab Schlangen, es gab den Schwarzmarkt.«[8]

Die »Wilden«, das waren in den Augen der Regierung und der Kommunistischen Partei die Anarchisten. Die hatten gefordert, daß gleichzeitig mit dem Kampf gegen den Faschismus der Kampf um die soziale Revolution geführt werden müsse, im Gegensatz zu den meisten anderen Parteien, die erklärten: Erst den Krieg gewinnen. Dann – je nach Programm – die bürgerliche Demokratie, die Revolution, was auch immer. Und ganz zuletzt, wenn überhaupt, die Frauenemanzipation. Während die Kommunisten die Frauen aufforderten, alle »eigennützigen« Interessen hintanzustellen und all ihre Kräfte auf den Krieg zu vereinen, schrieben die Anarchisten auch die sofortige Befreiung der Frauen auf ihre Fahnen. Für die Männer der CNT/FAI ein theoretisches Zugeständnis, für die Frauen, die sich in den »Mujeres Libres« (Freie Frauen) organisiert hatten, bitterer Ernst.

Die Mujeres Libres waren aus einer Gruppe entstanden, die

Programm Mujeres Libres

sich im April 1936 gegründet hatte, um eine eigene Zeitschrift herauszugeben, und die sich als autonome Gruppierung innerhalb der anarchistischen CNT/FAI begriff. Ihr Programm ging weit über alles hinaus, was Frauen bisher zu fordern gewagt hatten. Sie griffen die Familie an, die Unterdrückung der Frau im Privaten, die Institution der Prostitution (nicht die Prostituierten). Teile von ihnen lehnten sogar die Mutterschaft als bestimmenden Faktor im Leben der Frau ab und propagierten die gesellschaftliche Anerkennung auch der Frauen, die sich dafür entschieden hatten, keine Kinder zu bekommen. Und eine der zentralen Forderungen der Mujeres Libres war die gleichberechtigte Beteiligung der Frauen an der Erwerbsarbeit – selbstverständlich bei gleichen Löhnen für beide Geschlechter. Von der Sexualaufklärung bis zur Kindererziehung, nichts ließen die Mujeres Libres – zum Leidwesen auch der eigenen Genossen – unangetastet. Ihre Ideen stießen auf großen Widerhall, in allen Städten gründeten sich Komitees, die Mitgliederzahl stieg auf 20000, mit ihrer Zeitschrift »Mujeres Libres« erreichte die Gruppe allerdings noch wesentlich mehr Frauen.[9]

Die wichtigsten Konkurrentinnen der Mujeres Libres waren die Mujeres Antifascistas, eine Organisation, die nach ihren Statuten jeder Frau offenstand, de facto aber von der Kommunistischen Partei dominiert und geleitet wurde. Die Mujeres Antifascistas waren aus den 1933 von der KP gegründeten »Mujeres contra la guerra y el Fascismo« (Frauen gegen Krieg und Faschismus) hervorgegangen. Sie gaben die Zeitschrift »Mujeres« heraus und organisierten die Mädchen in der »Union de Muchachas« (Vereinigung junger Frauen). Sie erklärten den Kampf gegen den Faschismus (für die Republik) zur absoluten Priorität, der sich die Frauen einschränkungslos zu beugen hatten. Die Mütterlichkeit wurde von ihnen hochgehalten und propagandistisch eingesetzt, vor allem Dolores Ibarruri (La Pasionaria) appellierte immer wieder an den »Instinkt« der Mütter.[10] Die Mujeres Antifascistas unternahmen, gemäß der Taktik ihrer Partei, immer wieder Versuche, eine Art Volksfront der Frauen zu bilden, der sich die Mujeres Libres vehement widersetzten: Sie vermuteten, angesichts des erbitterten Kampfes der Kommunisten gegen die ihnen zahlenmäßig weit überlegenen Anarchisten nicht zu Unrecht, daß sie vereinnahmt und dann kaltgestellt werden sollten. In einer offiziellen Erklärung ihrer Ablehnung einer von den Mujeres Antifascistas »angebotenen« Vereinigung der beiden Organisationen kritisierten die Mujeres Libres scharf die (Propaganda-)Politik der Kommunistinnen: »Was haben wir von der Eröffnung eines neuen Kindergartens an dem oder jenem Tag oder von der Verteilung einiger Büchsen Milch mehr oder weniger an antifaschistische Mütter? Die Anmaßung, solche einfachen und alltäglichen Verrichtungen mit spektakulären Manifestationen zu verbinden, hat einen Vorläufer gehabt, welchen wir alle nicht vergessen sollten: es ist nicht lange her, da hat die kirchliche Caritas sich ihre Parteigänger mit einer Baumwolldecke und einem Kleidungsstück gekauft.«[11]

Beide Frauenorganisationen spielten eine wichtige Rolle im politischen Leben Spaniens während des Krieges. Überhaupt wurde den Frauen nun eine Aufmerksamkeit zuteil, von der sie früher nicht einmal zu träumen gewagt hätten. Der Grund war klar: Ihre Arbeitskraft, ihr freiwilliger Einsatz in der Organisierung des Nachschubs, der Etappe, des zivilen Lebens, bald auch ihre uneingeschränkte Opferbereitschaft wurden gebraucht, und so richteten sich die Augen der Männer plötzlich auf ihre Gefährtinnen. Lucia Sánchez Saornil, eine der Gründerinnen der Mujeres Libres und Leitartiklerin ihrer Zeitschrift »Mujeres Libres«, durchschaute das Manöver mit unbestechlicher Klarheit. Die Kritik, die sie ihren Genossen bereits im September 1935 ins Stammbuch geschrieben hatte, verlor im Herbst 1936, als die Mitarbeit der Frauen zum Thema Nummer eins geworden war, nichts an Gültigkeit, ganz im Gegenteil: »Zahlreich sind die Genossen, die die Mitarbeit der Frau im Kampf aufrichtig wünschen. Aber dieser Wunsch korrespondiert nicht mit einer veränderten Auffassung von der Frau. Diese Genossen wollen ihre Mitarbeit als einen Baustein zur leichteren Erringung des *Sieges*, als ein strategisches Moment sozusagen, aber ohne deshalb auch nur für einen Augenblick an die Autonomie der Frau zu denken und aufzuhören, sich selbst als den Nabel der Welt zu betrachten.«[12]

Die Mujeres Libres dagegen wollten eine wirkliche Veränderung, und sie wußten, daß sie den Kampf darum nach Beendigung des Krieges (das heißt nach dem Sieg der Revolution) sogar noch verschärft weiterführen müßten, weil dann die Frauen wieder von den Arbeitsplätzen vertrieben und nach Hause geschickt würden.

Dennoch: Die Atmosphäre war ganz greifbar eine andere geworden. Was auch immer die Männer in allen Parteien und die Funktionärinnen der Mujeres Antifascistas deklarierten, die Frauen nahmen sich ihre momentane Freiheit und genossen sie, Anarchistinnen und Kommunistinnen gleichermaßen, und auch die Frauen, die der linken (zur KP in Opposition stehenden) POUM angehörten, machten da keine Ausnahme. Clara Thalmann erinnert sich: »In Barcelona, da war ein ganz anderes Bild gegen früher – ich kannte die Stadt ja schon. Früher war es ausgeschlossen, daß eine Frau allein auf die Straße ging. (...) Jetzt sah man die Frauen (...) im Caféhaus sitzen, diskutieren, mit dem Gewehr zwischen den Knien. (...) Die Frauen waren so urplötzlich frei. Auf einmal hast du gemerkt: die interessiert sich ja auch für alle Fragen.«[13] Franz Borkenau beschreibt in seinen Spanien-Erinnerungen, daß die Frauen in Barcelona auf einmal in Hosen gingen, was vorher undenkbar gewesen war. In Madrid beobachtete er, mit welcher Begeisterung die jungen Kommunistinnen loszogen, um für die »Rote Hilfe« zu sammeln und, mit ihrer Sammelbüchse ›bewaffnet‹, in die Cafés gingen, um mit wildfremden Menschen zu reden und zu diskutieren.[14]

Die Frauen waren das »Rückgrat des Widerstands«.[15] Sie bildeten Komitees, richteten Lazarette ein, organisierten die Verteidigung der Häuser und Straßen, die Verteilung nicht nur von Lebensmitteln, sondern auch von Munition und Informationen, sie nähten Uniformen und beschafften Verbandsmaterial, Medikamente, alles, was benötigt wurde.[16] Sie beschränkten sich aber nicht auf diese, Frauen in jedem Krieg zugestandenen und abverlangten Aufgaben: Sie ergriffen auch selbst das Gewehr und meldeten sich zur Front. Und in den ersten Tagen und Wochen hielt sie niemand auf. Sie hatten zwar größere Schwierigkeiten als Männer, an die wenigen vorhandenen Waffen zu kommen, hatten sie aber eines der begehrten Schießgeräte für sich beschafft, bestiegen sie wie ihre männlichen Kameraden die Lastwagen, die in die umkämpften Gebiete oder Stadtteile fuhren. Als die Faschisten im November 1936 Madrid angriffen, wurden sie auch von zahlreichen Milicianas zurückgeschlagen. An der Brücke von Segovia kämpfte erfolgreich ein eigenes Frauenbataillon, und an der Nordfront bei Gestafe waren die Kämpferinnen die letzten, die sich zurückzogen.[17] An diesen Schlachten waren nicht nur die Anarchistinnen beteiligt, deren Organisation sich zur Frage »Frauen an die Front?« vorläufig indifferent verhielt, sondern auch viele junge Kommunistinnen. Diese jungen Frauen – die meisten waren nicht viel älter als 16 – kümmerten sich nicht im geringsten um die Rolle, die ihnen ihre Partei in offiziellen Verlautbarungen zuwies. Und von seiten des vereinigten kommunistisch-sozialistischen Jugendverbandes, in dem die meisten von ihnen organisiert waren, bestanden nicht nur keine Bedenken gegen ihren Kampfeifer, sie wurden sogar, wie das Beispiel von Rosario Sanchez Mora zeigt, für die Front rekrutiert. Das größte Hindernis, das die Mädchen und jungen Frauen in der ersten Phase des Krieges zu überwinden hatten, waren die eigenen Eltern. Rosario Sanchez Mora erinnert sich: »Daß ich in den Krieg zog, hatte ich niemandem erzählt. Sonst hätte ich nicht gedurft. Die Leute, bei denen ich wohnte, hätten mich nie ohne die Erlaubnis meines Vaters gehen lassen. Sie hätten mich mit allen Mitteln zurückgehalten. Und den anderen ging es genauso. Die Lastwagen fuhren mit einigen Minuten Verspätung ab, und so manche trieb den Fahrer zur Eile an: Los, fahr schon, sonst kommt noch meine Mutter und zieht mich an den Ohren fort!«[18]

Doch schon im November veränderte sich das Bild. Immer mehr Milicianas wurden von der Front abgezogen und in den Wasch-, Näh- und Bügeldienst in der Nachhut versetzt. George Orwell erinnert sich, daß es zwar noch im Dezember Frauen in den Milizen gab, daß ihnen aber nicht mehr, wie zu Anfang des Krieges, applaudiert wurde, im Gegenteil, die Männer begannen nun, sich über ihre Kameradinnen lustig zu machen.[19] Ein halbes Jahr später, im Juli 1937, war es dann ganz aus für sie. Eine englische anarchistische Zeitschrift beschrieb die allgemeine Situation im zweiten Kriegsjahr mit dem Satz »Die Konterrevolution hat gesiegt«.[20] Gesiegt hatte auf jeden Fall die Kommunistische Partei mit ihrer Devise ›Erst den Krieg gewinnen, dann weitersehen‹ über die Anarchisten, die zugleich mit dem Krieg auch die Revolution gewinnen wollten. Die Kollektive in den Städten und in der Landwirtschaft wurden aufgelöst, die Milizen in eine reguläre Armee mit unterschiedlichen Rängen und gestaffeltem Sold, mit militärischer Disziplin, Hierarchie und Gerichtsbarkeit umgewandelt. Die Zeiten der »wilden« – der selbstverantworteten und selbstorganisierten – Freiheit waren vorbei. Gleichzeitig mit der Strukturierung der Armee wurde ein Dekret erlassen, das Frauen den Frontdienst untersagte. Die Milicianas wurden aus den Schützengräben geholt, viele von ihnen weinten vor Wut, als man sie zwang, die Busse zu besteigen, die sie in die Etappe karrten.[21]

Sie stießen auf kein Verständnis. Selbst die Mujeres Libres predigten nun ihren Mitgliedern den »sozialen« Dienst. Ein Artikel in »Mujeres Libres« Nummer 10, vom Juli 1937, muß den Milicianas wohl als reiner Zynismus und Verrat erschienen sein. Es heißt darin erst einmal lobend, daß Frauen aller Berufssparten sich am Widerstand beteiligt hätten, bis hin zu den Modistinnen, die zum Gewehr griffen: »Die Modistin widersetzte sich der Tyrannei der Nadel, um ihre Träume nach dem Abenteuer zu realisieren.« Abgesehen davon, daß man ihr eine politische Motivation offenbar nicht zutraute – auch der Traum vom Abenteuer wird ihr sofort ausgetrieben, um sie wieder der Tyrannei der Nadel zu unterwerfen. Mit dem Unterschied, daß sie jetzt statt eleganter Kleidung Uniformen nähen soll: »Sie hat ihr junges Leben voll jugendlicher Erwartungen in den ersten Tagen des heroischen Kampfes aufs Spiel gesetzt, in denen jeder Mann ein Held und jede Frau einem Mann gleichwertig war. Doch es gibt kein Wenn und Aber in diesem langen und anhaltenden Kampf zweier Klassen, die sich hassen. Indem die Frau das so verstanden hat, überdachte und begriff sie genau, daß sich ein Geplänkel auf den Straßen bei weitem von diesem regulären und verzweifelten Stellungskrieg unterschied. Indem sie es so verstand und damit auch ihren eigenen Wert als Frau erkannte, zog sie es vor, das Gewehr gegen die Maschine in der Industrie und die kämpferische Energie gegen die milde Energie als *Frau* zu tauschen.«[22]

Nicht alle konnten sich für die »milde Energie« begeistern, einigen Frauen gelang es, bei ihren Einheiten zu bleiben. Sie kämpften bis zuletzt, bis sie verwundet, gefangengenommen oder getötet wurden. Ihre genaue Zahl ist nicht zu ermitteln. Clara Thalmann schätzt, daß Frauen etwa zwei Prozent der Milizen stellten[23], wie viele von ihnen in der Armee übrigblieben, hat nie jemand gezählt. In den von den Anarchisten dominierten Einheiten setzte sich das Verbot nie ganz durch.[24] Die Kommunistin Rosario Sanchez Mora, die der Dinamitero ihrer Einheit war (die Dinamiteros stellten die Bomben her, mit denen die schlecht ausgestatteten republikanischen Truppen kämpften), erklärte noch 1987, eine Vertreibung der Frauen von der Front hätte es nie gegeben. Das hätte sie noch nie gehört und das wolle sie auch nicht glauben.[25] Die Aktivistin der POUM, Mika Etchebéhère, die eine eigene Kolonne kommandierte, wurde nicht nur nicht entlassen, sondern offiziell zum Hauptmann befördert. Sie war damit – soweit bekannt – der einzige höhere weibliche Offizier der regulären Armee. Erst später wurde ihr das Kommando entzogen, indem man sie zum Adjutanten des Generalstabs beförderte.[26]

Mika Etchebéhères Kriegserinnerungen »La guerra mia« sind ein einzigartiges Dokument. Sie beschreibt nicht nur ihre Aktivitäten, die Kämpfe, die sie mit ihrer Kolonne ausgefochten hatte, sondern reflektiert dabei auch ständig ihre Rolle als Frau in dieser höchst ungewöhnlichen Situation. Die Tatsache, daß eine Frau eine Truppeneinheit befehligte, hatte sich im ganzen Land herumgesprochen. Die Schlüsse, die daraus gezogen wurden, waren unterschiedlich. Einige Frauen gingen jedenfalls davon aus, daß sie in dieser Kolonne am richtigen Platz wären. So kamen eines Tages zwei Mädchen, die sich ihrem Kommando unterstellen wollten. Manolita, eine der beiden, erklärte warum: »Ich gehöre zur Kolonne Pasionaria, aber ich möchte lieber bei euch bleiben. Nie wollten sie den Mädchen ein Gewehr geben. Wir waren bloß gut zum Geschirrspülen und Wäschewaschen. (...) Ich habe gehört, daß in eurer Kolonne die Milizfrauen dieselben Rechte haben wie die Männer, daß sie sich weder ums Geschirr noch um die Wäsche kümmern. Ich bin nicht an die Front gekommen, um mit einem Putzlumpen in der Hand zu krepieren. Ich hab schon genug Töpfe für die Revolution gescheuert!«[27]

Mika hat tatsächlich durchgesetzt, daß die »Weiberpflichten« zwischen Männern und Frauen gerecht aufgeteilt wurden. Die Männer haben sich dem gefügt, doch nicht immer, ohne zu murren oder zumindest diese »Besonderheit« hervorzuheben. Als ein alter Mitkämpfer vor sich hinbrummelt, es wäre schon eine Revolution, daß hier die Männer die Socken waschen, erwidert ihm Mika: »Du sagst es. Ihr habt mich aus freien Stücken zum Hauptmann gewählt, ohne Rücksicht darauf, daß ich eine Frau bin. Wenn wir nach dem Krieg am Leben bleiben, werden wir ausführlich über all diese Dinge reden. Im Augenblick vielen Dank, daß du meine Socken gewaschen hast. Nie hätte ich mich getraut, dich darum zu bitten.«[28] Und damit ist die Angelegenheit erledigt.

Ihre Männer haben ja wirklich darauf bestanden, daß sie das

Kommando behielt, und sie sind stolz auf ihre Frau Hauptmann, die von den anderen wie ein seltenes Phänomen bestaunt wird. Sogar hohe Generäle kommen an den Frontabschnitt, an dem Mikas Einheit liegt, um das »Wunder« persönlich zu besichtigen. Mikas Soldaten wissen, daß ein Gutteil ihres Ruhmes daher rührt, daß eine Frau sie in den Kampf führt – und, da sich diese Truppe dennoch so tapfer schlägt, anderen als Vorbild angepriesen wird. Falls es jemand wagt, die Situation zu kritisieren oder gar ins Lächerliche zu ziehen, weisen ihn Mikas Männer zurecht: Sie hätten »eine Frau Hauptmann, die mehr cojones (»Eier«, Anm. d. Verf.) hat als alle Hauptleute der Welt«.[29]

Frau Hauptmann mit den cojones weiß, daß sie eine Art »Anomalie« darstellt: »Was bin ich für sie? Vermutlich weder Mann noch Frau, ein Zwitterwesen besonderer Art.« Und doch auch wieder Frau: »Ihre Frau, eine außergewöhnliche Frau, rein und hart, der man ihr Geschlecht verzeiht, solange sie keinen Gebrauch davon macht.«[30] Auch Clara Thalmann sagt, »wir Frauen an der Front (waren) so eine Art Neutrum«.[31] Die Kommunistin Julia Manzanal, politische Kommissarin ihrer Einheit, schnitt sich das Haar kurz und band sich die Brüste ab. In ihrem Khakianzug sah sie aus wie ein Junge, und sie wurde auch von allen nur »Chico« (Junge) gerufen. Sie erzählt, daß sie ein einziges Mal, auf einer Tanzveranstaltung im Fronturlaub, ein Kleid trug – ihre Kameraden erkannten sie auf den ersten Blick nicht wieder. Und sie selbst verfiel anschließend in Panik und befürchtete, die Männer könnten sie nun plötzlich »mit anderen Augen« sehen.[32] Mika Etchebéhère verzichtete aus diesem Grund vollständig darauf, während der wenigen Tage Fronturlaub, an denen sich ihre Genossen in Kneipen und Bars erholten, auszugehen: »Mein Status als Frau ohne Furcht und Tadel, als ganz besondere Frau, verbietet es mir. So bleibt mir nichts anderes übrig, als mich in das Handbuch für militärische Ausbildung zu vertiefen, das ich auswendig zu lernen versuche.«[33]

Sie verzichtet nicht nur auf gesellschaftliche Vergnügungen, sie verbietet sich auch jede Schwäche, wissend, daß sie ihr sofort als »weibliche Schwäche« ausgelegt würde. Während der Belagerung der Kathedrale von Siguenza, in der sich ihre Kolonne zusammen mit den Bewohnern der Stadt verschanzt hatte, gönnt sie sich keine Minute Schlaf, während sie ihren

Männern kategorisch befiehlt, sich abwechselnd auszuruhen.[34] Nach einer anderen mörderischen Schlacht fühlt sie sich dem Zusammenbruch nahe, zwingt sich aber mit letzter Kraft, die Beherrschung nicht zu verlieren: »Und ich verstumme, um nicht loszubrüllen. Ich spüre Blei in den Armen, eine Eisenkette schnürt mir den Hals zu, die Angst der schlimmen Tage lähmt meinen Magen, kriecht mir in die Kehle hoch, läutet Sturm in meinem Herzen, läßt meine Schläfen erbeben, gellt in meinen Ohren, explodiert hinter meiner Stirn. Ein letzter Rest von Hellsicht läßt mich nach Ernestos Arm greifen. *Ich muß* weitergehen, *ich muß* bis zum Unterstand kommen, *ich darf nicht* hinfallen, *ich darf nicht* schreien, fast ist es vorbei, morgen noch, dann werde ich meine Einsamkeit haben, (...) ich werde die Maske der starken Frau fallenlassen können, werde weinen und schlafen können.«[35]

Nur in einem Punkt verhält sich Mika so, wie es von einer Frau erwartet wird. Sie kümmert sich mehr und sorgfältiger als ihre männlichen Offizierskollegen darum, daß ihre Männer zu essen haben und medizinisch halbwegs ausreichend versorgt werden. Ja, sie geht sogar so weit, die kranken Soldaten eigenhändig zu bemuttern, und ironisiert sich dabei selber: »Hat man je einen Hauptmann gesehen, der seinen Soldaten Hustensaft einflößt, mitten im Krieg, in einem Schützengraben, hundertfünfzig Meter von den feindlichen Linien entfernt? Flasche und Löffel in der Hand, reiche ich den Kranken die Arznei mit der natürlichsten Miene der Welt, und diese schlucken sie ebenso selbstverständlich.«[36] An anderer Stelle bemerkt sie lakonisch: »Wieder einmal bin ich ein Hauptmann-Hausmütterchen, das auf Kinder-Soldaten aufpaßt.«[37] Sie analysiert die Ambivalenz ihrer Position ohne Illusionen: »Ich muß lächeln beim Gedanken an das seltsame Band, das mich mit den Milizsoldaten verknüpft. Ich beschütze sie, und sie beschützen mich. Sie sind meine Kinder und gleichzeitig mein Vater. Sie machen sich Sorgen, weil ich zu wenig esse und zu wenig schlafe, und zugleich halten sie es für ein Wunder, daß ich die Unbilden des Krieges ebenso gut oder noch besser ertrage als sie. Alle ihre Vorstellungen über die Frau sind durcheinandergeraten. (...) (sie) erklären mich zur Ausnahme, und weil ich ihr Chef bin, fühlen sie sich den anderen Kämpfern in gewisser Weise überlegen.«[38]

Ende 1938, als die ausländischen Regierungen schon offen

mit dem Sieg der Faschisten spekulieren – und sich darauf einstellen, als die Kämpfer/innen von einer Niederlage in die nächste ziehen und dennoch nicht aufgeben, erlebt Mika inmitten des allgemeinen militärischen Desasters ihre persönliche Niederlage. Ein Bataillonskommandant sucht sie auf und kommt ohne Umschweife zur Sache: »›Ich möchte Ihnen einen Vorschlag machen, Frau Hauptmann. Ich bitte Sie, Ihre Kompanie an einen anderen Offizier abzugeben und mit mir als Adjutant an der Spitze des Bataillons zusammenzuarbeiten.‹ Meine erste Reaktion ist Bitterkeit, in die sich augenblicklich Zorn mischt. Es geht einfach darum, sage ich mir, mir das Kommando der Kompanie zu entziehen, indem man mir eine trügerische Beförderung vorschlägt, die zwar recht hochtrabend klingt, aber mich nahezu zur Untätigkeit verurteilt.«[39] Sie wehrt sich, erkennt dann aber: »Sinnlos, die Diskussion fortzusetzen. Ich muß den Posten annehmen oder nach Madrid zurückkehren. Ich will nicht in die Etappe. Also stelle ich mich der Herausforderung.«[40]

Mika Etchebéhère überlebt den Krieg und kann sich aus dem von den Faschisten eroberten Spanien retten. Auch Clara Thalmann gelingt die Flucht – allerdings erst nachdem sie einige Zeit in einem Gefängnis der GPU, des kommunistischen Geheimdienstes, festgehalten worden war – als doppelt »zweifelhafte« Person: des Trotzkismus verdächtigt und auf seiten der Anarchisten kämpfend. Sie war bei weitem nicht die einzige, die dieses absurde Schicksal erfuhr. Viele Anarchist/inn/en, Mitglieder der als trotzkistisch »verschrienen« POUM und »Abweichler/innen« aus den eigenen Reihen wurden von den Stalinisten eingesperrt und sogar gefoltert.[41] Rosario Sanchez Mora, der eine der von ihr gebauten Bomben in der Hand explodiert war, arbeitete, als sie wieder geheilt war, als Frontpostchef, das heißt, sie verteilte die Post an die Soldaten im Schützengraben, während ihr selbst die Kugeln um die Ohren schwirrten. Dann wurde sie gefangengenommen und saß jahrelang in den Zuchthäusern des faschistischen Regimes, wie Tausende ihrer Kameradinnen.[42] Diejenigen unter ihnen, die der Gegner im Verlauf einer Schlacht gefangennahm, wurden meist brutal vergewaltigt und dann getötet. Einige von ihnen hatten »Glück« und wurden in ein Gefängnis gebracht, mit noch mehr Glück wurden sie dann irgendwann, nach sechs, sieben, zehn Jahren freigelassen. Worauf sie nicht selten im Untergrund weiterarbeiteten, womöglich wieder verhaftet wurden, sich aber in jedem Fall erst nach Jahrzehnten, nach Francos Tod, frei und sicher fühlen und ein »normales« Leben beginnen konnten.

Fifi – Fidela Fernandez de Velasca Perez

Einfach war es nicht, Fifi aufzutreiben. Ihr Name geisterte durch beinahe alle Gespräche, doch ihre Adresse wollte niemand wissen. Der Grund – nach mehrfachem Nachhaken endlich eingestanden: Fifi war »irgendwie eigenartig«, sie war, deutlicher gesagt, »zu männlich«. Fifis Eigenart, das stellte sich bald heraus, besteht vor allem darin, daß sie sich heute noch stolz dazu bekennt, an der Front gekämpft zu haben: »Warum sollte ich denn Probleme gehabt haben mit dem Schießen«, erklärte sie mir in dem dann doch zustande gekommenen Interview[43], »es war Krieg, wir mußten die Faschisten aufhalten. Ich habe auf alles geschossen, was sich bewegt hat.« Nur – fügt sie einschränkend hinzu – sie hätte nie einen Gefangenen töten können. Ihre Ausrüstung bestand aus »einem guten Gewehr, dem besten, das zu haben war«, und selbstgemachten Bomben. Die wiederum hatte der Dinamitero ihrer Einheit produziert, und dieser Dinamitero war eine Zeitlang Rosario Sanchez Mora, genannt La Dinamitera, gewesen. Doch das war bereits mitten im Krieg, als die Milizen zur regulären Armee umgewandelt worden waren und nur noch wenige Frauen an der Front bleiben durften. Fifi, die mit bürgerlichem Namen Fidela Fernandez de Velasca Perez heißt, und La Dinamitera gehörten zu diesen wenigen »Auserwählten«. Fifi wäre tatsächlich die letzte gewesen, die es zugelassen hätte, daß man sie in die Etappe verwies. »Ich war schon immer so«, sagte sie, »ich wollte immer kämpfen. Weiberkram hat mich noch nie interessiert.«

Fifi wächst in einem alten traditionellen – und armen – Arbeiterviertel Madrids auf. Ungerechtigkeiten bekommt sie von klein auf mit, aber auch den Widerstand der Arbeiter/innen gegen diese Ungerechtigkeiten. Ihr Viertel war schon immer als aufrührerisch bekannt, nach dem Sieg der Faschisten wurde es durch einen Wall von Kasernen von den anderen Stadtteilen getrennt. Fifi ist das dritte von vier Geschwistern, ein rebellisches Mädchen, das auch die Unterschiede zwischen den Geschlechtern, die Ungerechtigkeiten innerhalb der Familie sehr genau registriert. Der Vater und die Brüder bekommen stets mehr zu essen als die Mutter und die Mädchen. Fifi will von ihrer Mutter wissen, warum, und bekommt zur Antwort, die Jungen bräuchten nun mal mehr. »Du weißt ja gar nicht, wieviel ich brauche«, hält sie dagegen, was ihr aber auch nichts nützt. Selbstverständlich tollt Fifi mit den Brüdern herum, strolcht mit ihnen durch das Viertel und einmal sogar bis an den Fluß, der streng verbotenes Gebiet für die Kinder ist: »Als wir dann nach Hause kamen, hat mein Vater mich verprügelt, meinen Bruder hat er nicht angefaßt!«

Im Innenhof des Hauses, in dem Fifi aufwuchs, standen zwei Autos, ein kleiner Transporter und das Taxi eines der Hausbewohner. Fifi wartete, bis ihr Vater die Wohnung verließ, schlich sich dann in den Hof und brachte sich das Autofahren bei. Als sie das Gefühl hatte, diese Kunst nun ausreichend zu beherrschen, kurvte sie heimlich mit dem Taxi durch die Stadt: »Zum Glück haben sie mich nie erwischt, das hätte einen Aufstand gegeben«, sagt sie und grinst vergnügt über ihre jugendliche Frechheit.

Doch ihre diversen Streiche und Streifzüge reichen Fifi bald nicht mehr. Sie erkennt, daß ihre private, isolierte Rebellion sie nicht weiterbringt: »Ich habe nach etwas gesucht, das meinem Kampf einen Sinn gibt, ich wollte gegen etwas Bestimmtes angehen, gegen das, was der Ursprung all der Ungerechtigkeiten ist.« Die 13jährige Fifi tritt der Jugendorganisation der Kommunistischen Partei bei: »Ich habe gefühlt, das paßt am besten zu mir, das entspricht mir.« Ihre Eltern sind nicht gerade begeistert, lassen sie aber gewähren, denn der Vater, selbst Sozialist, kann zumindest verstehen, warum sich seine widerspenstige Tochter politisiert. Und sie trägt ja, wie alle Kinder dieses Arbeiterviertels, trotz ihres jugendlichen Alters schon entscheidend zum Familieneinkommen bei. Fifi arbeitet als Schneiderin, und sie sagt, die Arbeit habe ihr Spaß gemacht. Ihre Freizeit aber verbringt sie nun mit den Genossinnen und Genossen, liest mit ihnen die sozialistischen Klassiker und lernt auch, mit Waffen umzugehen, denn das militärische Training gehört zu ihrer Ausbildung als Jungkommunistin. In der Jugendorganisation wird hier kein Unterschied zwischen Jungen und Mädchen gemacht.

Als die Nachricht vom Putsch der faschistischen Offiziere bekannt wird, muß sich Fifi nicht erst ein Gewehr besorgen, denn sie stand bereits voll bewaffnet vor dem Parteilokal Wache: »Wir wußten damals, daß etwas passieren würde, wir haben dem Frieden nicht getraut, von daher waren wir eigentlich schon gut vorbereitet.« Für Fifi ist völlig klar, was sie nun tun wird: Sie wird kämpfen. Die knapp 16jährige geht nach Hause, um ihre Sachen zu holen und sich von den Eltern zu verabschieden. »Kommt, gebt mir einen Kuß, ich ziehe in den Krieg, ich muß in den Krieg«, erklärt sie ihren Eltern. Den Kuß bekommt sie nicht: »Sie haben mich nicht verprügelt, sie haben mich nicht beschimpft, sie haben nicht einmal etwas gesagt. Kein Wort.« – Sie wußten, daß diese Tochter nicht mehr zu retten und jeder Widerspruch sinnlos war.

Fifi wird sofort in die vorderste Frontlinie geschickt, ihrer Einheit gelingt es, die Faschisten zurückzuschlagen, sie erobert sogar eine Kanone. Und Fifi ist es, die die Kanone nach Madrid bringt. Dann geht es weiter nach Toledo, von dort zurück in die Sierra von Madrid, wo Fifi in der Kolonne kämpft, in der Rosario Sanchez der Dinamitero ist. Sie weiß heute noch ganz genau, wie diese Bomben, mit denen die Milizen der schweren und leichten Artillerie des Feindes standhielten, gebaut wurden: »Wir nahmen Kondensmilchdosen, füllten sie mit Glassplittern, Steinen, Nägeln, und gaben dann noch Dynamit dazu. Oben kam die Zündschnur raus und man mußte sehr schnell werfen, weil die Schnur ziemlich kurz war.« Zeitweise wurde die ganze Kolonne von Frischmilch auf Büchsenmilch umgestellt, um genügend Bombenbehälter zu haben. Die Gewehre der Milizen waren im Gefecht gegen den technisch perfekt ausgerüsteten Gegner, der mit Kanonen und Maschinengewehren anrückte, nur von wenig Nutzen, die einzige halbwegs wirksame Waffe waren diese provisorisch selbstgebastelten Bomben. »Wir hatten nie genug Waffen, nie genug Munition«, erzählt Fifi, die stärkste Waffe der republikanischen Einheiten waren ihr Mut und die Freiwilligkeit, mit der sie – im Gegensatz zu den oft zwangsrekrutierten Soldaten des faschistischen Heeres – in den Kampf zogen. Fifi war nicht nur ständig in der vordersten Linie zu finden, sie gehörte längere Zeit einem Stoßtrupp an, der immer dahin geschickt wurde, wo die Gefahr am größten war. Zwischendurch fuhr sie Lastwagen voll Leichen und Verwundeten in das Hinterland. – Wenn sie sich schon als Zwölfjährige getraut hatte, mit einem »geliehenen« Taxi durch die Stadt zu kurven, warum sollte sie jetzt nicht mit einem Lastwagen zurechtkommen?

Das Leben an der Front war hart. Fifi schlief im Schlamm, sie schlief im Schnee, sie schlief auf Steinen. Häufig schlief sie gar nicht, kauerte im Schützengraben, schob Wache. Oft genug gab es nichts zu essen, »dann wurde eben gehungert«. Waren Lebensmittel da, wurde abwechselnd gekocht, von Frauen und Männern gleichermaßen. Fifi: »Da gab es keinen Unterschied, alle haben alles gemacht. Und manchmal war dann eben ich dran mit dem Kartoffelschälen – allerdings selten.« Daß Fifi sich nicht gerade mit Begeisterung zum Küchendienst meldete, ist durchaus glaubhaft. Sie selbst ernährt sich heute hauptsächlich von Spiegeleiern, Brot und Sardinen – die sie mit einer streunenden Katze teilt. »Wir wurden in jeder Hinsicht wie Männer behandelt«, sagt sie, »und wir haben uns ja auch benommen wie Männer.« Es sei denn, der Tribut an die Weiblichkeit war nicht zu vermeiden: »Ich habe immer Watte in den Taschen mit mir herumgetragen. Und wenn es irgendwie möglich war, bin ich kurz verschwunden, hab' die Watte gewechselt und dann heimlich ins Feuer geworfen oder sie in ein Erdloch vergraben. Am schwierigsten war es, wenn ich auf die Toilette mußte. Toiletten gab es natürlich nicht, und die Männer haben es da ja einfach. Wenn ich nicht wegkonnte, mußte ich mich eben beherrschen, bis es eine Möglichkeit gab, kurz zu verschwinden.«

Heute noch kursiert in Spanien – auch in kommunistischen Kreisen – das Gerücht, die Frauen an der Front seien Huren gewesen. Der blaue Overall, für Männer ein »Ehrenkleid«, gilt bei Frauen als Synonym für Prostitution. Fifi: »Ja, es gab schon Prostituierte, aber die waren vor allem in der Etappe. Die haben da ihren Beruf ausgeübt. Aber das hatte doch nichts mit uns zu tun, mit den Kämpferinnen. Und unsere Kameraden wußten das auch ganz genau. Da hätte sich keiner getraut, uns zu nahe zu kommen. Die nahmen uns überhaupt nicht als Frauen wahr. Wie denn auch? Wir lagen genauso verdreckt und verlaust wie sie im Schützengraben, wir haben gekämpft und gelebt wie sie. Wir waren für die keine Frauen, sondern einfach uno mas, einer mehr.«

Doch eines Tages, nach der Auflösung der Milizen, kam ein Offizier der regulären Armee zu Fifis Einheit und wagte das Ungeheuerliche: Er beleidigte sie als Frau. Er behauptete, sie würde unter der Treppe mit den Männern schlafen. Fifi: »Mir hat er das nicht gesagt, sondern Genossen, und die haben es mir weitererzählt. Ich bin zu dem hin und hab ihm so in die Fresse geschlagen, daß es ihn umgeschmissen hat.« Das macht man natürlich mit einem Offizier nicht, und frau schon überhaupt nicht. Tatsächlich drohte der Beleidigte, Fifi vor das Militärgericht zu stellen, doch nun griffen ihre Kameraden ein und erklärten, wenn er das wirklich vorhabe, würden sie ihn gleichfalls anklagen, da er die Ehre einer Kämpferin beleidigt hatte. Und damit war die Angelegenheit bereinigt.

Daß Fifi in der regulären Armee weiterkämpfen durfte, war für sie und ihre Kampfgefährten eine Selbstverständlichkeit. Sie meint, ob eine Frau bleiben konnte oder nicht, das habe von ihrem Verhalten abgehangen. Jedenfalls war sie nicht die einzige. »Und«, betont sie, »das habe ich an der Front gelernt: Frauen sind mutiger als Männer, zäher, sie halten mehr aus, auch mehr körperliche Schmerzen.« Gefragt, was sie von der weitverbreiteten Ansicht hält, Frauen seien nicht zum Kämpfen, sondern für die sozialen Aufgaben geschaffen, antwortet Fifi sehr knapp und eindeutig: »Das ist Schwachsinn. Mehr habe ich dazu nicht zu sagen.« Punkt.

Nach anderthalb Jahren an der Front wird Fifi verwundet. Als sie wieder gesund ist, überträgt ihr die Partei die Aufgabe, ein Rekonvaleszentenheim aufzubauen. Drei Monate lang macht sie das, diszipliniert, wie es sich für eine Kommunistin gehört, doch dann wird es ihr doch zu bunt. Sie meldet sich in der Zentrale und erklärt: Das ist keine Arbeit für mich. Die Genossen, die Fifi kennen, müssen ihr recht geben – und eine neue Aufgabe. Fifi wird auf die Schule des Kommunistischen Informationsdienstes CIF, des Geheimdienstes der Partei, geschickt. Sie besteht alle Prüfungen und arbeitet fortan als Agentin hinter den feindlichen Linien. Auch an der Front hat sie nun wieder zu tun, in der Abwehr faschistischer Agenten. Worin ihre Arbeit genau bestand, darüber schweigt sie auch heute noch: »Das erste, was ich gelernt habe, war, meinen Mund zu halten, und ich sehe nicht ein, warum ich jetzt plötzlich damit aufhören soll.«

Kurz vor Kriegsende übernimmt die »Junta Casado«, eine provisorische Regierung unter dem rechten Sozialisten Casado, die Macht in Madrid, um bald darauf die Stadt kampflos den Faschisten zu übergeben. Vorher wird jedoch noch Jagd auf

Kommunisten gemacht, viele von ihnen werden Francos siegreichen Truppen bereits als Gefangene übergeben. Auch Fifi wird verhaftet, zusammen mit sechs Kolleginnen vom CIF. Da die Gefängnisse bereits hoffnungslos überfüllt sind, werden sie in einer alten Villa festgehalten – sehr kurzsichtig von ihren Verfolgern, denn diese Frauen sind mit allen Wassern gewaschen. »Wir haben uns an einer Regenrinne abgeseilt«, erzählt Fifi und fügt bedauernd hinzu: »Leider mußten wir unsere kleinen Utensilien zurücklassen.« Die Utensilien der Damen stellen sich als Revolver und Handgranaten heraus...

Fifi gerät nach ihrer Flucht in den Menschenstrom, der nach Alicante flieht. Hier, so war verkündet worden, würden Schiffe aus mehreren europäischen Ländern anlegen, um die bedrohten Menschen vor den Faschisten zu retten. Zehntausende lagerten am Strand von Alicante, zitternd vor den immer näher rückenden Franco-Truppen. Wie die mit ihren Gefangenen umgingen, wußte jeder. Nur selten töteten sie jemanden, ohne ihn vorher schrecklich zu quälen, Frauen wurden vergewaltigt, bis ihre Leiber nur noch blutige Klumpen waren. Die Menschen warteten und warteten, doch die Schiffe kamen nicht. Statt dessen kamen die Faschisten und errichteten ein riesiges Konzentrationslager am Strand. Nach der ersten Verwirrung begannen sie, die Gefangenen auszusortieren, hier einfache Zivilisten, dort ehemalige Frontkämpfer/innen, aktive Anarchist/inn/en, Kommunist/inn/en und so weiter. Letztere, unter ihnen Fifi, wurden in Zügen nach Madrid transportiert. Fifi wußte, was ihr bevorstand, doch sie ließ sich von der Angst nicht lähmen. Sie war zwar erst 20 Jahre alt, aber eine Militante mit inzwischen siebenjähriger Erfahrung. Mitten auf der Strecke wechselt sie blitzschnell in einen anderen Zug – und findet sich in der Höhle des Löwen wieder. Der ganze Waggon ist voll mit faschistischen Soldaten auf der Heimreise. Fifi erzählt sofort eine rührende Geschichte: In letzter Minute sei sie den Roten entkommen, die sie, eine faschistische Sanitäterin, am liebsten abgeschlachtet hätten. Und nun sei sie auf der Suche nach ihrem Regiment, ob ihr die lieben Kameraden nicht helfen oder sie wenigstens nach Madrid mitnehmen könnten? Die lieben Kameraden, die ohnehin dringend eine Sanitäterin benötigen, laden sie herzlich ein, mit ihnen zu fahren. »Und als wir ankamen«, erinnert sich Fifi, noch heute leicht fassungslos über dieses Erlebnis, »da nahm mich ein Leutnant von denen zur Seite, sagte: Paß bloß auf dich auf, mit dieser Geschichte kommst du nicht noch mal durch! und steckt mir auch noch 25 Peseten zu. Das war damals eine Menge Geld.«

Und nun begeht Fifi einen schweren Fehler, sie kehrt in ihr Elternhaus zurück: »Ich hatte keine Papiere, keine Verbindung mehr zur Partei, ich wußte wirklich nicht, wo ich sonst hin sollte.« Sie ist gerade dabei, sich einen Rock umzunähen, als die Polizei kommt. Ihre Schwester reagiert sofort und behauptet, sie wäre Fifi. Als sie abgeführt wird, weiß Fifi, daß sie das nicht zulassen kann: »Meine Schwester war herzkrank, und außerdem wußte ich, daß die in den Gefängnissen foltern.« Sie geht zur Polizeiwache und stellt sich. So beginnt am Ende des Bürgerkrieges die zweite Phase ihres Kampfes. Fifi kommt nach Ventas, in das berüchtigte Frauengefängnis von Madrid, das für etwa achthundert Gefangene gebaut war und in dem sich jetzt elftausend drängeln mußten, ohne auch nur ansatzweise hinreichende Verpflegung und sanitäre Einrichtungen. Der einzige Vorteil von Ventas war, daß, wie Fifi sagt, »die mit dem Foltern einfach nicht durchkamen, wir waren zu viele«. Auch Fifi bleibt die Folter erspart. Dafür verbringt sie die ersten Monate nach ihrer Verhandlung – sie wurde wegen ihrer Geheimdiensttätigkeit zum Tode verurteilt – in wechselnden Gefängnissen, aber immer in der Zelle der Todeskandidatinnen: »Wir wußten nie, wann wir dran waren. Jeden Tag haben wir damit gerechnet, daß sie uns am nächsten Morgen abholen.« Die meiste Zeit ist Fifi in Einzelhaft, dann, in Granada, bekommt sie eine Zellengenossin: »Sie hatte ihr Kind dabei, das war todkrank. Es war entsetzlich. Sie hat immer gesagt, wenn nur das Kind zuerst stirbt! Sie wurde fast verrückt bei der Vorstellung, daß sie sie holen und das Kind bleibt allein und hilflos und weiß nicht, warum die Mutter nicht mehr kommt.« Sie haben »Glück«, das Kind stirbt, bevor die Mutter zur Hinrichtung geführt wird.

Nachdem sie monatelang Tag und Nacht auf den Tod gewartet hat, wird Fifi, zurück in Ventas, in eine Gemeinschaftszelle verlegt und weiß nun, ihre Strafe wurde umgewandelt. Für sie beginnt damit ein neues Leben: Die Frauen gründen eine Zelle und verbringen den Tag damit, sich zu schulen, weiterzubilden und politische Diskussionen zu führen. Ihre Leiterin ist Mathilde Landa, die ein regelrechtes Rechtshilfebüro im Gefängnis eingerichtet hat und die Frauen mit Auskünften und Ratschlägen versorgt wie eine richtige Anwältin – die sie im »zivilen« Leben auch tatsächlich war. »Sie war eine hochkultivierte Frau«, erzählt Fifi voll Bewunderung, »sie hatte drei Studien beendet, Jura war nur eines davon, und sie war die Verantwortliche der Partei für den Untergrund.« Mit ihr zusammen baut Fifi im Frauengefängnis Ventas die Partei wieder auf.

Fifi lebt und arbeitet wieder für die Politik. Doch während sich die meisten Genossinnen – soweit das unter den Bedingungen des überfüllten Gefängnisses möglich ist – durch diese Arbeit wohl und zugehörig fühlen, hat Fifi mit etwas zu kämpfen, das es offiziell gar nicht gibt. Sie wird verdächtigt, zu Liebesbeziehungen mit anderen Frauen zu neigen. »Die Moral der Partei war sehr strikt«, erzählt sie. »Als einmal bekannt wurde, daß eine Genossin eine Beziehung zu einem verheirateten Genossen hatte, sollte sie aus der Partei ausgeschlossen werden. Sie, nicht er. Dabei lebte er ohnehin schon lange von seiner Frau getrennt.« Homosexualität ist vollends tabu. Kommunisten waren von dieser ›dekadenten bürgerlichen Krankheit‹ nicht ›befallen‹. »Dabei gab es natürlich Homosexuelle in der Partei, Frauen wie Männer«, sagt Fifi. Ob sie selbst dazu gehörte, sagt sie nicht. Ihr reicht schon der schlechte Ruf, den sie hat. »Manchmal fühlte ich mich unter den Tausenden Frauen schrecklich einsam«, erinnert sie sich an die Gefängniszeit in Ventas, »und wenn ich dann mal eine fand, mit der ich mich gut verstanden habe, dann haben wir natürlich viel zusammengesteckt.« Doch das Auge der Partei ist wachsam. Fifi wird offiziell aufgefordert, sich nicht ständig mit derselben Frau beim Hofgang abzusondern. Sie ist heute noch empört: »Selbst wenn wir gewollt hätten, was hätten wir denn machen sollen – unter elftausend Augenpaaren!?«

Daß auch sie selbst zu – allerdings ungewollter – Grausamkeit fähig war, verzeiht sie sich nicht. Eine ihrer Genossinnen aus dem Geheimdienst war der Folter nicht entgangen. Fifi: »Aus ihren Genitalien kam eine unglaubliche Menge Eiter, sie haben sie vollständig kaputtgefoltert.« Die Frau wurde aus der Todeszelle auf die Krankenstation gebracht, und dort gelang es ihr, Fifi zuzuflüstern: »Sei vorsichtig, was sie aus dir herausbringen.« Fifi reagierte erschrocken: »Was hast du gesagt?« – Sie hatte sie mißverstanden. »Und dann kam ihre Schwester zu mir, die sie auch verhaftet hatten, und richtete mir von ihr aus: ›Sag Fifi, daß ich für das sterbe, was sie weiß, und daß ich nichts gesagt habe.‹ Sie ist in der Trauer gestorben, daß ich sie verdächtigt hatte, etwas verraten zu haben. Und dabei hat sie kein einziges Wort gesagt.«

Nach acht Jahren wird Fifi begnadigt: »Sie mußten uns einfach schubweise entlassen, weil die Gefängnisse so überfüllt waren, die wußten nicht mehr, was sie mit uns anfangen sollten.« Fifi weiß sehr genau, was sie nun mit sich anfangen soll, sie weiß nur noch nicht wie. Ohne – falsche – Papiere, ohne Kontakte, ohne Wohnung kann sie nicht in der Illegalität arbeiten. Außerdem hat sie keinen Pfennig Geld. Doch Fifi schafft alles. Sie stellt die Verbindung zur Partei im Untergrund wieder her, schlägt sich eine Zeitlang ohne Papiere durch, bis sie gefälschte bekommt, sie wohnt mal hier, mal dort und jobbt, wo immer sie Arbeit findet. In den fünfziger Jahren wird sie zur ersten und einzigen Lastwagenfahrerin Spaniens. Zwei Genossen haben (zur Tarnung) einen Drogeriemarkt eingerichtet, und Fifi fährt die Ware aus. »Der Krieg war hart, wirklich hart«, aber kein Vergleich zu dem, was sie als weiblicher Lastwagenfahrer erfährt: »Was ich da an Brutalität, an Bestialität, an Demütigungen und Beleidigungen erlebt habe, das war schlimmer als die ganze Zeit an der Front.« Fifi ist keine, die klagt oder gar sich selbst bedauert. Sie sagt auch nicht, worin diese Brutalitäten bestanden, man kann es nur ahnen. Was sie erzählt, das sind die vergleichsweise harmlosen Erlebnisse, die sie als Anekdoten schildern kann. So stand sie einmal an einer Tankstelle, und kaum war sie ausgestiegen, begannen die umstehenden Männer zu brüllen: »Chicos, Chicos, kommt her, seht euch das an, die spanischen Männer bringen's offenbar nicht mehr. Jetzt machen schon die Weiber unsere Arbeit.« Was dann folgt, ist ein Schwall von Obszönitäten – und wohl auch Handgreiflichkeiten. Ein anderes Mal fragt sie eine ihrer Kundinnen, der sie gerade Ware liefert, was sie denn davon hielte, wenn Frauen jetzt auch noch Taxifahrerinnen würden, die würden doch den Männern die Arbeit wegnehmen. Gerade so wie sie, Fifi. Deren Antwort war – wie meistens – knapp und präzise: »Erstens weiß ich nicht, welchem Mann ich angeblich die Arbeit wegnehme. Und zweitens haben die Männer seit Bestehen der Welt den Frauen die Arbeit weggenommen.«

Obwohl sie bis zu Francos Tod illegal für die verbotene Kommunistische Partei arbeitet, wird Fifi nicht mehr erwischt. Kurz vor dem Ende der Diktatur baut sie sich in der Sierra von Madrid, außerhalb eines kleinen Dorfes, ein Häuschen. Eigenhändig. Die paar Quadratmeter Grund hat ihr ein Cousin geschenkt, der fand, Fifi müsse endlich einmal zur Ruhe kommen. »Das einzige, was ich nicht konnte, war Gipsen«, erzählt sie, »und das habe ich mir dann beibringen lassen.« Fifi arbeitet nun als Busfahrerin, sie lenkt die Linienbusse, die die Dörfer in der Sierra miteinander verbinden und auch nach Madrid fahren. Wieder ist sie die erste und einzige Frau in diesem Beruf.

Zur Ruhe kommt sie auch nicht, als der Caudillo endlich stirbt und Spanien schließlich das Ende des Faschismus feiert. Die Partei wird legalisiert, der Kampf, das Untergrundleben sind zu Ende. Doch die Faschisten im Dorf wollen sich mit ihrer Niederlage nicht abfinden, und das soll ihnen die »Rote« büßen. Fifi: »Eines Tages kam ein 14jähriger Bengel, der Sohn von einem von denen, und bestellte mir: ›Ich soll dir sagen, mein Vater kann nicht schlafen, solange du noch am Leben bist.‹« Dann kamen die Erwachsenen. Nacht für Nacht stand eine Horde grölender betrunkener Männer vor Fifis einsamem Haus, sang faschistische Lieder und brüllte: »Fifi an die Wand!« Bis sie eines Tages ihre Drohung wahr machen. Sie schlagen Fifi so lange mit dem Kopf gegen die steinerne Hauswand, bis sie sie für tot halten. Fifi überlebt, und als sie das Krankenhaus verläßt, zeigt sie die Männer an. Sie leidet heute noch immer unter schweren Kopfschmerzen und Sehstörungen. Manchmal wird ihr plötzlich schwarz vor den Augen, und dann muß sie aufpassen, wo sie hinfällt. Den Prozeß verliert sie in erster Instanz. Sie geht in die zweite, und die Männer werden wieder freigesprochen. Ein guter Grund zu feiern. Ein guter Grund, vor Fifis Haus zu ziehen, um dort den Sieg zu zelebrieren. Fifi hat damit gerechnet. Sie empfängt die Horde mit ihrem langen Küchenmesser in der Hand, und als sie alle vor ihrer Tür versammelt sind, stürzt sie heraus und geht auf die Männer los. »Sie sind gerannt wie die Hasen. Leider hab ich keinen von ihnen erwischt.« Das ärgert Fifi heute noch. Doch seither hat sie Ruhe. – Bis jetzt.

Chico – Julia Manzanal

»Mich haben alle nur Chico gerufen. Dabei wußten sie genau, daß ich Julia heiße. Aber ich sah aus wie ein Chico (ein Junge), und so ist es bei diesem Namen geblieben. Es gibt heute noch Leute, die mich so nennen.«[44] Die ältere Dame, die das erzählt, sieht so gar nicht aus wie ein Junge. Ihr Haar ist sorgfältig gewellt, sie trägt ein buntes Sommerkleid, auf den ersten Blick gleicht sie einer netten, jung gebliebenen Oma, die nur ihre Enkelchen im Kopf hat. Wenn man genauer hinsieht, ist da etwas in ihrer Haltung, ihrem Blick, das man, nach der herrschenden Rolleneinteilung, nur als »männlich« bezeichnen kann. Das erste, das sie mir zeigt, ist ihr Antrag auf die Versehrtenrente. Es geht ihr dabei nicht nur um das Geld, sie will vor allem als Frontkämpferin im Rang einer politischen Kommissarin anerkannt werden.* Offiziell, amtlich.

Mit 17 war Julia an die Front gegangen, hatte sich eine Khakiuniform angezogen, eine Thälmann-Mütze aufgesetzt, die Brüste abgebunden, bis man sie nicht mehr erkennen konnte. So wurde aus einer koketten Zigarettenverkäuferin, der die Männer auf der Straße nachpfiffen, Chico, der Junge. Die 17jährige war die Alleinernährerin ihrer Familie gewesen, die Arbeit, die sie machte, illegal. Das staatliche Zigarettenmonopol verbot nämlich genau das, wovon eine Menge spanischer Frauen sich und ihre Familien ernährten: Sie kauften Tabak und Papier und drehten Zigaretten, die sie dann einzeln oder gebündelt (mit bunten Schleifen zusammengebunden) verkauften. Die spanischen Männer, vom Bankdirektor bis zum Arbeiter, machten einen richtigen Kult aus diesen handgedrehten Zigaretten, erzählt Julia, sie galten als etwas Besonderes, etwas Erotisches, und sogar Arbeiter, die überhaupt kein Geld hatten, legten die letzten Groschen zusammen, um sich wenigstens ab und an eine leisten zu können. Und so mancher reiche Herr dachte, er bekäme die Herstellerin der Zigaretten gleich dazu. Julia hatte sich immer wieder mit eindeutigen Anträgen herumzuschlagen, die sie stets abwehrte; ging es nicht anders, wurde sie grob. Neben ihren »Verehrern« hatten diese jungen Frauen aber auch noch die Finanzpolizei auf dem Hals, und so war ihre Arbeit, wenn auch einträglich, doch ziemlich anstrengend. Und

* Im April 1988 wurde Julias Antrag stattgegeben.

ein Teil des verdienten Geldes floß in die Anschaffung von Kleidern und Schuhen, denn ein »Zigarettenmädchen« mußte hübsch und gut gekleidet sein, es mußte so wirken, als hätte es die Arbeit gar nicht nötig. Für Julia ein nicht ganz unwillkommener Zwang, denn sie genoß es, schöne Kleider aus guten Stoffen zu tragen und echte Lederschuhe an den Füßen zu haben.

Julia wuchs in einem Arbeiterviertel auf, stammte aber nicht aus einer Arbeiterfamilie. Ihre Mutter hatte kein Geld, erzog ihre sechs Kinder aber »wie kleine Prinzen«. Und wenn ihre »Prinzen« schon arbeiten mußten, dann sollten sie doch gleichzeitig ihre Bildung nicht vernachlässigen. Julia lernte von klein auf, mit Ambivalenzen umzugehen. Die Mutter stammte aus altem Adel, der jedoch völlig verarmt war. Der Vater, Elektrotechniker, spielte in ihrem Leben keine große Rolle, die Eltern hatten sich 1931, als die republikanische Regierung die Scheidung legalisierte, sofort scheiden lassen. Den Vater sah Julia daraufhin nie wieder, die Mutter arbeitete als Schneiderin. Julia: »Sie war eine großartige Frau, eine Kämpferin, aber auf die feine Art. Und sie war auch eine phantastische Schneiderin, man nannte sie ›die Silberhände‹.«

Mit elf Jahren verläßt Julia die Schule, um in einer Betonfabrik zu arbeiten. Die Mutter besteht darauf, daß sie nebenher weiterlernt, Stenographie, Maschineschreiben. Dann macht Julia Hüte, danach arbeitet sie als Schneiderin, als Stickerin, sie macht alles, was sich anbietet, denn sie ist quasi zum Familienoberhaupt avanciert. Mit 14 geht sie zur Standard Electrica, baut dort Telefone am Fließband zusammen. Sie ist inzwischen auch Mitglied des kommunistischen Jugendverbandes und der kommunistischen Gewerkschaft UGT. »Aber das war damals für mich mehr so ein Spiel, ich war nicht wirklich politisch«, erinnert sie sich. Aus dem Spiel wurde Ernst, als die Belegschaften der Standard Electrica und der Telefonica in den Streik traten. Der Ausstand wurde in beiden Betrieben abgebrochen, als die Forderungen der Arbeiter/innen der Telefonica erfüllt wurden. Julia: »Und dann stellte sich heraus, daß das für uns nicht galt. Wir dachten, die beiden Häuser gehörten zusammen, aber jetzt taten sie so, als hätten sie nichts miteinander zu tun.« Julia und ein paar Kolleginnen beschließen, das nicht hinzunehmen. Sie empören sich – und liefern der Geschäftsleitung damit den letzten Anlaß zum Rausschmiß. Denn diese Julia war schon während des Streiks unangenehm aufgefallen – sie hatte, zusammen mit einer Handvoll anderer junger Arbeiterinnen, die Streikbrecher verprügelt, und zwar regelmäßig und systematisch.

Nach der Kündigung findet Julia keine Anstellung mehr und schlägt sich von da an als illegale Zigarettendreherin durch. Gleichzeitig interessiert sie sich nun ernsthafter für Politik, aus einem sehr einfachen und einleuchtenden Grund: »Ich habe meine Erfahrungen mit dem Kapitalismus gemacht. Und dabei habe ich gelernt, ihn zu hassen.« Am Tag des Putsches, am 18. Juli 1936, tritt sie offiziell in die Kommunistische Partei ein. Schon vorher hatte sie sich auf die Klassiker gestürzt, Marx, Engels, Lenin, Stalin gelesen, aber auch Bakunin und die Werke anderer Anarchisten. Noch Jahre später, bei ihrer Verhaftung, findet die Polizei stapelweise anarchistische Zeitungen in ihrer Wohnung. Trotzdem entscheidet sich Julia für die Kommunisten: »Ich kannte ja die Leute aus dem Jugendverband und aus der Gewerkschaft, ich habe mich einfach mit der Partei identifiziert.« Nach dem Eintritt wird ihre Ausbildung konkret, zur Theorie kommt das militärische Training. Julia: »Ich war damals sehr glücklich.« Sie lernt eine neue Welt kennen, eine Welt, in der ihr erstmals die Männer nicht nachstellen, sondern sie respektieren, eine Welt, in der sie sich als Mann kleiden und frei bewegen kann. Julia erweist sich als außerordentlich talentiert und wird nach dem Grundtraining auch noch zur politischen Kommissarin ausgebildet. Sie erhält ein Mauser-Gewehr und steht Wache vor dem Parteilokal, doch das reicht ihr nun nicht mehr, sie bittet die Partei, ihr eine »richtige Arbeit« zu geben – und erhält sie auch: Julia Manzanal wird zur politischen Kommissarin des Bataillons der Kommune von Madrid ernannt und geht an die Front. Zusätzlich zu ihrem Gewehr erhält sie einen 38er Messerschmitt-Revolver, auf den sie heute noch stolz ist.

Ihre Aufgaben waren vielfältig. Sie mußte die Soldaten informieren über Frontverlauf und politische Entwicklungen, sie hielt Alphabetisierungskurse ab und politische Schulungen, sie spornte die Truppe an und sorgte dafür, daß der Kampfgeist nicht versiegte in den ruhigen Perioden, als die Männer verlaust im Schützengraben lagen und nichts zu tun hatten, als auf den nächsten Angriff zu warten. Sie kümmerte sich darum, daß die Männer ihr Geld nicht verspielten, daß ihre Familien finanziell versorgt waren, daß die Verpflegung der Kämpfer funktionierte, daß stets genügend Lebensmittel, Waffen und Munition vorhanden waren. Julia nahm teil an den Versammlungen der Politkommissare der verschiedenen Einheiten, an den Beratungen der leitenden Offiziere, sie schrieb die Berichte für das Kommando. Sie beteiligte sich an den Kämpfen, schob Wache, obwohl das nicht zu ihren Aufgaben gehörte, und betätigte sich gelegentlich auch als Kundschafterin: »Einmal kamen wir so nahe an die feindlichen Soldaten heran, daß wir hören konnten, was sie miteinander redeten. Es war ziemlich komisch, sie sagten: ›Schau dir mal das Abendessen an, das wir heute wieder gekriegt haben, die Bohnen, die waren salzig wie Hunde.‹«

Chico hier, Chico da, Julia-Chico ist überall. Manchmal fährt sie nach Madrid, um die Ausrüstung ihrer Truppe persönlich in die Hand zu nehmen: »Die Mujeres Antifascistas haben uns mit Uniformen, Decken, warmen Socken versorgt. Da war eine dabei, ein richtig hübsches junges Mädchen, die hat sich in mich verliebt. Immer wenn ich kam, um das Zeug zu holen, hat sie mir schöne Augen gemacht.« Der »Chico« denkt nicht daran, die Genossin über den wahren Sachverhalt aufzuklären. Julia flirtet schamlos mit dem Mädchen und erreicht damit – neben dem persönlichen Vergnügen, das sie daran hatte und das ihr heute noch, während sie davon erzählt, anzusehen ist –, daß sie für ihre Truppe die besten Uniformen und die wärmsten Dekken erhält.

Weniger amüsant sind die Erlebnisse, die sie gelegentlich als Verantwortliche für die Moral der Truppe hat. Sie zögert lange, ehe sie die folgende Geschichte erzählt, tut es dann aber doch, denn: »Das gehört auch dazu, wenn man die ganze Wahrheit wissen will.« Eines Tages kommt ein Hauptmann bei ihr an und sagt: »Kommissarin, wir müßten dir was erzählen, aber das Problem ist, du bist eine Frau, nun wissen wir nicht, wie wir dir das beibringen sollen.« Julia erwidert: »Dann vergiß, daß ich eine Frau bin, und schieß los.« Und nun bekommt sie die Geschichte ohne Umschweife zu hören: Das Essen für die Einheit wird von einem Esel angeschleppt: Einem weiblichen Esel: »Und da haben dann die Männer ihre Schweinereien mit dem Tier gemacht.« Als politische Kommissarin ist es Julias Aufgabe, das einzustellen. Sie tut es auch, »aber es war harte Arbeit. Schon allein, daß ich als Frau das Thema angesprochen habe, war für die Männer ein Schock.« Julia löst das Problem schließlich, indem sie den Esel abschafft: »Jetzt waren eben sie die Esel, sie mußten nun das Essen selber schleppen.«

Julia war die einzige Frau ihres Bataillons und an dem ganzen Frontabschnitt die einzige Frau mit Befehlsgewalt. Sie bestand darauf, daß ihre Männer sie respektierten, daß sie sie wie einen von ihnen behandelten, daß sie die Tatsache, daß sie eine Frau war, ignorierten. Sie war nicht Julia, sie war Chico. Und sie war schließlich auch ihre Vorgesetzte. Trotzdem bleiben Julia erniedrigende Erlebnisse nicht erspart. Als sie einmal nach Madrid zu einer Besprechung muß, fährt sie zusammen mit einem Offizier eines anderen Bataillons. Als sie in der Stadt ankommen, lädt er sie auf einen Cocktail ein, und dann sagt er plötzlich: »So, jetzt beweise mal, was du alles aushältst. Wir gehen jetzt zu den Huren.« Mit zitternden Knien steht Julia in einer Schlange von Männern vor dem Bordell. »Ich war so angeekelt von diesen Kerlen. Aber ich mußte mich ja wirklich immer wieder beweisen, und da dachte ich, das mußt du jetzt auch durchstehen.« Sie trifft unter den Wartenden auch einige Genossen, die das Spielchen sehr erheiternd finden. »Du mußt mit uns raufgehen«, fordern sie, darauf Julia: »Gut, wenn ihr mir eine Zeitung und eine Zigarre bezahlt, gehe ich mit.« Julia zieht sich die Mütze tief ins Gesicht, setzt sich an einen kleinen Ecktisch, pafft die Zigarre und tut so, als wäre sie in die Zeitung vertieft. Sie sitzt nicht lange, als eine der Frauen sie anspricht: »Na, Kleiner, willst du dich denn gar nicht unterhalten?« Julia brummelt etwas Ablehnendes. Endlich sind ihre Begleiter fertig: »Als ich wieder draußen vor der Tür war, habe ich mich so elend gefühlt wie noch nie.« Als sie am nächsten Tag zu ihrer Besprechung im Generalstab geht, erzählt sie den höheren Offizieren von dem Vorfall: »Die haben mich ordentlich ausgeschimpft. Sie meinten, so weit hätte ich es nicht kommen lassen dürfen, die hätten mich zum gemeinen Soldaten degradiert.« Dieser Aspekt an der Sache war allerdings nicht Julias Problem gewesen. Eher leuchtet ihr ein, daß ihr die Offiziere vorwarfen, was sie sich da geleistet habe, sei eine absurde Heldentat. Julia: »Das traf genau zu. Es war irgendwie eine Heldentat, aber eine völlig absurde. Ich dachte halt, ich müßte mich verteidigen. Ich hab ja immer unter der Anspannung gestanden, daß ich mich beweisen muß.« Sie war eben doch nicht einfach nur uno mas, einer mehr, wie sie ständig betont. Die Frauen an der Front mußten ständig doppelt so mutig sein wie ihre männlichen Kameraden, doppelt so viel aushalten, sie durften sich von nichts erschrecken oder schockieren lassen. Die Offiziere im Generalstab leiten ein Verfahren zur Degradierung ihres Kollegen ein, der Julia in das Bordell geschleppt hatte. Julia: »Das war mir eine große Genugtuung. Daß die das nicht durchgehen ließen und den Mann bestrafen wollten. Ich habe mich dann dafür eingesetzt, daß er seine Schulterstücke behalten konnte.«

Da ihr die Ambivalenz ihrer Situation sehr wohl bewußt ist, bemüht sie sich, alle »zweideutigen« Situationen zu vermeiden. Sie zieht die Männerkleidung nie aus, und als sie einmal – auf Fronturlaub – auf einer Tanzveranstaltung im Kleid erscheint, hat sie anschließend Angst, die Kameraden, die ihren Chico plötzlich als attraktive junge Frau erlebt haben, könnten sie nun »mit anderen Augen sehen«. Julia schläft, wie alle anderen, angezogen auf einer Decke, oder, wenn es zur Abwechslung eine gibt, auf einer Matratze. Sie kann sich häufig den ganzen Tag nicht ›erleichtern‹, weil sie nicht weiß, wohin gehen. Sie beherrscht sich und schleicht abends, wenn es endlich dunkel wird, in irgendwelche Ecken, hinter Gebüsch oder einen Baum. Das größte Problem ist die Menstruation. Julia: »Ich konnte ja den ganzen Tag die Watte nicht wechseln, manchmal hatte ich richtige Wunden an den Oberschenkeln von dem getrockneten Blut.« Doch nie ließ sie sich etwas anmerken, keiner der Männer ahnte auch nur, womit sich die Kameradin heimlich herumzuschlagen hatte.

Ein einziges Mal fällt sie aus der Rolle und muß dafür büßen. Sie trifft ihren Freund, der als Abgesandter seines Bataillons bei Julias Truppe auftaucht: »Und dann geschah es halt.« Julia merkt, daß sie schwanger ist, und sie weiß, daß dieser Zustand an der Front unmöglich ist. Sie treibt eine Hebamme auf, die ihr die Abtreibung am frühen Morgen macht, am Nachmittag desselben Tages steht Julia schon wieder an der Front. Irgendwie schafft sie es, zu überleben, obwohl sie 40 Tage ununterbrochen blutet. Von den anderen merkt keiner auch nur das geringste. Sie hat die Sache still und heimlich mit sich selbst abgemacht.

Als die Milizen aufgelöst und die Frauen aus der neu formierten regulären Armee verwiesen werden, kann Julia zwar noch einige Monate bei ihrem Bataillon bleiben, doch die Befehlsgewalt wird ihr entzogen. Und dann zieht die Partei auch sie ab, beordert sie in die Etappe. Julia ist todunglücklich, fügt sich aber. Sie wird Sekretärin der »Freunde der Sowjetunion«, arbeitet zwischendurch im »Sekretariat der Massen«, übernimmt Propagandaaufgaben. Sie arbeitet auch nach dem Sieg Francos weiter für die seither illegale KP, bis zu ihrer Verhaftung. Ihren Lebensunterhalt verdient sie wieder als – ebenso illegale – Zigarettendreherin und -verkäuferin. Julia erinnert sich, nachträglich belustigt: »Ich wußte manchmal nicht, vor wem ich mehr Angst hatte, vor der Guardia Civil oder vor der Finanzpolizei.«

Ein Nachbar denunziert sie, und als die Polizei vor der Tür steht, hat sie keine Zeit mehr, die Waffen, die Freunde bei ihr deponiert hatten, wegzuschaffen. Also greift Julia zu Tricks: »Ich mußte eine ganz große Schau abziehen, um die von den Sachen abzulenken.« Julia heißt die Polizisten herzlich willkommen, bietet ihnen Kaffee an, reißt alle Schranktüren auf und zeigt sich in jeder Weise behilflich. Schließlich »gesteht« sie ihnen: »Sie kommen mir ja doch auf die Schliche, deshalb zeige ich es ihnen lieber freiwillig.« Und scheinbar schuldbewußt öffnet sie ein Geheimfach im Küchentisch, in dem haufenweise kommunistisches Propagandamaterial und anarchistische Zeitungen liegen. Julia: »Da waren sie vollkommen zufrieden. Hätten sie die Waffen gefunden, dann wäre es mit meinem Leben vorbei gewesen.« Julia kommt in das Frauengefängnis Ventas und wird am 3. April 1940 als Urheberin des Verbrechens der Rebellion zum Tode verurteilt. Nach Monaten erst wird die Strafe zu 30 Jahren schweren Kerkers umgewandelt. Julias Tochter ist am Tag ihrer Verhaftung gerade 14 Tage alt. Als Julia die Front verlassen mußte, hatte sie sich mit ihrem Freund zusammengetan und war wieder schwanger geworden, diesmal behielt sie das Kind trotz ihrer schwierigen und gefährlichen Lebensbedingungen. Julia: »Es war ein Wunschkind, ich war glücklich. Und dann mußte ich es mit ins Gefängnis nehmen. Das war schlimm. Sie haben mich nicht gefoltert, meine Folter war das Kind. Zuerst bekommt es Flöhe, dann am ganzen Körper eiternde Abszesse, schließlich Hirnhautentzündung.« Julia erinnert sich, daß die meisten Kinder im Gefängnis an Meningitis starben. »Sie schrie und weinte Tag und Nacht, und ich konnte ihr nicht helfen, ich konnte nichts tun. Die Folter wäre mir lieber gewesen als das.« Die Frauen flehen die Gefängniswärterinnen an, einen Arzt zu holen, ohne jeden Erfolg. Als das Kind stirbt, ist es gerade zehneinhalb Monate alt. Nach ein paar Jahren wird Julia in ein Gefängnis im Baskenland verlegt, das noch schlimmer ist als Ventas: »Es war schrecklich feucht.

Wir haben ständig auf durchnäßten Matratzen geschlafen.« Julia holt sich von der Feuchtigkeit eine schwere Lähmung in den Beinen, sie kann nicht mehr gehen und muß zwei Jahre lang bewegungsunfähig auf der Krankenstation liegen. Kaum kann sie wieder aufstehen, wird sie nach Barcelona verlegt, von dort nach Palma de Mallorca, dann geht ihre Odyssee durch die Gefängnisse wieder zurück in den Norden nach Bilbao, bis sie schließlich in Almeria landet und dort begnadigt wird.

Als Julia nach Hause kommt, steht sie vor dem Nichts. »Sie haben alles beschlagnahmt. Meine Mutter und meine Geschwister lebten alle zusammen in einem Zimmer. Dort hab ich dann eben auch meine Decke auf den Boden gelegt.« Ihr Freund, der Vater des Kindes, ist im Gefängnis gestorben. Julia findet Arbeit als Versicherungsvertreterin, und eines Tages begegnet ihr ein Genosse, mit dem sie schon vor dem Krieg befreundet gewesen war: »Wir haben uns beide wahnsinnig über das Wiedersehen gefreut und uns umarmt wie Brüder.« Sie reden lange miteinander und stellen fest, daß sie beide allein und einsam sind. Warum sollten sie sich nicht zusammentun, sie hatten sich doch sehr gern? Die beiden ziehen zusammen, Julia bekommt wieder ein Mädchen, und schließlich heiraten sie: »Es blieb uns nichts anderes übrig. Es gab damals eine Familienunterstützung, die brauchten wir dringend, wir mußten ja alle Peseten zusammenkratzen. Und dieses Geld vom Staat kriegte man natürlich nur, wenn man verheiratet war.« Beide arbeiten weiter für die illegale Partei, doch Julias Mann besteht darauf, daß sie nur kleinere und vergleichsweise ungefährliche Sachen macht: »Ich hätte gerne viel mehr getan, aber er hatte solche Angst um das Kind. Er sagte immer, laß mich die gefährlichen Sachen übernehmen, denn wenn du wieder ins Gefängnis kommst, stirbt auch noch dieses Kind. Und es stimmt ja, sie haben mich damals ständig überwacht und beschattet. Ich hätte ohnehin nichts Wichtiges tun können.«

Nach Francos Tod ergreift Julia sofort ihre Chance. Sie stürzt sich wieder voll in die Parteiarbeit und bringt es bis zum Vorstandsmitglied. Dann gründet sie eine Abteilung für Rentner in der Gewerkschaft und wird auf deren erstem Kongreß zur Sekretärin für Presse und Information gewählt. Und heute? »Heute bin ich immer noch in der Partei aktiv, obwohl ich mit dieser neuen Politik meine Schwierigkeiten habe. In der Illegalität waren wir radikaler, überzeugter, da war nur Mitglied, wer wirklich voll und ganz hinter der Sache stand. Heute ist das anders. Aber ich nehme immer noch teil am Kampf. Das ist schließlich mein Leben.«

La Dinamitera – Rosario Sanchez Mora

Ihr zu Ehren wurde sogar ein Gedicht verfaßt, die Heldensage der Dinamitera, die ihre rechte Hand dem Kampf gegen den Faschismus opferte. Rosario Sanchez Mora, La Dinamitera, wehrte sich am längsten gegen ein Gespräch über ihre Erfahrungen als Kämpferin an der Bürgerkriegsfront. Als sie schließlich doch einwilligte, war ich längst aus Spanien abgereist, und Pilar Panes Casas, die es übernahm, das Interview zu führen, mußte ihr hoch und heilig versprechen, daß sie nicht eine einzige Frage zu ihrem Privatleben stellen würde.[45]

Mit der Politik kam Rosario von klein auf in engste Berührung. Ihr Vater, Tischler, war Mitglied der radikalrepublikanischen Partei Izquierda Republicana, und er beschränkte sich nicht darauf, eine bestimmte Gesinnung zu haben, er stellte sie auch ostentativ zur Schau – zu einer Zeit, als in Spanien noch die Diktatur herrschte. Rosario kam 1920 zur Welt, in einem kleinen Dorf in der Provinz von Madrid. Als sie zur Schule kam, zwang der Vater sie und ihre drei Schwestern, Schleifen in der Farbe der Tricolore im Haar zu tragen: »Aber mit der Tricolore ließ uns die Lehrerin nicht in die Schule. Und so mußten wir mit der Tricolore aus dem Haus gehen, sie unterwegs abnehmen und weiße Schleifen ins Haar binden und außerdem aufpassen, daß keine von beiden zerknittert wurde, denn sonst gab es Schelte von der Mutter. Und auf dem Heimweg dann dieselbe Prozedur, nur umgekehrt.«

Mit 16 ging Rosario nach Madrid, um Näherin zu werden. Sie hatte kein Geld, um eine Lehre zu bezahlen, wollte aber auch niemandem zur Last fallen. Von irgend jemandem hatte sie erfahren, daß es in der Hauptstadt das »Centro Cultural Aida Lafuente« gab, wo man gratis eine Berufsausbildung und außerdem noch ein wenig Allgemeinbildung erhielt. Das Centro war eine Einrichtung der »Juventud Socialista Unificada«, des »Vereinigten Sozialistischen Jugendverbandes«, der de facto von der Kommunistischen Partei gelenkt wurde. Rosario störte das nicht, denn in ihrem Dorf hatte sie bereits sehr konkret erfahren, was Armut bedeutet, aber auch, daß es Solidarität und Widerstand gibt. Trotzdem blieb sie weitgehend unpolitisch, die Lehre interessierte sie wesentlich mehr als die Diskussionen, die unter ihren Kolleginnen geführt wurden. Sie genoß die gute Atmosphäre, die unter den Schülerinnen und auch zwischen ihnen und den Lehrer/inne/n herrschte, und Stück für Stück begann sie sich doch für das zu interessieren, was die Lehrer/innen jenseits von Buchhaltung und Stenographie in den Unterricht einfließen ließen. Als ihr schließlich jemand vorschlug, in die Partei einzutreten, war sie einverstanden, tat sich aber auch weiterhin nicht durch irgendwelche Aktivitäten hervor. Als aber zwei Tage nach dem Putsch der faschistischen Offiziere ein paar Genossen aus dem Jugendverband den Unterricht unterbrachen, um Freiwillige für die Milizen zu werben, da war Rosario plötzlich hellwach: Sie fragte, ob sie auch Mädchen nähmen, und trug sich in die Liste ein. Einen Tag später fuhr sie an die Front, ohne ihren Eltern Bescheid zu sagen, denn: »Die hätten mir so etwas nie erlaubt.«

Als sie in Buitrage de Lozoya, ihrem Frontabschnitt, ankam, hieß es: »Alles aussteigen, stehenbleiben, wir verteilen jetzt die Sachen.« Die Sachen, das waren: der mono (die Mütze der Milizen), Teller, Besteck, ein Patronengurt, Munition und der Karabiner. Damit weiß Rosario erst einmal gar nichts anzufangen, denn sie hatte noch nie ein Gewehr in der Hand gehalten. Erst als sie schon in den Schützengräben liegen, erhalten die Voluntarios, die noch kein militärisches Training absolviert hatten, eine Art Schnellkurs im Umgang mit der Waffe: »Uns wurde erklärt, wie der Karabiner geladen wird und wie man ein Objekt fixiert. Und dann wurde uns gesagt, wir sollten auf jeden Fall dauernd schießen, damit die Faschisten merken, daß wir harten Widerstand leisten. Dabei zielten unsere Karabiner nur auf knapp 30 Meter. Das waren ja uralte Gewehre.« Rosario steht in der ersten Frontlinie, an einem lebenswichtigen Kampfabschnitt, denn aus dieser Gegend stammte das Trinkwasser von Madrid, sie mußte um jeden Preis gehalten werden. Rosario erinnert sich: »Es war die reinste Hölle. Da wurde Tag und Nacht geschossen, dabei haben wir allerdings das Kämpfen sehr schnell gelernt.«

Die Milicianos und Milicianas finden kaum Zeit zu schlafen. Mitten in den Gefechten wechseln sie sich ab, um wenigstens drei Stunden, in eine Decke gewickelt, an einen Felsen gelehnt auszuruhen: »Es ist seltsam, aber ab einem bestimmten Zeitpunkt kannst du im tosendsten Kampflärm schlafen. Es war hart, aber es ging.« Das schlimmste für Rosario sind die Wachdienste. Nicht, weil sie sich vor dem Sterben fürchtet, sondern weil sie sich ihrer Verantwortung für die anderen bewußt ist: »Du hattest Angst, zu versagen, womöglich einzuschlafen, Angst, daß dann deinetwegen der Krieg verloren wird, daß die Genossen überfallen und ermordet werden. Es ist unglaublich, was man sich in zwei Stunden alles zusammenphantasieren kann. Bei mir kam ja noch dazu, daß ich eine Frau war und deshalb noch weniger versagen durfte.«

Rosario war nicht die einzige Frau in ihrer Einheit, und sie erinnert sich voll Stolz an ihre Kameradinnen: »Ich muß schon sagen, daß wir Frauen, wir Milicianas, uns sehr tapfer geschlagen haben. Wir waren damals alle um die 16, 17 Jahre alt, und wir haben unsere Angst völlig vergessen, wir haben gekämpft und den anderen noch Mut gemacht. Viele von uns sind gefallen.« Für Rosario sind der Mut und die Ausdauer der Frauen nicht weiter erstaunlich, denn sie ist davon überzeugt: »Angst und Feigheit haben schließlich kein Geschlecht.« Wie alle anderen weiß sie aber auch, daß das nicht gerade die herrschende Meinung ist, und daher strengen sich die Milicianas doppelt an, lassen kein Wort der Klage vernehmen, schieben ein paar Minuten länger Wache als die Männer – kostbare Minuten, die ihnen am eigenen, dringend benötigten Schlaf fehlen.

Nach zwei Monaten im ununterbrochenen Feuerwechsel bekommt Rosario 48 Stunden Urlaub, die sie nützt, um nach Hause zu fahren: »Mein Passierschein war, wie der jedes anderen Soldaten, ein offizielles Papier, mit dem Namen meiner Kompanie gestempelt. Für mich war das eine richtige Anerkennung.« Als Rosario in ihrem Dorf ankommt, wird sie wie eine Heldin empfangen, ihre Eltern sind nicht böse, sondern schrecklich stolz auf diese ungewöhnliche Tochter, ihre Freundinnen bestaunen die Uniform der Miliciana. Nach diesem wohltuenden Triumph fährt die 16jährige wieder zurück in den Kugelhagel. Sie wird nun in einen mobilen Stoßtrupp versetzt, nach kurzer Zeit aber abkommandiert: in die »Seccion dinamiteros«. Das bedeutet nun eine ganz besondere Auszeichnung, denn dinamiteros wurden quasi automatisch nur Männer. Rosario lernt die Bomben bauen, werfen und verschiedene Angriffsformen: »Meist übten wir mit den nackten Dynamitstangen. Die Zündschnur wurde gezündet, unsere Finger waren etwa zwei Zentimeter vor der Stange, so daß wir die Wärme des Kupfers spürten, wenn wir die Stange warfen.« Noch während ihrer Ausbildung baute Rosario schon Bomben für die Truppe. Der Kampf mußte ja weitergehen. Die Sensation, daß eine Frau die Bombenexpertin ihrer Einheit war, sprach sich schnell herum, aus Rosario wurde »La Dinamitera«.

Doch dann, im September 1936, geschah der Unfall. Das Dach der Scheune, in dem sie das Bombenmaterial gelagert hatten, war undicht, es regnete, einige Zündschnüre wurden feucht. Rosario lernte gerade, wie man einen geschlossenen Angriff durchführt: »Wir standen diagonal in einer Reihe, ich war am linken Ende plaziert, mein rechter Arm streifte den Genossen an meiner rechten Seite. Es wurde der Reihe nach gezündet. Die Zündschnur an meiner Dynamitstange brannte, aber ich hörte, wie sie zischte. Jemand schrie ›werfen‹, doch gleich schrie ein anderer ›nicht werfen‹. Ich reagierte blitzschnell: Wenn ich werfe, kann das Dynamit in die Augen meiner Genossen spritzen und den Genossen an meiner Seite zerfetzen. Also drehte ich mich um, doch bevor ich noch Zeit hatte, das Ding loszuwerden, explodierte es in meiner Hand und zerriß sie.« Rosario geht zu Boden, die Kameraden geraten in Panik, einige rennen los, um einen Arzt zu holen, die anderen stehen bestürzt herum, wissend, daß das Unglück geschehen ist, weil Rosario sie schützen wollte. Sie selbst aber hat nur einen Gedanken im Kopf: »Ich spürte den Schmerz und das Blut und dachte, nur ja nicht schreien, ja nicht ohnmächtig werden. Gerade weil ich eine Frau bin, muß ich mich jetzt zusammenreißen.«

Die Nachricht vom Unfall der Dinamitera verbreitet sich wie ein Lauffeuer, bald geben sich die Menschen an der Tür ihres Krankenzimmers die Klinke in die Hand. »Sogar der Philosoph Ortega y Gasset kam mich im Lazarett besuchen«, erzählt Rosario mit großer Befriedigung, »und er fuhr dann sogar in das Dorf meiner Eltern, um ihnen persönlich die Neuigkeit beizubringen.«

Der Krieg ist damit für Rosario noch längst nicht zu Ende: »Ich konnte zwar als Einhändige nicht mehr als Miliciana an die Front, aber der Kampf ging weiter.« Sie meldet sich, kaum genesen, bei ihrer Einheit zurück und fragt, wie sie sich nützlich machen könne. Sie arbeitet als Telefonistin im Generalstab ihrer Division in Madrid, findet aber bald, daß das keine angemessene Aufgabe für La Dinamitera ist. Anfang Juli 1937 wird sie zum Postchef der Front ernannt, erhält einen Passierschein, mit dem sie sich im gesamten Kriegsgebiet frei bewegen kann, und die Erlaubnis, kurze und lange Schußwaffen zu tragen. Ihre neue Arbeit bringt sie zurück ins volle Kampfgetümmel, und das ist ihr gerade recht: »Täglich um Punkt acht Uhr, nicht eine Minute später, darauf habe ich großen Wert gelegt, holte ich die aussortierte Post ab. Ich fuhr dann mit einem Fahrer und dem Verantwortlichen für die Geldauszahlungen an die Front. Nachdem wir alle Kontrollen passiert hatten, trafen wir uns mit den Divisions-Postboten, übergaben ihnen die entsprechenden Postsäcke und nahmen die Briefe der Soldaten in Empfang. Ich mußte auch noch persönlich die Korrespondenz an alle Generalstäbe der verschiedenen Brigaden und Kommissariate abgeben, und manche Kommissariate waren direkt in den Schützengräben stationiert. Außerdem betreute ich auch noch verschiedene Abteilungen persönlich. Das konnte ich nur zu Fuß erledigen, weil wir mit dem Wagen nicht so nahe an die Feuerlinie heranfahren konnten. Bei diesen Ausflügen wurde ich schon mal mit MGs beschossen, kam ins Kreuzfeuer, auch die Bomben krachten manchmal ganz schön nahe.«

Es war eine ziemlich verantwortungsvolle Aufgabe, die Rosario da erfüllte. Die Generäle wußten, wie wichtig es für die Moral der Truppe war, daß die Soldaten Post von ihren Frauen und Familien bekamen und daß ihr Sold pünktlich ausgezahlt wurde. Doch weil dieser – hochdisziplinierte, hundertprozentig verläßliche und ungewöhnlich tapfere – Front-Postchef eine Frau war, begnügte man sich mit lobenden Worten. Rosario: »Dieser Posten wurde normalerweise von einem Offizier im Rang eines Sergeanten ausgeübt. Ich fühlte mich zwar sehr geehrt über das Vertrauen, das man mir durch diese Ernennung zum Postchef entgegenbrachte, aber ich hätte auch nichts gegen die militärische Beförderung einzuwenden gehabt. Ich bekam sie nie.« Als ihre Division abgezogen wird, arbeitet sie wieder eine Zeitlang als Telefonistin in der Kommandantur, dann fragt die Pasionaria sie, ob sie in der »Arbeiterkommission« mitarbeiten will. Die Kommission organisierte den Einsatz der Frauen an den frei gewordenen Männerarbeitsplätzen, denn solange die Männer an der Front waren, wurden all die Arbeitsplätze, für die Frauen bisher als ungeeignet galten, mit dem

»schwachen« Geschlecht besetzt. Kein unangemessener Posten für La Dinamitera.

Als in Madrid die Junta von Casado die Macht übernimmt und reihenweise Kommunist/inn/en verhaftet, fällt Rosario ein, daß sich in der Kommandantur massenhaft kompromittierendes Material stapelt. Sie läuft hin, findet dort eine Genossin vor und einen Jungen, der Wache hält, und fordert sie auf, ihr bei der Vernichtung der Karteien, Akten, Listen, Zahlscheine, Adressen zu helfen. Sie tragen alles Papier, das sie im Hauptgebäude finden, zusammen, schleppen es in den Hof und verbrennen es dort – und retten dadurch nicht wenigen Genossinnen und Genossen das Leben.

In buchstäblich letzter Minute springen sie noch auf einen der Lastwagen, die nach Alicante fahren. Dort findet sich Rosario gemeinsam mit Zehntausenden Flüchtlingen in dem Konzentrationslager der Faschisten wieder. Wie »Fifi« wird auch Rosario »aussortiert« und als bekannte Politische nach Madrid gebracht. Sie wird zu 30 Jahren Gefängnis verurteilt und, wie die meisten anderen Kriegsgefangenen, nach ein paar Jahren entlassen. Sie zieht zu einer Freundin und handelt auf dem Schwarzmarkt, um zu überleben. Sie versucht sich, wie Julia Manzanal, als illegale Zigarettendreherin und findet schließlich eine Anstellung als Verkäuferin in einem Tabakladen, wo sie bis zu ihrer Rente arbeitet.

1937 bereits hatte sie geheiratet, doch darüber will sie nicht sprechen. Als Pilar Panes Casas es trotzdem wagt, ihr Fragen zu ihrem Privatleben zu stellen, wird Rosario so wütend, daß sie droht, sie hinauszuwerfen. In ihrer Empörung sagt sie dann doch mehr, als sie eigentlich will, und zeigt damit, wie tief sie die gängige Unterstellung, die Frauen an der Front seien Huren gewesen, verletzt haben muß: »Das sind Schweinereien! An der Front waren wir alle Milicianos, Menschen mit linker Gesinnung und unglaublichen Idealen, für die wir bereit waren zu sterben. Ich war 16 Jahre, als ich an die Front kam. Ich ging als Jungfrau hin, und ich ging auch als Jungfrau wieder weg. Das ist doch alles faschistische Propaganda, um uns Frauen zu beleidigen und zu beschmutzen! Die Faschisten, die haben uns in den Schützengräben zugerufen: Feiglinge, habt ihr eure Frauen mitbringen müssen, weil ihr euch allein nicht mehr traut?«

Aber sie läßt auch die eigenen Genossen nicht ungeschoren. Daß sie für ihre schwere und verantwortungsvolle Arbeit nie eine offizielle Anerkennung erhielt, kann sie nicht verwinden, und sie besteht darauf, daß das wenigstens in Zukunft nicht mehr passieren darf: »Wir müssen aus den Erfahrungen lernen, wir Frauen müssen lernen: nie wieder ohne reguläre Bedingungen in einer Armee zu sein. Wir müssen nicht nur um das Recht kämpfen, die gleiche Verantwortung zu tragen wie die Männer, sondern auch darum, die gleiche Anerkennung zu bekommen.«

Tito-Partisaninnen

»Die Bäuerin ist durch!«

1

Marjetka wurde vor allem von den Frauen bestaunt. Sie waren begeistert von der jungen Partisanin, die, eine »Tito«-Mütze auf dem Kopf, Gewehr in der Hand, mit den anderen den Kinosaal gestürmt und die anwesenden SS-Männer und Soldaten überwältigt hatte. Es war am 3. April 1943, um zehn Uhr abends. Slowenische Partisanen hatten das Kino in dem Südkärntner Städtchen Mežica überfallen, der NS-Propagandafilm kam zu einem abrupten Ende, zwei der Freischärler hatten die Filmprojektoren abgestellt, die anderen entwaffneten die Soldaten im Publikum, der Kommandant hielt eine Rede, die von den – überwiegend slowenischen – Zuschauern im Saal mit großer Befriedigung angehört und erleichtert beklatscht wurde. Es war schon eine ziemliche Frechheit, so einfach in den Ort einzudringen, den Gendarmerieposten außer Gefecht zu setzen und dann ganz direkt Propaganda zu betreiben. Und die Propaganda stieß auf offene Ohren: An die 90 Prozent der slowenischen Bevölkerung Kärntens sympathisierten mit den Partisanen, unterstützten sie, gaben ihnen zu essen und versteckten sie in ihren Häusern.[1] Daß es in der Nationalen Befreiungsarmee auch Frauen gab, wußten die Leute, mitunter war die eigene Tochter in den Bergen und hantierte mit dem Schießeisen wie ein Mann. Die Werte hatten sich radikal verschoben. Diese junge Frau, die während des Kinoüberfalls die verhaßten SS-Männer in Schach hielt, war eine Heldin, die von den anderen Frauen bewundert wurde. Und selbst die Männer hatten gelernt, daß es plötzlich Frauen gab, die nicht länger das Geschirr reinigten, sondern ihre Maschinenpistole.

Über 100000 Frauen waren Mitglieder von Titos Nationaler Befreiungsarmee. Etwa ein Viertel von ihnen fiel im Kampf, ca. 40000 wurden verwundet, an die 3000 blieben invalide.

2000 Frauen kämpften im Offiziersrang, 91 erhielten die höchste Auszeichnung »Held des Volkes«.[2] »Ich bin stolz darauf, an der Spitze einer Armee zu stehen, in der so viele Frauen kämpfen«, hatte Josip Broz Tito, Vorsitzender der KP Jugoslawiens und Oberkommandant der Nationalen Befreiungsarmee, in seiner Grußadresse an den National-Kongreß der Antifaschistischen Frauenfront am 6. Dezember 1942 in Bosanski-Petrovac erklärt.[3]

Titos Grußworte waren keine Phrase, sondern durchaus ernst zu nehmen. Die Kommunistische Partei Jugoslawiens hatte spätestens, nachdem Tito 1937 zu ihrem Vorsitzenden gewählt wurde, intensiv unter der weiblichen Bevölkerung agitiert und ein im Vergleich mit anderen kommunistischen Parteien Europas ungewöhnlich fortschrittliches Frauenprogramm entworfen, das auf der 5. National-Konferenz 1940 verabschiedet wurde. Das Programm forderte gleiche politische Rechte für Frauen, inklusive des aktiven und passiven Wahlrechts, gleichen Lohn für gleiche Arbeit, und es wandte sich darüber hinaus gegen die Doppelmoral in der gesellschaftlichen und rechtlichen Behandlung von Vergewaltigung, Frauenhandel und Prostitution und anderer sexistischer Diskriminierung. Die Arbeit trug bald Früchte, immer mehr Frauen organisierten sich in der Partei oder ihrer Frauenorganisation; die gleichzeitig mit der Nationalen Befreiungsarmee gegründete Antifaschistische Frauenfront zählte zu Ende des Krieges zwei Millionen aktive Mitglieder.

Das Jugoslawien der dreißiger Jahre war ein armes Agrarland, 76 Prozent der Bevölkerung lebten und arbeiteten auf dem Land, Arbeiter/innen und ihre Familien machten nur elf Prozent der Gesamtbevölkerung aus. Die Analphabetenrate war hoch, knapp drei Millionen Frauen, das waren 68 Prozent aller Frauen in Jugoslawien, konnten nicht lesen und schreiben. Die Kindersterblichkeit war in einigen Teilen des Landes die höchste auf der ganzen Welt, nur ein Prozent der Frauen konnte mit ärztlicher Versorgung entbinden, in Zehntausenden Dörfern gab es keine Hebamme. Die Arbeitslöhne in Jugoslawien zählten zu den niedrigsten in ganz Europa, Frauen verdienten in jeder Berufssparte, von der Lehrerin bis zur Tagelöhnerin, weniger als Männer, die meisten lohnabhängigen Frauen waren ungelernte Arbeiterinnen und lebten mit ihren Familien in extremer Armut. Für Staatsangestellte gab es einen Numerus clausus, der die Zahl der weiblichen Angestellten einschränkte, das Finanzgesetz von 1934/35 verhängte ein Arbeitsverbot für verheiratete Frauen im öffentlichen Dienst. 1937 wurden die Gehälter der Lehrerinnen um 30 bis 40 Prozent gesenkt. Die monarchistische Militärdiktatur, die seit 1929 das Königreich Jugoslawien regierte, lehnte das Wahlrecht für Frauen, das schon die vorherige Regierung bis zu einem – höchst ungewissen – späteren Zeitpunkt suspendiert hatte, entschieden ab. Das einzige, was der weiblichen Bevölkerung zugestanden wurde, war die Religion.

Doch die Macht der Kirche geriet langsam, aber zunehmend selbst in den entlegensten Dörfern ins Schwanken. Bereits 1921 war die 1919 gegründete Kommunistische Partei verboten worden, nachdem sie 1920 einen enormen Wahlerfolg errungen hatte: In mehreren Großstädten wie Belgrad und Zagreb erlangte sie die Mehrheit, insgesamt eroberte sie ein Drittel aller Mandate. Nach dem Parteiverbot intensivierten die Kommunisten ihre Arbeit in den ländlichen Gebieten, ihre wichtigsten Propagandisten waren die Lehrerinnen, die in den Dörfern die Eltern ihrer Schüler/innen agitierten, vor allem aber die Mütter. 1939 startete die KP Jugoslawiens eine großangelegte Frauenwahlrechts-Kampagne, stellte jedoch 1940 fest, daß zwar ein großer Anteil der weiblichen Bevölkerung mit der Partei und ihren Forderungen sympathisierte und auch praktische Unterstützungsarbeit leistete, daß jedoch nur sechs Prozent der Parteimitglieder Frauen waren. Somit entwarf die Partei am Vorabend der faschistischen Besatzung ihr beinahe feministisches Frauenprogramm und erklärte den Kampf um Frauenrechte zu einem der Hauptschwerpunkte des Gesamtprogramms.

Die reaktionäre Militärregierung sympathisierte unterdessen mit dem nationalsozialistischen Deutschland und exportierte einen Großteil der landwirtschaftlichen Produkte des Landes in das »Dritte Reich«. Die Armut der Bevölkerung nahm dadurch noch zu, in mehreren Städten kam es zu Hungerrevolten von Frauen und Jugendlichen, die vom Militär kurzerhand zusammengeschossen wurden. Gleichzeitig erließ die Regierung diskriminierende Gesetze gegen die jüdische Bevölkerung, während im Gegenzug die Nationalsozialisten die bereits beschlossene Vertreibung der slowenischen Bevölkerung aus dem »deutschen« Kärnten aufschob.[4] Am 25. März 1941 unterzeichnete das jugoslawische Kabinett den Tri-Partite-Pakt, das Bündnis mit Deutschland und dem faschistischen Italien, doch schon zwei Tage später wurde das ganze Land durch militante Demonstrationen erschüttert: »Lieber Krieg als den Pakt« und »Lieber tot als Sklaven« waren die Parolen, die Masse der Demonstrant/inn/en ließ keinen Zweifel daran, daß die Mehrheit der jugoslawischen Bevölkerung nicht hinter der Politik der Regierung stand. Am 6. April 1941 bombardierte die deutsche Luftwaffe Belgrad, die Wehrmacht und die Armeen des faschistischen Italiens, Bulgariens und Ungarns marschierten ein und teilten das Land unter sich in Besatzungszonen auf. In Kärnten begann nun die Umsetzung der Germanisierungspolitik, Tausende Slowenen sollten nach Jugoslawien ausgesiedelt, »deutschstämmige« Bauern auf ihren Höfen angesiedelt werden. Das Gauhauptamt für Volkstumsfragen in Klagenfurt verteilte die entsprechenden Listen an die Dienststellen der SS.[5] Noch im April 1941, wenige Tage nach dem Einmarsch, gründete die KP Jugoslawiens das »militärische Komitee«, aus dem bald darauf die Nationale Befreiungsarmee entstehen sollte, und forderte die demobilisierten Soldaten auf, ihre Waffen nicht abzugeben, sondern zu verstecken. Am 4. Juli 1941 veröffentlichte die Partei ihren Aufruf zum bewaffneten Widerstand, kurz darauf brach im ganzen Land der Aufstand los, 40 Städte und mehrere hundert Dörfer in Serbien, Kroatien, Bosnien, der Herzegowina und Slowenien wurden zu befreiten Gebieten erklärt. In der befreiten Stadt Užice in Serbien errichtete die militärische Führung ihr Hauptquartier. Der Volksaufstand zwang die Deutschen, wesentlich mehr Besatzungstruppen zurückzulassen als geplant und militärische Verbände der örtlichen Faschisten zu organisieren beziehungsweise die bereits vorhandenen auszubauen, wie die Ustascha in Kroatien, die Četniki in Serbien und die »Antikommunistische Miliz« in Slowenien.

In den befreiten Gebieten wurde währenddessen die Nationale Befreiungsarmee mit ihren Partisaneneinheiten aufgebaut. Die Frauen, die von der ersten Stunde des Aufstands an nicht nur dabei waren, sondern wichtige Arbeit leisteten, wurden in der Antifaschistischen Frauenfront organisiert. Da der Großteil der Männer sich der Armee anschloß, lag die Parteiarbeit auf allen Ebenen in den Händen der Frauen, und diese Arbeit war häufig gefährlicher als die direkte Teilnahme an den bewaffneten Auseinandersetzungen. Sowohl in den befreiten als auch in den besetzten Gebieten wurden Antifaschistische Frauenkomitees gegründet, Kämpferinnen der Befreiungsarmee zogen von Dorf zu Dorf, von Stadt zu Stadt, um Mitglieder zu werben und die Frauen mit ihrer Arbeit vertraut zu machen.

Diese Arbeit umfaßte im Grunde alles, von »typisch weiblichen« Tätigkeiten bis zur Sabotageaktion. Die Frauen strickten Socken und nähten Uniformen für die Soldaten, sie beschafften Verstecke für verfolgte Parteimitglieder, sie sammelten Medikamente, Verbandsmaterial, Kleider, Geld, aber auch Waffen und Munition. Sie versorgten die Familien der Verhafteten, organisierten aber auch Gefängnisausbrüche. Sie reisten als Kuriere durch das Land, verteilten Nachrichten, Flugblätter, illegale Zeitschriften, überbrachten Angriffsbefehle, Waffen und Sprengstoff. Die Bäuerinnen mußten allein die Ernte einbringen, nicht nur die eigene, sondern auch die der Nachbarn, die im Gefängnis, auf der Flucht oder in den Wäldern waren. Frauen druckten die Untergrundpresse und betätigten die Funkstationen. In Ljubljana sendeten Frauen das Radioprogramm der Partisanen mitten aus dem Stadtzentrum. Frauen rissen die Straßen auf, um die feindlichen Panzer aufzuhalten, und Frauen bewachten die befreiten Dörfer. Ein Report des lokalen Parteikomitees in Grahovo vom März 1942 stellte fest: »Es ist nicht unüblich für junge Mädchen, Wachdienst zu leisten und, mit Gewehren, Handgranaten und Revolvern ausgerüstet, Patrouillengänge um die Ortschaften zu machen.«[6] Mitglieder der Antifaschistischen Frauenfront sprengten Telefonzentralen und Strommasten und liquidierten feindliche Offiziere. Tausende dieser Frauen landeten in den faschistischen Gefängnissen und in den Konzentrationslagern. Ohne ihre Arbeit hätten die Partisanen kaum überleben, geschweige denn ihren erfolgreichen Kampf führen können.

In den befreiten Gebieten führten Befreiungsarmee und Antifaschistische Frauenfront gemeinsam eine großangelegte Alphabetisierungskampagne durch, die vor allem von der weiblichen Bevölkerung, die bis dahin zu gut zwei Dritteln nicht lesen und schreiben konnte, genutzt wurde. Außerdem wurden spezielle Schulen eingerichtet, in denen Frauen politisch ausgebildet, in Erster Hilfe unterrichtet und mit einem Grundwissen an Allgemeinbildung ausgestattet wurden – für viele von ihnen die erste Schule, die sie überhaupt besuchten. Gleichzeitig mit der

Alphabetisierungskampagne wurden eigene Frauenzeitschriften gegründet, eine bis zwei in jeder größeren Region, und die offizielle Zeitung der Antifaschistischen Frauenfront, »Žena Danas«, »Frau heute«.

Viele Frauen schlossen sich direkt den Partisanen an, als Krankenschwestern, Köchinnen, Ärztinnen, aber auch als bewaffnete Kämpferinnen. Nach der offiziellen jugoslawischen Geschichtsschreibung wurden sie problemlos aufgenommen, doch die Aussagen ehemaliger Partisaninnen lassen darauf schließen, daß die Rekrutierung weiblicher Kämpfer zumindest regional unterschiedlich gehandhabt wurde.[7] Die Freischärler/innen in den Bergen und Wäldern waren darauf angewiesen, daß die Infrastruktur in den Dörfern und Städten funktionierte. Sie kamen aus ihren Verstecken, um sich auf den Höfen die Wäsche waschen zu lassen, um die Verwundeten in Pflege zu geben, um zu essen oder Nahrungsmittel abzuholen. Die Bäuerinnen warnten die Partisanen vor feindlichen Truppenbewegungen, vor der Gendarmerie, vor Spitzeln und Agenten. Die Männer gingen »selbstverständlich« zu den Partisanen. Zum einen aufgrund des herrschenden Rollenverständnisses, zum anderen aber auch, weil sie zusätzlich gefährdet waren: Männer wurden als Zwangsarbeiter gewaltsam rekrutiert, in Kärnten wurden auch die männlichen Slowenen zum Wehrdienst eingezogen. Viele von ihnen desertierten sofort oder während ihres Fronturlaubs, und ihnen blieb dann kein anderer Weg als der in die Berge. Zurück blieben in jedem Fall die Frauen, und ihre illegale Arbeit in der Legalität war unverzichtbar für den Befreiungskampf. Es ist daher nicht anzunehmen, daß Frauen eigens rekrutiert wurden. Die slowenischen Partisaninnen aus Kärnten erzählen, daß sie sich erst dann den kämpfenden Einheiten anschlossen, als sie selbst kurz vor der Entdeckung oder Verhaftung standen oder von der Aussiedlung bedroht waren. Solange es aber nur irgendwie ging, waren sie verpflichtet, ihre Aufgaben in der Infrastruktur zu erfüllen.[8]

Dennoch zählte die Nationale Befreiungsarmee 100000 weibliche Mitglieder. Nicht alle von ihnen waren aktive Kämpferinnen, doch bereits als die erste Partisaneneinheit 1941 gegründet wurde, schlossen sich ihr 50 Frauen aus Belgrad als Kombattantinnen an. Knapp 6000 Frauen kämpften in den Reihen der Befreiungsarmee in Mazedonien, in einzelnen Bataillonen der Wojwodina-Brigaden stellten Frauen ein Drittel der

Kämpfer, 20 Prozent der Jugendkampfbrigaden waren Mädchen, sogar aus der moslemischen Gemeinde Livno kämpften 60 Mädchen in der 10. Herzegowina-Brigade. Unter den 175 Kämpfer/inne/n aus Slowenien, die zu »Helden des Volkes« ernannt wurden, waren 21 Frauen, unter ihnen die Textilarbeiterin Pavle Mede Katarina, die an der Spitze der Frauenabteilung des Pohor-Bataillons im Januar 1943 im Kampf fiel.

Die erste Frauenkampfeinheit war am 25. August 1942 eingerichtet worden, zwei weitere bereits kurz darauf im September. Nachdem sie sich in ihren ersten bewaffneten Einsätzen bewährt hatten, wurden Fraueneinheiten im ganzen Land gegründet. Die militärische Ausbildung dauerte einen Monat, sowohl zum Kommandanten als auch zum politischen Kommissar wurden Frauen gewählt. Im Herbst 1942 meldete das Verbandsorgan der Partisanenverbände in Kroatien: »Es gab so manchen Zweifel an der Kampffähigkeit unserer weiblichen Genossen. (...) Auf unserem Marsch durch Kordun nahm unsere 2. Partisanenkampfbrigade, der auch eine Mädchenkompanie angehörte, an einer Schlacht mit starken motorisierten und Infanterietruppen des Feindes teil. Im Verlaufe dieser Schlacht attackierten die jungen Partisaninnen, gemeinsam mit ihren Genossen, unerschrocken die feindliche Kavallerie und sogar Tanks.«[9] Die Frontzeitschrift befand sich damit durchaus auf Parteilinie. Denn wenn sie vielleicht auch nicht immer und überall praktisch umgesetzt wurden, lauteten deren Prinzipien – deklariert in einem Artikel des offiziellen Organs des ZK der KP Jugoslawiens, »Proleter«: »Viele unserer Parteimitglieder hegen noch die anachronistische und unwürdige Vorstellung, Frauen könnten nicht mit der Waffe in der Hand am Kampf teilnehmen, Frauen hätten in den militärischen Hauptquartieren nichts zu suchen. Das sind die Ansichten der Fünften Kolonne, die eine aktive Beteiligung der Frauen am Befreiungskampf verhindern will.«[10]

Auf dem Nationalkongreß der Antifaschistischen Frauenfront am 6. Dezember 1942 bekräftigte Tito selbst noch einmal ausdrücklich die Bedeutung der Frauen für den nationalen Befreiungskampf. »Genossen, es ist offensichtlich, daß Frauen den Großteil der Bürden dieses Kampfes auf sich genommen haben, im Hinterland wie an der Front«, erklärte er in seiner Grußadresse an den Kongreß, und er fügte hinzu:

»Die Frauen Jugoslawiens, die in diesem Kampf so viele Opfer gebracht haben, die so standhaft in den ersten Reihen der Nationalen Befreiungsfront aushielten, sie sind berechtigt, eine Tatsache hier festzuhalten, für heute, für morgen und für immer: daß dieser Kampf auch für die Frauen selbst produktiv sein muß, daß ihnen niemand je wieder diese mit ihrem Blut getränkten Früchte entreißen kann. (...) Manche Leute im Ausland (eine Anspielung auf die konservative Exilregierung, Anm. d. Verf.) mögen hoffen, daß in Jugoslawien die alte Ordnung wieder siegen wird, daß die Frauen in die Küche zurückkehren und nichts mehr mitzureden haben werden. Aber, Genossen, die Frauen haben ihre Prüfung bestanden. Sie haben bewiesen, daß sie nicht nur fähig sind, den Haushalt zu führen, sondern auch, mit der Waffe zu kämpfen, und daß sie fähig sind, zu regieren und Macht auszuüben.«[11]

Starke Worte, die in dieser Schärfe von Paris bis Wilna nicht von einem so hochrangigen Politiker zu hören waren. Es mag Tito auch bewußt gewesen sein, daß nicht nur gewisse Kräfte im Ausland, sondern auch eine Menge eigener Genossen mehr oder weniger klammheimlich darauf hofften, nach dem Krieg werde die alte Ordnung zwischen den Geschlechtern zurückkehren. Vorläufig jedoch erhielten die Frauen des Landes, erstmals in der Geschichte Jugoslawiens, das Recht zu wählen und gewählt zu werden. Mit der Gründung der Nationalen Befreiungsarmee 1941 wurden auch in allen Regionen Nationale Befreiungskomitees eingerichtet, die Volksregierung im Untergrund. Ihre Abgeordneten wurden in Massenversammlungen in offener Abstimmung gewählt. Schon bei den ersten Wahlen in Slowenien errangen die weiblichen Kandidaten ein Drittel der Abgeordnetenplätze, in anderen Regionen gewannen sie teilweise noch beträchtlich mehr Stimmen, und ihre Anzahl stieg stetig bis zum Ende des Krieges.

2

Der Befreiungskampf der Tito-Partisan/inn/en griff bald auch auf die slowenischen Gebiete Österreichs über. Kärntner Slowenen, die vor politischer Verfolgung im »angeschlossenen« Österreich nach Jugoslawien geflüchtet waren, kehrten nach der Besetzung Jugoslawiens in ihre Heimat zurück und gründeten zusammen mit Verantwortlichen der Befreiungsarmee Partisaneneinheiten im zweisprachigen Teil Kärntens. Im November 1942 entstand die erste Kärntner Partisaneneinheit, der sich Karel Prušnik-Gašper, bald einer der führenden Kommandanten des slowenischen Widerstands, anschloß.[12] Im August 1942 bereits war das Kranjc-Bataillon der jugoslawischen Befreiungsarmee in der Nähe der Ortschaft Robesch von einer SS-Einheit überfallen worden und hatte sich erfolgreich geschlagen. Die Nachricht, daß die allmächtige SS eine offensichtliche Niederlage – ihre erste auf dem Gebiet des »Reiches« – erlitten hatte, verbreitete sich wie ein Lauffeuer: Vielleicht war der Partisanenwiderstand ja doch kein wahnwitziges Himmelfahrtskommando? Vielleicht war es ja doch möglich, die Nazis zu besiegen? Der Funke des Aufruhrs zündete in der slowenischen Bevölkerung. Die ersten Partisanen, die auf den einsam gelegenen Berghöfen auftauchten und um Essen baten, wurden mit offenen Armen empfangen. Und als sie weiterzogen, nahmen sie nicht selten einen der Söhne der Familie mit. Gleichzeitig mit dem Aufbau der Partisanengruppen wurden nun im slowenischen Teil Kärntens auch Komitees der Osvobodilna Fronta (Befreiungsfront) eingerichtet, der politischen Organisation des antifaschistischen Widerstands, vergleichbar den Nationalen Befreiungskomitees in Jugoslawien. Die erste geheime Zelle der Osvobodilna Fronta (OF) entstand im August 1942 in Lobnig bei Eisenkappel, bis zum Herbst hatten sich allein in Ostkärnten 200 Menschen, Frauen und Männer, der OF angeschlossen. Das Gebiet um Eisenkappel wurde zu einem Zentrum der Partisanen und der politischen Arbeit. Männer, die zur Wehrmacht eingezogen wurden, desertierten, ständig tauchten neue Flugblätter auf, Fernmeldestationen wurden überfallen, Brücken und Eisenbahnschienen gesprengt. Bereits im Winter 1942/43 erklärten die deutschen Behörden die Gegend zum »feindlichen Territorium«. Ende März 1943 wurde das »1. Kärntner Bataillon« gegründet, das den Überfall auf das Kino in Mežica durchführte; die Partisanen erweiterten nun ihren Operationsbereich auf das ganze südliche und südöstliche Kärnten. Ende 1943 und im Laufe des Jahres 1944 erreichten sie ihre größten Erfolge, die Wehrmacht war gezwungen, 10000 Soldaten in Kärnten zu stationieren, eine Truppe, die an der Ostfront fehlte und ständig daran erinnerte, daß es sogar innerhalb des »Reiches« eine Front gab, eine Front, mit der die übermächtige SS und Wehrmacht nicht fertig wurden. Seit dem Sommer 1944 unterstützten auch die Alliierten die inzwischen auf 700 Kämpfer/innen angewachsenen slowenischen Partisan/inn/en. Zur selben Zeit verhandelten die slowenischen Aktivisten mit Vertretern des österreichischen Widerstands und gründeten im November 1944 ein gemischtes »Österreichisches Bataillon«, das der Nationalen Befreiungsarmee Sloweniens eingegliedert wurde.

Im Winter 1944/45 starteten die Deutschen eine Großoffensive gegen die Partisanen. Sie waren gezwungen, die Karawanken als Verteidigungslinie gegen die aus Italien vordringenden Alliierten auszubauen, was jedoch durch die Aktionen der Kärntner Partisanen und der aus Jugoslawien vorstoßenden Einheiten der Nationalen Befreiungsarmee effektvoll behindert wurde. Die Offensive kostete viele Partisan/inn/en das Leben, doch der Widerstand konnte nicht wirklich gebrochen werden. Da sie der Partisanen nicht Herr wurden, wüteten die Deutschen noch kurz vor Kriegsende gegen die Bevölkerung. Höfe wurden niedergebrannt, ihre Bewohner/innen getötet oder verschleppt. Noch am 25. April 1945, zwei Wochen vor der Befreiung, ermordete die SS elf Mitglieder der Peršman-Familie in Koprein-Petzen bei Eisenkappel, alle, von den Großeltern bis zu den kleinen Kindern, wurden niedergemäht. Am 8. Mai zogen die Partisanen gleichzeitig mit den Engländern in Klagenfurt ein. Der Krieg war zu Ende.

Im Gegensatz zu Jugoslawien, wo sofort nach der Okkupation der Widerstand organisiert wurde, begannen sich die Kärntner Slowenen erst relativ spät zu wehren. Mit Ausnahme einiger junger Kommunisten, die seit der Zerschlagung des Aufstands vom Februar 1934 der Verfolgung ausgesetzt und spätestens nach dem »Anschluß« nach Jugoslawien geflüchtet waren oder sich versteckt hielten, verhielt sich die Masse der Bevölkerung auch nach dem Einmarsch der Deutschen 1938 passiv. Die Slowenen waren in der Mehrheit arme Bauern, sie lebten in kleinen Dörfern und auf einsamen Bergbauernhöfen, religiös, unpolitisch, eine unterdrückte »Minderheit« (obwohl sie in Teilen Kärntens die Mehrheit der Bevölkerung stellten), von klerikal-konservativen Funktionären zu Ruhe, Ordnung und Pflege des Brauchtums angehalten. Seit dem Mittelalter von der deutschsprachigen Bevölkerung diskriminiert, waren sie seit der bürgerlichen Revolution von 1848 einer gezielten

Germanisierungspolitik ausgesetzt: Das deutschsprachige Bürgertum, das Handel, Gewerbe, Industrie und Verwaltung besetzt hielt, betrachtete sich als »Wacht im Süden« und kämpfte für ein »deutsches« Kärnten. Als nach dem Frieden von 1918 der Streit zwischen Jugoslawien und der eben gegründeten österreichischen Republik um die slowenischen Gebiete Kärntens entflammte, formierte sich der Kärntner Heimatdienst (1924 in Kärntner Heimatbund umbenannt) und organisierte den »Abwehrkampf« – gegen den Anschluß an Jugoslawien. Die Volksabstimmung von 1920 wurde ein voller Erfolg für den Heimatbund, Kärnten blieb bei Österreich, die Slowenen hatten einen neuen mächtigen und skrupellosen Gegner gefunden. Bereits Ende der zwanziger Jahre agitierte der Kärntner Heimatbund unter dem Vorsitz von Alois Maier-Kaibitsch für eine »deutsche« Ansiedlung im zweisprachigen Gebiet und verkaufte über seine »Bodenvermittlungsstelle« Grund an Interessenten aus Deutschland. Nach dem Verbot der NSDAP in Österreich 1934 nahm der Heimatbund die illegalen Nazis bereitwillig in seine Reihen auf und profilierte sich als zuverlässige Kraft in der künftigen »Ostmark«. Nach dem »Anschluß« wurde der Heimatbund nicht nur nicht aufgelöst, sondern mit seinem ganzen Apparat der NSDAP eingegliedert und konnte seine Arbeit, nun mit neuer Macht ausgestattet, fortsetzen. Maier-Kaibitsch, Geschäftsführer des Heimatbundes, wurde Bevollmächtigter für Minderheitenfragen und später Leiter des Gauhauptamtes für Volkstumsfragen. Der schärfste Gegner der Slowenen hatte nun freie Hand, über ihr Schicksal zu entscheiden.

Dieses Schicksal hieß Aussiedlung, anders gesagt, Vertreibung. Geplant wurde die Ansiedlung deutschsprachiger Südtiroler und Bewohner des Kanaltales in Kärnten, während 50000 Slowenen nach Jugoslawien und vor allem in das Gebiet zwischen Charkow und Rostow im besetzten Teil der Sowjetunion vertrieben werden sollten. Maier-Kaibitsch und seine Heimatbündler hatten bereits die Listen fertig, als die Pläne noch einmal verschoben wurden, da Berlin die Belgrader Regierung nicht unnötig vor den Kopf stoßen wollte. Wenige Monate nach dem Überfall auf Jugoslawien war es dann soweit: Am 25. August 1941 unterzeichnete Himmler eine Verordnung zur zwangsweisen Aussiedlung der Kärntner Slowenen. Begonnen werden sollte die Aktion mit der Vertreibung von 200

»volks- und staatsfeindlichen« Familien. Am 14. April 1942 deportierten SS und Polizei 186 Familien auf Viehtransportern in das Sammellager Ebental. Die Passivität der slowenischen Bevölkerung wurde gewaltsam beendet; auch die, die Hitlers Versprechungen, er werde den armen Bauern die Schulden erlassen und allen zu essen geben, geglaubt hatten, erwachten aus ihren Illusionen. Da gleichzeitig mit den ersten Vertreibungen auch die ersten Partisanenverbände in der Gegend auftauchten, bot sich den Menschen eine Möglichkeit, ihre Empörung umzusetzen und nicht wieder in Verzweiflung und Resignation zu verfallen. Der slowenische Partisanenwiderstand in Kärnten begann.

Doch auf die Befreiung folgte die Niederlage. Die Engländer, die als Alliierte die Partisanen in den letzten Kriegsmonaten unterstützt und mit ihnen zusammengearbeitet hatten, verwandelten sich als Besatzungsmacht in ihre Verfolger. Kaum war der Nationalsozialismus besiegt, begann der Kampf gegen den Kommunismus. Die Befreiungskämpfer/innen, in Jugoslawien hochgeehrt, landeten in Österreich nicht selten im Gefängnis. Der Kärntner Heimatbund überlebte die »Stunde Null« ungeschoren, diffamierte die Partisan/inn/en als Banditen, die das Land dem kommunistischen Menschenfresser Tito ausliefern wollten, und sorgte sich wie eh und je um ein »deutsches« Kärnten. Viele der ehemaligen Kämpfer/innen zogen sich verbittert zurück und hüllten sich fortan in Schweigen. Auch die offizielle österreichische Geschichtsschreibung verschwieg ihren einzigartigen Beitrag zur Niederlage der nationalsozialistischen Herrschaft. Als Tito sich mit der Sowjetunion überwarf, wurden sie auch noch von kommunistischer Seite fallengelassen und – im besten Fall – ignoriert. Die Geschichte des österreichischen Widerstands wurde – wenn sich überhaupt jemand dafür interessierte – als monarchistischer, liberaler und konservativer Widerstand dargestellt oder, von der anderen Seite, als das Verdienst der Sozialdemokraten oder der Kommunistischen Partei Österreichs. Daß die Slowenen in Kärnten einen Teil des »Reiches« in Feindesland verwandelt und selbst die SS in die Knie gezwungen hatten, wurde verschwiegen.

Der Anteil der Frauen am österreichischen Widerstand, von Wien bis Innsbruck, wurde in ein vergleichbares Dunkel gehüllt. Rita Thalmann beklagt noch 1983 in ihrem Aufsatz »Les Femmes dans la Résistance Autrichienne« nach Durchsicht der einschlägigen Literatur, daß die Rolle der Frauen vollkommen unterschlagen wurde. Die einzigen – wenigen – Arbeiten zum Thema (das in den anderen Werken ausgeklammert bleibt) stammen von weiblichen Autoren.[13] Thalmann verweist auf die – unveröffentlichte – Dissertation von Inge Brauneis, die 300 Urteile gegen Frauen auflistet, denen Widerstandshandlungen vorgeworfen wurden (und zwar Akte des organisierten Widerstands, Verurteilungen wegen individueller Aktionen wurden nicht mitgezählt): 156 dieser 300 Frauen waren Kommunistinnen, 24 Sozialistinnen, 42 Mitglieder bürgerlicher Gruppen, 78 Mitglieder von Partisanengruppen. Inge Brauneis schätzt, daß etwa 18 Prozent der Frauen, die Partisanenverbänden angehörten, als Kämpferinnen aktiv waren.[14] Doch wer diese Frauen waren, was sie dazu gebracht hatte, so radikal mit der ihnen – auch im Widerstand – zugewiesenen Rolle zu brechen, darüber war bis vor kurzem nichts zu erfahren.

1981 erschienen die Erinnerungen des Kärntner Partisanenkommandanten Karel Prušnik-Gašper in deutscher Sprache[15] – ein Insidertip, denn niemand in Österreich, außer den Kärntner Slowenen selbst, interessierte sich für dieses Thema. Prušnik-Gašper erwähnt mehrmals und durchaus achtungsvoll seine Kameradinnen, von Marjetka, die am Überfall auf das Kino in Mežica beteiligt war, bis zu Zala, an deren Seite er mit seiner Partisaneneinheit in das befreite Klagenfurt einzog. Vier Jahre später, 1985, erschien dann die erste »deutsche« – also nichtslowenische – ausführliche Würdigung des Widerstands der slowenischen Frauen.[16] Das Wiener Autorinnen-Team Berger, Holzinger, Podgornik und Trallori hatte Frauen in ganz Österreich zu ihren antifaschistischen Aktivitäten befragt und war auch nach Kärnten gereist, um mit ehemaligen slowenischen Partisaninnen zu sprechen. Lisbeth N. Trallori schreibt in ihrem Aufsatz »Der ›verschwiegene‹ Widerstand«, daß es für sie als Außenstehende äußerst schwierig war, die Frauen zum Sprechen zu bringen. Sie waren »ängstlich«, weil sie durch das Bekanntwerden ihrer Erlebnisse in ihrer Umgebung oder bei den Behörden neuerliche Nachteile oder Verfolgungen befürchteten; besonders kraß war dies in Kärnten, wo bekanntlich der »Heimatdienst« politisch aktiv ist.[17] Als ich im November 1987 Johanna Sadolšek, als Partisanin Zala genannt, in Lobnig bei Eisenkappel besuchte, um sie zu interviewen, hatte ich es dank der Vorarbeit der Wienerinnen schon einfacher. Dennoch mußte auch ich das in langen, bitteren Erfahrungen gewachsene Mißtrauen überwinden, bis Zala bereit war, wirklich offen auf meine Fragen zu antworten.

3

Wie wird eine eingesessene Bäuerin, die nie etwas mit Politik zu tun hatte, Partisanin?[18] Wie kommt sie dazu, den Rosenkranz gegen den Revolver einzutauschen? Sie waren arm, fast alle Sloweninnen aus Kärnten, die sich Titos Befreiungsarmee anschlossen, waren in bitterster Not aufgewachsen. Sie kannten Hunger, Arbeit und Gebete, sonst kaum etwas. Zala hatte keine eigenen Schuhe, das einzige Paar Frauenschuhe, das die Familie besaß, mußte sich das Mädchen mit der Mutter und der Großmutter teilen. Ging eine von ihnen nach Eisenkappel, dem nächstgrößeren Ort, mußten die anderen zu Hause bleiben. Zalas Kleider waren grundsätzlich geflickt, der Hof, den ihre Mutter mit Zalas Hilfe bewirtschaftete, war so verschuldet, daß kein Huhn verkauft werden konnte, ohne daß der Gerichtsvollzieher abkassierte. Zalas Mutter war unverheiratet, beide Kinder, Zala und ihr Bruder, der von zu Hause auszog, um das Priesterseminar zu besuchen, stammten von einem anderen Vater. Kein Ergebnis »leichter Sitten«, sondern der Armut und der Doppelmoral, der die völlig unaufgeklärten Frauen hilflos ausgeliefert waren. Zalas Mutter war nur drei Jahre zur Schule gegangen. Zala selbst besuchte die sechsklassige Volksschule, in der sie vor allem lernte, daß die Slowenen Menschen zweiter Klasse sind. Mira, die später als Funktechnikerin bei den Partisanen arbeitete, Kind von Tagelöhnern, wurde sofort nach der Schule als Zwölfjährige zu Bauern in Dienst geschickt. Noch schlimmer wurde es für sie, als sie als Magd zu Kaufleuten kam, die sie in ihrem Sägewerk schwere Bretter schleppen und zusätzlich noch die Hausarbeiten machen ließen.[19] Zala half schon als Schülerin ganz selbstverständlich auf dem Hof mit. Die Mutter war »der Bauer«, sie arbeitete auf dem Feld, die Großmutter übernahm die Rolle der Hausfrau. Sie zog die Kinder groß, kochte, flickte immer wieder die abgetragenen Kleider.

Im Winter war es schon dunkel, wenn Zala von der Schule nach Hause kam, der Schulweg war lang und der Unterricht endete erst um vier Uhr nachmittags. Zala ging, wie viele andere auch, in Strümpfen durch den Schnee, gelegentlich hatte der Lehrer ein »Einsehen« und schickte sie schon eine Stunde früher los. Kein Einsehen allerdings gab es, wenn es um die Sprache ging: Die Kinder wurden gezwungen, in der Schule deutsch zu sprechen. Da die Slowenenkinder, mehr als die Hälfte der Klasse, kein Wort verstanden, wurde im ersten Schuljahr eine Lehrerin eingesetzt, die auch Slowenisch konnte, dann mußten die Schüler/innen eine Strafe von zehn Groschen zahlen, wenn ihnen ein slowenisches Wort entschlüpfte.[20] So bestimmte die Politik die Welt dieser Menschen, ohne daß sie selbst sich für Politik interessiert hätten. Zala: »Man hat sich ja gar nicht für Politik interessiert da heroben, die Bauern überhaupt nicht, die sind halt am Sonntag zur Kirche und wieder zurück und wieder zur Arbeit, und so ist es jeden Tag weitergegangen, das Wichtigste, das waren die Pfarrer.«[21] In der Schule dagegen wird sehr wohl politisiert: Einer der Lehrer, illegales NSDAP-Mitglied, wie sich später herausstellt, sammelt eine auserwählte Schar von Schülern um sich, die später alle der SS beitreten.

Als Zala 17 Jahre alt ist, muß sie heiraten. Der Großvater, dem der Hof gehört, ist gestorben, Zalas Bruder, der »rechtmäßige« Erbe, wird Priester und tritt daher von seinem Anspruch zurück, übrig bleiben somit »nur« Frauen. Der Bauernführer kommt eigens aus der Stadt, läßt sich die Lage schildern und fragt: »Na, jetzt sagt's mal, wer hier Bauer wird.« Der Bruder lehnt ab, und so kommt die Reihe an Zala: »Ich hab mich nicht getraut, hab nicht gewußt, was ich sagen soll, und die Mutter sagte, freilich, die übernimmt den Hof.« Alle sind einverstanden, aber: Sie muß bald heiraten, »damit eine männliche Kraft auf den Hof kommt«. Zala wird unter Druck gesetzt: »Jeden Tag war halt die Heirat an mich gestellt, von der Mutter, von der Großmutter, von allen, aber wie hätte ich denn heiraten sollen, von der Luft herunter, ich hab ja gar nicht gewußt, was das heißt, die Ehe und alles. Damals hat man ja nicht gewußt...« Also heiratet Zala den naheliegendsten Kandidaten, den Sohn des Nachbarn. Zala: »Er war zehn Jahre älter als ich, und er war schon brav, das muß ich sagen, und auch fortschrittlich.« Daß er »brav« war, bedeutet, daß er auf dem Hof tüchtig arbeitete und sich seiner Frau gegenüber menschlich verhielt. Von Liebe war nie die Rede. Michael Sadolšek, so hieß er, war nach Zalas Aussagen auch intelligent, und daß er »fortschrittlich« war, hieß konkret: Er gehörte einer geheimen kommunistischen Zelle an.

Zala, selbst hochintelligent, kommt zum erstenmal mit Politik in Berührung. Und lernt, Hitlers Versprechungen mit kritischen Augen zu betrachten. 1938, zwei Jahre vor Zalas Hochzeit, hatte das nationalsozialistische Deutschland Österreich »angeschlossen« und in der dazugehörigen Propagandaoffensive vorerst keinen Unterschied zwischen »deutschen« Kärntner und slowenischen Kärntner Bauern gemacht. Die Schulden würden erlassen werden, hieß es plötzlich – eine unschätzbare Erleichterung für die bis auf das letzte Hemd verpfändeten Klein- und Bergbauern, Lebensmittel wurden verteilt, es sei genug da für alle, wurden Drängelnde belehrt, überhaupt, das Paradies auf Erden würde nun über die arme Kärntner Bevölkerung kommen. Zala erinnert sich, daß ihr Großvater noch auf dem Sterbebett erleichtert war, daß nun alles gut werden würde. Doch schon während der Lebensmittelverteilungen zogen erste Wolken über dem neuen Paradies auf. Die Kärntner Nazis hielten sich nicht an die Propagandavorstellungen ihrer Kollegen aus dem »Reich«, sie hörten bald damit auf, *alle* zu »beschenken«. Jelka, auch sie eine spätere Partisanin, erzählt: »Die Mannschaft vom Hitler hat ausgeteilt, unser Gendarm war dabei, der hat immer die Tür auf- und zugemacht, jeden hat er einzeln reingelassen. Kaum war ich an der Reihe, er hat mir schon die Tür aufgemacht, und drin war der Bürgermeister und ein verbissener Hitleranhänger (...), packt mich der Gendarm und schmeißt mich raus auf die Frauen, die draußen gestanden sind in der Reihe. (...) Einladung zum Fassen hab ich schon gekriegt, aber dann haben's mich rausgeschmissen. Hat er im Buch drin gesehen, welche Leut' sind eingeschrieben zum Aussiedeln.«[22]

1942 erlebt Zala die erste Aussiedlung: »Den Stopac-Bauern, die ganze Familie, das waren ein Mann und drei Frauen. Sie haben gesagt, schnell, schnell, in einer halben Stunde müssen sie mit allem fertig sein, und dann auf den Wagen und weg.« Zala rechnet damit, daß auch sie und ihre Familie geholt werden. Im Mai 1941 hatte sie ihr erstes Kind bekommen, einen Sohn, im Frühling 1942 war ihr Mann zur Wehrmacht eingezogen worden. Zala wirtschaftet allein, mit Hilfe der Mutter und Großmutter und polnischer und ukrainischer Zwangsarbeiter, die ihnen zugeteilt wurden. Zala lernt wieder etwas mehr über den Umgang der Faschisten mit Menschen. Die Zwangsarbeiter dürfen weder im Haus schlafen noch essen. Es kommt oft genug vor, daß die beiden Arbeiter schnell vom Tisch aufspringen und in den Stall rennen, die Frauen der Familie hastig ihre Teller verstecken müssen, weil Gendarmen auf ihrem Kontrollgang den Hof inspizieren. Zala empört sich immer mehr. Über die verordnete Unmenschlichkeit gegen die »Polacken«, über die Aussiedlungen der Slowenen, über die Verhaftungen der Kommunisten. Schließlich kommen zwei der Verhafteten zurück, sie waren aus Dachau entlassen worden und erzählen ihren Nachbarn, »was der Hitler im KZ mit den Leuten macht«. Zala ist nun »reif«.

Als im Dorf Gerüchte kursieren, es seien Partisanen in der Gegend, reagiert sie eher neugierig als erschrocken, obwohl »der Hitler eine große Propaganda gemacht hat, das sind alles Banditen, Mörder, ganz brutale Menschen, die schießen alle nieder«. Was »der Hitler« vergessen hat: So mancher dieser »Banditen« war der Sohn des eigenen Nachbarn. Trotzdem erschrickt Zala erst einmal, als sie »ihre« ersten Partisanen sieht, im Herbst 1942: »Wir haben gerade gemäht hinterm Haus droben. Es war schon interessant, wie wir die gesehen haben, die waren bewaffnet, wir haben uns ein bißchen gefürchtet.« Zehn, zwölf waren es, junge Burschen, teils in Zivil, teils in Uniform. »Dann sind sie ganz ruhig auf uns zugekommen und haben zuerst gefragt, ob deutsche Polizei da ist. Und dann haben sie gesagt, ihr braucht euch nicht zu fürchten, wir sind die slowenische Befreiungsfront, und wir müssen die Faschisten vertreiben, ihr seht ja, was die mit euch machen, ihr müßt uns helfen, den Hitler besiegen.« Zala hat nun zwar keine Angst mehr, denkt aber, »der Hitler, um Gottes willen, der ist ja so stark, der wird doch nie verlieren!«. Doch, meinen die Partisanen und erzählen von ihren Kämpfen, von der Antifaschistischen Front, vom Aufstand in Jugoslawien. Dann bitten sie Zala, ihnen weiterzuhelfen, sie haben sich verlaufen und suchen ihr Bataillon. Zala, inzwischen 19 Jahre alt, tut ihren ersten Schritt in die illegale politische Arbeit. Sie bringt die Freischärler zu einem Nachbarn, von dem sie weiß, daß er »Verbindungen« hat, der wieder bringt den versprengten Haufen zu einem Kurier, der sie zu ihrer Truppe führt. Die ersten Fäden eines Netzes sind gesponnen. Was Zala selbst als natürliche Hilfeleistung erscheint,

Die Partisanin Zala

obwohl sie weiß, daß es »eigentlich« verboten ist, wird von den Behörden als Unterstützung von »Verbrechern« und »Terroristen« geahndet. Zala, die sich gerade als zuverlässig erwiesen hat, entdeckt, daß sie nicht die einzige ist, die etwas mit den Partisanen zu tun hat. Und sie soll bald wieder von ihnen hören.

Es passierte an einem Sonntag nach der Messe. Als Zala aus der Kirche kommt, spricht sie eine Nachbarin an: »Ich hab Besuch gehabt.« Ihr verschwörerischer Ton läßt vermuten, daß es sich bei dem Besuch nicht um einen harmlosen Verwandten handelte. »Zu dir werden sie auch kommen«, kündigt die Frau Zala an, dann gehen sie zu ihr nach Hause und Zala erfährt Genaueres. Wenig später kommt auch zu Zala »Besuch«. Es ist Karel Prušnik-Gašper, sein Auftrag lautet, in der Umgebung von Eisenkappel eine Sektion der Antifaschistischen Frauenfront zu gründen, und er stößt auf offene Ohren. »Jung waren wir ja, und es hat uns auch irgendwie gehoben«, sagt Zala. Die Frauen, die ihr Leben lang ganz selbstverständlich geschuftet haben, bekommen plötzlich eine Aufgabe, die nicht nur Abwechslung, sondern auch Anerkennung verspricht. Die, das ist ihnen durchaus bewußt, gefährlich ist. Die, auch das spielt nun nach ihren Erfahrungen mit dem Nationalsozialismus eine Rolle, dazu beitragen soll, »den Hitler zu vertreiben«.

Sie bekommen Plakate, Flugblätter und Streuzettel, die sie nachts verteilen, manchmal auch am hellichten Tag: »Tod dem Faschismus«, »Freiheit den Völkern« steht darauf, oder auch »Deutsche Soldaten, slowenische Soldaten, kämpft nicht für Hitler!«. Zu Hause wird die Wäsche der Partisanen gewaschen, Essen für die Partisanen gekocht und ihnen in ihre Verstecke auf dem Berg gebracht. Zala kocht, ihre Mutter schleppt die Töpfe in den Wald. In Klagenfurt kaufen die Frauen Verbandsmaterial und Medikamente, immer nur wenig in unterschiedlichen Apotheken, damit sie nicht auffallen. Nachts kommen manchmal die Partisanen, um auf den Höfen zu schlafen, vor allem, wenn sie Verwundete haben. Nachts kommen aber auch manchmal die Gendarmen, um während ihrer Patrouillen auf den Höfen zu übernachten. Ist Polizei im Haus, markieren die Frauen eine bestimmte Stelle am Waldrand mit einem Kreuz aus abgefallenen Ästen. Treiben sich tagsüber Gendarmen in der Gegend herum, hängen die Frauen ein Leintuch in das Fenster. Es sieht aus wie ein Vorhang, aber die Partisanen wissen Bescheid. Das Propagandamaterial wird im Stall oder im Bienenhaus versteckt – da wagen sich bei Hausdurchsuchungen auch die SSler nicht hinein.[23] Zalas Mann ist in der Jägerkaserne in Klagenfurt stationiert, ein guter Vorwand für die schwierigste und gefährlichste Art von Arbeit, die die Frauen leisten: Sie sollen die slowenischen Soldaten zur Desertion überreden, sie für die Partisanen rekrutieren. Der Plan ist gut durchdacht. Um die Familien vor Repressalien zu schützen, wird eine Zwangsrekrutierung vorgetäuscht. Der Soldat wird mitsamt seinen Waffen zum nächsten Partisanenstützpunkt geschleust, sobald er außer Reichweite ist, läuft seine Frau oder Mutter zur Gendarmerie und heult und jammert: »Sie sind gekommen und haben ihn gepackt und weggeschleppt! Was sollen wir nur machen?« Der Trick funktioniert zumindest anfänglich gut. Doch bald arbeiten die Frauen so erfolgreich, daß immer weniger Slowenen aus ihrem Fronturlaub zurückkehren und auch viele direkt aus der Kaserne verschwinden. Die Behörden verbieten daraufhin den Heimaturlaubern, ihre Familien auf den Höfen zu besuchen, sie müssen in Eisenkappel bleiben, ihre Frauen, Kinder, Eltern müssen in die Stadt kommen, um sie zu sehen. Das ganze Gebiet um Eisenkappel gilt als »feindliches Territorium«.

Im Gegenzug schicken die Deutschen als Partisanen verkleidete Spezialtrupps in die Dörfer. Zala wundert sich noch heute über deren Dummheit: »Am hellen Mittag sind die mit den Tito-Mützen im Dorf herummarschiert!« Doch die Sache ist nicht nur komisch, wieder wenden die Frauen weibliche List an. Sie müssen diese Provokateure loswerden, können sie aber nicht direkt bloßstellen, was also tun? Als so ein Trupp sich bei ihrem Onkel, einem alten Kommunisten, einquartiert, läuft Zala mit einer Genossin aus der Antifaschistischen Frauenfront nach Eisenkappel zu den Gendarmen und meldet aufgeregt: »Dorten sind sie, beim Onkel, die Partisanen, die ganze Nacht sind sie geblieben, und jetzt sind sie immer noch da. Bei der Nacht haben wir uns nicht getraut, etwas zu tun, aber jetzt müßt ihr gleich kommen, kommen's rauf und holen Sie sie!« – »Brav seid's ihr, daß ihr's gemeldet habt«, loben die Gendarmen, zeigen aber keine große Eile, die »Banditen« zu erwischen.

Doch die Lage der Antifaschistischen Frauen in den Dörfern um Eisenkappel ist bereits kritisch. Vor allem Zala, die Vorsitzende der Frauenfront, steht seit längerem unter Verdacht. Sie könnte natürlich jederzeit verschwinden, doch sie harrt bis zuletzt auf ihrem Posten aus. Weil sie weiß: »Die Partisanen waren ja nicht drauf aus, daß wir Frauen zu ihnen kommen, wir haben ja viel mehr genutzt zu Hause, in der Legalität.« Und sie weiß auch, daß ihre Familie von schweren Repressionen bedroht ist, wenn sie sich offen auf die Seite der Freischärler schlägt. Verließ eine Frau wie Zala ihren Hof und ihre Familie, gab es über den Grund nicht den leisesten Zweifel. Weder bei den Nachbarn, noch bei der Polizei.

Am 26. Oktober 1943 kommt Zalas Mann auf Fronturlaub nach Eisenkappel. Er darf aufgrund des neuen Verbotes nicht nach Hause nach Lobnig, doch er will unbedingt das Kind sehen und überredet Zala, ihn mitzunehmen. Im Dunkeln schleichen sie sich nach Hause, Zala ist gar nicht wohl bei der ganzen Angelegenheit, sie rechnet fest damit, daß plötzlich die Polizei vor der Tür steht. Am nächsten Morgen, am 27. Oktober, wird prompt gegen die Tür gehämmert: »Aufmachen!« Die Mutter öffnet, die Stube füllt sich mit Polizeibeamten. Doch die fragen nicht nach Zalas Mann, der vor ihnen steht und darauf wartet, abgeführt zu werden. Sie beachten ihn gar nicht, wollen nur wissen: »Wo ist die Bäuerin?« Nun weiß Zala, worum es in Wirklichkeit geht. Vorsichtshalber zieht sie sich warm an. Wollstrümpfe, feste Schuhe, zwei Pullover. Die Polizisten wundern sich, lassen sie aber gewähren. Zala: »Ich hab das ja immer vorgehabt, wenn sie mich holen, versuch ich, ihnen davonzulaufen. Ich hab ja schon zuviel auf dem Kerbel (Kerbholz, Anm. d. Verf.) gehabt.« Auf dem Weg zur Polizeistation in Eisenkappel hat sie jedoch vorerst nicht die geringste Chance. Sie wird erwartet. Sechs Gestapo-Beamte sind erschienen, um sie zu verhören. Zala stellt sich dumm, streitet alles ab, die Gestapo-Männer halten ihr vor, sie sei die Organisatorin und wisse daher über alle Verbindungen bestens Bescheid – was tatsächlich stimmt. Doch Zala kennt keinen, hat keine Ahnung, weiß gar nicht, was die von ihr wollen. Stunden dauert das Kreuzverhör. Vor allem eines wollen sie wissen: wo der Bunker der Partisanen in Leppen ist. Das nun weiß Zala wirklich nicht, das Leugnen fällt ihr in diesem Fall leicht. Doch ihre Gegner glauben ihr kein Wort und zwingen sie, mit ihnen auf die Suche nach dem Bunker zu gehen. Gefesselt, eskortiert von sechs Gestapo- und 76 Gendarmerie-Beamten wird Zala in die Nacht gejagt. Obwohl ihre Lage völlig hoffnungslos scheint, hat sie nur eines im Kopf: »Ich muß ihnen durch.« Sie gehen und gehen. Zalas Begleiter werden langsam ungeduldig: »Wo ist jetzt dieser Bunker«, wollen sie immer wieder wissen und drohen: »Sie wissen gar nicht, was wir noch mit Ihnen machen können, Sie werden ihr blaues Wunder erleben, wenn Sie uns nicht endlich zeigen, wo der Bunker ist!« Zala weiß sehr wohl, was die »noch alles mit ihr machen« können. Sie fängt an zu jammern: »Meine Hände, tut's mir die Fesseln lockern, ich kann nicht mehr weitergehen, meine Hände sind ganz abgestorben.« Als sie sich hinsetzt und sich weinend weigert, weiterzugehen, erreicht sie endlich, was sie will. Sie bemüht sich im Gehen, ihre Hände aus der Kette zu winden, und wartet, bis sie in einen sehr steilen und dunklen Abschnitt des Waldes gelangen. Dann läßt sie sich plötzlich fallen und rollt sich den Abhang hinunter. »Die Bäuerin ist durch!« ruft einer der Gendarmen entsetzt, und nun pfeifen Zala die Kugeln und Leuchtraketen um die Ohren. Sie rennt gegen einen Baum, wird ohnmächtig, als sie erwacht, denkt sie »Madonna, jetzt bin ich tot«. Doch sie rappelt sich trotz der Kopfschmerzen wieder auf, stolpert durch ein Brombeergestrüpp, reißt sich die Haut blutig, rennt weiter, kommt schließlich in einen kleinen, geschützten Fichtenwald und wartet dort, bis es wieder hell wird. Am nächsten Tag stößt sie auf eine Gruppe Holzfäller, die ihr helfen, die Wunden notdürftig zu versorgen, und ihr zu essen geben. Zala flieht weiter, bis sie zum Hof eines befreundeten Bauern kommt. Als dessen Töchter sie kommen sehen, sind sie überzeugt, einem Gespenst gegenüberzustehen: »Maria, Zala, du bist doch tot, dich haben sie doch erschossen«, stammeln sie entsetzt und fallen dem zerschundenen Gespenst schließlich um den Hals, als ihnen klar wird, daß die leibhaftige Zala in Fleisch und Blut vor ihnen steht. Die Gendarmerie hatte die Meldung verbreiten lassen, die Sadolšek-Bäuerin sei auf der Flucht erschossen worden. Sie konnten ihre Niederlage, die Tatsache, daß eine gefesselte Frau sechs Gestapo-Beamten und 76 Gendarmen entkommen war, beim besten Willen nicht zugeben.

Einen Tag später kommt Johanna Sadolšek, genannt Zala, im Lager der Partisanen hinter dem Brečk-Felsen an. Ein neues Leben beginnt. Karel Prušnik-Gašper, der Kommandant der Einheit, beschreibt in seinen Erinnerungen das Lagerleben: »Der Partisan kann sich weder Feuer noch Mahlzeit, noch Ruhe gönnen. Als wir anlangten, machten wir uns zuerst über die Fichten her. (...) Dann begannen wir, den gefrorenen Boden zu bearbeiten und Bunker zu graben. So schufteten wir vom Morgengrauen bis zur Dunkelheit. Muri entzündete erst in der Dämmerung ein Feuer, und um elf Uhr nachts war das erste Essen fertig, eine Art saure Suppe mit Kartoffeln und Hammelfleisch, aber selbstverständlich ohne Brot. Wir schlugen unser Nachtlager auf dem eben ausgehobenen Erdreich unter freiem Himmel auf. Ein paar Tage später waren die Erdbunker fertig. Sie waren größer und besser als die ersten, und wir konnten sogar die politische Stunde ›unter Dach‹ abhalten. In dieser Höhe fühlten wir uns wohler als unten im Tal. Niemand konnte uns hören, wir konnten sogar singen. Wenn die Täler in dichtem Nebel versanken, entfachten wir auch tagsüber Feuer und kochten Kartoffeln. (...) Am ärgsten war die Läuseplage. (...) Tag und Nacht steckten wir in denselben Kleidern, nur selten wechselten wir die Wäsche. Sogar die Schuhe zog ich nur aus, wenn ich die Socken wechselte. Und nicht einmal die gleichzeitig, sondern immer einzeln ...«[24]

Die erste Laus hatte Prušnik-Gašper – zu seinem hellen Entsetzen – an seiner Kameradin Marjetka entdeckt: Sie kroch über ihre Hose. »›Marjetka‹, fuhr ich erstaunt auf, ›das ist doch eine Laus!‹ Marjetka lachte herzhaft und sagte (...): ›Wo das Gewehr, dort auch die Laus...‹« Wenig später juckt es ihn selbst, er fragt sich warum, Marjetka klärt ihn gelassen darüber auf, daß eben auch er Läuse habe: »Anscheinend benahm ich mich vor Marjetka wie ein Grünschnabel. ›Das erstemal im Leben so etwas...‹ Die kleine Partisanin aber rümpfte verächtlich die Nase über den frischgebackenen Soldaten.«[25]

Zala denkt anfangs, sie hält das nicht aus. Aber auch sie gewöhnt sich schnell an die Härten des Partisaninnenlebens: »Wir haben draußen geschlafen, unter den Bäumen, auch im Winter. Wir haben die Äste gebrochen, die Fichtenäste, haben sie in den Schnee gelegt und darauf geschlafen. Wir sind ganz steif gewesen in der Früh, oder man hat in der Nacht müssen aufstehen und sich bewegen, weil sonst bist ja eingefroren. Und die Füße, die Schuhe waren so versteift, wir haben sie ja nie ausgezogen, nur wenn wir uns umgezogen haben oder so, aber ansonsten haben wir immer in der Bekleidung geschlafen, die Waffen in der Hand, du hast ja immer bereit sein müssen. Du hast ja nie gewußt, wann der Feind von wo kommt.«[26]

Für die Frauen ist alles noch schwerer, da sie, auch wenn sie ihre Tage haben, die Kleider und Unterwäsche nicht wechseln können. Zala: »Das war oft sehr kritisch. Du hast dich müssen in einem Bach waschen, und du hast keine richtigen Binden gehabt, ist alles in die Hosen gegangen, du hast ja gestunken. Aber es ist dann halt doch immer gegangen. Hat ja müssen.« Auch das Essen muß umständlich organisiert werden: »Meistens von den Bauern, die noch etwas gehabt haben. Aber das war zum Schluß schon sehr schwierig. Viele haben selber nichts mehr gehabt, einige waren umgesiedelt, so daß nur noch die

Frau da war, oder zwei, drei, die haben nicht so viel ernten können. Und jeden Tag waren da die Partisanen, der eine ist gekommen, war hungrig, dann ist wieder einer gekommen und war hungrig, es war wirklich schwer für die zu Hause, viel schwerer als bei den Partisanen.«[27] Zala sieht die Schwierigkeiten der Frauen, die zurückgeblieben sind, um die Partisanen zu unterstützen, genau, sie kennt sie schließlich aus eigener Erfahrung. Und so erscheint ihr das beschwerliche Leben der Kämpfer/innen, im Freien, auf stundenlangen Gewaltmärschen von einem Sabotageeinsatz zum nächsten Stützpunkt, immer noch einfacher als die Härten und Gefahren der illegalen Arbeit im Rahmen der Legalität.

Sie selbst hat inzwischen ihre Ängste überwunden. Auch ihre größte Sorge, nachts zwischen all den Männern zu schlafen: »Madonna, hab ich mir gedacht, was wird das werden. Ich leg mich nicht hin, hab ich gesagt, ich werd nicht bei den Männern schlafen, ich weiß ja nicht, wie das ausgeht.« Erleichtert stellt sie fest, daß ihr nichts »passiert«: »Ich hab keine Schwierigkeiten gehabt mit denen, die haben mich immer respektiert.« Sie erfährt auch, daß auf die sexuelle Belästigung von Partisaninnen die Todesstrafe steht. Nur feste Paare dürfen miteinander schlafen, doch auch ihnen wird immer wieder davon abgeraten: Verhütungsmittel gibt es so gut wie gar keine, und eine Schwangerschaft wäre eine Katastrophe. Viele Ehepaare kämpfen auch in getrennten Einheiten; als Zalas Mann desertiert und sich den Partisanen anschließt, sieht sie ihn nur einmal bei einer politischen Besprechung. Zala, Mira und andere Partisaninnen betonen heute noch die kameradschaftliche Atmosphäre, die in ihren Einheiten herrschte, Unterschiede zwischen Frauen und Männern wurden nach ihren Aussagen nicht gemacht, in den reinen Kampfeinheiten kochten auch die Männer, die Frauen nahmen an jedem Einsatz teil, egal wie gefährlich er war. »Oft waren die Frauen sogar ein Vorbild, auch den Männern«, sagt Zala. Da die slowenische Bevölkerung fast ausnahmslos mit den Partisanen sympathisiert, können sie sich gelegentlich auch den »Leichtsinn« einer »Gaudi« leisten: Sie kommen aus ihrem Unterschlupf zu einem bestimmten Bauern beziehungsweise häufiger zu einer Bäuerin, die bereits alle Nachbarn eingeladen hat, und feiern rauschende Feste: »Da haben wir Musik gehabt und getanzt und gejubelt.«[28]

Als Zala im Partisanenlager ankommt, erhält sie sofort die

nötige militärische Ausbildung, die bei ihr nicht allzulange dauert, da sie, wie viele Bergbäuerinnen, bereits schießen kann. Sie wird der politischen Einheit zugeteilt, einer Gruppe von etwa sechs, sieben Spezialisten, die von Dorf zu Dorf gehen, von Partisanenstützpunkt zu Partisanenstützpunkt, um die Menschen politisch zu schulen, Propaganda zu betreiben, und – in den Dörfern – Mitglieder für die Befreiungsfront und die Antifaschistische Frauenfront zu gewinnen. Es kommt immer wieder vor, daß sie in ein Scharmützel verwickelt werden oder selbst in eine Patrouille oder einen Hinterhalt geraten, dann schlagen sie sich ebenso wie die reinen Kampfeinheiten. Aber am Abend, wenn die anderen sich ein wenig ausruhen können, muß Zala noch ihre Berichte an die politische Leitung tippen, auf einer Schreibmaschine, die sie ständig mit sich herumschleppt. Als ihre Gruppe einmal – beim Abendessen auf einem Bauernhof – von der Polizei überrascht wird und sie sich gerade noch freischießen können, läßt Zala ihre Schreibmaschine liegen. Sowie sie es bemerkt, kehrt sie um, um sie zu holen, obwohl die ganze Gegend von Polizei umstellt ist. Zala ist inzwischen Sekretärin der Antifaschistischen Frauenfront für ganz Kärnten, eine hohe Position, die ihr allerdings auch eine Menge zusätzlicher Arbeit einbringt.

Die materielle Basis für Zalas politische Arbeit liefern Frauen wie Mira, die in der Technik arbeiten. In Erdbunkern, hoch auf dem Berg auf einem Felsen, in Heuschobern versteckt, tippt Mira Flugblätter, illegale Zeitschriften und Berichte von Radio London. Anfangs kann sie das Material nur vervielfältigen, indem sie selbst ungezählte Durchschläge tippt, ein unendlich mühseliges und aufwendiges Verfahren. Erst als die Einheiten in Kärnten mit einer professionelleren Technik aus Jugoslawien ausgestattet werden, erhält Mira eine Vervielfältigungsmaschine. Neben ihrer Schreibarbeit steht sie auch Wache und beteiligt sich an Kontrollgängen, auch sie ist selbstverständlich bewaffnet, um sich selbst und ihre Geräte zu schützen, für die sie die Verantwortung trägt. Und – im Gegensatz zu Zala oder der Kämpferin Marjetka – wird Mira auch zum Kochen eingeteilt.[29]

Zala schätzt, daß der Frauenanteil bei den Partisanen etwa 20 Prozent betrug[30]: Ein Teil davon waren reine Kämpferinnen, ein Teil politisch Verantwortliche wie Zala, ein Teil Krankenschwestern, andere, vor allem ältere Frauen, arbeiteten als Köchinnen, nähten und sorgten für Sauberkeit und Hygiene im Bunker. Frauen nahmen aber auch hohe Positionen ein, betont Zala, sie waren militärische Kommandantinnen und Politkommissarinnen großer Bataillone – allerdings vor allem in Jugoslawien. Zala ist stolz auf diese Frauen, die sie während ihrer dreimonatigen Schulung in Jugoslawien kennenlernt.

Anfang Juli 1944 macht sich Zala auf die Reise in das befreite Gebiet von Dolenska. Acht Tage wandert sie von Stützpunkt zu Stützpunkt, von Kurier zu Kurier, bis sie in der Kaderschule ankommt. 73 Schüler/innen werden hier in Theorie und Praxis ausgebildet. Faschismus, Imperialismus, Kapitalismus, Kommunismus stehen auf dem Lehrplan, aber auch militärische Taktik und der Umgang mit Waffen. Außerdem steht ihnen ein Zahnarzt zur Verfügung, für viele der Kämpfer/innen, die seit Jahren oder Monaten in den Bergen leben, eine große Erleichterung.[31] Zala genießt die Schule, den Unterricht wie die Diskussionen und Gespräche mit den Gefährtinnen. Die Prüfungen am Endes des Kurses besteht sie mit Auszeichnung – sie, die nur die sechsjährige Volksschule absolviert hatte und kaum zum Lernen gekommen war, weil sie auf dem Hof mitarbeiten mußte. Dann geht es zurück an die Front, die inzwischen, im Herbst 1944, härter denn je geworden ist.

Das Vordringen der Alliierten in Italien und die verstärkten Kämpfe der Partisanen in Kärnten machen der deutschen Armee schwer zu schaffen. Im Winter 1944/45 startet sie ihre Großoffensive gegen die Befreiungsarmee. Trotz schwerer Verluste gelingt es den Partisanen, ihre wichtigsten Stellungen zu halten, und am 7. Mai 1945 marschieren sie in Eisenkappel ein.

Am 8. Mai, als sie auf dem Weg nach Klagenfurt sind, erreicht sie die Nachricht von der deutschen Kapitulation.[32] Karel Prušnik-Gašper erzählt in seinen Erinnerungen: »Trotzdem waren wir vorsichtig. Mein Maschinengewehr und Zalas Maschinenpistole waren ununterbrochen gegen den nahen Wald gerichtet.«[33] – Zu Recht. Versprengte Trupps der faschistischen Četniki, einzelne ukrainische und deutsche SS-Einheiten leisten auch nach der Kapitulation noch Widerstand, Zala und Prušnik-Gašper müssen, kurz bevor sie Klagenfurt erreichen, einen Haufen SSler entwaffnen, die nicht bereit sind, sich zu ergeben.[34]

Zala hat den Krieg ohne größere (körperliche) Verletzungen

überlebt. Doch zwei Jahre lang lebte sie in dem Bewußtsein: Die letzte Kugel ist für mich. Dem Gegner lebendig in die Hände zu fallen war schlimmer als der Tod. Zala erzählt das ruhig, selbstverständlich, ohne jede Dramatik. Mit Angst hatte dieses Gefühl nicht mehr viel zu tun. Die Kämpfer/innen lernten schnell, mit ihren Gefühlen hauszuhalten. Sie lebten von Tag zu Tag, von Aktion zu Aktion, immer auf das nächste Ziel – »eine Sabotage zu machen« – und auf das endgültige Ziel – »den Hitlerfaschismus einmal zugrunde zu bringen« – ausgerichtet.[35] Zala: »Man denkt an nichts, man denkt nicht an zu Hause, man denkt nur an das, was man vorhat. (...) Ich hab gar keine Angst mehr gehabt. Mir war es gleichgültig, ganz gleichgültig. Wenn Krieg ist, und du bist dauernd in Gefahr, dann gewöhnt man sich daran, und es wird dir gleichgültig, ob du jetzt stirbst oder nicht, das ist ganz egal. Oft einmal hab ich das Bedürfnis gehabt, wenn es mich jetzt trifft, ich hab gar nichts dagegen.«[36] Doch dann erfährt Zala von der Tragödie, die sich bei ihr zu Hause abgespielt hat. Im November 1943, einen Monat nach ihrer Flucht, kam die Polizei auf den Hof. Die Familie hielt gerade einen Partisanen versteckt, der seine Wäsche abholen wollte, für die Polizei noch ein Grund mehr, ihre Strafaktion für Zalas Verschwinden mit aller Härte durchzuführen. Sie warfen Brandbomben in den Stall, der sofort in Flammen aufging. Den Partisanen, der versuchte zu flüchten, schossen sie in den Rükken, er war sofort tot. Dann trieben sie das Vieh zusammen und ließen es abtransportieren. Nach dem Vieh waren die Menschen dran. Zalas beide Tanten und ihre Cousine wurden nach Auschwitz verschleppt, nur eine der Tanten überlebte. Der Großmutter erlaubten sie schließlich, mit Zalas zweijährigem Sohn das Weite zu suchen, Zalas Bruder aber wurde im Priesterseminar abgeholt und nach Dachau deportiert. Zalas Mutter gelang die Flucht, sie rannte in die Berge, schloß sich den Partisanen an und arbeitete bis zum Kriegsende als Krankenpflegerin und Köchin ihrer Einheit.[37] Ein Kurier überbringt diese Nachrichten dem Kommandanten von Zalas Abteilung, ihr selbst wagt er es nicht zu sagen. Doch Zala schnappt Fetzen seines Berichtes auf und besteht darauf, alles zu erfahren: »Da hat er mir erzählt, was alles passiert ist. Ich bin einige Meter weg vom Bunker und hab geweint. (...) Ich hab nicht mehr gewußt, wie es weitergehen soll, ich weiß nicht, wie der Mensch das verkraften kann.«[38]

Weitere Horrornachrichten folgen. Höfe werden abgebrannt, ihre Bewohner/innen, von den Alten bis zu den Kindern, abtransportiert, erschossen oder sogar lebendigen Leibes in die Flammen geworfen. Noch grausamer als die Polizei und die deutschen SSler verhalten sich die faschistischen russischen Kosaken. Zala: »Zum Beispiel ist da eine Frau gewesen, in Ferlach, die hat einen Oberschenkelschuß bekommen und hat sich deswegen nicht mehr retten können. Das war schon fast zum Kriegsende, im Februar 1945. Die haben ihr die Brust abgeschnitten, diese Kosaken, die bei der SS waren, die haben ihr mit dem Messer auf der Brust hin- und hergeschnitten, daß das Blut gespritzt hat, dann hat sich einer erbarmt und hat sie erstochen.«[39] Andere Frauen werden vergewaltigt und dann noch langsam zu Tode gefoltert. »Da kriegt man schon einen Haß«, sagt Zala[40], einen Haß, der stärker ist als die Gleichgültigkeit gegen die Gefahren, die einem selber drohen. Dennoch wäre es ihr unmöglich gewesen, die Situation umzukehren, einen Gefangenen zu erschießen oder »einen noch zu martern und zu zwingen, etwas zu sagen. Das könnte ich nicht, das hab ich auch damals nicht gekonnt.«[41] Da sie jedoch genau weiß, daß die anderen das sehr wohl können, trägt sie stets eine Handgranate bei sich, die für sie selbst bestimmt ist, wenn die Situation gänzlich ausweglos scheint.

»Die letzte Kugel oder die Bombe war für mich«, sagt Zala und erinnert sich – nachträglich amüsiert – an eine Situation, in der sie dachte, jetzt wäre es soweit. Sie war mit einem Kampfgefährten in einen Hinterhalt der Polizei geraten, die beiden konnten zwar vorerst entkommen und sich hinter einem Felsen verstecken, wußten aber, oder nahmen es zumindest an, daß sie umzingelt waren. Zala: »Da hab ich gesagt, jetzt erschieß ich mich oder erschießt du mich. Er hat meine Pistole gepackt und gesagt, jetzt werden wir uns noch nicht erschießen!« Zum Glück, denn nach stundenlangem Warten hinter dem Felsen – »wir haben uns nicht getraut zu atmen« – können sich die beiden ungeschoren davonstehlen. Ihr Gefährte, der sich geweigert hatte, diesen letzten Schritt zu tun, erzählte nach dem Krieg noch jahrelang jedem, der es hören wollte: »Ich war der einzige, der die Zala hat zittern sehen.« Seine Enkelin, Maja Haderlap, erzählte mir nach dem Interview mit Zala, ihr Großvater sei wirklich stolz darauf gewesen, denn sonst hatte die Zala keiner »zittern sehen«.

Zala war von ihren Kameraden zwar als gleichwertig anerkannt worden – aber so mancher fand sie zu »hart« für eine Frau, zu »männlich«. Eine Kämpferin, die öfter gezittert hätte, hätten sie verachtet und nicht ernst genommen. Eine, die nie zitterte, war ihnen unheimlich. Nach der Befreiung, als alle an ihre angestammten Plätze – und in ihre angestammten Rollen – zurückkehrten, gab es einige ehemalige Genossen, die es Zala verübelten, daß sie zu ihrer aktiven Teilnahme am Kampf stand und auch noch stolz darauf war. Andere ehemalige Partisaninnen paßten sich der Frauenrolle wieder an und erzählten, sie hätten die Waffe nur zu ihrer Verteidigung getragen, aber nie damit geschossen. Zala war zu dieser Selbstverleugnung nicht fähig. Das brachte ihr gelegentlich Ärger mit den »eigenen« Leuten ein – und den offenen Haß ihrer ehemaligen Gegner, die längst wieder in Amt und Würden saßen und aus ihrer Verachtung für die Slowenen und ihren Rachegefühlen gegen die ehemaligen Partisan/inn/en kein Hehl machten. Zala: »Die Propaganda von den Deutschen ist gewesen, daß die Frauen zu den Partisanen gegangen sind wegen der Männer.«

Sie waren die »roten Huren«. Zala wurde von den militanten Deutschkärntnern noch nach dem Krieg als »Mörderin« und »Partisanenhure« beschimpft. Ein faschistischer Nachbar hatte während des Krieges, als ihr Mann bei der Wehrmacht war, zweimal versucht, Zala zu vergewaltigen, beide Male hatte sie sich erfolgreich gewehrt. Als sie dann (vor ihrer Flucht) eine schwere Mandelentzündung bekam, verbreitete er, das käme davon, daß sie immer als Hure zu den Partisanen gehe. Und er hielt sich auch später nicht zurück, als – offiziell – Zala als Siegerin zurückkehrte und er der Besiegte war. De facto waren die Partisan/inn/en nur in den ersten paar Tagen nach der Befreiung die Sieger. Die alte reaktionär-chauvinistische und slowenenfeindliche Ordnung reetablierte sich in Kärnten mit atemberaubender Geschwindigkeit. Und auch die Engländer, bis vor kurzem noch Alliierte der Befreiungsarmee, zögerten nicht lange, ihre ehemaligen Verbündeten als Kommunisten zu verfolgen und sogar ins Gefängnis zu sperren.

Tief enttäuscht kehrt Zala aus Klagenfurt nach Lobnig auf ihren Hof zurück und steht vor einem Trümmerhaufen. Teile des Gebäudes sind abgebrannt, der Rest eine unbewohnbare Ruine, das Vieh ist fort, die Felder sind verwüstet. Für eine Atempause, gar für Erholung von den Strapazen des Kampfes, ist keine Zeit. Zala und ihr Mann müssen sich sofort an die Arbeit machen, um wenigstens ein Dach über dem Kopf zu haben. Während sich die ehemaligen (und zu einem Gutteil unbekehrten) Nazis die ertragreichen Posten zuteilen lassen, stehen Zala und viele ihrer ehemaligen Kampfgefährt/inn/en vor dem absoluten Nichts, kämpfen sich erneut durch lange Jahre bitterster Armut. Zala hatte nicht gekämpft, weil sie dafür belohnt werden wollte, sondern weil sie die Faschisten haßte und auch darauf hoffte, daß mit der Befreiung eine neue Gesellschaft entstehen würde, in der es keine sozialen Ungerechtigkeiten mehr gebe. Daß alles so völlig anders kommen würde, hatte sie jedoch nicht erwartet. Mit der Verachtung und dem Haß, die ihr im »befreiten« Kärnten wieder entgegenschlugen, hat sie nicht gerechnet.

Für politische Arbeit bleibt ihr, die die Schulung in Jugoslawien so genossen hat, die Sekretärin der Antifaschistischen Frauenfront für ganz Kärnten und politisch Verantwortliche bei den Partisanen war, jetzt keine Zeit. Ihre Tage sind zuerst mit dem Wiederaufbau des Hofes, dann mit der harten Bäuerinnenarbeit restlos gefüllt, außerdem kommt ein zweites Kind, eine Tochter. Als Zala älter wird, wird sie müde, manchmal lebensmüde. Sie denkt an Selbstmord, wenn sie die Bitterkeit überfällt: »Ich hab ja von meinem Leben sowieso nichts gehabt. Als Junges hab ich geheiratet, dann war dieser Krieg, dann wieder dieses Aufbauen.«[42] Jahrzehntelang interessiert sich kein Mensch für ihre Erfahrungen, ihren Kampf. Wie alle anderen Kärntner Slowenen lernt sie zu schweigen. Sie spricht nicht über den Krieg, schon gar nicht über die Rolle, die sie dabei gespielt hat, denn die einzigen, die ihr allenfalls Fragen stellen, sind ihre damaligen und auch heutigen Gegner, die Material sammeln für ihre Slowenenhetze.

Als in den 70er Jahren erstmals junge Slowen/inn/en, die in Klagenfurt oder Wien studieren und sich für die Geschichte ihrer Landsleute interessieren, mit Notizblock und Schreibstift ankommen, stoßen sie auf Ablehnung und Mißtrauen. »Wozu wollt ihr das noch wissen, das hat ja doch keinen Sinn, laßt uns in Ruhe«, ist die durchgängige Reaktion auf ihre Fragen. Einige von ihnen, die hartnäckig blieben und bewiesen, daß es ihnen mit ihrem Anliegen ernst war, schafften es schließlich, das Schweigen zu durchbrechen. Heute arbeitet eine Gruppe junger Wissenschaftler/innen und Student/inn/en um die zweisprachige Klagenfurter Zeitschrift »Kladivo« an einem großangelegten Forschungsprojekt über den Widerstand der Kärntner Slowen/inn/en. Ihre Arbeit ist zum größten Teil unbezahlt, öffentliche Fördermittel erhalten sie kaum. Nur ihnen ist es zu verdanken, daß ein bewußt verschwiegenes Kapitel der österreichischen Geschichte endlich bekannt wurde. Und auch, daß die ehemaligen Partisan/inn/en nach 50 Jahren Verachtung, Diskriminierung und Desinteresse die freudige Überraschung erlebten, daß es doch Menschen gibt, die ihre Geschichte hören wollen, mehr noch, die stolz auf sie sind: Eine sehr späte, inoffizielle, aber um so ehrlichere und enthusiastischere Würdigung. »Ihr Jungen seid die ersten, die gekommen sind«, sagte mir Zala am Ende unseres Interviews, »aber ich bin jetzt froh, daß ihr gekommen seid.«

Niederlande

»Vergeßt nie, daß ihr Menschen seid«

1

Hand in Hand fahren die beiden die Straße entlang, der Junge und das Mädchen. Der Mann auf der Leiter, der gerade sein Haus streicht (der Himmel mag wissen, woher er jetzt, mitten im Krieg, die Farbe hat), hält einen Moment inne, um die beiden anzusehen. Besonders verliebt wirken sie nicht. Das Mädchen könnte ganz hübsch sein, wenn sie sich ein bißchen Mühe gäbe. Am meisten stört vermutlich die Brille. Und der Junge ist nicht gerade der Kräftigste. Nun ja, woher auch, hat ja keiner zu essen in diesem verdammten Krieg. Der Mann auf der Leiter wendet sich wieder von den beiden auf ihren Fahrrädern ab und sieht von der anderen Straßenseite her grüne Polizei aufmarschieren. »Schnell, hau ab«, ruft er dem Jungen zu, »die Deutschen kommen!« Der Junge zögert einen Moment, aber dann radeln die beiden doch davon. Denn seit einiger Zeit machen die Deutschen Jagd auf alle Männer zwischen 18 und 35, um sie zum Arbeitseinsatz in das »Reich« zu verschicken. Das wäre allerdings noch das Harmloseste, was diesem Jungen passieren könnte. Sein Problem ist, daß er erstens einen großkalibrigen Revolver bei sich trägt, und zweitens, daß er kein Junge ist. Beides würde ihn nicht zum Arbeitseinsatz in einer deutschen Fabrik bringen, sondern in ein deutsches Konzentrationslager oder direkt in die Dünen zur Erschießung. Natürlich nicht ohne vorhergehendes Folterverhör.

Der Junge ist nämlich ein Mädchen, und dieses Mädchen – wie auch seine Begleiterin – steht seit langem auf der Fahndungsliste der Gestapo. »Most wanted« sind die beiden, fieberhaft gesuchte »Topterroristinnen«. Und daß sie an diesem Tag durch diese Straße radelten, war beileibe kein Zufall: Sie waren auf dem Weg zu einer Aktion, konkret: Sie waren auf dem Weg, einen Offizier des deutschen Sicherheitsdienstes, SD, zu er-

Truus Menger und Hannie Schaft, als Paar verkleidet

schießen. Es wäre nicht ihr erster und es ist auch nicht ihr letzter gewesen. Und obwohl ihnen jetzt die Polizei dazwischenkam, ein paar Tage später führten sie ihren Auftrag erfolgreich durch. Das Mädchen mit der »unvorteilhaften« Brille war Hannie Schaft, nach der als »das Mädchen mit den roten Haaren« gefahndet wird, seit ihrem 20. Lebensjahr im Untergrund. Die Brille war aus Fensterglas, Hannies Haar schwarz gefärbt. Der »Junge« war Truus Oversteegen, seit ihrem 17. Lebensjahr aktiv im bewaffneten Widerstand gegen die deutsche Besatzung.[1]

Im Amsterdamer Verzetsmuseum (Widerstandsmuseum) hängt eine etwas vergilbte Fotografie des Paares Truus und Hannie. Truus trägt eine Schusterjungenkappe, den Schirm in das Gesicht gezogen, unter dem Mantel sehen ein Hemdkragen und eine Krawatte hervor. Hannie hat ein geblümtes Tuch um den Kopf gebunden, unter dem das dunkel gefärbte Haar hervorquillt, ihren Mantel ziert ein kleiner Pelzkragen, alles zusammen, die falsche Brille nicht zu vergessen, läßt sie denkbar harmlos und unbedarft aussehen. Die beiden lächeln sich verliebt zu, aber man kann das unterdrückte Kichern an ihren Gesichtern ablesen. Ein Student, der kurze Zeit in dem Haus lebte, das den beiden Widerstandskämpferinnen (und Truus'

Schwester Freddie, der dritten im Bunde) als Versteck diente, hatte das Foto mit seiner alten Box aufgenommen – wider alle Regeln der Konspirativität. Als Truus Oversteegen – heute verheiratete Menger – mir das Foto zeigt, schwankt sie zwischen Belustigung und nachträglichem Abscheu: Einerseits war es komisch, andererseits: »Ich habe sogar Jungen-Unterwäsche getragen, um mir echt vorzukommen. Es war schrecklich, ich trug den Schlitz nach hinten, aber das hat es auch nicht besser gemacht.«

Etwa 25000 Niederländer/innen haben im »aktiven« Widerstand gegen die deutsche Besatzung gearbeitet. Sie wußten die überwiegende Mehrheit der Bevölkerung hinter sich, und sie konnten sich auf Hunderttausende stützen, die »passiven« Widerstand leisteten, das heißt Untergetauchte (Juden, Männer, die sich vor der Zwangsarbeit in Deutschland versteckten, Widerstandskämpfer/innen) bei sich beherbergten, mit Nahrung versorgten und, wenn nötig, den Kontakt miteinander hielten; die die illegale Presse vertrieben, gefälschte Papiere und Lebensmittelkarten transportierten, Flugblätter verteilten, Aufrufe klebten. In den Niederlanden gab es Beamte, die den Widerstand mit Blankoformularen für Personalausweise und Bezugsscheine versorgten, Künstler, die sich weigerten, in den gleichgeschalteten Medien aufzutreten, Ärztinnen und Ärzte, die scharenweise aus ihrem – nun von der Besatzungsmacht gesteuerten – Interessenverband austraten, Universitätsprofessoren, die Protestnoten gegen die Entlassung ihrer jüdischen Kolleg/inn/en verfaßten, Student/inn/en, die gegen den an den Unis verlangten »Ariernachweis« streikten, Pfarrer beider großen Konfessionen, die gegen die Judentransporte predigten und ihre Gemeinden anwiesen, gefährdete Menschen zu verstecken.[2]

Es gab in den Niederlanden auch den NSB (Nationale Socialistische Beweging), die einzige Partei, die von den Besatzern nicht verboten wurde und auf die sich die Deutschen als eifrigen und überzeugten Ausführungsgehilfen stützen konnten. Es gab Mitläufer und Kollaborateure, Spitzel und Verräter, wie überall, doch die Atmosphäre des kleinen Landes wurde von der Mehrheit der Nazi-Gegner in der Bevölkerung bestimmt. Schon sechsjährige Kinder lernten, die Augen offenzuhalten und ein Spiel sofort zu unterbrechen, wenn die Polizei in Sichtweite kam, denn die »underduikers«, die Untergetauchten, mußten gewarnt werden, damit sie rechtzeitig in ihrem Unterschlupf im Keller oder auf dem Dachboden verschwanden. Die Hauptrollen in diesem »passiven« Widerstand (auf den ebenso die Todesstrafe stand wie auf den »aktiven«) spielten die Frauen. Sie konnten sich (im Gegensatz zu den »arbeitsfähigen« Männern) auf der Straße blicken lassen, sie konnten – vergleichsweise unauffällig – illegales Material in ihren Einkaufskörben oder im Kinderwagen transportieren, sie wurden, zumindest in den ersten Kriegsjahren, nicht so scharf kontrolliert wie Männer.[3]

Am 10. Mai 1940 überfällt die deutsche Wehrmacht das neutrale Königreich der Niederlande. Am 13. Mai, die Niederlage steht so gut wie fest, flieht Königin Wilhelmina nach England, das Kabinett folgt ihr nach. Am 14. Mai bombardiert die Luftwaffe Rotterdam, fast 1000 Menschen sterben in den Trümmern der zerstörten Stadt. Einen Tag später unterschreibt der holländische Oberbefehlshaber, General Winkelmann, die Kapitulation, deutsche Panzer rollen in der Hauptstadt ein. Allein in Amsterdam begehen an diesem 15. Mai 150 Menschen, die meisten von ihnen Juden, Selbstmord. Der ersten Aufregung folgt eine längere Periode trügerischer Ruhe. Die Besatzer bemühen sich um die Sympathien der Bevölkerung, Arthur Seyß-Inquart (Österreicher, vormals Rechtsanwalt in Wien), von Hitler zum »Reichskommissar der Niederlande« ernannt, hält bei seiner Amtseinführung am 29. Mai eine beschwichtigende Rede: Die Deutschen wollten dieses Land und seine Bevölkerung weder unterdrücken noch ihm die eigenen politischen Lehren aufdrängen: »Wir wissen, daß die ausschließliche Absicht des Führers ist: Friede und Ordnung für alle, die guten Willens sind.«

Es sind jedoch nicht alle guten Willens. Einen Monat nach dieser Rede begehen die Holländer den Geburtstag Prinz Bernhards als »Tag der Nelken«, zahlreiche Menschen stecken sich – nach dem Vorbild des Schwiegersohns der Königin – eine weiße Nelke ins Knopfloch, Fahnen werden gehißt, Mütter ziehen ihren Kindern rot-weiß-blaue Kleider an (die Farben der Nationalflagge). Neugeborene werden nun mit auffallender Häufigkeit auf die Namen Juliana, Wilhelmina und Bernhard getauft.[4] Dennoch – trotz dieser kleinen spontanen Gesten des Protests – herrscht eine gewisse Erleichterung. So schlimm scheinen die Nazis doch nicht zu sein. Nur die politisch Aktiven, diejenigen, die bereits vor dem Einmarsch Flüchtlinge aus Deutschland bei sich aufgenommen hatten, wissen, daß der schöne Schein nicht lange dauern würde. Die schon einen Monat nach dem Einmarsch verbotene Kommunistische Partei geht in den Untergrund. Die Familien, die deutsche Juden oder »Politische« bei sich versteckt haben, erlernen notgedrungen das nun unabdingbare konspirative Verhalten. Die holländischen Juden – sofern sie nicht flüchten können – beginnen, sich nach Unterschlupfmöglichkeiten umzusehen.

Am 3. Oktober 1940 geben die Besatzungsbehörden einen Erlaß heraus, nach dem alle Beamten eine »Ariererklärung« unterzeichnen müssen. Am 22. Oktober wird die Registrierung aller gewerblichen und Handelsunternehmen in jüdischem Besitz angeordnet, wenig später werden in allen öffentlichen Einrichtungen (von der Badeanstalt bis zur Parkbank) Schilder mit der Aufschrift »Juden unerwünscht« beziehungsweise »Für Juden verboten« angebracht. Juden werden die Fahrräder weggenommen, ihr Besitz und ihre Wohnungen werden beschlagnahmt, sie werden aus kommunalen und staatlichen Ämtern und von den Universitäten verbannt. Im Januar 1941 kommt es zu ersten offen gewalttätigen Ausschreitungen des NSB gegen Juden. Einen Monat später riegelt die Polizei das historische Amsterdamer Judenviertel ab, am 22. Februar, einem Sabbat, führt sie die erste Razzia im Judenviertel durch: 389 Männer werden verhaftet und später nach Buchenwald und Mauthausen deportiert. Die Razzia wird als Vergeltungsaktion ausgegeben: Kurz zuvor war nämlich eine deutsche Patrouille bei einem Überfall auf den jüdischen Eissalon Koco von ihren potentiellen Opfern mit einer gut plazierten Portion Ammoniakgas vertrieben worden.

Viele der Arbeiter/innen, die im Amsterdamer Viertel Jordaan wohnten, mußten auf dem Weg zu ihren Arbeitsplätzen durch das Judenviertel und erlebten so ganz konkret die Terrormaßnahmen gegen die jüdische Bevölkerung. Drei Tage nach der ersten Razzia, am 25. Februar 1941, riefen die Eisenbahner zum Streik auf. Der Ausstand begann in den Depots der Straßenbahnen und der Stadtreinigung um 4.30 Uhr morgens, sieben Stunden später befand sich ganz Amsterdam im Generalstreik. In den Werften, in den Metallbetrieben, in der Verwaltung, in Banken und Läden, überall wurde die Arbeit niedergelegt. Um 14.30 Uhr erreichte der Streik Haarlem und dehnte sich noch weiter auf Velsen, Weesp, Hilversum, Utrecht und den Zaanstrek aus. (Die anderen Teile der Niederlande erfuhren nicht rechtzeitig davon.) Es war ein einmaliges Ereignis: ein lückenlos funktionierender Generalstreik unter deutscher Besatzung, der erste Streik gegen die Politik der Judenpogrome. Die Aktivist/inn/en verteilten Flugblätter, auf denen stand: »Streikt! Streikt! Streikt! Fordert die unmittelbare Freilassung der Juden! Erklärt euch mit ihnen solidarisch! Entzieht jüdische Kinder der Gewalt und nehmt sie in euer Haus auf!« Die Deutschen reagierten mit der Verhängung des Ausnahmezustands. Vorbei sind die Zeiten der Anbiederung an die niederländische Bevölkerung. Deutsche Polizei schießt in die Menge der Streikenden, Hunderte werden verhaftet, vier der Festgenommenen werden zum Tode verurteilt, die anderen bekommen hohe Zuchthausstrafen, den Gemeinden werden Bußgelder in Millionenhöhe auferlegt.

Nun beginnt sich auch der Widerstand zu organisieren. Die ersten illegalen Zeitschriften erscheinen, im Laufe der Zeit wachsen sie auf 600 verschiedene Publikationen an, mit Zehntausenderauflagen. Die Kommunistische Partei formiert Kampfgruppen, auch andere kleine Gruppen entscheiden sich nun für den Schritt vom »passiven« zum bewaffneten Widerstand. Genau ein Jahr nach dem Einmarsch wird die niederländische Wirtschaft vollkommen in den Dienst der deutschen Kriegsführung gestellt. Die ersten, die zur Zwangsarbeit eingezogen werden, sind die 140000 holländischen Arbeitslosen, ein Jahr darauf, am 6. März 1942, werden alle Männer zwischen 18 und 35 Jahren zur Zwangsarbeit in – den Besatzern unterstellten – niederländischen Betrieben oder, zunehmend, in Deutschland verpflichtet. Rekrutierungskommandos streifen durch die Straßen und schleppen jeden Mann im entsprechenden Alter ab. Zehntausende Niederländer entziehen sich diesem Zwang, indem sie abtauchen, viele von ihnen beschränken sich nicht darauf, sich zu verstecken, sie schließen sich dem Widerstand an. Den Juden, die die ersten »underduikers« waren – am 14. Juli 1942 ging der erste Massentransport aus der Amsterdamer Schouwburg in das Sammellager Westerbork ab, von wo die Züge nach Auschwitz und in die anderen Vernichtungslager abfuhren –, folgten die »arbeitsunwilligen« nichtjüdischen Holländer. 25000 Juden war es gelungen, einen Unterschlupf zu finden, nun mußten weitere Zehntausende von Verstecken gefunden, falsche Papiere und Lebensmittelkarten organisiert werden. Speziell für diese Aufgaben gründeten im Herbst 1942 ein calvinistischer Pfarrer und die Hausfrau Kuipers-Rietberg, Tante Riek genannt, die Landelijke Organisatie, LO, die bald 14000 Mitarbeiterinnen und Mitarbeiter zählte. Die LO organisierte Adressen, Personalausweise, Lebensmittel, Kleider, ihre Mitglieder, vor allem Frauen, stellten sich stundenlang vor verschiedenen Geschäften an, um Essen, die nötigen Bezugsscheine und Medikamente zu besorgen. Sie transportierten das Material quer durch die verschiedenen Stadtviertel und auch quer durch das ganze Land. War es schon für eine »harmlose« Hausfrau, die ja nur für eine – ihre – Familie einkaufen konnte, ohne aufzufallen, schwer, ihre »underduikers« am Leben zu erhalten, mußten die Kurierinnen neben der Gefährlichkeit ihrer Arbeit noch beschämende Erlebnisse aushalten: Es kam oft genug vor, daß im Zug, in der Straßenbahn ein deutscher Soldat versuchte, mit einem dieser hübschen Meisjes zu flirten. Eine Untergrundarbeiterin mit einem Dutzend gefälschter Ausweise und einem Packen illegaler Zeitschriften im Gepäck konnte es sich nicht leisten, ihm die kalte Schulter zu zeigen und womöglich seine Wut herauszufordern. Sie mußte zurücklächeln, sich in ein Gespräch verwickeln – und dafür von ihren mitreisenden Landsleuten mit unverhohlener Verachtung bestrafen lassen.[5]

Da das »Umfrisieren« gestohlener oder sonstwie organisierter Papiere auf Dauer und angesichts der Massen von »underduikers« zu aufwendig war, sahen sich die Widerständler/innen gezwungen, Blankoformulare durch Überfälle auf Meldeämter und die Zuteilungsämter für Lebensmittelmarken zu organisieren. Auch mußten gut ausgestattete Fälschungslabors eingerichtet werden, in denen Fachleute (häufig Künstler und Drukker) ungestört – und im Akkord – arbeiten konnten. Für diese Art von Arbeit, die die »normalen« Mitglieder der LO nicht leisten konnten, wurden die LKP (Landelijke Knokploegen, nationale Kampfgruppen) gebildet, die sich auf Überfälle, Fälschungen und später auch auf Sabotage spezialisierten. Unabhängig von der LO und den LKP führten kleine unabhängige oder der Kommunistischen Partei nahestehende linke Gruppen bereits seit Ende 1941 bewaffnete Aktionen durch: Sie erschossen Offiziere der Gestapo und des SD, ranghohe Kollaborateure und auch Verräter aus den eigenen Reihen, sprengten Eisenbahnschienen und Telegrafenmasten, und es gelang ihnen auch, einige ihrer Genoss/inn/en aus den Gefängnissen zu befreien. Eine dieser Gruppen (die vor allem aus Künstlern und Studenten bestand) verübte am 27. März 1943 einen Brandanschlag auf das Amsterdamer Einwohnermeldeamt, bei dem, wie geplant, zahlreiche Personendaten von »underduikers« und gesuchten Widerständlern verbrannten. Eine andere Gruppe, zu der das »berüchtigte« Mädchentrio Truus und Freddie Oversteegen und Hannie Schaft gehörte, spezialisierte sich auf die Erschießung von SD-Offizieren und Verrätern. Die Reaktionen der Bevölkerung auf diese Aktionen waren geteilt, die einen begrüßten begeistert jeden effektiven Schlag gegen die Besatzer, die anderen hielten dagegen, der einzige »Erfolg« solcher Anschläge seien brutale Repressalien. Die Deutschen gingen bald dazu über, für jeden Toten aus ihren Reihen mehrere Geiseln zu ermorden. Später sprengten sie ganze Häuser und deportierten oder erschossen die Bewohner, in deren Straße ein Attentat stattgefunden hatte. Frauen waren zwar Mitglieder in den bewaffneten Gruppen, nahmen aber meist eher an den Vorbereitungen als an den Aktionen selbst teil.[6] Truus und Freddie Oversteegen und Hannie Schaft waren Ausnahmen.

Als am 29. April 1943 der Wehrmachtsoberbefehlshaber Christiaansen alle Männer, die in Heer und Flotte der Niederlande gedient hatten, rückwirkend zu Kriegsgefangenen erklärt, bricht im ganzen Land ein Generalstreik aus, der in einigen Gebieten bis zum 8. Mai anhält; die Bauern von Twente, im Norden Hollands, weigern sich noch zwei weitere Monate, Milch an die Deutschen zu liefern. Der Streik endet mit 150 Toten und löst eine neue Welle brutalen Terrors aus. Doch trotz aller Repressionen, trotz Verrat und Folter machen die Widerstandsgruppen weiter, intensivieren ihre Arbeit noch und gewinnen laufend neue Mitglieder. Die wichtigsten größeren Organisationen neben der LO und den LKP sind die Kommunistische Partei (inklusive der ihr nahestehenden »unabhängigen« Gruppen), der eher nach rechts tendierende Orde Dienst (OD), der links-unabhängige Raad van Verzet in het Koninkrijk Nederlanden (Widerstandsrat des Königreiches der Niederlande, RvV) und das vor allem aus Intellektuellen bestehende National Comité van Verzet. Von London aus koordinierte die Exilregierung die Unterstützung des Widerstands durch die englischen Alliierten und sendete täglich das Programm von »Radio Oranje« in das besetzte Land.

Am 5. September 1944 erreichten die alliierten Streitkräfte die holländische Grenze und befreiten einen Teil des Landes, bis sie an den großen Flüssen zum Stehen kamen. Die Niederlande waren nun in einen freien Süden und einen weiterhin besetzten Norden geteilt. Am selben Tag gründete die Exilregierung die Binnenlandse Strijdkrachten, BS, unter dem Oberbefehl von Prinz Bernhard. Der gesamte bewaffnete Widerstand des Landes sollte sich nun dieser Armee unterstellen, was (mit wenigen Ausnahmen, wie der Kommunistischen Partei) auch geschah – allerdings, vor allem von seiten des linken Raad van Verzet, ohne allzugroße Begeisterung. Aus Großbritannien wurden Offiziere geschickt, die keine Erfahrung mit den realen Verhältnissen im Land hatten und die auf eigene Verantwortung arbeitenden Gruppen militärisch umstrukturierten. Gleichzeitig begann die neue Führung schon jetzt, noch vor der Befreiung, damit, die Kommunisten, die zu den Aktivsten des Widerstands gehörten, auszuschließen und kaltzustellen, eine Strategie, die auch vielen ihrer nichtkommunistischen Kamerad/inn/en nicht sonderlich behagte.

In diesem Herbst begann für die Bevölkerung des noch besetzten Teils der Niederlande die schlimmste Phase des Krieges: der Hungerwinter 1944/45. Die Besatzer raubten alle vorhandenen Lebensmittel, Ernten wurden beschlagnahmt, Strom und Gas gesperrt. Die Menschen rodeten ganze Wälder, um Holz zum Heizen zu haben, dennoch froren sich Tausende zu Tode, die anderen verhungerten, insgesamt starben 18000 Menschen. Zu essen gab es nur noch wäßrige Suppen aus Kohlrabi und Kartoffelschalen, die letzten Kleidungsstücke wurden für ein Ei oder ein Brot eingetauscht; in den Städten löste das Gerücht, daß es irgendwo auf dem Land Kartoffeln gäbe, Pilgerströme von Frauen und Kindern aus, die sich die Füße wund liefen, um dann festzustellen, daß sie einer Fehlinformation aufgesessen waren oder daß schon alles vergeben war, als sie endlich ankamen. Im Februar 1945 lebte ein großer Teil der Amsterdamer von 340 Kalorien pro Tag.[7] Mit am schlimmsten hungerten die »underduikers« und die Illegalen, denn die einen konnten nicht auf Lebensmittelsuche gehen, und die anderen hatten keine Zeit dafür, da sie trotz der schlimmsten Bedingungen mit allen Mitteln auf die Befreiung hinarbeiteten. Nur die neuen Offiziere, erzählt Truus Menger, lebten – vergleichsweise – im Überfluß. Bei ihren Besuchen im Hauptquartier staunte die halbverhungerte Kämpferin über die Portionen, die da auf dem Tisch standen, die Zigarren, die geraucht, und die Mengen Cognac, die getrunken wurden.[8]

Dem Hungerwinter folgte ein Frühling der schärfsten Repressionen. Die Besatzer intensivierten ihre Jagd auf versteckte Juden und andere »underduikers«, zahlreiche V-Männer wurden in die Widerstandsgruppen eingeschleust, nicht selten mit großem Erfolg. Noch in den letzten Wochen und Tagen vor ihrer Niederlage füsilierten die Deutschen gefangene Widerstandskämpfer/innen, unter ihnen Hannie Schaft, »das Mädchen mit den roten Haaren«.

2

Haarlem, Ende 1941. Es läutet an der Tür der Familie Oversteegen. Die Mutter öffnet, doch der Besucher will zu ihren beiden Töchtern Truus und Freddie, 17 und 15 Jahre alt. Er will mit ihnen alleine reden. »Wir bauen gerade eine Untergrundarmee auf«, sagt er, nachdem er die Mädchen eingehend betrachtet hat, »könntet ihr euch vorstellen, dabei mitzumachen? Wir wollen kämpfen wie die russischen Partisanen, mit Waffen und Sabotage.« Wenn sie sich dieser Armee im Dunkeln anschlössen, würde kein Mensch davon erfahren, nicht einmal ihre Mutter. Von ihnen würde natürlich dasselbe Stillschweigen erwartet. Die beiden nicken. Das ist ihnen klar. »Könntest du jemanden töten?« fragt der Mann Truus. Die erschrickt und kann nicht sofort darauf antworten. Sie weiß es einfach nicht. Statt dessen antwortet Freddie, sagt: »Ich habe das noch nie getan.« Truus hat inzwischen nachgedacht: »Wenn es wirklich ein Faschist ist, einer, der Leute einsperrt und foltert und umbringt – ja, vermutlich. Aber woher weiß man, daß es wirklich so einer ist? Nicht alle deutschen Soldaten sind Faschisten.« Nein, natürlich nicht, klärt sie ihr geheimnisvoller Besucher auf, ihre Anschläge würden nur hohen Offizieren, den Verantwortlichen, gelten, und Verrätern. Wie er gerade auf sie käme, wollen die Schwestern nun noch wissen. Er hätte in der Partei von ihnen gehört. Daß sie ziemlich furchtlos seien und auch sehr verläßlich. Außerdem würden auch in der Sowjetunion die Mädchen und Frauen bei den Partisanen kämpfen. Und Frauen könnten sich freier bewegen, weil die Deutschen erst mal nicht vermuten würden, daß eine Frau so etwas tut. »Und wie lernen wir schießen und all das?« fragt Truus. Sobald sie ihm eine definitive Antwort gäben, bekämen sie eine umfassende Ausbildung. Truus' und Freddies Antwort lautet: Ja.[9]

Es war kein Zufall, daß Frans, so lautet der *nom de guerre* ihres künftigen Kommandanten, ausgerechnet die Schwestern Oversteegen für seine Gruppe gewinnen wollte. Trotz ihres jugendlichen Alters waren sie schon erfahrene Untergrundarbeiterinnen. Sie hatten seit Jahren aus Deutschland geflüchtete Genossen und Juden bei sich versteckt, und seit der Besatzung verteilten sie die illegale Parteizeitschrift der Kommunisten »De Waarheid«, malten Parolen an Häuserwände und klebten Plakate. Truus und Freddie waren von klein auf in die politische Arbeit hineingewachsen. Ihre Mutter war Kommunistin, mit fünf Jahren hatte Truus ihre erste Demonstration mitgemacht und von Zuschauern am Straßenrand gehört: »Die Roten sollte man an den Laternenpfählen aufhängen.« Was sind »Rote«, wollte Truus von ihrer Mutter wissen. »Das sind wir und all die Leute, die hier mit uns gehen«, bekam sie zur Antwort. Truus' und Freddies Eltern waren geschieden, die beiden lebten mit ihrem kleinen Bruder und ihrer Mutter von der Sozialhilfe – und das bedeutete nicht nur Armut, sondern auch reichlich erniedrigende Erfahrungen. Der »Warenkorb« für Sozialhilfeempfänger sah zum Beispiel nur zwei Decken vor. So mußten die Mädchen jedesmal, wenn die Frau von der Behörde zur Kontrolle kam, die dritte Decke vom Schlafzimmer in die Küche und wieder zurückschleppen, heimlich, immer in den Raum, in dem sie gerade nicht herumschnüffelte. Einmal wurde ihnen die Sozialhilfe gestrichen, weil die Mutter angeblich Untermieter hatte. Tatsächlich wohnten bei den Oversteegens seit 1933 immer wieder Gäste, die jedoch nicht nur keine Miete zahlten, sondern oft genug von dem wenigen, das die Familie hatte, noch miternährt wurden. Es waren Flüchtlinge aus Hitlers Deutschland, die von der Roten Hilfe an die Oversteegens vermittelt wurden, oder arme jüdische Familien, die aus Parteikreisen von dieser allzeit offenen Adresse erfahren hatten. Die holländische Regierung erklärte schließlich unter dem Druck des mächtigen Nachbarn solche Hilfsaktionen für illegal, die Flüchtlinge mußten sich melden und wurden, falls sie das nicht taten und entdeckt wurden, in ein Sammellager gebracht. Spätestens jetzt lernten Truus und Freddie die Grundregeln der

Konspiration. Denn ihre Mutter dachte gar nicht daran, von nun an ihre Tür verschlossen zu halten – die Gäste durften nur nicht mehr auffallen.

Als Truus 14 Jahre alt ist, nimmt sie eine Stelle als Dienstmädchen an. Sie haßt diesen Job, vor allem aber den erniedrigenden Ton, in dem ihr die Arbeit befohlen wird. Am zweiten Tag ihrer Anstellung fragt sie die Hausfrau, ob sie denn auch den Nachttopf im Schlafzimmer geleert hätte. Truus ist empört über diese Zumutung, kann es sich aber nicht leisten, den Arbeitsplatz zu riskieren. Also geht sie noch einmal ein Stockwerk höher und holt das Gefäß. Als sie wieder die Treppe hinuntersteigen will, merkt sie, daß ihr der Hausherr gefolgt ist und offensichtlich etwas von ihr will. Was, macht er schnell klar: Er faßt ihr zwischen die Beine und versucht, sie zu küssen. Truus leert den vollen Nachttopf über ihm aus – und ist den Job los, und damit auch das zusätzliche Einkommen, das die Familie so dringend braucht. Doch ihre Mutter reagiert gelassen. »Recht hattest du, ich hätte es genauso gemacht«, ist ihr einziger Kommentar, als Truus ihr den Grund ihrer Kündigung erzählt.

Die Mutter ist die moralische Instanz, die Truus und Freddie für ihr Leben prägt. Von der Mutter erfahren sie, daß nicht alle Deutschen Nazis sind, daß es in Deutschland auch eine Rosa Luxemburg und einen Karl Liebknecht gab und daß schließlich die Leute, die sie bei sich versteckt hielten, auch Deutsche waren. Das sollten die Mädchen bloß nie vergessen. Und noch eines sollten sie sich für alle Zeiten merken: »Ihr müßt immer für einander einstehen. Nie darf eine von euch die andere im Stich lassen.« Die Mutter erklärt ihnen, was Faschismus ist, theoretisch und auch ganz praktisch: Als wieder einmal (nun schon nach dem Einmarsch) eine jüdische Familie, eine Frau mit zwei kleinen Kindern, bei ihnen lebt, wird eines Tages ein Bündel für die »underduikers« abgegeben. Das Bündel enthält die Kleider des Mannes, den die Nazis erwischt hatten, die Kleider sind blutdurchtränkt. Die Frau bricht weinend zusammen, die beiden Kinder stehen leichenblaß und erstarrt daneben. »Seht ihr«, sagt Truus' Mutter mit Tränen der Wut und des Mitleids in den Augen, »*das* ist Faschismus.« Truus und Freddie haben ihre Lektion gelernt. Als sie sich nach Frans' Besuch für den bewaffneten Widerstand entscheiden, erzählen sie der Mutter, daß sie eine gefährliche Aufgabe übernehmen würden, aber nicht darüber sprechen dürften, nicht einmal mit ihr. »Ich weiß nicht genau, was ihr beiden machen werdet«, erwidert ihnen Frau Oversteegen und gibt ihnen ihre wichtigste Maxime mit auf den Weg: »Aber, was immer ihr auch tun werdet, vergeßt nie, daß ihr *Menschen* seid. Ihr dürft nie und nimmer die Methoden des Gegners übernehmen und euch selbst wie Faschisten verhalten.«

Bevor sie in die Gruppe aufgenommen werden, müssen Truus und Freddie erst noch ihre »Feuerprobe« bestehen. Wieder kommt Frans: »Heute nacht könnt ihr beweisen, ob ihr Mut habt und ob ihr für diese Art von Arbeit geeignet seid.« Er bestellt sie in einen Wald in der Umgebung von Haarlem, worum es genau geht, sagt er ihnen nicht. Zitternd vor Kälte und Aufregung schleichen die Schwestern durch das Gebüsch, zucken bei jedem Geräusch zusammen und erwarten hinter jedem Baumstamm ein Ungeheuer. Doch tapfer harren sie aus, bis Frans endlich kommt. Auf seine Frage, ob sie Angst hätten, antworten sie mit hochmütigem Schweigen. Nachdem er ein wenig von der Widerstandsarbeit erzählt hat, will er plötzlich die Adresse eines bestimmten Mannes wissen. Truus und Freddie kennen den Mann, sie kennen auch seine Adresse, und sie können diesen Mann nicht leiden. Dennoch würden sie sich eher die Zunge abbeißen, als seine Wohnung zu verraten, selbst an einen Genossen. Frans' Ansinnen empört sie, sie beginnen an seinen konspirativen Fähigkeiten zu zweifeln. Auf jeden Fall teilen sie ihm energisch mit, daß er von ihnen kein Wort erfahren werde. Daraufhin zieht er eine Pistole aus der Tasche: »Die Adresse, aber dalli! Ihr seid reingefallen.« Er weist sich als Gestapo-Offizier aus und entsichert seine Waffe. »Du Bastard«, brüllt Truus, und im selben Moment stürzt sich Freddie auf den Mann, während ihm Truus die Pistole aus der Hand schlägt. Die beiden Mädchen kämpfen wie Löwinnen, sie schlagen, beißen, treten, und hören gar nicht, daß Frans verzweifelt keucht, es sei doch nur ein Test gewesen, sie sollten sofort aufhören, er sei doch gar kein Nazi. Auch als sie wahrnehmen, was er da schreit, hören sie nicht auf. Ihre Wut ist zu groß. Als er schließlich auf dem Boden liegt, hält ihn Truus mit seiner Waffe in Schach, während Freddie ihm noch ein paar gezielte Tritte verpaßt. Mit geschwollenen Lippen, einem blauen Auge und Kratzspuren im ganzen Gesicht, humpelt Frans schließlich davon. Die beiden Schwestern haben ihre Probe besser bestanden, als er gehofft hatte.

Nun lernen Truus und Freddie, wie man mit einer Pistole und einem Revolver umgeht, wie man die Waffen auseinandernimmt, reinigt, lädt, mit ihnen schießt. Freddie ist die erste, die den Schritt in die Praxis tut. Ihre Aufgabe ist schwer, denn sie kennt den Mann, den sie erschießen soll. Es ist ein Genosse, der nach seiner Verhaftung »umgedreht« worden war. Nach seiner Freilassung merkten die anderen bald, daß jede und jeder, die oder den er auf der Straße grüßte, wenig später verhaftet wurde. Die Sache ist klar, es gibt keinen Zweifel. Freddie übernimmt den Auftrag und führt ihn auch ohne Zwischenfälle aus. Als sie zurückkommt, ist sie völlig aufgelöst, weint und fragt Truus immer wieder: »Wie können wir so etwas tun?« Die Schwestern reden die ganze Nacht, wägen noch einmal jedes Argument, jedes Gefühl ab. Als der Morgen anbricht, wissen sie, daß das, was sie tun, trotz allem richtig ist.

Nun ist Truus an der Reihe. Ihre Aktion ist möglicherweise noch schwieriger als die Freddies, denn der Verräter, den sie töten soll, ist ausgerechnet ein Mann, in den sie sich gerade verliebt hat. Sie will ganz sichergehen. Alles selbst überprüfen. Es darf nicht der Hauch eines Zweifels bleiben. Zwar glaubt sie ihren Kameraden, die ihr versichern, sie hätten den Mann genauestens überprüft, es sei eindeutig bewiesen, daß er ein Verräter ist. Doch Truus muß sich selbst überzeugen. Sie geht in das Restaurant, in dem er häufig verkehrt und wartet, bis er kommt. Als er da ist, verschwindet Truus unter dem Vorwand, auf die Toilette zu gehen, in der Garderobe und durchwühlt seine Manteltaschen. Sie findet eine Walther, eine Pistole, die nur die Deutschen benutzen. Sie sucht weiter und findet deutsche Papiere: »Ich konnte nicht lesen, was draufstand, aber die vielen Hakenkreuze genügten mir.« Truus verabredet sich mit ihm noch für denselben Abend – sie müsse ihm ein wichtiges Geheimnis anvertrauen. Als er nachts am vereinbarten Ort eintrifft, konfrontiert sie ihn ohne lange Vorrede: »Ich weiß, daß du für die Deutschen arbeitest.« – »Das ist aber gar nicht gut für dich«, kontert er, zieht seine Waffe und drückt ab. Truus hat ihren letzten Beweis. Die Walther macht nur klick, denn Truus hatte in der Garderobe sicherheitshalber das Magazin herausgenommen. Jetzt zieht sie ihre Waffe, zielt, schießt und trifft.

Die Gruppe, in der Truus und Freddie nun arbeiten, besteht aus fünf Männern und den beiden jungen Frauen, später, als Hannie Schaft dazukommt, bilden die drei Frauen ein Spezialkommando innerhalb der Gruppe. Die Atmosphäre ist kameradschaftlich, mehrere Gruppenmitglieder kennen sich bereits von früher, aus der Gewerkschaftsjugend, aus der Partei. Die Kampfeinheit gehört zwar offiziell nicht der Kommunistischen Partei an, ist ihr aber eng verbunden, alle Mitglieder sind erfahrene Linke. Aktionen werden ausführlich diskutiert. Die meisten Kämpfer/innen haben einen proletarischen Hintergrund, nur einer der Männer und Hannie Schaft sind Studenten. Das schafft zu Anfang gelegentlich Mißstimmungen, die »Proleten« mißtrauen den »Bürgerlichen«, diskutieren untereinander über deren Zuverlässigkeit und ihre Zweifel daran. Doch im Laufe der Arbeit lernen sie sich sehr schnell kennen und einander vertrauen, die Animositäten verwandeln sich in Neckereien, beide Seiten können übereinander und auch über sich selbst lachen.

Alle Gruppenmitglieder lebten in strengster Konspirativität, auch Truus und Freddie zogen bald von Wohnung zu Wohnung, denn es war zu riskant, zu lange in derselben zu bleiben. Traf man sich zufällig auf der Straße, durfte man mit keinem Zeichen verraten, daß man sich kannte, auch wenn das Bedürfnis noch so groß war. Auch das Reden über Aktionen war streng verboten. Truus und Freddie hielten sich allerdings nicht immer an diese Regel, es war ja fast nicht möglich, hinzugehen, jemanden zu erschießen und dann so zu tun, als wäre nichts gewesen. Die Anschläge auf Offiziere des SD fielen den beiden Schwestern leichter. Das waren eindeutig Faschisten, das waren die Feinde, das waren die, die unendliches Leid über unendlich viele Menschen brachten. Und: Es waren Fremde. Sehr viel schwerer fielen Truus und Freddie Anschläge auf Menschen, die sie kannten. Sie waren sich bewußt, daß ein Verräter genauso schlimm war wie ein Nazi-Offizier, denn er lieferte ja die eigenen Leute genau diesen Mördern und Folterern aus. Aber sie *kannten* ihn. Sie hatten mit ihm zusammengearbeitet, haben ihn vielleicht gern gehabt. Nach solchen Aktionen saßen die Schwestern die ganze Nacht wach und redeten und redeten, verarbeiteten die Tatsache, daß sie einen Menschen, mit dem sie bis vor kurzem noch diskutiert und gelacht hatten, erschossen hatten. »Eines Abends«, erzählt Truus, »war es besonders schlimm. Wie immer hörten wir Radio Moskau, und da kam zufällig eine Sendung, in der eine junge Partisanin von ihrem Kampf erzählte. Sie hieß Nadja, ich habe ihren Namen nie vergessen. Sie erzählte weinend, daß sie einmal einen deutschen

Tank beschossen hatte, und dabei sah sie einen ganz jungen deutschen Soldaten mit einem lieben, offenen Gesicht, er zitterte vor Angst – und er starb. Sie sagte, da war ihr bewußt geworden, daß nicht alle deutschen Soldaten Nazis waren. Aber sie konnten es sich nicht leisten, solche Unterschiede zu machen.« Truus, deren großes Vorbild von Anfang an die sowjetischen Partisaninnen gewesen waren, die sich mit diesen Frauen, von denen sie wußte, daß sie häufig nicht älter waren als sie selbst, identifizierte, war tief beeindruckt von Nadjas Geschichte, die ihr auch selbst wieder Mut machte. Hatte sie es nicht vergleichsweise leichter als diese Nadja? Sie mußte ja keine einfachen deutschen Soldaten töten, sondern wirklich nur die Verantwortlichen, die, die garantiert Nazis waren, die wußten, was sie taten. Und die, die ihnen andere Menschen kaltblütig ans Messer lieferten.

Sie waren unendlich diszipliniert, diese beiden Mädchen mit ihren 15 und 17 Jahren. Disziplin, das beinhaltete auch, Aktionen auf eine Art durchzuführen, die man selbst für Wahnsinn hielt, die einem bis ins Innerste widerstrebte. So wie die »Huren-Aktion«. Frans, der Kommandant, den Truus und Freddie bei ihrer »Probe« verprügelt hatten, hatte sich einen ganz speziellen Einsatz für die Schwestern ausgedacht. Sie sollten als Prostituierte verkleidet einen deutschen Offizier in den Wald locken, um ihn dort zu erschießen. »Wir wußten ja nicht einmal, was wir dazu anziehen sollten«, erzählte Truus. »Also schickte er uns ins Kino.« – Auch das nützte nicht viel. »Wir waren ja, was das betraf, noch Kinder, richtige Kinder.« Die Kinder wurden nun mit der entsprechenden Kleidung ausgestattet, geschminkt und parfümiert. Truus: »Ich konnte mich selbst nicht riechen!« Sie bekamen zehn Gulden – für sie eine unglaubliche Summe – und machten sich auf in das Lokal, das »ihr« SDler und seine Kollegen häufig frequentierten. Als Truus und Freddie ankamen, war er noch nicht da. Es hieß also warten. Am Nebentisch wurde ein Eisbecher serviert, der den beiden Mädchen wie das Paradies auf Erden erschien. So etwas hatten sie in ihrem ganzen Leben noch nicht gesehen, geschweige denn gegessen. Aber sie hatten doch so sagenhaft viel Geld dabei! Zehn Gulden! – Der Eisbecher wurde bestellt. Er schmeckte genauso, wie er aussah. Der Deutsche kam noch immer nicht. Warum also nicht einen zweiten Eisbecher...? Gesagt, getan. Während sich die beiden über ihr unverhofftes

Glück freuen, das Eis in sich hineinschlingen, das Make-up verwischen und völlig vergessen, daß sie »Prostituierte« sind, ist der SDler gekommen. Er sitzt an einem Tisch ganz in ihrer Nähe, schenkt ihnen aber keinen Blick. Die Schwestern besinnen sich erschrocken auf ihre Aufgabe und versuchen, verrucht auszusehen. Es nützt nichts. Sie werden von allen männlichen Gästen ignoriert. Nur der Kellner kommt, um ihnen mitzuteilen, daß Sperrstunde ist und er abkassieren will. Aber ja doch, bitte, was macht es? Es macht 13 Gulden. Truus: »Ich wäre am liebsten unter den Tisch gekrochen vor Scham. Ich mußte ihm gestehen, daß wir nur zehn Gulden hatten, es war schrecklich, er warf uns auf äußerst demütigende Weise aus dem Lokal, wir liefen weinend und völlig verzweifelt nach Hause.« Das Vertrauen der Schwestern in diesen Kommandanten war für alle Zeiten erschüttert.

Eines Tages tauchte Hannie auf. Hannie Schaft war 20 Jahre alt, Studentin, vor einiger Zeit hatte sie sich dem Raad van Verzet angeschlossen, Geld und Lebensmittelmarken für den Untergrund gesammelt – und sich alles andere als ausgelastet gefühlt. Sie wollte »wirklich« arbeiten. »Mit Waffen«, erklärte sie auf Nachfrage. Schließlich wurde sie in ein bewaffnetes Kommando aufgenommen – als einzige Frau. Truus und Freddie hatten inzwischen Haarlem, ihre Heimatstadt, verlassen müssen, der Boden war zu heiß für sie geworden. Sie gingen nach Enschede und arbeiteten dort zur Tarnung in einem Krankenhaus, dessen Direktorin selbst dem Untergrund angehörte.

Es war Anfang 1943, als die Direktorin Truus von der Arbeit holte: Eine junge Frau wollte sie sehen, die sagte, sie sei ihre beste Freundin. »Und«, fügte die Direktorin hinzu, »wenn ihr – nun ja – ernsthafte Dinge zu besprechen habt, dann geht besser in mein Büro...« Truus betrachtete neugierig ihre »beste Freundin«: »Sie sah wunderschön aus«, erzählte sie, »sie hatte dichte rote Locken und ein sehr sympathisches Gesicht.« Dennoch, die Regeln der Konspirativität geboten, keinem zu trauen. Truus in ihren Erinnerungen »Toen Niet, Nu Niet, Nooit«: »Ich hielt die eine Hand in der Tasche meiner Schwesterntracht, wo ich immer meine kleine Pistole trug. Die junge Frau nahm mir gegenüber Platz, auch sie behielt eine Hand in der Tasche, die andere lag, zur Faust geballt, auf ihrem Knie.« Wenn sie vom SD war, kam es nun nur noch darauf an, wer schneller zog. »Frans schickt mich.« – »Wer ist das denn, Fräulein – eh...?« – »De Wit« – »Also, Fräulein De Wit, könnten Sie sich vielleicht etwas deutlicher ausdrücken?« Schweigen. Die beiden starren sich an. Und dann brechen sie plötzlich gleichzeitig in schallendes Gelächter aus. Als sie sich wieder beruhigt haben, ziehen beide ihre Pistolen aus der Tasche und müssen noch mal lachen, bis ihnen die Tränen kommen.

Die drei Frauen bilden nun ein Spezialteam. Truus ist Kommandantin, Freddie Spezialistin für Observation, Hannie kann keine Aktion gefährlich genug sein. Das Trio arbeitet so erfolgreich, daß sie bald von der Gestapo als »Terroristinnen« gesucht werden. Hannie färbt sich das Haar schwarz, Truus verkleidet sich als Junge, eine Zeitlang führen sie ihre Anschläge als Paar getarnt durch. Freddie übernimmt es, das »Objekt« auszukundschaften. Wo wohnt er, welchen Weg nimmt er zur Arbeit, wann und wo bewegt er sich ohne Bewachung, wo kann man ihn erwischen, ohne gesehen zu werden, welche Fluchtwege stehen zur Verfügung? Nachdem Freddie den Aktionsplan ausgearbeitet hat, treten Truus und Hannie in Erscheinung, Freddie wartet in der Nähe und deckt ihren Rückzug. Fast immer klappt es. Und wenn einmal etwas dazwischenkommt, hat Freddie eine so raffinierte Fluchtroute vorbereitet, daß die drei wenigstens heil davonkommen. Das »Mädchen-Trio« beschränkt sich aber nicht auf Attentate. Gleichzeitig transportieren sie illegale Zeitschriften, besuchen die Familien von Genossen, die verhaftet wurden, helfen beim Druck von Flugblättern und beim Fälschen von Ausweisen mit. Sie leben von zehn Gulden die Woche, davon kann man sich kaum ernähren. Zigaretten bekommen sie extra und zusätzliche Bezugsscheine für die Familie, bei der sie sich versteckt halten. »Wir hatten ständig Hunger«, erzählte Truus. »Unser Frühstück bestand aus Gymnastik, einer Tasse Tee, das heißt einer Tablette Ersatztee, in Wasser aufgelöst, und einer Scheibe Brot.« Dann ging es los ins Hauptquartier, um zu erfahren, welche Arbeit anstand. Den ganzen Tag über hatten sie keine Minute, um zu verschnaufen, erst am Abend konnten sie sich ein wenig entspannen. »Wir haben auch viel gelacht«, erinnert sich Truus, »du kannst schließlich nicht jahrelang leben und diese Arbeit machen, ohne zu lachen. Wir waren ja auch junge Mädchen, manchmal fanden wir noch an den schlimmsten Situationen etwas Komisches, über das wir kichern konnten.« Hannie bringt Truus und Freddie Englisch bei, auch Deutsch, denn man kann nie wissen, wozu man das braucht, meint sie, und außerdem, klärt sie die Schwestern auf, ist es auch die Sprache Heinrich Heines. Sie erzählen sich gegenseitig Geschichten, wahre und erfundene, und träumen davon, was sie alles anstellen wollen, wenn der Krieg endlich zu Ende ist.

Hannie hatte, bevor sie zu Truus' Gruppe stieß, mit Jan zusammengearbeitet. Da die einzelnen Gruppen aus Gründen der Konspirativität streng voneinander abgeschottet waren, sahen sich die beiden kaum noch – eine schwierige Situation, denn sie liebten sich. Eigentlich durfte niemand von dieser Leidenschaft wissen, denn Jan war verheiratet, und die moralischen Grundsätze waren (zumindest was die Frauen betraf) ziemlich strikt. Doch Truus und Freddie blieb das Geheimnis nicht lange verborgen. Und so wunderten sie sich auch nicht sonderlich, als Hannie, gegen alle Regeln, eine Aktion zusammen mit Jan durchführen wollte. Ihr Ziel war ein hoher SD-Offizier. Truus schlief schon, als plötzlich Hannie vor ihrem Bett stand, erstarrt und außer Atem: »Sie haben Jan!« Hannie hatte zuerst geschossen, dann Jan, und daraufhin war Hannie, wie abgemacht, davongeradelt. Jan jedoch hatte sich noch einmal umgedreht, um zu sehen, ob sie auch getroffen hatten. Der Deutsche schoß in diesem Moment zurück und verletzte Jan so schwer, daß er nicht mehr flüchten konnte. Hannie gab sich die Schuld an seiner Verhaftung und setzte alles daran, seine Befreiung aus dem Krankenhaus zu organisieren. Als sie einsehen mußte, daß nichts zu machen war, die Deutschen bewachten ihren unerwarteten Fang mit einer ganzen Armee von Gestapo-Leuten, fiel sie in völlige Erstarrung. Truus: »Sie aß nicht mehr, sie schlief nicht, sie weinte nicht, sie sprach nicht. Sie machte weiter wie bisher und war wie eine lebende Leiche. Sie ließ niemanden an sich heran, nicht einmal Freddie und mich.«

Es war wieder einmal Frans, der Kommandant, der Freddie und Truus zu dem »Huren-Auftritt« geschickt hatte, der eine ausgesprochene Kamikaze-Aktion vorschlug. Alle lehnten ab, alle waren sich einig, daß dieser Vorschlag nicht durchführbar war. Da stand Hannie auf und erklärte, sie würde es machen, notfalls eben alleine. Truus: »Als wir aus dem Hauptquartier kamen, nahm ich mir Hannie vor. Ich drückte ihr meine Pistole in die Hand und sagte, wenn du schon Selbstmord begehen willst, dann nimm gleich meine Waffe dazu, damit es sicher klappt. – Keine Reaktion. Dann schrie ich sie an: Du bist keine

Widerstandskämpferin, du bist überhaupt keine Kämpferin, du bist keine gute Kommunistin, du bist ein junges Mädchen, das sich wichtig machen will!« Das wirkte. Hannie brach endlich zusammen, Truus brachte sie nach Hause, steckte sie ins Bett und ließ sie weinen, bis sie vor Erschöpfung einschlief: »Dann war das Schlimmste überstanden.«

Auch Truus, die junge Kommandantin, immer stark, immer diszipliniert, immer für andere verantwortlich, kommt um einen Schwächeanfall nicht herum. Damals schämte sie sich entsetzlich, heute kann sie dazu stehen. Es war mitten in einer Aktion. Sie stand an eine Wand gelehnt, die entsicherte Pistole schußbereit in der Tasche, als sie plötzlich das Bewußtsein verlor. »Ich rutschte einfach die Wand hinunter, das letzte, was ich sah, war das völlig fassungslose Gesicht meiner Schwester.« Im Haus gegenüber war eine Zahnarztpraxis, Leute, die Truus' Zusammenbruch beobachtet hatten, bestanden darauf, sie dahin zu schleppen, Freddie, die noch schnell Truus' Pistole an sich genommen hatte, blieb nichts anderes übrig, als einzuwilligen. Es war ein Hazardspiel. Der Zahnarzt leistete Truus Erste Hilfe und öffnete dann eine Flasche Wein: »Er sagte, hier Mädchen, trinkt, die Flasche habe ich für den Tag der Befreiung aufbewahrt, aber dieser Anlaß heute reicht auch, nicht?« Truus mußte noch tagelang mit hohem Fieber das Bett hüten. Doch kaum war sie wieder halbwegs gesund, machte sie sich erneut an die Arbeit.

Den Eisenbahnerstreik im September 1944 beantworteten die Besatzer mit einer Welle brutaler Repressionen. Und nun begann auch der Hungerwinter. Die Deutschen beschlagnahmten tonnenweise Lebensmittel, die Bevölkerung hungerte und fror, immer mehr Widerständler wurden verhaftet. Truus' Gruppe hatte sich aus Sicherheitsgründen eine Zeitlang zurückziehen müssen, doch als sich die Verhaftungen allzu auffällig häuften, gab es keinen Zweifel mehr daran, daß Verrat im Spiel war. Dem Sicherheitsdienst war es gelungen, einige Gruppen zu infiltrieren. Truus und ihre Genoss/inn/en beschlossen, daß es, Sicherheitsbedenken hin oder her, Zeit war, wieder zu handeln. Freddie, die »Spionageexpertin«, streckte ihre Fühler aus und entdeckte prompt einen bestimmten Offizier des Sicherheitsdienstes, der hinter diesen Verhaftungen stand und außerdem mit Lebensmittelschiebereien zu tun hatte. Es war allerdings so gut wie gar nicht an ihn heranzukommen, da er sich kaum alleine auf der Straße bewegte. Truus, Freddie und Hannie beschlossen, es dennoch zu wagen. Einer, der vom Hunger der Bevölkerung profitierte und außerdem noch durch eingeschleuste Agenten eine ganze Reihe Kameradinnen und Kameraden ans Messer geliefert hatte und der das vor allem weiter tun würde, wenn man ihn nicht stoppte, so einer war jedes Risiko wert.

Freddie arbeitet den Aktionsplan aus – sie wollen ihn in seiner eigenen Wohnung überfallen –, der Termin wird festgesetzt, Hannie und Truus machen sich fertig. Ziemlich fassungslos sieht Truus zu, wie Hannie sorgfältig ihr Haar bürstet und Make-up auflegt. Sie ärgert sich, wozu der Aufwand, denkt sie, wir gehen schließlich nicht tanzen. Macht sie sich schön für den Tod? Hannie spürt Truus' Ungeduld: »Truus, meine Liebe«, erklärt sie ihr spöttisch, »ich werde sauber und ordentlich sterben. Und jetzt auf zu unserem Freund vom SD, wir werden ihm zeigen, was einem Menschenjäger gebührt.« Sie machen sich auf den Weg. Als sie zu seinem Haus kommen, sehen sie Freddie unauffällig in der Nähe an ihr Fahrrad gelehnt. Alles klar, die Luft ist rein. Hannie läutet, eine Frau öffnet die Tür. »Es geht um einen Lebensmitteltransport aus Friesland«, erklärt Hannie, die beiden »harmlosen« Mädchen werden eingelassen. Im Hintergrund hören sie den Mann vor sich hinschimpfen: »Nicht einmal nach Dienstschluß können sie mich in Ruhe lassen.« Truus und Hannie ziehen ihre Waffen, stürmen in das Zimmer und feuern gleichzeitig. »Du Mörder« schreit Truus und leert ihr Magazin. Sekunden später sind sie schon wieder auf ihren Fahrrädern und rasen davon. Ein paar Straßen weiter holt Freddie sie ein. »Wir haben es geschafft!« flüstert Hannie, noch ganz außer Atem, »ein Bastard weniger auf der Welt!«

Die Arbeit geht weiter. Als sie an einer Sabotageaktion – der Sprengung einer Eisenbahnbrücke – teilnimmt, lernt Truus Pit kennen, ihren späteren Mann, den Sprengstoffexperten der Gruppe. Truus lernt, wie man mit Dynamit umgeht, wie man eine Bombe baut und wie man sie an Schienen anbringt. Der Kampf gegen die Besatzer wird nun täglich intensiver, alles muß gleichzeitig geschehen, es gibt keine Minute der Ruhe, der Erholung. Neben ihrer »eigentlichen« Arbeit kümmert sich Truus auch um die Rettung jüdischer Kinder. Meist gelingt es ihr, ohne Zwischenfälle ihre Schützlinge in Sicherheit zu bringen. Mit einigen von ihnen, die inzwischen in Amerika und Israel leben, ist sie heute noch in Kontakt.

Als im September 1944 der Süden der Niederlande befreit wurde, verschärften die Besatzer im Norden ihre Menschenjagd. Ganze Landstriche wurden nun Hof für Hof durchkämmt, viele Juden, die bisher relativ sicher auf dem Land untergebracht waren, mußten von einem Tag auf den anderen ein neues Quartier finden. Truus wird beauftragt, eine Gruppe jüdischer Kinder in den freien Süden zu schmuggeln. Als deutsche Rot-Kreuz-Schwester verkleidet und mit entsprechenden Papieren ausgestattet, übernimmt sie zwölf Jungen und Mädchen auf dem Bahnsteig in Amsterdam. Sie besteigen den Zug, quetschen sich in ein Abteil, die Jüngste ist drei, der Älteste zwölf Jahre alt. Voll Angst starren die Kinder vor sich hin und wagen nicht, Truus anzusehen, die innerlich genauso zittert wie sie. Die beiden »deutschen Offiziere«, Amsterdamer Widerständler, die ihr die Kinder übergeben haben, sind wieder gegangen, Truus muß nun alleine zurechtkommen. Nur der älteste Junge sieht ihr gerade in die Augen, die seinen sind dunkel von Haß und Verachtung. Als eine Weile lang alles gutgegangen ist, hält Truus das Versteckspiel nicht mehr aus. Sie erklärt den Kindern, wer sie in Wirklichkeit ist, daß sie sie in Sicherheit bringen wird, daß sie aber das Theater durchhalten müssen, bis sie angekommen sind. Die Kleinen verstehen sie nicht, die Größeren glauben ihr nicht. Der Älteste reagiert mit offenem Hohn. Truus fühlt sich so elend wie noch nie zuvor. Plötzlich wird die Tür des Abteils aufgerissen, zwei deutsche Offiziere stürmen herein, die Waffe im Anschlag. Truus springt auf und brüllt »Heil Hitler«. Sie steht stramm und überreicht die Papiere. Die Offiziere überprüfen sie, scheinen aber noch auf etwas zu warten. Gerade noch rechtzeitig kapiert Truus, worum es geht. »Aufstehen! Heil Hitler!« schreit sie die Kinder an und reißt noch einmal den rechten Arm hoch. Die Kleinen springen gehorsam auf, heben den rechten Arm und rufen »Heil Hitler«. Nur der Älteste bleibt ostentativ sitzen, schneeweiß im Gesicht, die Lippen zusammengepreßt. »Wirst du wohl?« herrscht ihn Truus an, und als er sich immer noch nicht rührt, versetzt sie ihm eine schallende Ohrfeige. Tränen steigen dem Jungen in die Augen, er steht auf, Arm hoch, Heil Hitler. Truus kann kaum noch aufrecht stehen. Die Deutschen lächeln zufrieden und verlassen endlich das Abteil. Weinend versucht Truus dem Jungen zu erklären, warum sie das tun mußte. Er wendet sich von ihr ab, seine Backe leuchtet rot. Truus: »Gott verdamme die

Deutschen, dachte ich, ich fühlte mich so schrecklich, ich kam mir vor wie ein Verbrecher.«

Als sie ankommen, ist es bereits dunkel. Truus erklärt den Kindern, daß sie nun bis zum Fluß gehen müssen, wo sie ein Boot nehmen werden, um auf die andere Seite des Flusses zu kommen. Das Gelände ist vermint, die Deutschen kontrollieren die Gegend mit Hunden, die Gruppe darf also nicht das kleinste Geräusch machen und darf keinen Schritt von dem von Truus vorgelegten Weg abweichen. »Die Kinder waren phantastisch«, schreibt Truus in ihren Erinnerungen, »sie haben nicht geweint, nicht gehustet, sie waren unglaublich diszipliniert und tapfer.« Heil erreichen sie den Fluß, doch nun müssen sie warten, bis die Flut günstig steht. Die Kinder werden unruhig, sie haben Hunger, müssen auf die Toilette, die Kleinen beginnen zu weinen. Truus ist nervös, die Sekunden scheinen zu schleichen, die Zeit vergeht nicht. Sie erzählt den Kindern Geschichten, das lenkt sie für ein Weilchen ab, doch nicht für lange. Der Älteste, der nun erkannt hat, daß Truus wirklich nicht gelogen hat, hilft ihr, so gut er kann, übernimmt die Verantwortung für die Größeren, während Truus sich um die Kleinsten kümmert. Doch dann hilft alles nicht mehr, das Risiko, mit den weinenden und unruhigen Kindern weiter zu warten, scheint Truus größer, als doch, schon vor der abgemachten Zeit, das Boot zu nehmen. Sie läßt die Gruppe einsteigen und rudert los. Kaum sind sie ein Stück vom Ufer entfernt, fliegen Leuchtraketen in die Luft, die den Fluß taghell erleuchten, Deutsche nähern sich dem Ufer mit Hunden, schießen. Der älteste Junge steht auf und schreit: »Na los, schießt doch, verdammte Krauts!« Kugeln durchsieben seinen schmächtigen Körper. »Hinlegen!« schreit Truus, doch es ist zu spät. Das Boot kippt, die Kinder stürzen in die reißende Strömung. Truus, die selbst kaum den Kopf über Wasser halten kann, versucht verzweifelt, ihnen zu helfen, doch sie treiben schon ab, sie hat keine Chance. Sie sieht noch eine Hand aus dem Wasser ragen, ergreift sie und kämpft sich mit dem kleinen Körper ans Ufer. Es ist Rosa, die Jüngste, sie lebt. Truus rennt, ohne auf die Minen zu achten, zwängt sich durch das Loch im Stacheldraht, durch das sie vorhin gekommen sind, und flüchtet in das nächste Haus. »Wären diese Leute für die Nazis gewesen, dann wäre das das Ende gewesen.« Sie sind aber in Ordnung, nehmen sie auf und verstecken sie, bis sie halbwegs gefahrlos weiterkönnen. Truus heute: »Ich hatte ja auch nach dem Krieg noch Alpträume, Verfolgungsträume, aber die haben sich dann gelegt. Von den Kindern träume ich noch immer. Das wird mich wohl nie loslassen.«

Es bleibt nicht bei dieser Tragödie. Nicht allzulange vor Kriegsende hört Truus über einen Untergrundkurier von der traurigen Situation eines fünfjährigen jüdischen Jungen, der ganz alleine seit acht Monaten in einem Keller versteckt ist. Truus ist entsetzt. Sie kann zwar die Angst der Leute verstehen, die es nicht wagen, das Kind in der Wohnung zu haben, aber sie kann nicht hinnehmen, daß der Junge weiter im Keller bleiben muß. Sie holt die Erlaubnis ihres Kommandanten ein, ihn in ein anderes, sicheres – und menschlicheres – Versteck bei einer Familie auf dem Land zu bringen. Doch die Eltern des Jungen erfahren, was geschehen ist, und bestehen nun darauf, daß das Kind zu ihnen kommt. Truus ist nicht einverstanden, drei Menschen in einem Unterschlupf, das ist fast immer zu viel und zu riskant. Doch sie respektiert schließlich den verzweifelten Wunsch und verspricht, Loetje, so heißt der Junge, zu bringen. Sie trifft ihn wie verabredet am frühen Morgen. Loetje steht allein und verloren auf dem menschenleeren Platz, neben sich einen Koffer, der viel zu groß und wuchtig für ihn ist. Truus schreibt in ihren Erinnerungen: »Dieser kleine fünfjährige Junge mußte sich wie ein Erwachsener benehmen. Er sagte mir sein Code-Wort, und ich gab ihm die entsprechende Antwort, obwohl ich kaum ein Wort herausbrachte. Nie werde ich diese Augen vergessen. Die Augen eines alten und weisen Mannes im Gesicht eines Kindes. Ich habe den Faschismus nie so sehr gehaßt wie in diesem Augenblick.«

Truus versucht, den Jungen aufzuheitern, und tapfer lacht er über ihre Witzchen. Tapfer gehen sie nebeneinander her, Kilometer für Kilometer. Dann hält es Truus nicht mehr aus. Sie legt das Fahrrad an den Straßenrand, kniet nieder und nimmt Loetje in die Arme. Beide heulen Rotz und Wasser, beide fühlen sich anschließend wohler. Truus erzählt ihm, daß sie ihn zu seinen Eltern bringt, und Loetje strahlt vor Freude. »Weißt du, daß ich da im Keller sogar einen Freund hatte?« – Nein, das erstaunt Truus nun doch. Der Junge war doch die ganze Zeit allein da unten gewesen! »Ja, stell dir vor, eine Maus. Sie kam jeden Tag und setzte sich auf meine Hand, ehrlich!« Loetje ist sehr stolz auf sich, und Truus ist sehr stolz auf Loetje. Doch sie können nicht ewig so herumsitzen. Sie gehen weiter. Zu dieser

Zeit fliegen die Engländer regelmäßig Einsätze gegen deutsche Truppentransporte auf holländischen Schienenwegen und Landstraßen. Truus und Loetje gehen parallel zur Eisenbahnstrecke. Sie hören ein Brummen in der Luft, das Brummen wird schrecklich laut, ein undefinierbares anderes Geräusch kommt dazu, Truus packt den Jungen und reißt ihn mit sich zu Boden. Zu spät. Loetje wurde von der Maschinengewehrsalve eines englischen Jagdfliegers getroffen. Er ist tot. Auch die anderen Menschen, die auf dieser Straße gegangen waren, sind tot. Leichen und Fahrräder liegen herum. Nur Truus bleibt wie durch ein Wunder unversehrt. Krank vor Schmerz berichtet Truus Loetjes Eltern, was geschehen ist: »Der Vater verlor vollkommen die Nerven. Schreiend stürzte er sich auf mich und schlug auf mich ein, bis ihn seine Frau und mehrere andere Menschen endlich von mir losreißen konnten. Ich habe mich nicht gewehrt, ich fühlte mich so schuldig.«

Seit der Widerstand den von Prinz Bernhard kommandierten Binnenstreitkräften (BS, Binnenlandse Strijdkrachten) unterstellt ist, hat sich die Atmosphäre für die Kämpfer/innen massiv verändert. Neue Kommandanten sind aufgetaucht, die sich nicht wie Untergrundkämpfer verhalten, sondern wie militärische Vorgesetzte. Aktionen werden nicht mehr diskutiert, sondern angeordnet. Während die Aktivist/inn/en hungern und frieren, stehen frisches Gemüse, Fleisch, echter Kaffee und diverse alkoholische Getränke auf den Tischen des Hauptquartiers. Die Partei hat Truus' Gruppe offiziell aufgelöst, doch Truus, Freddie und Hannie (und auch andere Genossen) arbeiten weiter. Die Befehlshaber der Binnenlandse Strijdkrachten machen sich nun zwar daran, den Einfluß der Kommunistischen Partei, die einen beachtlichen Teil des bewaffneten Widerstands stellte, zu untergraben und möglichst ganz auszulöschen, doch das »Mädchen-Trio« ist bereits eine Legende des Widerstands, und so will man auch wieder nicht auf das Prestige verzichten, sagen zu können: Wir arbeiten mit Truus, Freddie und Hannie, nach denen direkt aus Berlin mit Dringlichkeit gefahndet wird. Die drei Frauen führen noch das eine oder andere Attentat durch, nehmen an einer größeren Sabotageaktion teil, werden aber auch für höchst zweifelhafte Einsätze mißbraucht. So müssen sie z. B. mehrmals Pakete transportieren, obwohl der Kurierdienst nicht zu ihren eigentlichen Aufgaben gehört. Truus: »Nun, wir waren Kommunistinnen, und als solche waren wir diszipliniert.« Sie führen die Aufträge zwar aus, aber ihr Mißtrauen wächst. Schließlich wird es Freddie zu bunt. Während einer dieser endlosen Fahrradtouren, auf der sie sich erschöpft vor Hunger, frierend vor Kälte abstrampeln, um irgendwelche ominösen Päckchen zu transportieren, ständig der Gefahr einer deutschen Kontrolle ausgesetzt, schlägt Freddie, immer die »Frechste«, vor, mal nachzusehen, wofür sie hier eigentlich Kopf und Kragen riskieren. Sie öffnen eines der Pakete (in denen sie Waffen, Papiere, Spionagematerial und ähnliches vermuten) – und finden Tabak und Juwelen. Truus: »Hannie heulte vor Wut. Ich schrie völlig außer mir: Und dafür setzen sie unser Leben aufs Spiel! Dieser Gentleman tauschte Zigaretten, Juwelen und anderes Zeugs auf unsere Kosten mit seinem Kontaktmann in Den Haag aus.« Als sie eine Erklärung fordern, wird ihnen erzählt, die Sachen würden gebraucht, um SD-Offiziere zu bestechen. Die drei glauben kein Wort und weigern sich, weiterhin solche Aufträge auszuführen. Sie trauen nun niemandem mehr, fühlen sich nur noch mit den alten Genossen ihrer ursprünglichen Gruppe sicher. In diesem Kreis wird gemunkelt, daß so mancher dieser schmucken Gentlemen, die im Auftrag des britischen Geheimdienstes agieren, auch für die Deutschen arbeitet. Truus: »Das war keine schöne Zeit. Das hatte nichts mehr zu tun mit unserem Kampf gegen den Faschismus. Jahrelang haben wir, ohne zu zögern, unser Leben riskiert, aber jetzt überlegten wir uns bei jeder Aufgabe, was wohl dahintersteckte und ob wir das wirklich machen sollten.«

Manchmal müssen sie gar nicht erst überlegen. Manchmal ist die Sache erschreckend klar. Anfang 1945, mitten im Hungerwinter, werden Truus, Freddie und Hannie in das Hauptquartier beordert. Es gehe um eine hochbrisante Sache, wird ihnen bedeutet, um eine Befreiungsaktion für die Gefangenen. Na, das ist ausnahmsweise einmal eine gute Nachricht, finden die drei, für die Gefangenen würden sie jedes Risiko eingehen. Der Kommandant ist mit dieser Reaktion sehr zufrieden und klärt sie auf: »Wir wurden von einer befreundeten Quelle darüber informiert, wo Seyß-Inquarts (der Reichskommissar der Niederlande) Kinder zur Schule gehen. Ihr müßt nach Den Haag ziehen und genau herausfinden, wann die Kinder zu Hause weggehen und wann sie aus der Schule kommen. Und dann werdet ihr die Kinder entführen.« Truus ist fassungslos. Freddie findet als erste Worte: »Na wunderbar, jetzt benutzen wir in diesem Krieg auch schon Kinder. Ohne mich!« Sie steht wütend auf, gefolgt von Truus, die ihrem Vorgesetzten erklärt: »Sie hat völlig recht. Auch ich weigere mich, kleine Kinder zu erschießen, falls etwas schiefgeht. Dafür müßt ihr euch jemand anderen suchen.« Die drei gehen. Hannie spricht für sie alle, als sie noch einmal ihren Standpunkt klarmacht: »Wir sind keine Nazis. Widerstandskämpfer bringen keine Kinder um.«

Es waren, im übertragenen Sinne, Hannies letzte Worte. Im März 1945 bereiten sich die drei Frauen auf eine ihrer letzten Aktionen vor. Sie sollen das Geschäft eines Kollaborateurs mit Handgranaten angreifen. Truus und Freddie warten auf Hannie, unruhig, weil sie noch nie unpünktlich war. Unpünktlichkeit kann man sich in der Illegalität nicht leisten. Hannie war am Vortag, dem 26. März, mit einem Packen frisch gedruckter Ausgaben der »Waarheid« zur Verteilerstelle geradelt. Die Deutschen hatten sie angehalten und kontrolliert – und nicht nur die Zeitungen gefunden, sondern auch Hannies Pistole. Nach einigen Stunden des Verhörs war ihnen klargeworden, daß sie einen kapitalen Fang gemacht hatten: »das Mädchen mit den roten Haaren.«

Als Hannie noch immer nicht aufgetaucht ist, gehen Truus und Freddie in das Hauptquartier. Dort erfahren sie von Hannies Verhaftung. Truus hat nun nur noch eines im Kopf: Sie muß Hannie befreien. Doch niemand weiß, wo sie gefangengehalten wird. Truus läßt alle Gesetze der Konspirativität außer acht und klappert jedes einzelne Gefängnis ab. Sie wagt sich sogar bis in die Zentrale des deutschen Sicherheitsdienstes vor. Schließlich bekommt sie heraus, daß Hannie im Amsterdamer Frauengefängnis in der Amstelveense Straat festgehalten wird. Es ist inzwischen April. Zufällig trifft Truus in Amsterdam Pit und die anderen Genossen, mit denen sie die Sabotageaktion vor ein paar Monaten durchgeführt hat. Sie erzählt ihnen, worum es geht, und die Männer erklären sich, ohne zu zögern, bereit, ihr bei Hannies Befreiung zu helfen. Truus schöpft neuen Mut. Sie schafft es, bis zur Direktorin des Gefängnisses vorzudringen. Die blättert in einem dicken Buch, schüttelt den Kopf und teilt Truus mit: »Die ist nicht mehr da.« Truus weiß, was das bedeutet.

Hannie Schaft war tagelang gefoltert worden. Am 17. April brachte man sie in die Dünen von Bloemendaal. Der erste Schuß streifte sie nur. »Ich kann besser schießen als ihr!« schrie

Hannie ihre Mörder an. Sie antworteten mit einem Kugelhagel. Hannie war 23 Jahre alt, als sie starb.

Die Maisonne strahlte mit voller Kraft, die Bäume blühten, die Menschen tanzten und jubelten auf den Straßen. Die »underduikers« machten ihre ersten steifen Schritte in die Freiheit. Truus besucht Marie, eine Kameradin aus dem Untergrund, die Philine, eine jüdische Freundin, bei sich versteckt gehabt hatte. Sie saßen beisammen in Maries Haus und feierten den Tag der Befreiung auf ihre Weise. Philine hatte ihre ganze Familie in den Gaskammern verloren. Truus dachte an Hannie und daran, ob sie, Freddie und all die anderen wohl die Zeit würden zurückdrehen können und in Zukunft ein ganz normales Leben führen. Ihre Freude hatte einen bitteren Beigeschmack. Doch ganz hatte Truus die Hoffnung noch nicht aufgegeben. Sie fuhr nach Amsterdam und stellte sich in die Menschenmenge, die vor dem Gefängnis auf die Entlassung der politischen Gefangenen wartete. Sie hatte einen Strauß roter Tulpen dabei. Aber Hannie war nicht unter den bleichen Gestalten, die aus dem Tor traten.

Die Kämpferinnen und Kämpfer des Widerstands stehen in einer langen Reihe auf dem großen Platz. Ihnen gegenüber eine Ehrenformation des Heeres. Es werden Medaillen verliehen. An die Verdientesten. Truus und Freddie sind nicht unter den Ausgezeichneten. Als die Zeremonie beinahe zu Ende ist, tritt einer der Kommandanten vor und befiehlt: »Köpfe nach links!« Die Soldaten sehen stramm nach links, wo Truus und Freddie stehen, zusammen mit ihren Genossen aus der Illegalität. An ihren Verdiensten kann kein Zweifel bestehen. Aber sie haben einen großen Makel: Sie sind Kommunisten. Truus erhielt Auszeichnungen und Orden aus allen möglichen Ländern, von den USA bis zur Sowjetunion, in der Allee der Gerechten in Jerusalem steht der Baum, der ihr zu Ehren gepflanzt wurde. Truus: »Aber von der holländischen Regierung haben ich und meinesgleichen keine einzige Medaille erhalten.«

Statt dessen bekommt Truus einen höchst fragwürdigen Job. Sie soll Nazis aufspüren, die sich versteckt halten; von denen angenommen wird, daß sie bei ihrer Entdeckung nicht zögern werden, zu schießen. Lange macht Truus das nicht. Und als sie Pit Menger heiratet, ihren Genossen aus dem Widerstand, fällt sie unter das Arbeitsverbot für verheiratete Frauen. Sie muß zu Hause bleiben. Wie Freddie. Freddie wird Hausfrau und Mutter. Truus wird Hausfrau und Mutter: »Das war unsere Tragödie. Daß Frauen wie uns plötzlich nichts anderes übrigblieb, als Hausfrau zu werden. Heute ist das schwer zu verstehen. Aber damals – es gab nichts anderes.«

Nur die politische Arbeit, die gibt Truus nie auf, bis heute nicht. Trotzdem fühlt sie sich nicht ausgelastet. Als kleines Mädchen hat sie davon geträumt, Bildhauerin zu werden, sie, die Tochter eines Gelegenheitsarbeiters, sie, deren Mutter von der Sozialhilfe lebte. Sie hatte einsehen müssen, daß das keine Zukunft für Leute wie sie war. Aber heimlich hatte sie weitergeträumt. Ihr Mann findet heraus, daß einer ihrer ehemaligen Widerstandskameraden Professor für Bildhauerei an der neu gegründeten Freien Akademie der Bildenden Kunst ist. Truus schreibt sich ein, macht ihren Traum wahr. Heute ist sie eine weltweit anerkannte Künstlerin. 1983 gewann sie einen Wettbewerb, der von (der damaligen) Prinzessin Beatrix zur Errichtung eines Denkmals für den Widerstand ausgeschrieben worden war. Sie errichtete in Haarlem eine vier Meter hohe Frauenstatue zu Ehren Hannie Schafts und aller Frauen im bewaffneten Widerstand. In einem Park im Amsterdamer Süden steht ihr Denkmal für den ehemaligen »Judenmarkt«: eine Gruppe jüdischer Kinder, die sich aneinander klammern. Truus hat ihr Trauma immer wieder in ihre Kunst aufgenommen, ohne es bewältigen zu können. Als ich sie für das Interview besuchte, stand in ihrem Atelier die Skulptur eines Bootes, über dessen Rand Kinder, offensichtlich tote Kinder, hängen.

Der kalte Krieg traf Truus mit aller Härte. Nachbarn, sogar ehemalige Freundinnen und Freunde schnitten plötzlich die »unverbesserliche« Kommunistin. 1952 wurde eine Demonstration zu Ehren Hannie Schafts von der Polizei verboten. Die Jugendlichen, die sich trotzdem davon nicht abhalten ließen, in den Dünen, in denen Hannie erschossen wurde, einen Kranz niederzulegen, wurden verhaftet und vor Gericht gestellt. Truus und Freddie wurden als Zeuginnen in der sogenannten »Velser-Affaire« vorgeladen, in der es um die Juwelenschiebereien diverser hoher Offiziere der Binnenlandse Strijdkrachten ging und auch noch um Schlimmeres: ihre Tätigkeit als Doppelagenten, die Truus und ihre Gruppe damals schon vermutet hatten, ohne zu wagen, es wirklich zu glauben. Deprimierende Enthüllungen kamen ans Tageslicht, die Arbeit des Widerstands wurde durch die Sensationspresse in den Schmutz gezogen, das strahlende Image der Befreier bekam dunkle Flecken. Die Schuld daran wurde jedoch nicht den zweifelhaften Gestalten gegeben, die sich die Hände schmutzig gemacht hatten, sondern Leuten wie Truus und Freddie, die dazu beitrugen, deren Machenschaften aufzudecken. Die Folge davon waren zwei Anschläge auf Truus' Leben. Einmal wurde ihr eine Bombe in das Haus geworfen, ein anderes Mal wurde auf sie geschossen, als sie im Auto unterwegs war. Truus ließ sich trotz allem nicht unterkriegen. Sie arbeitete weiter in ihrem Atelier, und sie arbeitete weiter in der Partei. Sie zog vier Kinder groß und geht heute in Schulen, um den Jugendlichen zu erzählen, wie das damals war, als sie, selbst noch eine Jugendliche, gegen die Nazis gekämpft hatte. Und noch einen Traum erfüllt sich Truus: Sie fuhr in die Sowjetunion und traf Nadja, die junge Partisanin, die damals in »Radio Moskau« von ihren Skrupeln erzählt – und Truus neuen Mut gemacht hatte.

Frankreich

»Ich habe meine Ehre als jüdische Frau verteidigt«

1

Sie sind ziemlich viele. Sie wollten ursprünglich die Gefangenen befreien, doch das hatten schon andere erledigt. Also beschloß ein Teil der Gruppe, Teil zwei des Tagesprogramms durchzuführen: die Zerstörung einer Garage in der Nähe des Parc de la Tête d'Or. Doch sie haben Pech, werden von den Deutschen entdeckt, können nur mit Mühe und Not entkommen. Die Gruppe versucht, sich unauffällig im Viertel zu zerstreuen. Dina Lipka, 17 Jahre alt, Kämpferin der Lyoneser M.O.I.-Gruppe Carmagnole, gerät auf der Flucht in ein Lokal der Petainistischen Jugend. Als sie realisiert, wo sie sich befindet, flieht sie erschrocken in einen Hof. Vor der Einfahrt fallen Schüsse, sie kann nicht mehr heraus, sie sitzt in der Falle. Zwei Deutsche auf einem Motorrad fahren in den Hof, schauen sich um, entdecken Dina, die sich hinter einem Faß notdürftig versteckt hat. Dina läßt die beiden so nahe wie möglich herankommen, dann zieht sie ihren Revolver, drückt ab, trifft. »Ich wollte noch ihre Revolver mitnehmen, hatte aber keine Zeit mehr dafür«, erzählt sie. »Ich bin über diese Mauer geklettert, wie ich da drüber gekommen bin, weiß ich bis heute nicht.« Auf der anderen Seite trifft sie Anna, eine Kameradin. Die Straßen wimmeln von Deutschen. Die beiden jungen Frauen versuchen, so harmlos wie möglich zu erscheinen. Als sie zwei Fahrräder entdecken, sehen sie ihre Chance. Sie stehlen die Räder und fahren so schnell sie können nach Villeurbanne. Dort, in der großen proletarischen Vorstadt von Lyon, ist inzwischen der offene Aufstand ausgebrochen. Kaum angekommen, stehen Dina und Anna auf den Barrikaden, die ihre Kamerad/inn/en in der Zwischenzeit errichtet haben, und liefern sich dann fünf Tage lang eine erbitterte Schlacht mit den angreifenden Deutschen.[1]

Lyon war seit November 1942 ein heißes Pflaster für die Besatzungsmacht. Mit zunehmender Intensität machte eine Handvoll Widerständler/innen den Deutschen und ihren französischen Hilfstruppen zu schaffen. Sie jagten Rüstungs- und Zulieferbetriebe in die Luft, brachten Truppenzüge zum Entgleisen, erschossen deutsche Offiziere und französische Kollaborateure.[2] Hinter diesen Anschlägen stand die militanteste und effektivste Formation der französischen Résistance: die M.O.I.-F.T.P. (Francs Tireurs et Partisans Main-d'Œuvre Immigrée – die bewaffneten Einheiten der in der Kommunistischen Partei organisierten Arbeitsimmigranten). Die M.O.I. kämpfte von Paris bis Lyon, von Marseille bis Nizza gegen die deutsche Besatzung. Die Militanten der M.O.I. waren die ersten, die den bewaffneten Widerstand aufnahmen, und sie waren die letzten, deren Kampf im Nachkriegsfrankreich gewürdigt wurde.

Im deutschsprachigen Raum ist die M.O.I. so gut wie unbekannt. Doch auch in Frankreich lüftete sich erst vor wenigen Jahren der Schleier des Vergessens – des absichtlichen Vergessens. Denn die M.O.I. bestand nicht aus »richtigen« Franzosen, sondern aus »Ausländern«, aus Arbeitsimmigranten, und die meisten von ihnen waren Juden.[3] Diese Kämpferinnen und Kämpfer sind mit einem dreifachen Stigma gezeichnet: Als Ausländer. Als Juden. Als Kommunisten. Sie saßen zwischen allen nur denkbaren Stühlen. Als Kommunisten und des »Attentatismus« verdächtig, waren sie bei dem von London unterstützten gaullistischen Untergrund nicht gerade beliebt.

Als Immigranten (beziehungsweise Kinder von Immigranten) und daher quasi natürlicherweise als Internationalisten kamen sie auch mit der von der Komintern ausgegebenen nationalistischen Linie in Konflikt. Die Kommunistische Partei Frankreichs, nach dem Bündnis mit de Gaulle verstärkt auf patriotische Töne bedacht, stieß sich an den gar nicht französisch klingenden Namen ihrer aktivsten Kämpfer/innen.[4] Als Juden aber, weder alteingesessen, assimiliert und mit Auszeichnungen aus dem Ersten Weltkrieg versehen noch zionistisch, wurden sie von den »bürgerlichen« jüdischen Einrichtungen gemieden. Sie hatten nur sich selbst. Ihren erbitterten Kampf gegen den Faschismus. Ihre Entschlossenheit, die ermordeten Juden zu rächen. In der offiziellen französischen Geschichtsschreibung tauchen sie nicht auf. In der kommunistischen Geschichtsschreibung: kein Wort über die M.O.I.[5] Die Résistance, das waren Franzosen. Echte Franzosen. Nicht irgendwelche dahergelaufenen polnischen Juden und italienische Fremdarbeiter.

Seit Ende des Ersten Weltkrieges sammelten sich in Frankreich große Gruppen von Einwanderern, die teils aus politischen, teils aus ökonomischen Gründen in das »klassische Land des Asyls« geflohen waren. Die ersten waren die Armenier, die dem Massenmord an ihrem Volk entkommen konnten. In den zwanziger Jahren kamen Flüchtlinge aus Mussolinis Italien und verstärkten die große Gruppe der italienischen »Fremdarbeiter«. Es folgten die polnischen Juden, die ihr Land nach den großen Pogromen verließen; Ungarn, die der Diktatur entkamen, Rumänen, die sich vor dem Faschismus retteten.[6] Die meisten von ihnen waren einfache Arbeiter, eine kleinere Gruppe bildeten die ungarischen Studenten, die aufgrund des Numerus clausus, der für Juden an den Universitäten ihres Landes eingeführt worden war, in Frankreich studieren wollten.[7] Bald erkannten diese Immigranten, daß sich das Gastland gegen ihresgleichen nicht sehr gastlich zeigte. Das Spottwort »Liberté, Egalité, Carte d'Identité«[8] kursierte unter den Einwanderern, die in den Betrieben schamlos ausgebeutet, von der einheimischen Bevölkerung verachtet und von den Behörden ständig mit der Ausweisung bedroht wurden. Als Lohndrücker mißbraucht, stießen sie auch bei den Gewerkschaften auf Ablehnung. Ihre Kinder wurden in der Schule wegen ihrer seltsamen Namen und ihrer mangelnden Französischkenntnisse verhöhnt. Ihre Wohnungen waren dunkle feuchte Löcher, die Frauen mußten jeden Tag aufs neue Zauberkunststücke vollführen, um ein Essen auf den Tisch zu bekommen. Und dieses Essen war immer das gleiche: Hering und Kartoffeln.[9]

Die einzige französische Organisation, die sich dieser Einwanderer annahm, war die Kommunistische Partei. In den zwanziger und frühen dreißiger Jahren noch mehr internationalistisch orientiert, betrachtete sie diese ungeliebte Masse als Proletarier, nicht als Fremde und rechnete völlig zu Recht damit, hier eine beachtliche Zahl neuer Mitglieder gewinnen zu können. Viele der politischen Flüchtlinge waren bereits in ihren Ländern aktive Parteiarbeiter gewesen, die anderen nahmen das Angebot einer Struktur, einer Zugehörigkeit, die Möglichkeit, für die eigenen Rechte zu kämpfen, gerne an. Die M.O.I., Main-d'Œuvre Immigrée, wurde gegründet und in

Sprachgruppen organisiert. Das Kürzel M.O.I. wurde in der französischen Linken bald als »Mouvement ouvrier international« – Bewegung des internationalen Arbeiters – übersetzt.[10] Bald bestanden in Paris eine rumänische, eine armenische, eine italienische Sektion, die größte und mitgliederstärkste jedoch wurde die jüdische Sektion, deren Mitglieder aus den unterschiedlichsten Ländern kamen, jedoch alle jiddisch sprachen und sich daher problemlos miteinander verständigen konnten.[11] Die meisten von ihnen waren polnische Juden: 1939 lebten insgesamt 160000 eingewanderte Juden in Frankreich, mehr als die Hälfte stammte aus Polen. Die jüdische Sektion der M.O.I. in Paris gründete einen eigenen Jugendverband, eine jüdische Gewerkschaft, einen Kulturverband, einen Sportclub und eine eigene Sektion der Roten Hilfe. Sie gaben eine Tageszeitung auf Jiddisch heraus, die Naije Presse, die auch von vielen Nichtmitgliedern gelesen wurde.[12] Die Kinder der Immigranten wuchsen in den jüdischen Arbeitervierteln Belleville und Nation und im Marais auf, viele von ihnen waren im Sportclub, viele von ihnen stellten später die Kämpfer/innen der F.T.P.-M.O.I. (F.T.P. – Francs-Tireurs et Partisans – die Organisation des kommunistischen bewaffneten Widerstands).[13]

Als die Kommunistische Partei 1939 verboten wird, löst sich offiziell auch die M.O.I. auf, besteht jedoch im Untergrund weiter. Für ihre Mitglieder ist die Illegalität in gewisser Hinsicht einfacher als für die französischen Kommunisten. Viele Immigrant/inn/en hatten schon die ganze Zeit in Paris ein mehr oder weniger halblegales Leben geführt.[14] Nach dem Einmarsch der Deutschen verlegt sich ein Teil der M.O.I. auf die Organisierung des »zivilen« Widerstands – der Beschaffung von Wohnungen, Versteckmöglichkeiten, falschen Papieren, der Herausgabe von Zeitungen und Flugblättern, etc. Ein anderer Teil bildet sich in der O.S. (Organisation spéciale) für den bewaffneten Kampf aus.[15] Doch in den ersten Monaten der Besatzung dürfen diese gefährdetsten und kampfbereitesten Mitglieder der Bevölkerung nicht, wie *sie* wollen. Die vom Hitler-Stalin-Pakt diktierte Stillhaltepolitik lähmt die Kommunistische Partei Frankreichs und damit auch die M.O.I., obwohl zumindest deren jüdische Aktivisten von vorneherein wußten, was sie von diesem Nichtangriffsbündnis zu halten hatten.[16] Das war wohl die schwerste Zeit, nicht nur für die jüdischen Kommunisten, sondern auch für viele andere Parteimitglieder, die nicht die

Augen vor der Tatsache verschließen konnten, daß ihre Genossinnen und Genossen in Deutschland und in den von den Deutschen besetzten Ländern gejagt und gefoltert wurden, während die Komintern dazu schwieg. Auch die Spanier/innen und die Angehörigen der internationalen Brigaden, die nach der Niederlage der Republik nach Frankreich geflüchtet, dort interniert und wieder aus den Lagern geflohen waren, standen nun mit gebundenen Händen im besetzten Paris und warteten darauf, ihren Kampf gegen den übermächtigen Gegner fortsetzen zu können. Am 8. Mai 1941 gab es das erste Signal: Die »Humanité« titelte mit dem Aufruf: »Franzosen, kämpft für die nationale Befreiung!«[17] Doch schon einen Monat vorher waren die ersten Mitglieder der M.O.I. in den Untergrund gegangen. Als nach dem Einmarsch der Wehrmacht in die Sowjetunion die KPF das Zeichen zum bewaffneten Widerstand gab, war die Immigrantenorganisation bereits vorbereitet. Im August 1941 gehen die Kämpfer/innen in Paris zu bewaffneten Aktionen über: Schienen werden gesprengt, Lokale, in denen deutsche Offiziere verkehren, überfallen, deutsche Militärs erschossen. Im selben Monat noch erläßt die Vichy-Regierung ein Sondergesetz gegen Straftaten mit kommunistischem oder anarchistischem Hintergrund.[18] Im September 1941 erkennt de Gaulle in London die Kommunistische Partei offiziell an, wendet sich aber gleichzeitig über Radio London scharf gegen die Anschläge auf deutsche Offiziere.[19] Die BS, Brigades Spéciales, werden eingerichtet, eine Antiterrorismus-Einheit der französischen Polizei, die nun in Paris zusammen mit SD und Gestapo Jagd auf die Widerstandskämpfer/innen macht. Ende 1941 sind die kleinen und relativ schwach organisierten Gruppen, die den Kampf gegen die Besatzer aufgenommen haben, zerrieben, ihre Mitglieder im Gefängnis oder erschossen.[20]

Im März 1942 reorganisiert die Kommunistische Partei den bewaffneten Widersand in den F.T.P.F., den Francs-Tireurs et Partisans Françaises (Französische Freischärler und Partisanen). Als eigenständige Gruppe der F.T.P.F. formieren sich die F.T.P.-M.O.I., die sich in fünf Kampfgruppen unterteilen. Ihre Mitglieder sind in der Mehrheit Juden, dazu kommen Rumänen, Tschechen, ein paar Deutsche, Italiener, Armenier und Spanier. Viele der jüngeren jüdischen Mitglieder kommen aus dem YASK, dem jüdischen Sportclub, die F.T.P.-M.O.I. selbst nennen sich die »sportifs«.[21] Zu den »Alten«, Leuten wie

Sophie Swarc, die bereits in Polen als Kommunistin im Gefängnis gesessen hatte, oder Yanina Sochaczewska, die ihren Verfolgern in Warschau nur durch die Flucht nach Paris entgehen konnte[22], kamen nun die Jungen, die »zweite Generation«, aufgewachsen in der Armut, aber auch dem Zusammengehörigkeitsgefühl von Vierteln wie Belleville und Nation – die »Generation der Razzien«[23]: Am 16. Juli 1942 hatten die deutschen Besatzer 13000 jüdische Frauen, Männer und Kinder verhaftet, in das Vélodrome d'Hiver gesperrt und dann über die französischen Sammellager in die Lager in Polen transportiert.[24] Die Mädchen und Jungen, die der Razzia entkamen, deren Eltern und Geschwister aber in den Tod gingen, dachten nur noch an eines: Rache!

Die ersten antijüdischen Maßnahmen erließen die Besatzungsbehörden – wie auch zukünftig immer in enger Zusammenarbeit mit der Vichy-Regierung – im Oktober 1940: Alle Juden mußten sich bei der Polizei registrieren lassen. Nur wenige, meist Immigranten aus faschistischen Ländern, folgten dieser Anordnung nicht.[25] Im Frühling 1941 richtete die Kollaborationsregierung das »Commissariat géneral aux juifs« (Generalkommissariat für Juden) ein, das kurz darauf die »Union génerale des Israélites de France« gründete, das französische Pendant zu den Judenräten im besetzten Osteuropa.[26] Im Mai 1941 wurden alle ausländischen Juden aufgefordert, sich mit ihren Familien zu melden. Kleidung und Lebensmittel für mindestens zwei Tage seien mitzubringen. 5000 gehorchten und wurden in die Vernichtungslager verschickt.[27] Als am 20. August 1941 die französische Gendarmerie eine Großrazzia im 11. Arrondissement (Belleville) durchführte, wurden weitere 5000 Juden über Drancy nach Polen deportiert.[28] Im März des folgenden Jahres wurde der Ausschluß der Juden aus dem gesellschaftlichen Leben vervollständigt: Sie durften keine Restaurants, keine Kinos, keine öffentlichen Einrichtungen mehr besuchen, nach 20 Uhr durften sie die Straße nicht mehr betreten. Im Juni 1942 wurde der gelbe Stern eingeführt, einen Monat später fand die Razzia vom Vél d'Hiv statt. Als am 11. November 1942 der Süden Frankreichs besetzt wird, gibt es auch für die Tausende von Flüchtlingen, die in die »unbesetzte Zone« entkommen waren, keine Rettung mehr.[29]

Frauen waren aktive Mitglieder der M.O.I. vom Tag ihrer Gründung an. Vor allem die polnischen Jüdinnen waren bereits aktive Kämpferinnen, als sie nach Paris kamen, und auch unter den Italienerinnen, den Frauen aus den internationalen Brigaden, den Deutschen befanden sich »alte«, erfahrene Antifaschistinnen. Ein Teil der Frauen übernahm nach dem Einmarsch der Deutschen in Paris sofort politische und Versorgungsaufgaben, sie organisierten eine funktionierende Infrastruktur und schafften später gruppenweise jüdische Kinder aus dem Land.[30] Ein anderer Teil der weiblichen M.O.I.-Mitglieder und der nach den Razzien dazugekommenen Mädchen schloß sich den F.T.P. an, dem bewaffneten Arm der M.O.I.

Die französischen Frauen waren zu Beginn des Krieges so gut wie völlig rechtlos. Sie durften nicht wählen, sie konnten sich nicht einmal einen eigenen Paß ausstellen lassen. Um Lohnarbeit anzunehmen, brauchten sie das Einverständnis ihres Ehemannes. 1936 war nur ein Drittel der Französinnen (nach offizieller Statistik) berufstätig.[31] Die Frauen der M.O.I., die meistens gar keine Französinnen waren, standen noch eine Stufe tiefer als die Bürgerinnen der Republik. Sie hatten nicht nur kein Wahlrecht, sondern nicht einmal ein garantiertes Aufenthaltsrecht. Wenn sie außer Haus arbeiteten, dann meistens illegal, in kleinen Schwitzbuden, Hinterhofnähereien, für einen skandalös schlechten Lohn.[32] Doch im Gegensatz zu den »richtigen« Französinnen waren viele von ihnen politisch interessiert oder auch selbst aktiv. Fast alle weiblichen Mitglieder der M.O.I. stammen aus linken Zusammenhängen, die wenigen Frauen, die ohne politische Vorgeschichte zum bewaffneten Widerstand stießen, stellen eine Ausnahme dar.[33] Der Anteil der Frauen an den Résistancekämpfern war beachtlich hoch. Jacques Ravine zählt in seinem Buch »La Résistance organisée des Juifs« unter den 69 Personen, die im Sommer 1943 in Paris als Widerstandskämpfer/innen verhaftet wurden, 41 Frauen.[34] Insgesamt lag der Prozentsatz wohl etwas niedriger. In der Liste gefallener Résistancekämpferinnen, die David Diamant in seinem Buch »Les Juifs dans la Résistance 1940–44« veröffentlicht, finden sich unter 725 Namen 110 von Frauen, das wären 14 Prozent.[35]

Vor dem Erscheinen dieser beiden Bücher in den siebziger Jahren galt die Résistance als rein männliche Angelegenheit. Schon in den Untergrundschriften des Widerstands selbst werden Frauen (mit wenigen Ausnahmen) weder genannt noch angesprochen.[36] In der Geschichtsschreibung nach der Befreiung tauchen Frauen ebenso wenig auf wie die M.O.I. Sie gingen leer aus bei den diversen Ordens- und Ehrenverleihungen – neben zahlreichen Männern wurden nur sechs Frauen zum »Ritter der Befreiung« geschlagen.[37] Erst 1975 auf dem Kolloquium der Union des femmes françaises an der Sorbonne meldeten sich Historikerinnen und Zeitzeuginnen erstmals öffentlich vor einem größeren Publikum zum Thema Frauen in der Résistance zu Wort.[38] Drei Jahre später erschien das Buch von Ania Francos mit dem programmatischen Titel »Il était des femmes dans la Résistance« – Es gab Frauen in der Résistance.[39]

Die Kampfgruppen der M.O.I. in Paris organisierten einen eigenen Frauentrupp, der für Waffen- und Bombentransporte zuständig war und auch die Ausspähung der Angriffsobjekte übernahm. Jede Gruppe hatte einen weiblichen Kurier, der Informationen und Anweisungen aus dem Hauptquartier an die Aktivisten weiterleitete, Treffen arrangierte, Nachrichten überbrachte. Seit dem September 1942 existierte sogar eine eigene, ausschließlich aus Frauen bestehende Partisaninnen-Einheit der M.O.I., die Sabotageakte und Anschläge durchführte.[40] Abraham Lissner berichtet in seinem Tagebuch eines jüdischen Partisanen, daß zwei Frauen aus dieser Gruppe direkt vor einer Aktion verhaftet wurden, als sie mit Sprengstoff beladen aus der Métro-Station Porte d'Orléans kamen. Ihre Namen überliefert er leider nicht. Die Dritte im Bunde, Hania Mansfeld, »Hélène Kro« genannt, wurde später zu Hause festgenommen. Während ihre Häscher die Wohnung durchsuchten, sprang sie aus dem Fenster und war sofort tot. Ihre beiden Genossinnen wurden deportiert, sie kehrten nie zurück.[41]

Als am 15. November 1942 ein Kommando der F.T.P.-M.O.I. die deutschen Militärbaracken in der Rue Vaugirard überfiel, waren auch zwei Frauen dabei, die zuvor die Bomben für diese Aktion transportiert hatten. Als am 3. Februar 1943 sechs M.O.I.-Partisan/inn/en eine Flakstellung und die deutschen Militärbaracken in der Nähe des Quai de Passy angriffen, waren es wieder die Frauen der Gruppe gewesen, die Waffen und Sprengstoff herbeigeschafft hatten. Das Depot der Einheit war sechs Kilometer vom Ort des Geschehens entfernt, die Frauen hatten das Material die ganze Strecke zu Fuß geschleppt[42]: eine fast unvermeidbare Vorsichtsmaßnahme, denn die öffentlichen Verkehrsmittel wurden ständig kontrolliert; zwei »harmlose« junge Frauen mit schweren Einkaufstaschen hatten eher eine Chance, unbehelligt zu bleiben.

Die meisten Aktivistinnen der M.O.I. waren einfache Militante, deren Namen nicht überliefert sind. Oft wußten selbst die Mitglieder einer Gruppe nicht, wie ihre Kamerad/inn/en hießen, man sprach sich mit dem Decknamen, dem *nom de guerre*, an, Konspirativität war das höchste Gebot. Je weniger jemand wußte, desto weniger konnten die Folterer aus ihr/ihm herauspressen. Einige wenige Frauen sind bekannt: Olga Bancic zum Beispiel, Kämpferin der F.T.P.-M.O.I. in Paris, an ihrem 32. Geburtstag, am 10. Mai 1944, in Stuttgart enthauptet. Oder Annette Richtiger, genannt »Anka«. Sie hatte ihre Eltern verloren, die in ein Vernichtungslager deportiert worden waren, und wenig später fiel ihr Mann und Mitkämpfer, Jean, im Kampf gegen die Deutschen. Sie selbst hielt fast bis zum Ende durch. Im Juni 1944 transportierte sie ein Maschinengewehr ihrer Einheit, eine seltene Kostbarkeit, denn die M.O.I. verfügte nie über genügend Waffen, schon gar nicht über so schwere. Als »Anka« am Bahnhof von Douai ankam, geriet sie in einen Bombenangriff und mußte sich sofort entscheiden: mit den anderen aus dem Bahnhofsgelände flüchten – oder bei dem wertvollen Gerät aushalten. Annette Richtiger blieb und starb so, 24 Jahre alt, im Luftangriff der Alliierten.[43]

Unter den Kämpferinnen in Südfrankreich machte sich Rywka Frid einen Namen; Rywka Frid, 1923 in Tuszin, Polen, geboren, verheiratete Grynvogel, alias Gisèle Mermet, alias Odette, alias Rosine. Im Dezember 1942 hatte sie sich in Lyon der Résistance angeschlossen, als Kurierin zuerst Dokumente und Informationen, dann Waffen und Sprengstoff transportiert, bis sie im Mai 1943 nach Grenoble entsandt wurde mit dem Auftrag, dort an der Gründung einer bewaffneten Widerstandsgruppe mitzuarbeiten. Im Juli wurde sie Emmissärin des interregionalen Hauptquartiers der M.O.I. in Marseille. Ihre Aufgabe bestand nun darin, die Verbindung zwischen den einzelnen Einheiten und dem Hauptquartier aufrechtzuerhalten und das aus den Depots der italienischen Besatzer in Grenoble gestohlene Material an die Kommandos der Region Alpes Maritimes zu verteilen.[44] Rywka nahm auch selbst an einzelnen Anschlägen teil, ihre spektakulärste Aktion war die Sprengung des Offizierskasinos in Nizza, zusammen mit Alfred Woznik, »Max« genannt. »Max« verkleidete sich als Wehrmachtsoffizier, »Odette« als vornehme Dame. So betraten sie den hell erleuchteten Salon des Kasinos und setzten sich an einen der

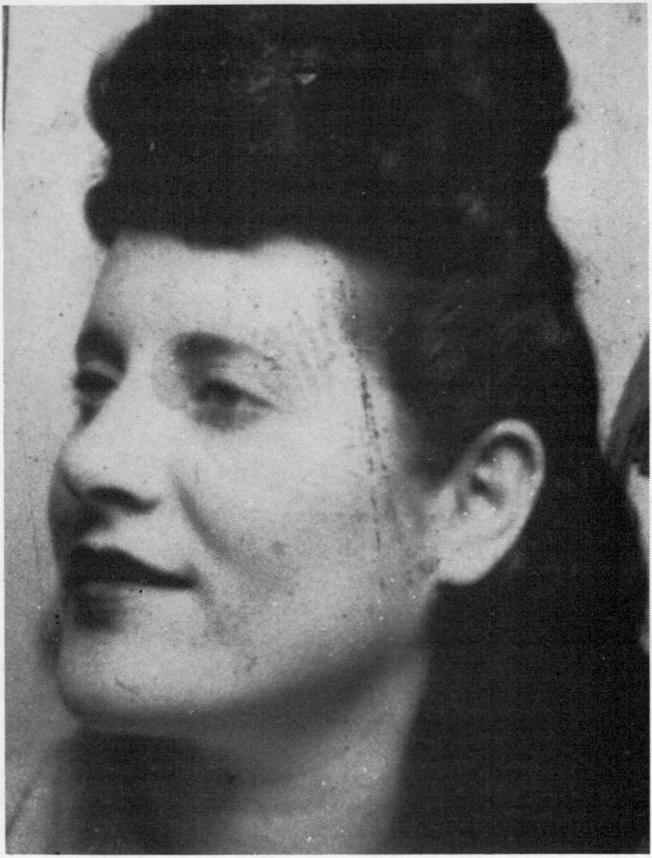

Rosine Grynvogel Frid

kleinen Marmortische. »Max« schlürfte gelangweilt seinen Kaffee, während seine Begleiterin sich in die neuesten Modejournale vertiefte. Ihre Handtasche hatte sie auf den leeren Stuhl neben sich gelegt – um sie beim Verlassen des Saales unauffällig »vergessen« zu können. Als sich das Lokal gefüllt hatte, schlenderte das elegante Paar gelassen zum Ausgang. Wenig später explodierte die Bombe.[45]

Als sich Rywka nach der Befreiung von Marseille, an der sie aktiv teilgenommen hatte, schließlich im September 1944 nach Paris in das »Zivilleben« zurückzog, stand sie völlig alleine da. Ihre gesamte Familie und ihr Mann waren in den Vernichtungslagern ermordet worden, ihr Bruder war den Deutschen als Kämpfer der M.O.I. in die Hände gefallen. Sie hatte als einzige überlebt.[46]

Auch unter den Technikern der F.T.P.-M.O.I. gab es Frauen. Boria und Hadassa Lerner, Jüdinnen aus Bessarabien, bauten in einer Absteige im Pariser Quartier Latin Bomben für die Résistance. Beide wurden verhaftet, von Hadassas weiterem Schicksal ist nichts bekannt, Boria wurde vermutlich am 1. Oktober 1943 hingerichtet.[47] Taibké Klescelski, die in Saint-Remy-les-Chevreuse Handgranaten, Minen und Bomben fabrizierte, sprengte sich selbst in die Luft, als sie einen ihr unbekannten Sprengstoff zur Überprüfung in das Labor des Untergrunds bringen wollte.[48]

Einige Frauen stiegen bis in die politische (seltener in die militärische) Leitung der M.O.I. auf. Paulette Rappaport-Gruda zum Beispiel, die schon in Polen politisch aktiv gewesen war, übernahm die Stelle Adam Rayskis in der Führung der U.J.R.E. (Union des Juifs pour la Résistance et l'entraide) in der Zone Süd, als Rayski sich zurückziehen mußte, weil er bereits zu bekannt war. Mina Puterflam trat im Sommer 1943 in die Leitung der M.O.I., Zone Süd, ein, der auch die italienische Kommunistin Estella Noce-Longo angehörte. Thérèse Tenenbaum war politisch verantwortlich für die östlichen Departements. Als Wolf Boczow, der Kommandant einer der wichtigsten Pariser Kampfgruppen der M.O.I., von der Polizei gestellt wurde, nahm seine Frau Henriette Towarsky seinen Platz ein, bis auch sie verhaftet und deportiert wurde.[49] Annie Kriegel war im Herbst 1942 Leitungsmitglied der U.J.J. (Union des Jeunesses Juives), der Jugendorganisation der M.O.I., später nahm sie im Führungstrio ihrer Kampfgruppe die Position des technischen Verantwortlichen ein. Catherine Varlin schließlich war 1943 Mitglied des Führungstrios der 35. Brigade der F.T.P.-M.O.I. in Toulouse und wurde dann in die Leitung der gesamten F.T.P. der Region Meuse gewählt.[50]

Einer Frau wird allerdings auch der Verrat der Pariser Kampfgruppen der M.O.I. zugeschrieben. Nach der Zerschlagung der ersten kleineren Einheiten und der Gründung der

F.T.P unternahmen die M.O.I.-Aktivist/inn/en immer mehr und immer gewagtere Aktionen. Im März 1943 folgte der Gegenschlag: 24 Kämpfer/innen wurden fast gleichzeitig verhaftet. Doch die Gruppen machten weiter. In seinem »Tagebuch eines jüdischen Partisanen« berichtet Abraham Lissner über die Periode von April bis Mai 1943: »Das waren vermutlich unsere aktivsten zwei Monate. Das Untergrund-Bulletin las sich wie ein Frontbericht: Vier hochrangige deutsche Offiziere erschossen. 16 deutsche Militärtrupps in verschiedenen Teilen von Paris mit Handgranaten angegriffen. Fünf Garagen angezündet. Neun Hotels zerstört. Alles zusammen 34 Sabotageaktionen, von denen 15 von den jüdischen Partisanen durchgeführt wurden.«[51]

Als im Juni und Juli 1943 alle Verantwortlichen und viele Militante verhaftet werden, sind die F.T.P.-M.O.I. gezwungen, sich neu zu organisieren. Sie ahnen bereits, daß es einen oder mehrere Verräter geben muß, machen aber nicht nur weiter, sondern intensivieren ihren Kampf noch. Sie bilden eine Gruppe unter der Führung von Wolf Boczow, die sich auf Entgleisungen von Truppenzügen spezialisiert, und eine zweite Einheit unter der Führung von Marcel Rayman und Manouchian, die Attentate und Anschläge in der Stadt durchführt.[52] Am 28. Juli 1943 zerreißt eine Bombe das Auto von General von Schaumburg, dem Kommandanten von Groß-Paris; am 28. September erschießen Angehörige der M.O.I. Dr. Julius von Ritter, den Verantwortlichen für die Rekrutierung der französischen Zwangsarbeiter.[53] 1943 ist auch aus anderen Gründen ein bedeutendes Jahr für die Kämpfer/innen der M.O.I.: Die Rote Armee hat die Schlacht um Stalingrad gewonnen, und die Untergrundpresse berichtet über den Aufstand im Warschauer Ghetto – für die jüdischen Aktivist/inn/en Ermutigung, Anfeuerung und Verpflichtung zugleich.

Im November starten die BS (Brigades spéciales) ihre Großoffensive. Seit Monaten bereits hatten die französische Antiterroreinheit und die Gestapo die M.O.I.-Mitglieder beschattet und Stück für Stück den Faden ihres Netzes aufgerollt. Mit der Hilfe von Verrätern (konkret verdächtigt werden heute von den Überlebenden ein Mann und eine Frau)[54] gelang es ihnen, die Strukturen der Organisation zu durchleuchten, die Observation einzelner Mitglieder führte sie zu anderen, bis sie fast die gesamten F.T.P.-M.O.I. in der Hand hatten. Dann, am 13. November, schlugen sie zu. Und stellten befriedigt fest, daß sich unter den Verhafteten »58 Juden diverser Nationalitäten, 29 Ausländer und 21 arische Franzosen« befanden.[55] Ein gefundenes Fressen für die Besatzer: Diese Terroristen waren fast alle jüdisches und anderes ausländisches Pack.

Der Propaganda-Apparat rotierte: Nun mußte den Franzosen bewiesen werden, wer ihnen die Scherereien mit den Vergeltungsmaßnahmen einbrachte, wer schuld am harten Zugriff der sonst doch ganz verträglichen und zivilisierten Besatzungsmacht war. In Millionenauflage wurde das berühmte Rote Plakat gedruckt, das Affiche Rouge, und im ganzen Land angeschlagen.[56] »Befreier?« prangte oben in Balkenschrift und ganz unten die Antwort auf diese rhetorische Frage: »Befreiung von der Armee der Terroristen.« Dazwischen die Fotos der zehn Männer, die sie als »Topterroristen« einstuften – sieben der zehn waren Juden. Unter den Fotos der – nach dem rassistischen Verständnis der Verfolger »entlarvende« – Text der Steckbriefe: Grzywacz, polnischer Jude; Elek, ungarischer Jude; Wasjprod, polnischer Jude; Witchitz, ungarischer Jude; Fingerweig, polnischer Jude; Boczow, ungarischer Jude; Rayman, polnischer Jude; Fontanot, italienischer Kommunist; Alfonso, roter Spanier; Manouchian, Armenier, chef de bande.

1985 zeigte das französische Fernsehen den Film »Des terroristes à la retraite« (Die Terroristen im Ruhestand), der mit Hilfe überlebender M.O.I.-Kämpfer/inn/en gedreht wurde und eine wütende Debatte auslöste – und damit zum Bekanntwerden der bis dahin systematisch verschwiegenen M.O.I. beitrug. Die »Affaire des Affiche Rouge« beschäftigte die Presse und ehemaligen Résistancekämpfer/innen gleichermaßen. Mosco, der Regisseur des Films, äußert darin nämlich den Verdacht, die Kommunistische Partei hätte ihre aktivsten, aber eben nicht »richtig« französischen Kader den Deutschen ans Messer geliefert. Einige ehemalige M.O.I.-Mitglieder bestätigten diesen Verdacht, andere widersprachen vehement. Die Kommunistische Partei intervenierte beim französischen Fernsehen, um die Aufführung des Films zu verhindern (vergeblich). Tatsache ist, daß die M.O.I.-Kämpfer/innen schon lange Zeit vor den letzten großen Verhaftungen wußten, daß ihnen die Verfolger auf der Spur und sie selbst hochgradig gefährdet waren. Adam Rayski, der die These Moscos zurückweist, berichtet, daß die M.O.I. die Parteiführung im Mai 1943 gebeten hatte, sich eine Zeitlang zurückziehen zu dürfen. Die Antwort war: Nein. »Kommunistische Kader sind nicht dazu da, sich zu schonen.« Rayski: »Als disziplinierte Kommunisten haben wir uns gefügt.«[57] Er sagt aber auch in seiner Erwiderung auf einen Artikel von Stéphane Courtois in »Le Monde«, die M.O.I. hätte sich gar nicht zurückziehen können, die jüdischen Viertel von Paris waren ihr Milieu, ihre gewohnte und vertraute Umgebung, »unser natürliches Aktionsterrain«.[58] Außerdem sei es unverzichtbar für die Résistance gewesen, in Paris, der Hauptstadt, präsent zu bleiben.

Tatsache ist auch, daß die »Humanité« der Hinrichtung der 23 M.O.I.-Kämpfer der sogenannten (von den Deutschen so genannten) Gruppe Manouchian am 11. Februar 1944 nur 15 kurze Zeilen widmete. Und vom März 1943 bis zum Februar 1951 wurde die Gruppe mit gar keinem Wort mehr erwähnt.[59] Auch später tauchte sie, wenn überhaupt, nur marginal auf, der einzige Name der genannt wurde, war der Manouchians.

Bereits 1942 war Jean Moulin im Auftrag de Gaulles nach Frankreich gekommen, um die verschiedenen Résistance-Bewegungen in der nichtbesetzten Zone zu vereinheitlichen und gleichzeitig die Strukturen für den CNR, den nationalen Widerstandsrat, aufzubauen. De Gaulles strategisches Konzept lag nicht in direkten Aktionen, sondern darin, auf den Tag X, auf die Invasion der Alliierten, hinzuarbeiten.[60] Die Kommunistische Partei setzte zu Anfang eindeutig auf den sofortigen bewaffneten Widerstand, einigte sich aber im Laufe der Verhandlungen – auf Weisung aus Moskau – mit de Gaulle und setzte schließlich im November 1943, als die bewaffnete M.O.I. in Paris zerschlagen wurde, ihre Beteiligung an de Gaulles Regierung in Algier durch.[61] Der Partei wurde somit gleich von zwei Seiten eine streng nationalistische Linie nahegelegt, von den westlichen Alliierten über Vermittlung de Gaulles und von der Komintern beziehungsweise nach deren Auflösung im Mai 1943 von der sowjetischen Parteileitung. Ihre aktivsten Kader aber waren in den Augen der KPF und ihrer Verbündeten als Vorzeigepatrioten nicht geeignet. Trugen sie doch Namen wie Bancic und Grzywacz, waren von ihrem Selbstverständnis her Internationalisten und standen zu allem Überfluß noch im Ruf des »Attentatismus«. Der Verdacht, die Kommunistische Partei wollte diese unbequemen Kader loswerden, kann zumindest nachvollzogen werden.

Dina und Henri Krischer und »Jacquot« Szmulewicz, Aktivisten der M.O.I. in Lyon, selbst von bitteren Erfahrungen mit der Partei und ihrer Politik des Verschweigens geprägt, weisen den Verdacht dennoch zurück. Ein bewußtes Fallenlassen oder gar Ausliefern der M.O.I. an die Deutschen durch die kommunistische Führung scheint ihnen undenkbar.[62] Die Zeiten waren ja nicht so, daß irgend jemand etwas in Ruhe hätte überlegen können, sagen auch andere Ehemalige. Die Kämpfer/innen waren schlecht ausgerüstet, sogar die falschen Papiere waren zum Teil katastrophal, die Regeln der Konspirativität haben den Informationsfluß oft behindert, es gibt hundert Gründe für die Zerschlagung der Pariser F.T.P.-M.O.I., ohne daß man gleich das Schlimmste annehmen müsse.[63] – Eine eindeutige Antwort auf diese Frage, die »historische Wahrheit« wird wohl nie gefunden werden.

2

Die Zerschlagung der F.T.P.-M.O.I. in Paris bedeutete allerdings nicht das Ende der Organisation und ihres Kampfes. Der Widerstand wurde im Süden fortgesetzt, wo sich spätestens nach dem Einmarsch der Deutschen in die bis dahin unbesetzte Zone bewaffnete Einheiten der M.O.I. gebildet hatten: Carmagnole in Lyon, Marat in Marseille, Borzeck in Nizza, die 35. Brigade in Toulouse und schließlich Liberté in Grenoble.[64] Daß der Kampf dieser Gruppen, vor allem von Carmagnole und Liberté, nicht gänzlich und endgültig dem Vergessen- und Verschwiegenwerden verfiel, ist in erster Linie Dina und Henri Krischer und Herbert Herz zu verdanken. Die Krischers, die in Nancy leben, bauten mit Hilfe von Herbert Herz in Genf in mühsamer Kleinarbeit ein Archiv auf, in dem sie die Aktivitäten von Carmagnole und Liberté inzwischen fast lückenlos dokumentieren können. Sie geben Broschüren zur Geschichte der Gruppe heraus, bemühen sich um Ausstellungen und darum, daß wenigstens hier und dort eine Gedenkplakette an diejenigen erinnert, die im Kampf gegen die Besatzer und Endlöser gefallen sind.

In Dina Krischers Arbeitszimmer in ihrer Wohnung in Nancy hängt ein Judenstern an der Wand. Es ist der Judenstern, den sie sich auf den Mantel nähen mußte, als sie Schülerin am Lycée von Niort war. Zusammen mit anderen Schülerinnen gründete sie eine Selbstverteidigungsgruppe, doch ihre Eltern zogen es vor, in die – noch unbesetzte – Zone nach Lyon zu flüchten. Als auch in Lyon die Deutschen einmarschierten, zogen sich Dinas Eltern mit den Kindern in ein Versteck zurück. Nicht viel später wechselte Dina in eine andere Art von Illegalität über: Sie wurde Mitglied des bewaffneten Widerstands, der Gruppe Carmagnole.[65] Und sie war bei weitem nicht die einzige: 26 Frauen waren in der Lyoneser Carmagnole aktiv.[66]

Vor dem Krieg lebten relativ wenige Juden in Lyon: 3000 bis 4000 in der Stadt selbst, 2000 im Vorort Villeurbanne, 150 bis 200 in Saint-Fons. Die meisten von ihnen waren alteingesessene und assimilierte Elsässer und Lothringer, die aus patriotischen Gründen ihre Heimat verlassen hatten, die im Krieg von 1870 von den Deutschen annektiert worden war. Ein neuer Zustrom elsässischer Juden folgte, als das neue, das »Dritte« Deutsche Reich sich erneut das Elsaß einverleibte, dazu kamen mehrere tausend Familien aus dem besetzten Teil Frankreichs. 1942 zählte das Große Rabbinat 70000 Juden im Großraum von Lyon.[67] Und schon 1941 existierte in der Stadt eine kommunistische jüdische Gruppe aus »alten« Militanten der M.O.I., die aus Paris gekommen waren.

Der erste Kern der späteren Carmagnole organisierte sich im Juni 1942 unter dem Kommando des Verantwortlichen der M.O.I. für die Zone Süd. Alle bewaffnet kämpfenden M.O.I.-Gruppen in der Region waren zu F.T.P. der M.O.I. zusammengefaßt worden und standen unter dem Befehl des Oberkommandos der F.T.P.F. (Francs Tireurs et Partisans Françaises), der Kampforganisation der Kommunistischen Partei. Jede Kommandozentrale (überregional und regional) stand unter der Leitung eines Führungstrios, bestehend aus einem militärisch, einem technisch und einem politisch Verantwortlichen. Die Kämpfer/innen waren in Mannschaften (drei Personen), Gruppen (drei Mannschaften) und Abteilungen (drei Gruppen), Kompanien und Bataillonen organisiert. Kurz nach dem Einmarsch der Deutschen, im November 1942, etabliert sich Carmagnole als die kämpfende Einheit der F.T.P.-M.O.I. in Lyon. Anfang 1943 setzt sich ein Teil der Gruppe (vor allem Mitglieder, die »verbrannt«, also von den Deutschen identifiziert worden waren) nach Grenoble ab, wo sie die Einheit Liberté gründen.[68] Der Zusammenhalt der beiden Gruppen bleibt bis zuletzt sehr eng, Informationen, Logistik und Kader

Mina Kugler während des Krieges

werden solidarisch geteilt und ausgetauscht.[69] In beiden Gruppen ist der Anteil der jüdischen Kämpfer/innen sehr hoch, bei Carmagnole beträgt er 65 Prozent.[70] Die anderen Mitglieder sind Italiener/innen, ehemalige Interbrigadist/inn/en aus dem spanischen Bürgerkrieg (unter ihnen auch die beiden Frauen Mina Kugler und Hélène Jacquinot) und Spanier/innen.

Ein guter Teil der Carmagnole-Mitglieder kommt aus Paris, es sind die Jungen, die »Generation der Razzien«, die zum Teil in Paris selbst noch nicht mit Waffen gekämpft, aber bereits Flugblätter und illegale Zeitschriften verteilt, ihre Lehre als Illegale absolviert hatten. Eine Ausnahme unter der Mehrheit der proletarischen Mitglieder bilden die transsylvanischen Juden, die auf der Hochschule für Chemie in Lyon (beziehungsweise auf der Technischen Hochschule in Grenoble) studierten.[71] Dazu kamen noch die polnisch-jüdischen Arbeiter in den Bergwerken von St.-Pierre-la-Palud in der Nähe der Stadt, die zwar nicht Mitglieder von Carmagnole waren, die Gruppe aber mit gestohlenem Sprengstoff versorgten.[72]

Dina Krischer und Jeanine Sontag, die aus bürgerlichen Familien stammen, sind von ihrer Herkunft her eher untypisch für die Gruppe. Henri Krischers Eltern kommen aus Galizien (dem von k.u.k. Österreich annektierten Teil Polens). Sie wanderten nach Dortmund aus, wo Henri geboren wurde. Der Vater arbeitete als Kohlenschlepper. Als er an Tuberkulose starb, schloß sich Henris Mutter einer Gruppe polnischer Juden an, die vor dem Militärdienst geflohen waren, und landete schließlich in Nancy.

Hier wächst Henri auf, als Ausgestoßener: Er gehört zur verachteten Gruppe der Stetljuden, der Polacken. Seine Mutter ist Schneiderin, der Mann, den sie inzwischen geheiratet hat und der an Henri die Vaterstelle vertritt, verdient sich sein Geld, indem er Zementsäcke schleppt. Die jüdische Bevölkerung von Nancy ist, ähnlich wie die von Lyon, alteingesessen, assimiliert und distanziert sich naserümpfend von den zugewanderten Ostjuden. Doch die schaffen sich inzwischen ihre eigene Welt. Henris Mutter freundet sich mit einer Frau an, die nicht nur klug und politisch informiert ist, sondern auch emanzipiert. Sie diskutiert mit ihrer Freundin über den Faschismus, die braune Gefahr, die aus Deutschland droht, über die Rechte der Frauen. Henri hört zu und lernt. Seine Mutter lernt Jiddisch lesen und schreiben (Jiddisch wird in hebräischer Schrift geschrieben), schließlich wird sie Präsidentin der Union des femmes juives (Verband der jüdischen Frauen) von Nancy. Henri wird Mitglied im jüdischen Sportclub. Die Mutter schickt ihren kleinen Prinzen, den einzigen Sohn, auf das Gymnasium, wo er gründlich und am eigenen Leib erfährt, was Klassenunterschiede sind. Er ist das einzige Arbeiterkind, und die anderen lassen ihn das hemmungslos spüren. Um so wichtiger wird die Welt des Sportclubs, in dem bald genauso politisiert wird wie zu

Hause und aus dem sich später eine Menge »sportifs« dem bewaffneten Widerstand anschließen. Henri Krischer landet bei Carmagnole in Lyon.[73]

Carmagnole war in Gruppen von acht Mitgliedern organisiert, jede geführt von einem Trio von Verantwortlichen (militärisch, technisch und politisch). Die gesamte Einheit zählte an die 30 bis 35 Kämpferinnen und Kämpfer, mehr als 40 waren es nie. Sie lebten in völliger Illegalität, in konspirativen Wohnungen, von der Partei mit falschen Papieren und (zu wenig) Geld versorgt. Waffen, Lebensmittelkarten, ja sogar Zigaretten mußten sie sich durch Überfälle organisieren. Sie mußten ihre Familien verlassen und durften ihnen weder sagen, wo sie nun wohnten, geschweige denn, was sie nun taten. Diese Regel traf viele von ihnen am härtesten. Der emotionale Zusammenhang vor allem der jüdischen Familien war sehr eng, man hatte sich gegen Armut, Verachtung, Verfolgung gegenseitig unterstützt, sich aneinander festgehalten, die Kinder liebten ihre Eltern und fühlten sich schon als Jugendliche für das Schicksal ihrer Familien mitverantwortlich.[74] Als Dina Lipka (später verheiratete Krischer) feststellte, daß ihren Eltern langsam das Geld ausging, war sie erst 17 Jahre alt. Sie erzählte den Eltern, sie hätte Arbeit und eine Wohnung gefunden. Deshalb wolle sie nun ausziehen und den anderen keine Last mehr sein. In Wirklichkeit hatte sie weder das eine noch das andere.[75]

Die logistische Ausrüstung der Kämpfer/innen in der ersten Zeit von Carmagnole war schlecht bis katastrophal. Sie hatten nicht genügend Waffen, nicht genügend Wohnungen und zum Teil Papiere, die keinem genaueren Blick standhalten konnten. Viele von ihnen starben, als sie versuchten, sich Waffen zu beschaffen.[76] Im Gegensatz zu den anderen Widerstandsgruppen im Süden wurden die Partisan/inn/en der M.O.I. von den britischen Alliierten weder mit Material noch mit Informationen unterstützt.[77]

Trotzdem machen sie sich sofort an die Arbeit. Am 10. November 1942, einen Tag vor dem Einmarsch der Deutschen in die Stadt, sabotieren sie die Stellwerke der Straßenbahnen. Am 11. November, als die Wehrmacht einrollt, werfen sie eine Handgranate auf eine deutsche Wagenkolonne, allerdings ohne Erfolg.[78] Nach der endgültigen Konstituierung der Gruppe beginnt der pausenlose Kampf von Carmagnole gegen die Besatzungsmacht. Anfangs ein- bis zweimal pro Woche, später in Abständen von zwei, drei Tagen schlagen die Partisan/inn/en von Lyon zu, in den letzten Monaten sogar mehrmals täglich.

Am 10. Februar 1943 geht ein deutscher Fuhrpark in Flammen auf. Am 25. Februar fliegt eine weitere Garage der Deutschen in die Luft. Am 27. Februar landet eine Bombe mitten in einer Truppenabteilung der Wehrmacht. Am 5. März werden um 0.30 Uhr zwei Transformatoren zerstört, zweieinhalb Stunden später ist ein weiterer außer Betrieb gesetzt. Es folgen Bomben in Fabriken, die für die Besatzungsmacht arbeiten, Feuer in Benzinlagern der Wehrmacht, gelockerte Schienen, auf denen Truppenzüge entgleisen, bewaffnete Überfälle auf Cafés, in denen deutsche Offiziere verkehren. Den 25. April 1943 beginnen die Kämpfer/innen von Carmagnole um 7.25 Uhr mit einer Bombe auf eine Garage, die für die Deutschen arbeitet, um 21.55 Uhr greifen sie das Hotel Masséna an: Zwei Tote und sieben Verletzte sind das Ergebnis. Die Besatzer reagieren mit der Verhängung einer Ausgangssperre ab 21 Uhr, der Schließung von Kinos und Theatern, dem Verbot sportlicher Veranstaltungen. Unbeeindruckt begeht Carmagnole fünf Tage später auf ihre Art den 1. Mai.

Am 18. Mai verkündet die Préfecture von Lyon: Eine anonyme Stiftung Lyoneser Bürger setzt einen Preis in Höhe von 100 000 Francs aus für Hinweise, die zur Festnahme der Urheber des Attentats vom 25. April führen. Drei Tage darauf greift Carmagnole deutsche Offiziere im Café Morel an. Zwischen ihren Aktionen gegen das Schienennetz und ihren Anschlägen in der Stadt müssen die Aktivist/inn/en auch immer wieder Überfälle auf Geldtransporter und Behörden riskieren: Sie brauchen Geld, Lebensmittelkarten und Formulare für falsche Papiere. Sie überfallen deutsche Soldaten, um ihnen ihre Waffen abzunehmen. Am Morgen des 20. Juli 1943 können die fieberhaft gesuchten »Terroristinnen« und »Terroristen« auf den Anschlägen der Préfecture lesen, daß die Ausgangssperre inzwischen auf 20 Uhr vorverlegt wurde und das auf sie ausgesetzte Kopfgeld von 100 000 Francs noch immer zur Verfügung steht. Wenige Stunden später, um 11.15 Uhr, greifen sie eine Gruppe deutscher Soldaten an. Bald darauf müssen sie sich selbst gegen eine Attacke der Deutschen wehren, können sich aber unverletzt zurückziehen.

Am 24. Oktober kämpfen sie am hellichten Nachmittag auf offener Straße gegen eine Gestapo-Einheit, die drei ihrer Kameraden verhaftet hat. Zwei Gestapo-Offiziere werden dabei getötet, die Kämpfer/innen erobern eine Maschinenpistole und eine Pistole. Am 8. November 1943 überfällt ein Kommando von Carmagnole eine Fabrik, die technische Anlagen für drahtlose Telegraphie und Rundfunksender herstellt. Der Sachschaden ist enorm. Am selben Abend noch greifen die Partisan/inn/en das von den Besatzern frequentierte Kino Royal und eine Offiziersmesse an: ein Dutzend Tote, darunter drei hohe Offiziere. Allein im November 1943 führen die Gruppen von Carmagnole 16 Anschläge durch.

Am 28. Januar 1944 verteilen Aktivist/inn/en auf offener Straße Brotbezugsscheine und Flugblätter an die Bevölkerung. Anzahl und Effektivität der Aktionen intensivieren sich 1944 immer mehr. Zwei, drei Anschläge pro Trag werden zur Regel. Nach der Landung der Alliierten in der Provence, am 15. August 1944, sammeln die Frauen und Männer von Carmagnole noch einmal alle Kräfte – die Befreiung ist in Sicht, sie muß mit allen Mitteln beschleunigt werden. Die Widerstandskämpfer/innen der M.O.I. warten nicht auf das Eintreffen der Alliierten, sie haben die Sache schon längst selber in die Hand genommen, aber nun, mit vereinten Kräften, wird das Ziel greifbar. Carmagnole führt jetzt den offenen Kampf in der Stadt, verteilt Lebensmittelkarten auf den Märkten, erschießt Verräter, blockiert pausenlos das Schienensystem, jagt einen Rüstungsbetrieb nach dem anderen in die Luft. Im Juli exekutieren Carmagnole-Kommandos fünf Gestapo-Agenten. Selbst erbarmungslos gejagt, geben sie ihr Letztes, um den Feind aus dem Land zu jagen.

Als sie von der Befreiung von Paris durch die Résistance erfahren, beschließen sie, auch Lyon muß eine befreite Stadt sein, noch bevor die Alliierten endlich einmarschieren. Nach der Landung der Alliierten in der Provence gründete Carmagnole, die bisher ausschließlich als Stadtguerilla operierte, einen Maquis, das heißt eine Basis auf dem Land, in die sich »verbrannte« oder verletzte Kämpferinnen und Kämpfer zurückziehen konnten und die auch von sich aus Aktionen durchführen sollte. Auch in diesem Maquis von La Croix du Ban gab es übrigens mindestens fünf weibliche Kombattanten. Diese Rückzugsmöglichkeit bot nun die Gelegenheit, eine Gefangenenbefreiungsaktion zu planen.

Am 24. August versammeln sich 40 Aktivist/inn/en, um eine

größere Aktion durchzuführen. Sie stoßen mit einem Trupp Deutscher zusammen, es kommt zur offenen Schlacht, in der mehrere Deutsche getötet werden, aber fast alle Kämpfer/innen flüchten können. Der Rückzug von Carmagnole gerät zum Triumphmarsch nach Villeurbanne. Als sie in den – proletarischen – Vorort von Lyon einziehen, applaudieren die Bewohnerinnen und Bewohner aus den Fenstern, stürmen auf die Straße und schließen sich den Partisanen an. Sie sperren die Straße ab, errichten Barrikaden, besetzen das Rathaus, entwaffnen die Polizei. Villeurbanne hat sich erhoben. Die Deutschen lassen nicht lange auf sich warten, es folgen tagelange Gefechte. Nun geht es Schlag auf Schlag. Am 25. August besetzt die Carmagnole-Einheit im Maquis La Croix du Ban Craponne. Drei Kompanien von Carmagnole, verstärkt durch andere Gruppen, marschieren in Venissieux, Montplaisir und Montchat ein und errichten Barrikaden. Am 28. August besetzt der Maquis von Carmagnole Ste.-Consorce. Am 31. August kontrollieren Patrouillen der F.T.P.F. die Route Nationale. Und am 2. September schließlich, nachdem viele ihrer Mitglieder in diesen letzten Schlachten um die Befreiung gefallen sind, erobern die Kämpferinnen und Kämpfer von Carmagnole, zusammen mit anderen Gruppen der kommunistischen Résistance, Einheiten der gaullistischen FFI (Forces Françaises Interieures) und amerikanischen Truppen Lyon.

Jeanine Sontag erlebt die Befreiung nicht. Sie wurde am 20. August 1944 in Saint-Genis-Laval von einem deutschen Hinrichtungskommando erschossen.[79] Jeanine Sontag war 1925 in der Schweiz geboren worden, ihre Eltern, wohlhabende polnische Juden, etablierten sich in Straßburg. Jeanine wächst als behütete Tochter »aus gutem Hause« auf, verwöhnt von der Mutter, vergöttert vom Vater. Daß sie Jüdin ist, wird ihr erst bewußt, als die Deutschen Straßburg besetzen. Ihre Eltern fliehen in die unbesetzte Zone, Jeanine besucht das Lycée, studiert dann Jura. Diese junge Frau ohne jede politische Vergangenheit, die nie die Erniedrigungen und den Hunger der Immigranten erfahren hat, aus deren Familie (noch) niemand deportiert worden war, bricht plötzlich mit ihrem bisherigen Leben und schließt sich der Résistance an. Als Bürgerliche wendet sie sich zuerst an den gaullistischen Untergrund. Sie arbeitet in einer Aufklärungseinheit, sie arbeitet als Kurierin, transportiert und verteilt Zeitschriften und Flugblätter. Doch das ist ihr zu wenig.

Jeanine Sontag, einige Wochen vor ihrem Tod

Jeanine will mehr. Im Frühling 1944 nimmt die 19jährige Kontakt zu Carmagnole auf. Und sie macht sofort klar, was sie sich vorstellt: Sie will »richtig« kämpfen, mit der Waffe in der Hand.

Wie alle Bewerber/innen muß sie zuerst einen Lebenslauf schreiben. Und der wird ihr beinahe zum Verhängnis. Henri Krischer erinnert sich: »Sie hat geschrieben, daß sie bei den Gaullisten war. Da haben ein paar dumme Stalinisten bei uns

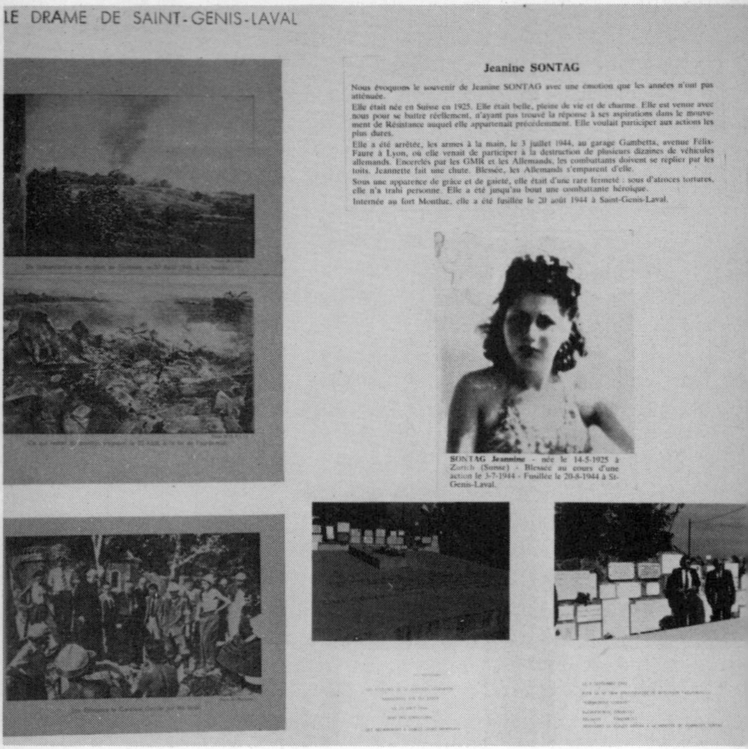

gesagt, das ist eine Spionin, die will nur herausfinden, was wir machen. Man hat sogar darüber diskutiert, sie zu erschießen. Ein italienischer Genosse hat sie schließlich gerettet, indem er gesagt hat: Sie ist Jüdin. Damit hatte sich die Sache erledigt.« – Nicht vollkommen allerdings, denn einige Kameraden konnten ihr Mißtrauen nicht ganz aufgeben. Jeanine war ihnen zu bürgerlich, sie kleidete sich gerne elegant, diskutierte leidenschaftlich über Literatur und machte sich wohl auch ab und an über die straffe Disziplin ein wenig lustig. Man nannte sie leichtsinnig, unfähig zur Konspirativität, ein Risiko für die gesamte Gruppe. Andere, wie Henri Krischer, liebten Jeanine wegen genau dieser Eigenschaften: »Sie war gebildet, man konnte mit ihr über

Bildtafel, die an Jeanine Sontag und an das Massaker von Saint Genis-Laval erinnert

Literatur und all diese Dinge sprechen. Das war bei uns selten. Wir unterhielten uns über Politik, ja, über verschiedene Theorien. Aber über einen Rimbaud – das gab es nicht oft.« Jeanine war ausgesprochen charmant, fügt Henri Krischer hinzu, fröhlich – und eine ausgezeichnete Kämpferin.

Als Jeanine, die sich nun Jeannette nennt, zu Carmagnole kommt, befindet sich die Einheit in ihrer intensivsten und gefährlichsten Kampfperiode. Jeannette ist dabei, wenn Depots ausgeraubt werden, und sie schleppt wie alle anderen in ihrem Rucksack 25 Kilogramm Sprengstoff zurück in die Stadt. Sie ist dabei, wenn eine »Patrouille« gebildet wird, um deutsche Offiziere zu erschießen, wenn es darum geht, Betriebe zu sprengen oder Truppenzüge zum Entgleisen zu bringen. Sie bewährt sich als mutige, belastungsfähige und durchaus disziplinierte Genossin.

Am Mittag des 3. Juli 1944 dringt Jeannettes Gruppe in die Garage Gambetta ein, ausgerüstet mit Spreng- und Brennmaterial. Die Arbeiter sind in der Mittagspause, aber die Kämpfer/innen haben übersehen, daß der Besitzer der Garage noch in seinem Büro sitzt. Er ruft die Polizei an, das Gebäude wird von einer Spezialeinheit umzingelt, den Widerständlern bleibt nur eines: über ein schmales Brett auf das nächste Dach zu klettern. Die Männer, erzählt Henri Krischer, trugen Lederschuhe, die sie in den Materiallagern des Arbeitsdienstes gestohlen hatten. Die Frauen der Carmagnole aber mußten sich aufgrund des permanenten Geldmangels mit groben Holzschuhen begnügen. Henri Krischer: »Jeannette hatte sich mit diesen Schuhen die ganzen Füße verwundet, sie hatte überall große Abszesse.« Sie rutscht aus und stürzt ab. Ein Genosse will ihr noch helfen, aber sie hat sich am Bein verletzt und kann nicht aufstehen. Sie gibt ihm ihren Revolver und sagt: »Haut ab!« Die anderen können entkommen, Jeannette wird von der Gestapo, die inzwischen von der französischen Spezialeinheit herbeigerufen worden war, festgenommen. Henri Krischer ist heute noch verzweifelt über diese Geschichte, obwohl er selbst daran nicht beteiligt war. »Aber was hätten sie machen können?« verteidigt er seine Kameraden: »Wir konnten uns mit einer Verletzten nirgends verstecken, die Franzosen hätten uns doch nicht in ihre Häuser gelassen, da hätte niemand zwei Widerstandskämpfer nach so einer Aktion aufgenommen und bei sich versteckt. Wenn ein Kamerad bei ihr zurückgeblieben wäre, dann hätten nur die Deutschen einen Gefangenen mehr gemacht.«

17 Tage lang wird Jeanine Sontag im Gefängnis Montluc von der Gestapo gefoltert. Sie brennen ihr Zigaretten in die Brüste. Sie verbrühen ihre Beine, bis sie nicht mehr gehen kann. Sie lassen sie sechs Tage ohne Essen und geben ihr nur Schmutzwasser zu trinken. Sie schlagen sie immer wieder bis zur Bewußtlosigkeit. Jeanine verrät kein Wort. Am 20. August schließlich, elf Tage vor der Befreiung, wird sie zur Erschießung in einen Steinbruch geschleppt.

Mafalda Motta, Simone genannt, war bei der Befreiung von Lyon dabei. Simone stammte aus einer antifaschistischen italienischen Arbeiterfamilie, die sich in Grenoble niedergelassen hatte. Alle, von der Mutter bis zum jüngsten Bruder, waren im Widerstand aktiv. »Simone war auf politischem wie auf sportlichem Gebiet außergewöhnlich«, erzählt Henri Krischer: »Sie war Radrennfahrerin, und das war damals sensationell für eine Frau.« 1939 ließ sich Simone in Albertville nieder, allein, arbeitete als Büglerin und in der Kommunistischen Partei. Nach dem Einmarsch der Deutschen ist sie von der ersten Stunde an im aktiven Widerstand. Zuerst verteilt sie Flugblätter und Zeitungen, aber schon bald transportiert sie brisantere Sachen: Sprengstoff, den sie aus den Minen von La Mure zu den Gruppen bringt, die im Dauphiné und in Savoyen operieren. Anfang 1943 taucht sie endgültig ab, entscheidet sich für ein Leben als »Vollzeit«-Kämpferin.[80] Als sie sich im selben Jahr noch Liberté in Grenoble und dann Carmagnole in Lyon anschließt, ist sie 30 Jahre alt, eine erfahrene Aktivistin. Sie beteiligt sich an allen Anschlägen und Überfällen der Einheit und kommandiert schließlich eine der drei Gruppen von Carmagnole.

»Sie war durch und durch Kommunistin«, sagte Henri Krischer, »aber sie hat nie politisiert, sie war eine Kämpferin, eine Aktivistin. Und«, fügte er hinzu, »sie hat sich verhalten wie ein Mann.«[81] Nicht nur im Kampf, überhaupt. Simone, stellt sich

Nach der Befreiung im September 1944: Simone, Jacqueline und Silvie stehen in der Mitte der Gruppe

schließlich heraus, liebte Frauen. »Wir haben das zumindest angenommen«, erklärt Henri Krischer, und Dina stimmt ihm zu. »Aber«, sagte sie, »das hat keine Rolle gespielt, unser Privatleben hat überhaupt keine Rolle gespielt.«[82] Dina hat viele Aktionen zusammen mit ihrer Freundin Jacqueline und mit Simone durchgeführt, sie fühlte sich wohl, wenn sie mit den beiden Frauen arbeiten konnte. Und Simone, die von allen übereinstimmend als burschikos beschrieben wird, war durchaus fähig, sich als adrettes junges Mädchen zu geben, wenn es die Situation erforderte. Hand in Hand stand sie mit einem Kameraden vor einem Fabriktor und becircte den Pförtner, sie einzulassen – sie und ihr Mann seien auf Arbeitssuche. Kaum war das Tor geöffnet, zog das verliebte junge Paar seine Pistolen und stürmte zusammen mit den Genoss/inn/en, die sich im Hintergrund verborgen gehalten hatten, die Fabrik.[83]

Während des Aufstands von Villeurbanne hält Simone die angreifenden Deutschen mit Handgranaten in Schach. Als bei der Befreiung von Pusignan ihr Kommandant schwer verwundet wird, übernimmt sie seinen Posten. Bei der Befreiung von Lyon steht sie an der Spitze eines eigenen Bataillons und tritt anschließend in die reguläre Armee ein – im Rang eines Leutnants.[84]

Auch bei Liberté in Grenoble kämpften neben Simone Motta noch andere Frauen. Die Liste der M. O. I.-Partisanen von Grenoble führt unter 38 Aktiven zehn Frauen auf.[85] Eine von ihnen war Nelly Waysmann (Villevieille). Sie stammte aus einer polnisch-jüdischen Arbeiterfamilie, trat als junges Mädchen in die kommunistische Jugend ein und landete so schließlich Anfang 1944 bei den Widerstandskämpfern von Liberté. Zuerst, erinnert sich Herbert Herz, arbeitete sie als Kurierin, transportierte Waffen und Sprengstoff. Dann lernte sie selbst, Bomben zu fabrizieren. Von nun an saß sie Tag und Nacht im Waffendepot der Gruppe und konnte sich oft lange Zeit nicht hinauswagen: Der Sprengstoff hatte sich in ihren Haaren und Kleidern festgesetzt, »und das«, so Herbert Herz, »stank ganz entsetzlich und hätte sie sofort verraten«.[86]

Liberté war die einzige bewaffnete Widerstandsgruppe in Grenoble.[87] Ihre Aktionen standen an Intensität und Effektivität denen von Carmagnole nicht nach. Am 1. Mai 1943 eröffnete Liberté – Grenoble stand noch unter italienischer Besatzung – den Kampf mit einem Anschlag auf die Eisenbahnlinie

Simone Motta in den fünfziger Jahren, als sie beim Militär war

Grenoble – Chambery. Im September 1943 wurde Grenoble, nach dem Abzug der Italiener, von den Deutschen besetzt. Bereits am 5. September sorgte Liberté für großes Aufsehen, als eines ihrer Kommandos eine Fabrik sprengte, die Lastwagen für die Organisation TODT produzierte – und einen Sachschaden von 15 Millionen Francs herbeiführte. Die Zerstörung von Stahlwerken wurde dann zu einer Spezialität von Liberté, doch

Nelly Waysmann-Villevielle

auch Fahrzeugparks, Barackenlager, Cafés und Hotels, in denen Deutsche verkehrten, zählten zu ihren Angriffsobjekten. Am 19. August 1944 startete Liberté den letzten Kampf um die Befreiung. Er begann mit der Besetzung der Post, der Rundfunkstation und des Bahnhofs von Grenoble und endete am 4. September 1944 mit einem blutigen Zusammenstoß mit abziehenden deutschen Truppen, der Liberté die letzten Todesopfer kostete.

3

Als die Familie Lipka in Lyon ankam, hatte sie bereits eine Odyssee hinter sich, die sie von Rußland und Polen nach Deutschland, weiter in den Norden Frankreichs, von dort in den Westen und schließlich in den Süden führte. Diese Odyssee begann mit der Flucht vor dem Antisemitismus im zaristischen Rußland und endete in einem Versteck im besetzten Lyon und in der Angst, entdeckt und in ein Lager in Polen deportiert zu werden.[88]

»Meine Großmutter war eine Frau mit einem guten Kopf«, erzählt Dina Krischer stolz. Die Mutter ihrer Mutter, die sich als Witwe mit einer Schar kleiner Kinder zur Hoflieferantin der Armee (im russischen Teil Polens) hochgearbeitet hatte, war eine Frau, die wußte, was sie wollte. Sie wollte zum Beispiel nicht, daß ihr künftiger Schwiegersohn, der ohnhin angeschlagen von seiner Typhuserkrankung war, den jahrelangen Militärdienst ableistete, zu dem Juden im Zarenreich zwangsverpflichtet waren. Sie kaufte ihn frei, und weil sie wußte, daß es für Juden keine Sicherheit gab, daß für sie Verträge und Quittungen letztlich keine Gültigkit hatten, schickte sie das junge Paar außer Landes. Dinas Eltern landeten in Koblenz, der Vater baute eine Bank auf, die ersten Kinder, ein Sohn und eine Tochter, wurden geboren. Doch dann kam ein Bruder des Vaters aus Amerika und beschwor die junge Familie auszuwandern. Er warnte vor der Inflation, mißtraute den Deutschen, und es gelang ihm, Dinas Vater zu überreden. Allerdings waren die Auswanderungsquoten für Amerika schon voll, die Familie Lipka sollte also zuerst nach Frankreich gehen, dort die Papiere beantragen und sich über diesen Umweg schließlich in das gelobte Land einschiffen. Man ging nach Sedan, nahe der belgischen Grenze, lebte vom Ersparten und wartete auf die Auswanderungspapiere. Das Geld schwand, die Papiere kamen und kamen nicht, Dinas Vater beschloß, in Frankreich zu bleiben. Das war 1925, im Jahr, als Dina geboren wurde.

Ihr Vater arbeitete in der Schwerindustrie, schuftete und sparte und konnte schließlich eine eigene Metallwarenfirma gründen. »Es ging uns gut«, sagt Dina, »wir waren relativ wohlhabend.« Die Lipkas werden naturalisiert, sind jetzt Franzosen, Amerika ist in weite Ferne gerückt. Ein Teil der Familie kommt aus Polen und der Sowjetunion nach. Dina wird von ihrer Großmutter mütterlicherseits großgezogen, denn ihre Mutter arbeitet im Geschäft. Die Großmutter spricht mit den Kindern jiddisch, der Vater russisch, die Mutter polnisch, und nebenbei lernen Dina und ihre Geschwister auch noch Deutsch. Nur Französisch kann Dina nicht, als sie mit sechs Jahren in die Vorschule kommt. Als sich die Schulleiterin darüber wundert, beruhigt sie Dinas Vater: »Geben Sie ihr drei Monate, dann spricht sie besser französisch als Sie.«

Dina hätte die Landessprache leicht auf der Straße, im Spiel mit anderen Kindern, lernen können. Aber das kam für sie nicht in Frage: »Mein Vater war da sehr streng. Wir Mädchen durften nicht aus dem Haus. Ich wurde sogar zur Schule hingebracht und wieder abgeholt.« Dinas Eltern sind religiös und gleichzeitig offen. Dina Krischer: »Unser Leben hatte zwei Gesichter. Wir aßen koscher, hielten den Sabbat ein, feierten die Feiertage, aber wir lebten sehr modern.« Derselbe Vater, der seine kleinen Töchter im Haus hält, sie zwingt, um sechs Uhr morgens aufzustehen, damit sie ihr Zimmer noch aufräumen können, bevor sie zur Schule gehen, erklärt ihnen gleichzeitig: »Selbständigkeit ist für eine Frau das Wichtigste. Ihr müßt einen guten Beruf haben, damit ihr nie von jemandem abhängig seid.« Es ist selbstverständlich, daß die Mädchen das Lycée besuchen und dann studieren werden. Ebenso selbstverständlich ist es aber auch, daß sie im Haushalt arbeiten, der Mutter helfen und die religiösen Vorschriften einhalten. Jeden Donnerstag kommt der Hebräischlehrer ins Haus.

Dina will Archäologin werden: »Wir hatten am Lycée einen Lehrer, der hatte eine wahre Leidenschaft für die Antike. Und er hat uns das so begeistert vermittelt, daß ich mir nichts anderes mehr vorstellen konnte.« Doch das war bereits in Niort. In diese kleine Stadt nördlich von Bordeaux war die Bevölkerung von Sedan, und mit ihr auch die Familie Lipka, nach Ausbruch des Krieges evakuiert worden. In Niort erlebt Dina den Einmarsch der Deutschen, in Niort wird sie gezwungen, sich den gelben Stern an die Kleidung zu nähen. In Niort erlebt sie die ersten Razzien und gründet mit ein paar jüdischen Schulkameradinnen eine Selbstverteidungsgruppe am Lycée. Die Eltern schmieden neue Auswanderungspläne, beschließen dann aber, nach Lyon zu gehen, in die – noch unbesetzte – Zone, wo man Verwandte hat. Doch die Deutschen folgen den Lipkas auf dem Fuß. Wenige Monate nach ihrer Flucht in den Süden marschiert die Wehrmacht in Lyon ein. Nach allem, was die Familie bereits unter deutscher Besatzung erlebt hat, hält es Dinas Vater nun für besser, unterzutauchen. Er meldet die Kinder in ihren Schulen ab, besorgt ein Versteck und kauft falsche Papiere für alle. Eine Schwester von Dinas Mutter, Tante Marie, nur ein paar Jahre älter als Dina, wird mit den kleineren Kindern und den Kindern der bereits deportierten Familienmitglieder auf das Land geschickt. Es gelingt ihr später, alle Kinder zu retten, sie selbst wird nach Auschwitz verschleppt. Dina Krischer: »Sie war sehr hübsch, jung, etwa 24 Jahre alt. Man hat sie für das Bordell selektiert. Sie mußte das dort zweieinhalb Jahre mitmachen. Als Auschwitz befreit wurde, hat sie sich umgebracht.«

Die Lipkas nennen sich nun Charpentier. Die 17jährige Dina leidet unter ihrem neuen Leben, sie vermißt die Schule, zu Hause kann sie nur der Mutter helfen und lesen: »Wir haben viel gelesen in dieser Zeit. Und diskutiert. Über Politik und darüber, daß man einen Weg in den Widerstand finden müßte.« Aber das ist schwierig für die jungen Lipkas. Sie gehören keiner politischen Gruppe an und haben daher auch keine Verbindungen. Trotzdem sind vor allem Dina und ihr älterer Bruder fest entschlossen: »Wir wollten gegen die Besatzer kämpfen, gegen die Kollaborateure, wir wollten etwas tun, wir mußten etwas tun. Es mußte einfach einen Weg geben.« Der Bruder findet ihn zuerst – sagt aber seiner Schwester kein Wort. Er zieht einfach von zu Hause aus und ist dann verschwunden. Später findet Dina heraus, daß er sich einer jüdischen Organisation angeschlossen hat, den Groupes de combat juifs, die unabhängig agierten, aber der KPF nahestanden.

Dina beobachtet nun, wie das Geld langsam schwindet. Ihre Mutter hat bereits ihren gesamten Schmuck verkauft, das Leben in der Illegalität ist teuer. Allein schon die falschen Papiere haben eine große Summe verschlungen. Dina beschließt, sich selbständig zu machen, den Eltern nicht länger auf der Tasche zu liegen – und, vielleicht, hoffentlich, doch noch einen der verschlungenen Pfade zu entdecken, die in den Untergrund führen: »Ich wußte ja, daß es diese Leute gab. Sie wurden gesucht, man hatte wegen ihrer Aktionen die Ausgangssperre verhängt, ganz Lyon wußte, da gab es Leute, die kämpften.« Dina erzählt ihren Eltern, sie hätte Arbeit und eine Wohnung gefunden. In Wirklichkeit weiß sie nicht einmal, wo sie die Nacht verbringen soll. Der Vater gibt ihr Geld mit, sie packt einen Koffer, geht:

»Da gab es ein Museum mit einem Garten. Dort wollte ich mich verstecken und die erste Nacht schlafen.« Sie setzt sich auf eine Parkbank, um den Abend abzuwarten. Auf einer anderen Bank sitzt eine junge Frau. Sie bemerkt Dina nicht, denn sie weint. Dina spricht sie an, auch in der Hoffnung, sie wüßte vielleicht eine Möglichkeit zu übernachten. »Ich sah ja, daß sie Jüdin war.«

Die junge Frau heißt Lydia, ihre Eltern waren soeben abgeholt worden. Sie selbst war den Deutschen entgangen, weil sie gerade beim Bäcker war, um Brot zu holen. Sie hatten die Wohnung versiegelt, und Lydia wußte nun nicht wohin. Dina schlägt vor, in die Wohnung zu gehen, denn: »Heute nacht kommen sie bestimmt nicht wieder.« Am nächsten Morgen machen sie sich auf Wohnungssuche und finden ein winziges Zimmer, ohne Bad und Toilette, ohne warmes Wasser, aber eben ein Zimmer. Eines, das sie sich gerade noch leisten können. Irgendwann geht ihnen das Geld endgültig aus. Sie hungern. Lydia erinnert sich an irgendwelche Verwandten auf dem Land und beschließt, hinzufahren und sie um Lebensmittel und Geld zu bitten.

»An diesem Tag«, erzählt Dina, »lag ich auf meinem Bett und dachte nach. Und da hörte ich plötzlich Musik. Ich war überzeugt, die konnte nur von oben kommen.« Oben, das heißt eine Etage über ihr, wohnten nämlich seltsame Leute, das hatte Dina schon herausgefunden. Sie hatten ein noch schlechteres Zimmer als sie selbst, ihr einziges Fenster ging auf das Treppenhaus. Sie waren jung, und man konnte nicht feststellen, wer da nun eigentlich wohnte und wer nicht. Und. »Diese Leute waren Juden. Das wußte ich auf jeden Fall.« Dina beschließt hinaufzugehen, vielleicht gaben sie ihr ein wenig zu essen.

Ein paar junge Männer und eine Frau drängeln sich in dem engen Raum und diskutieren. Als Dina eintritt, herrscht plötzlich Totenstille. Einer von ihnen, der sieht, daß das Mädchen hungrig ist, bietet ihr an, sich von den Lebensmitteln zu bedienen. Dina nimmt sich ein wenig, aber anstatt nun zu gehen, bleibt sie mitten im Zimmer stehen und sieht sich um. Dina: »Da war so eine Atmosphäre...« Die anderen sehen nicht gerade erfreut aus über diesen ungebetenen Gast. Aber Dina ist sich ihrer Sache nun sicher. Sie sagt: »Hört mal, wenn ihr im Widerstand seid, dann laßt mich mitmachen. Ich suche verzweifelt Leute wie euch.« Die so Angesprochenen halten den Atem an. Jacquot Szmulewicz, dem das Zimmer gehört, stammelt:

»Aber nein, aber nein, um Himmels willen!« Darauf Dina: »Jetzt fang bloß nicht an, mir Geschichten zu erzählen.«

Jacquot Szmulewicz sagte mir später: »Mir bricht heute noch der kalte Schweiß aus, wenn ich an diese Geschichte denke!« Allein schon, daß sie alle auf einem Haufen in einer konspirativen Wohnung zusammensaßen und Lärm machten, verstieß gegen alle Gesetze der Konspiration. Daß sie dann aber auch noch von einer Nachbarin »enttarnt« wurden, das war eine Katastrophe. Nur eines milderte den Schreck ein wenig: Diese Nachbarin war Jüdin. Eine Jüdin mit französischem Namen und ohne Judenstern. Das bedeutete, daß sie illegal lebte.

Irgendwie schafft es Dina, Jacquot und die anderen zu überzeugen. Sie wird aufgefordert, einen ausführlichen Lebenslauf zu schreiben, und schließlich in den Maquis geschickt. Dina lernt dort schießen, die Grundregeln der Konspirativität und erfährt von den verschiedenen Möglichkeiten, die sie als Aktivistin wählen kann, von Kurierdiensten bis zur Observation. Für Dina gibt es aber nur eine Möglichkeit: »Ich habe ihnen erklärt, ich will mich schlagen wie ein Mann.« Ihre Ausbilder sind einverstanden, die »Neue« wird zurück in die Stadt geschickt, und von da an, bis zur Stunde der Befreiung, stürzt sie sich von einer Aktion in die andere.

Sie bekommt neue Papiere, nennt sich Sylvie und sucht sich ein anderes Zimmer. Als ihre Eltern erfahren, daß sie sich dem Widerstand angeschlossen hat, sucht ihre Mutter sie in der neuen Wohnung auf und fleht sie an zurückzukommen. Sie weint, ist verzweifelt vor Angst. Dina erklärt ihr, warum sie so und nicht anders handelt, daß sie seit Jahren nach diesem Weg gesucht hat und nun nicht mehr zurück kann und auch nicht mehr zurück will. Dina: »Sie hat es schließlich eingesehen. Sie war nicht böse auf mich, sie hatte nur Angst. Schließlich ist sie gegangen und hat mir zum Abschied gesagt: ›Ich will nur eines, dich lebendig wiedersehen.‹« Dina muß nun erneut die Adresse wechseln, trifft aber weiterhin ab und zu heimlich ihre Mutter.

Das Leben in der Illegalität des Widerstands ist hart. Dina erzählt: »Du bist also von einer Nachtaktion zurückgekommen, morgens, nach Aufhebung der Ausgangssperre. Dann hast du schnell deine Sachen gewaschen, hast dich zwei, maximal drei Stunden hingelegt. Mittags ging es zum täglichen Treffen. Wir haben uns immer mittags getroffen, zum einen, weil da die Arbeiter aus den Fabriken kamen und wir in der Menschenmenge

Dina Krischer / Silvie im Alter von 19 Jahren

nicht auffielen, zum anderen, damit wir wenigstens ein bißchen schlafen konnten. Pünktlichkeit war das höchste Gebot. Du bist um zwölf Uhr gekommen, nicht eine Minute nach zwölf Uhr. Dann ging es zur Waffen- oder Materialverteilung, und anschließend bist du mit deiner Gruppe losgezogen, um die nächste Aktion zu machen.«

Da bleibt nicht einmal Zeit für Einsamkeit. Zwar dürfen sich die Mitglieder der einzelnen Gruppen nie privat treffen (was sie aber doch immer wieder tun), jede und jeder muß ganz alleine leben, solange er nicht an einer Aktion teilnimmt, aber dieses

Jacqueline Bloch Schynckmann bei der Befreiung

Alleineleben beschränkt sich auf die paar kärglichen Stunden Schlaf pro Tag: »Wir waren ja ständig unterwegs.« Sie haben auch keine Zeit, in Geschäften Schlange zu stehen. Daher verwenden sie die Lebensmittelmarken, die sie bei Überfällen organisiert haben, als eine Art Bestechungsgelder. Sie geben dem Bäcker, dem Fleischer mehr Marken als nötig, dafür müssen sie nicht anstehen. Zwischen den eigentlichen Aktionen überfallen sie Verteilungsämter, Geldtransporter und notfalls auch einmal einen Tabakladen. Die eroberte Beute geht an die Zentrale, die sie dann wieder an die einzelnen Gruppen weitergibt. Daß sie etwas für sich behalten könnten, das fällt ihnen nicht einmal im Traum ein. Der Effekt ist: »Wir hatten ständig Hunger. Manchmal haben wir von nichts anderem geredet als vom Essen.« Einmal im Monat fährt Dina, wie auch die anderen, in den Maquis, um sich ein wenig zu erholen, um richtig zu essen und auszuschlafen. Diese »Urlaube« dauern exakt 24 Stunden, keine Minute länger.

Dina gehört zur Gruppe, die von Jacquot kommandiert wird, und freundet sich mit Jacqueline, einer Mitkämpferin, an. »Wir haben uns sehr geliebt«, erzählt sie, »Jacqueline war eine wunderbare Frau und eine hervorragende Kämpferin. Wir waren wirklich dicke Freundinnen und haben uns immer sehr gefreut, wenn wir eine Aktion zusammen machen konnten.« Gelegentlich ziehen die Frauen auch zu dritt los: Dina Lipka, Jacqueline Bloch und Simone Motta.

Dina erzählt von einer typischen »Heldentat« Jacquelines: Es war eine von vielen Nachtaktionen. Es ging darum, einen ganzen Schienenweg an mehreren Stellen zu blockieren, daher war die Gruppe ungewöhnlich zahlreich. Wie immer fuhren sie allein oder zu zweit mit der Straßenbahn bis zur Endhaltestelle und gingen dann zu Fuß weiter, bis sie das Stadtgebiet verlassen hatten. Das mußte stets vor 20 Uhr sein, denn dann begann die von den Besatzern – aufgrund der Aktivitäten von Carmagnole – verhängte Ausgangssperre. Im Wald wartete die Gruppe ab, bis es dunkel war, und lief dann die zehn, fünfzehn Kilometer bis zum Ort des Geschehens. Dort teilten sie sich auf: Die ersten hielten ein Stück weiter vorne Wache, die zweiten ein Stück weiter hinten, die dritten lockerten die Gleise mit den eigens dafür angefertigten Schraubenschlüsseln. Dinas Aufgabe war es, ständig von einer Gruppe zur anderen zu gehen und zu berichten, ob etwas passierte beziehungsweise ob die Luft noch immer rein war.

In dieser Nacht fallen plötzlich Schüsse: Deutsche! Dina: »Im Grunde war es komisch. Die Deutschen hatten sich vor uns genauso erschreckt wie wir uns vor ihnen, und in der Angst sprangen wir beide in denselben Graben.« Jacqueline wirft eine Handgranate, und im darauffolgenden Schußwechsel gibt es Verwundete auf beiden Seiten. Jacqueline trifft eine Kugel im Schenkel, doch anstatt aufzugeben, läuft sie 15 Kilometer weit zu Fuß, um die Genossen zu verständigen, die am Stadtrand auf den Ausgang der Aktion warten. Sie stehlen sofort einen Lastwagen und fahren zurück, um die anderen zu holen. Jacqueline mit ihrer Kugel im Schenkel ist wieder dabei, denn nur sie weiß, wo genau die Kameraden zu finden sind. Die Rettungsaktion klappt, und als sie auf dem Weg in die Stadt sind, begegnen ihnen deutsche Lastwagen, die auch nach den Verwundeten suchen. Dina: »Das war wieder ein ordentlicher Schrecken, aber wir haben begonnen, fröhlich zu singen, so als wären wir Wandervögel auf einem Ausflug. Erst als alles vorbei war und alle in Sicherheit waren, kümmerte sich Jacqueline um ihre Verletzung.«

Dina und Jacqueline nehmen auch an den gefährlichsten Aktionen teil, den sogenannten Patrouillen: »Wir waren acht Leute. Zwei vorne, zwei hinten und dazwischen je zwei auf jeder Straßenseite. Wenn dann der deutsche Offizier kam, mußten die beiden, auf deren Seite er ging, ihn erschießen und seine Waffen an sich nehmen.« Henri Krischer sagt, daß das für ihn die schlimmste Arbeit war, daß er immer insgeheim gebetet hat: Komm bloß nicht auf meine Seite!: »Es war wie ein Alptraum.« Dina nickt, schränkt aber für sich ein: »Natürlich habe ich Angst gehabt. Wir alle hatten Angst, immer. Aber das Schießen selbst... Mein Ziel war, so viele wie möglich von ihnen abzuknallen, damit so wenige wie möglich übrigbleiben. Ich habe sie gehaßt. Ich war erfüllt von Haß auf die Deutschen, und noch mehr habe ich die Kollaborateure gehaßt.« Vierzig Jahre nach Ende des Krieges sagte Dina auf einem Kongreß über den jüdischen Widerstand in Frankreich: »Ich habe meine Ehre als jüdische Frau verteidigt und die unseren gerächt.«

Wenn sie auch nicht ahnen kann, in welchem Ausmaß die Deutschen die Judenvernichtung betrieben, daß sie, wie Henri sagt, »eine Industrie daraus gemacht haben«, weiß sie doch, daß ihre Verwandten in Polen und in der Sowjetunion verloren sind, daß all die, die aus Frankreich deportiert wurden, nicht lebend zurückkommen werden. Dina kämpft in erster Linie als Jüdin. Sie ist nicht zur M. O. I. gekommen, weil sie sich einer kommunistischen Organisation anschließen wollte, sondern »weil ich gesehen habe, das ist eine Bewegung, die wirklich kämpft, die es ernst meint«. Der Partei gegenüber ist und bleibt sie reserviert: »Der Klassenkampf, ja, das hat mir eingeleuchtet. Damit bin ich vollkommen einverstanden. Aber ich bin nicht der Typ, der gehorchen kann, ich kann mich nicht einer Parteilinie unterwerfen und ja und amen sagen zu etwas, das ich

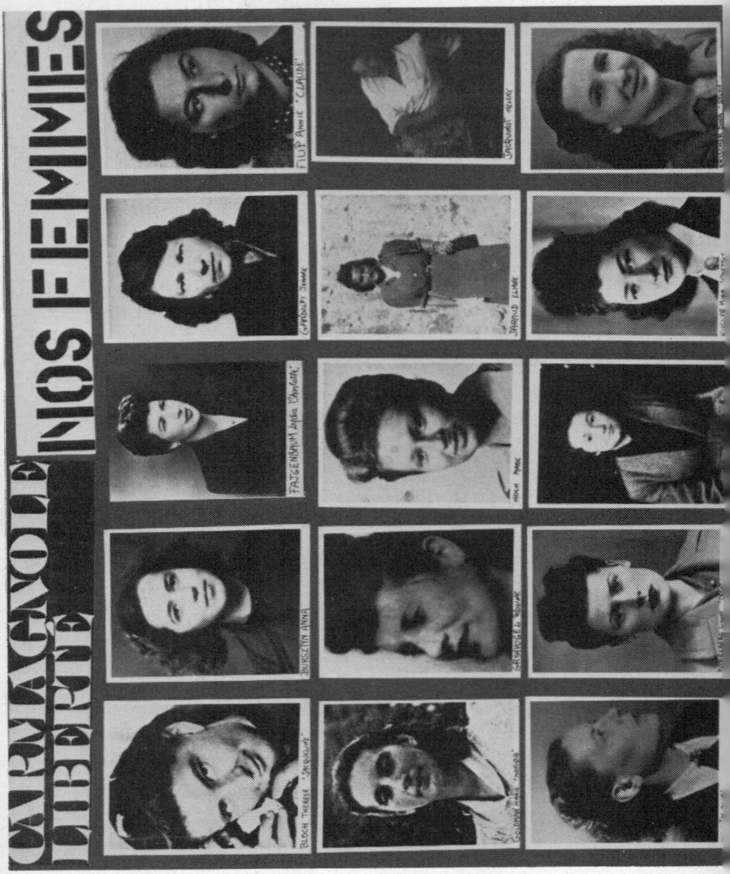

CARMAGNOLE
LIBERTÉ
NOS FEMMES

Die Bildtafel zeigt die Frauen der Gruppe

falsch finde. Es gab so viele Jasager, die alles geschluckt haben, nur weil sie ihren Posten in der Partei nicht verlieren wollten oder weil sie zu feige waren, Kritik zu äußern. Eine politische Bewegung ist aber doch da, um für ein Ziel zu kämpfen, für ein Ideal, und nicht damit sich einzelne ein Pöstchen einrichten. Ich hatte große und reine Ideale, und dafür hätte ich mein Leben gegeben. Aber ich konnte meinen Mund nicht halten, ich konnte mich nicht fügen. Das paßt einfach nicht zu meinem Charakter. Jeder Mensch muß selbst wissen, was er tut, und das verantworten können. Weil es seine eigene Überzeugung ist und nicht, weil es ihm die Partei vorschreibt.«

Dina kämpft bis zuletzt, bis Lyon befreit ist. Dann werden alle Mitglieder der bewaffneten Einheiten der regulären Armee eingegliedert, Dina im Rang eines Unteroffiziers: »Wir kamen in eine Kaserne. Man schlug uns vor, nach Indochina zu gehen, wir Frauen sollten uns dafür freiwillig als Sanitäter melden.« Dina denkt gar nicht daran, sie läßt sich demobilisieren. Ihre Eltern haben in ihrem Versteck überlebt, Dina zieht wieder zu ihnen und sucht sich Arbeit. Sie findet schnell eine gute Stelle in einer Import-Export-Firma, aber: Der Vater beschließt, nach Sedan zurückzugehen, und daß Dina mitkommt, gilt als selbstverständlich. Nach all den Monaten der Selbständigkeit, der höchsten Verantwortlichkeit, nach einem Leben als illegale Widerstandskämpferin wird aus einer Kriegerin wieder eine Tochter. Ein gehorsame Tochter, auch wenn sie nicht glücklich dabei ist.

Das Leben nach der Befreiung, im erbittert erkämpften Frieden, bedeutet für Dina Lipka harte Arbeit und vollkommene Isolation. Die Eltern bauen ihr Geschäft wieder auf, Dina arbeitet bis zu 14 Stunden am Tag in der Firma. Von ihren Kameradinnen und Kameraden ist sie meilenweit entfernt, und in Sedan gibt es niemanden, mit dem sie über ihre Erfahrungen, über die jüngste Vergangenheit sprechen kann. Es gab zwar auch in Sedan Widerstand, erzählt Dina, »aber das war kein Vergleich zu dem, was die M. O. I. gemacht hat. Es war vielleicht ein bißchen stolz von mir, aber unsere Aktionen, unser Kampf, das war einmalig, unvergleichbar. Also habe ich lieber gar nicht darüber gesprochen.« Nach dem offiziellen Kriegsende im Mai 1945 beginnt das Warten auf die Deportierten. Dina fährt nach Paris, wo die Rückkehrer im Hotel Lutetia ankommen. Von ihrer Familie kommt niemand, bis auf einen Onkel und eine Cousine. Eine Frau, die Auschwitz überlebt hat, erzählt von Tante Maries Selbstmord. Andere Nachrichten gibt es nicht. Die Familie ist verschwunden, in Rauch aufgelöst, wie Millionen andere.

Dina heiratet den Sohn eines Geschäftsfreundes ihres Vaters. Sie arbeitet nun in der Firma ihres Mannes, führt den Haushalt, bekommt zwei Kinder, einen Sohn und eine Tochter. »Ich hatte keine Zeit nachzudenken«, sagt sie, »wir hatten ein riesiges Haus, das ich versorgen mußte, ich hatte die Kinder und meine Arbeit.« Ihren Beruf gab sie nie auf, denn »eine Frau muß immer selbständig sein. Das ist das Wichtigste.« 24 Jahre lang hält sie dieses Leben aus. Dann stirbt ihre Tochter bei einem Unfall, kurz zuvor ist ihre Mutter gestorben, kurz darauf löst ihr Mann die Firma auf und verschwindet mit dem Geld auf Nimmerwiedersehen. Dina zieht zurück in ihr Elternhaus und arbeitet nun für ihren Bruder, der das Geschäft übernommen hat. »Und dann kam eines Tages diese Einladung zum 25. Treffen unserer Gruppe. Ich war allein, mein Sohn arbeitete gerade in einer anderen Stadt, da habe ich beschlossen: Du fährst hin!«

Zum erstenmal seit Kriegsende sieht Dina ihre alten Genossinnen und Genossen von Carmagnole und Liberté wieder. Die Feier dauert vier, fünf Tage, und sie tut Dina ausgesprochen gut. Obwohl die Freude nicht ungetrübt ist, es gibt inzwischen Feindschaften in der Gruppe, die einen sprechen mit den anderen nicht mehr, manche sind gar nicht erschienen. Die ehemaligen M. O. I-Aktivist/inn/en haben seit Kriegsende die unterschiedlichsten Erfahrungen gemacht. Viele sind zurück nach Polen gegangen und angesichts des wieder zunehmenden Antisemitismus enttäuscht zurückgekommen. Einige von ihnen haben daraufhin mit der Partei gebrochen, und das konnten wieder andere nicht verstehen und auch nicht akzeptieren. Andere hatten sich der Nationalisierungspolitik der Kommunisten gefügt und sich französische Namen zugelegt. Das wiederum konnten die nicht verstehen und akzeptieren, die nicht bereit waren, ihr Judentum zu verleugnen.

Trotz alledem ist Dina glücklich und genießt die paar Tage, an denen sie zum erstenmal wieder offen und frei über ihre Vergangenheit sprechen kann und ihre engsten Freunde von damals wiedersieht. Unter ihnen ist auch Henri Krischer, der Admiral, wie er von den Genossen genannt wurde, auch er hat eine Ehe hinter sich, die beiden kommen sich näher: »Wie es so kommt«, lacht Henri Krischer. »Ich wollte sie und sie wollte mich.« Sie heiraten, Dina zieht mit Henri nach Nancy. Und schon wenig später beginnen sie damit, ihr Archiv von Carmagnole und Liberté aufzubauen, den Widerstand der M. O. I in Südfrankreich zu dokumentieren, ihn peu à peu dem Vergessen und Verschweigen zu entreißen. Diese Arbeit führt sie nun ständig mit den alten Kameradinnen und Kameraden zusammen, im Rahmen dieser Arbeit, die von allen als wichtig erkannt wird, gelingt es auch, Differenzen zu überwinden.

Nur Jacqueline, ihre beste Freundin und engste Genossin in den Zeiten des Kampfes, erreicht Dina nicht. »Ich habe sie angerufen, nachdem ich endlich ihre Telefonnummer in Paris herausbekommen hatte«, erzählt Dina traurig, »aber sie hat nur gesagt, ich rufe dich zurück, und dann eingehängt. Als ich es später wieder versucht habe, hat sie sofort eingehängt.« Das war vor vier Jahren. »Sie hat sich völlig zurückgezogen, sie will keinen von uns sehen.« Dina wirkt plötzlich sehr müde. Ich frage sie, ob sie Jacquelines Adresse hat. »Nein«, sagt Dina und wird wieder lebendig: »Aber ich werde sie herausbekommen. Und dann fahre ich einfach hin und besuche sie. Ja, das werde ich machen.«

Jüdischer Widerstand in Osteuropa

Einführung: Wie Lämmer zur Schlachtbank?

1

Daß es im Warschauer Ghetto einen Aufstand gab, ist weitgehend bekannt. Die Bilder aber, die »die Welt erschüttern«, zeigen die Opfer. Der kleine Junge an der Spitze einer Gruppe von festgenommenen Menschen hält die Hände hoch. Ein Kind ergibt sich der Waffengewalt der Sieger. Das Foto wurde zum Symbol für das Schicksal der jüdischen Bevölkerung in Osteuropa, zusammen mit den Bildern der Kleiderberge, der Skelette, der Krematorien in den Vernichtungslagern. Symbole für ein mit nichts vergleichbares Morden, für die angeblich passive Ergebenheit der Opfer. »Wie Lämmer zur Schlachtbank« ließen sie sich führen, heißt es, nur wenige haben dem widersprochen.

Nur wenige haben auch gefragt, warum sich die, die wirklich keinen Widerstand leisteten, nicht gewehrt haben. Die Antwort auf diese Frage ergibt sich, wenn man untersucht, unter welchen unvorstellbaren Schwierigkeiten und Behinderungen diejenigen zu kämpfen hatten, die den jüdischen Widerstand organisierten, wenn man um die Isolierung der Menschen in den Ghettos weiß, um die feindselige Haltung eines Großteils der nichtjüdischen Bevölkerung, die kaum vorhandene Unterstützung durch den nichtjüdischen Widerstand, die Listen und Finten, die die Deutschen erfanden, um die Ghettobewohner/innen über ihr Schicksal zu täuschen.

Trotz alledem entstanden in 40 Ghettos Osteuropas bewaffnete Untergrundorganisationen. Trotz alledem bildeten sich allein in West- und Zentralpolen (von den deutschen Besatzern als »Generalgouvernement« bezeichnet) 28 jüdische Partisaneneinheiten, in weiteren 13 gemischten Partisaneneinheiten kämpften geflohene Ghetto-Bewohner/innen mit. In Ostpolen, Litauen und der westlichen Sowjetunion kämpften 15000 jüdische Partisaninnen und Partisanen, teils in eigenen Gruppen, teils gemeinsam mit den sowjetischen Freischärlern.[1]

Die ZOB (Zydowska Organizacja Bojowa), die Kampforganisation des Warschauer Ghettos, umfaßte bei Ausbruch des Aufstands im April 1943 800 trainierte aktive Mitglieder, Frauen und Männer. Einer der Mitbegründer und Mitglied der Leitung der ZOB war eine Frau, die 29jährige Zivia Lubetkin, die schon vor dem Krieg der Führung der linkszionistischen Jugendbewegung angehörte, beim Einmarsch der Deutschen in den sowjetisch besetzten Teil Polens floh, dann aber zurückkehrte, um den Widerstand im Warschauer Ghetto zu organisieren.[2] Der eigentliche Warschauer Ghettoaufstand (nach der bewaffneten Erhebung im Januar 1943) begann am 19. April 1943 und dauerte in organisierter Form bis in den Mai. Doch noch im Sommer 1943 meldeten die zuständigen deutschen Behörden Zusammenstöße mit bewaffneten Ghettobewohner/inne/n, die sich in den Schuttmassen des niedergebrannten Geländes versteckt hielten.[3]

Der erste Aufruf zur bewaffneten Erhebung wurde in Wilna verfaßt. Am 1. Januar 1942 diskutierten Mitglieder der linkszionistischen Jugendorganisation Haschomer Hazair den Text, den der spätere Führer des Wilnaer Ghettountergrunds und Partisanenkampfes Aba Kovner entworfen hatte: »Laßt uns nicht wie Schafe zur Schlachtbank gehen! Jüdische Jugend, traue nicht denen, die dich betrügen! (...) Werft ab die Illusion von Menschen, die die Verzweiflung verblendet. Die, die aus dem Ghetto abgeführt wurden, werden nie mehr zurückkommen, denn alle Wege der Gestapo führen nach Ponar. Und Ponar bedeutet den Tod. (In einem Wald bei Ponar erschossen SS und Gestapo Zehntausende Wilnaer Juden; Anm. d. Verf.) (...) Laßt uns nicht wie Schafe zur Schlachtbank gehen! Es stimmt, daß wir schwach sind und daß wir niemanden haben, der uns hilft. Aber unsere einzige würdige Antwort auf den Feind muß Widerstand heißen! Brüder, es ist besser, als freie Kämpfer zu sterben, als von der Gnade der Mörder zu leben. Leistet Widerstand bis zu eurem letzten Atemzug!«[4] Obwohl sich dieser Aufruf nur an die »Brüder« richtet, waren die Schwestern mitgemeint. Frauen wie Vitka Kempner, die die erste Sabotageaktion in Litauen durchführte, spielten eine wichtige Rolle im Wilnaer Widerstand. Im September 1943 erhob sich die FPO (Farejnikte Partizaner Organizazie) gegen die große Liquidierungsaktion der Deutschen. Die Kämpfer/innen, denen es gelang, nach der Niederschlagung des Aufstands aus dem Ghetto zu entkommen, flohen zu den Partisanen in den umliegenden Wäldern und gründeten dort einige der erfolgreichsten Einheiten des osteuropäischen Partisanenwiderstands. Ihre Lieder, wie »Sog nit kejnmol, as du gejst dem letztn Weg« und »Stil, di nocht iz ojsgesternt« werden heute noch gesungen – und erinnern auch daran, daß Frauen aktiv an diesem Kampf teilgenommen haben.

Ende Februar 1943 beschloß die Versammlung des Exekutivkomitees der zionistischen Jugendbewegung in Bialystok, den bewaffneten Kampf zu organisieren. Ein Teil der Widerständler/innen sollte in den umliegenden Wäldern Partisanengruppen aufbauen, ein Teil den Kampf im Ghetto vorbereiten. Als die Deutschen am 16. August 1943 versuchten, das Ghetto endgültig zu räumen, stießen sie auf erbitterten Widerstand. Die Kämpfer/innen versuchten, den Zaun zu durchbrechen, damit möglichst viele Menschen in die Wälder flüchten konnten. Während die einen sich auf das Gelingen des Massenausbruchs konzentrierten, hielt eine Gruppe von jungen Frauen einen Teil der Angreifer durch ein Feuergefecht in Schach und zwang sie sogar zum zeitweisen Rückzug. Eine der zentralen Figuren des Bialystoker Widerstands war Chayke Grosman, der es gelang, sich in die Wälder durchzuschlagen, wo sie bis Kriegsende als Partisanin kämpfte.[5]

In Krakau gründeten Mitglieder der zionistischen Organisation Akiba zusammen mit den Kommunisten und den linkszionistischen Haschomer Hazair die »Vereinigte Widerstandsbewegung«, eine regelrechte Stadtguerilla, die ihre Aktionen nicht auf das Ghetto beschränkte. Die Krakauer Untergrundorganisation, der zahlreiche Frauen angehörten, unter ihnen Gusta Drenger, deren Tagebuch aus dieser Zeit später veröffentlicht wurde, verübte Anschläge auf Nachschubzüge der Wehrmacht, auf Cafés, in denen deutsche Offiziere verkehrten, auf Speicherhallen, in denen kriegswichtiges Material gelagert war. Erklärtes Ziel dieser Stadtguerilla war es zu zeigen, daß »Krakau nicht eine deutsche Stadt ist, in der Frank (Generalgouverneur Hans Frank, der in Krakau residierte; Anm. d. Verf.) tun kann, was ihm paßt«.[6]

Minsk war das einzige Ghetto im westlichen Teil der Sowjetunion (östlich der Grenzen von 1939), in allen anderen Städten dieses Gebietes hatten die deutschen Besatzer die jüdische Bevölkerung sofort ermordet oder deportiert. Das Minsker Ghetto sollte als Arbeitslager für die Bedürfnisse der Wehrmacht dienen.[7] Doch auch hier errichteten die Besatzer ihr Terror-Regime nicht, ohne schwere Verluste zu erleiden. Eine junge Jüdin, Halina Mazanik, tötete den Generalkommissar für Weißrußland, Wilhelm Kube, in seiner Minsker Privatwohnung. Der Ghettowiderstand, der von Anfang an beschlossen hatte, daß in diesem konkreten Fall nur der Aufbau einer Partisanen-Einheit im Umland sinnvoll war (»Das Ghetto bedeutet den Tod«), schleuste pausenlos Menschen aus dem Ghetto in die Wälder. Sowohl im Ghetto selbst, als auch bei den Partisanen übernahmen Frauen wichtige Positionen. Dora Berson, die monatelang Menschen aus dem Ghetto in die Wälder geschmuggelt hatte, gründete die 11. Minsk-Brigade der Partisanen im Gebiet von Rudensk.[8]

2

Unter welchen Bedingungen wurde dieser jüdische Widerstand organisiert, fanden diese Kämpfe statt? Die stärkste Untergrundorganisation in Polen war der der Exilregierung in London unterstellte »Polnische Verband der Aufständischen«, der sich später in Armia Krajowa, AK (Heimatarmee) umbenannte. Ihr Kommandant war bis Mitte 1943 Stefan Rowecki. Die Leitung des polnischen Untergrunds in Polen selbst lag in den Händen des »Regierungsdelegierten«, der vom polnischen Ministerrat im Londoner Exil ernannt wurde, mit Zustimmung der politischen Zentrale in Warschau, der PKP, die beanspruchte, die Mehrheit der polnischen Bevölkerung zu repräsentieren.[9] Chef der politischen Leitung war General Sikorski von der »Nationalen Arbeiter Partei«, einer alten christdemokratischen Formation mit einem eher schwachen linken Flügel, dem Sikorski selbst angehörte, und einem starken rechten und antisemitischen Flügel, aus dem Sikorski im März 1943 Jan Stanislaw Jankowski zum Regierungsdelegierten ernannte.

Die PKP bestand aus vier Parteien, der »Bauernpartei«, der »Nationalen Partei«, der »Nationalen Arbeiterpartei« Sikorskis und der »Sozialistischen Partei«. Die Mehrheit dieser Koalition war stark antisemitisch geprägt. So waren zum Beispiel einige der Führer der »Bauernpartei« ehemalige Mitglieder von »Piast«, einer rechten Gruppierung, die für die Pogrome von 1920 mitverantwortlich war. Auch entscheidende Funktionäre der »Nationalen Arbeiterpartei« waren ehemalige Angehörige von General Hallers Armee, die die Pogrome von 1919/1920 veranstaltet hatte. Die rechte Opposition zur PKP bildete vor allem die ONR (National-Radikales-Lager), eine offen faschistische Organisation fanatischer Antisemiten. Eine der ONR-Gruppen, die »Pflug-und-Schwert«-Organisation, wird sogar in einer offiziellen historischen Selbstdarstellung der Armia Krajowa als eine Gruppe bezeichnet, »deren Leitung von der Gestapo übernommen wurde«.

Im Februar 1942 nannte sich der »Polnische Verband der Aufständischen« in Armia Krajowa (Heimatarmee) um. Der Führungsstab der AK bestand bereits unter Rowecki vornehmlich aus rechten Vorkriegsoffizieren und ONR-Leuten. Als nach der Verhaftung Roweckis im Sommer 1943 General Bór-Komorowski das Kommando über die AK übernahm, gewannen die rechtsradikalen Elemente endgültig die Oberhand. Die »National-Partei«, die über eine eigene bewaffnete Einheit, die »Nationale Militär-Organisation«, NOW, bestehend aus 70000 Mann, verfügte, beschloß im November 1942, die NOW der Armia Krajowa zu unterstellen. Ein großer Teil der NOW-Einheiten meuterte gegen diesen Beschluß und gründete den »National-Sozialistischen Verband«, NSZ, der zur Schlägertruppe einer der faschistischen ONR-Gruppen wurde. Im Oktober 1942 startete der NSZ seine »Spezial-Aktion Nr. 1«, die internationales Aufsehen erregte. Teil dieser Aktion war das Massaker von Borów, einem Dorf im Krasnik-Distrikt, in dem eine Einheit der Gwardia Ludowa (d. i. die Volksgarde der Polnischen Kommunistischen Partei) stationiert war. Am 9. August 1943 ermordeten die NSZ-Soldaten 26 Mitglieder der Gwardia-Ludowa-Einheit und vier Bauern, schlugen ihnen die Köpfe mit Äxten ab und zerstückelten ihre Körper. Der Gwardia Ludowa gelang es, eine Schilderung des Massakers nach Moskau zu schmuggeln, worauf Stalin auf der Teheraner Konferenz die britischen und amerikanischen Alliierten darüber informierte. Der Skandal veranlaßte die britischen Verbündeten der polnischen Exilregierung, eine Erklärung General Bór-Komorowskis zu verlangen, der sich bis dahin geweigert hatte, das Massaker zu verurteilen. Doch auch das hinderte Bór-Komorowski nicht, den NSZ weiter zu umwerben und schließlich im März 1944 der Armia Krajowa einzugliedern.

In den Jahren 1940/41 wurde vom polnischen Generalstab und der »Vereinigung des Bewaffneten Widerstandes« in London der erste Allgemeine Aufstandsplan ausgearbeitet. Dieser Plan schloß eine Partisanentätigkeit als Mittel des Kampfes gegen die deutsche Besatzung dezidiert aus, ebenso alle anderen Formen bewaffneten Widerstands. »Der aktive Kampf gegen die Deutschen in Polen« sollte nach diesem Plan erst stattfinden, wenn »das deutsche Volk unter den Belastungen der militärischen Niederlagen, vor Hunger und Erschöpfung zusammengebrochen ist, während in der demoralisierten und an der Aussichtslosigkeit des Sieges verzweifelnden deutschen Armee die Disziplin zusammengebrochen ist und die Truppen beginnen, zu desertieren und sich in ihre Heimat und zu ihren Familien zurückzuziehen. (...) Nur wenn diese beiden Symptome des deutschen Zusammenbruchs gleichzeitig auftreten, nämlich der Zusammenbruch zu Hause und die Auflösung der Disziplin in der Armee, sind die geeigneten Bedingungen für eine Erhebung von unserer Seite gegeben.«[10]

Damit erklärte der offizielle polnische Untergrund, der von seinen britischen und amerikanischen Verbündeten mit Geld, jeder Art von militärischer Ausrüstung und Logistik unterstützt wurde, seinen Verzicht auf bewaffneten Widerstand im besetzten Polen. Dieser Verzicht bedeutete nicht nur das eigene Abwarten der »geeigneten Situation«, sondern auch die Weigerung, andere Gruppen, die bereit waren, schon vor dem deutschen Zusammenbruch aktiv gegen den Feind zu kämpfen, zu unterstützen. Mehr noch: Teile der Armia Krajowa spezialisierten sich darauf, jüdische und kommunistische Partisaneneinheiten aufzureiben und zu liquidieren.

Der zweite Allgemeine Aufstandsplan, der 1942 ausgearbeitet wurde, nachdem sich die Situation der deutschen Armee durch den Einmarsch in die Sowjetunion entscheidend verändert hatte, weicht im wesentlichen nicht von den Bestimmungen des ersten Plans ab, er fügt nur eine Passage hinzu: »Der Aufstand könnte auch früher ausbrechen, doch nur unter der Bedingung, daß weitreichende und aktive bewaffnete Hilfe von außen zur Verfügung steht.« Gemeint ist damit eine direkte Intervention der westlichen Alliierten. Am Sinn dieser abwartenden, passiven Widerstandspolitik ließen die Konstrukteure des Plans keinen Zweifel: Eine bewaffnete Erhebung oder intensive Partisanen-Aktivitäten würden nur der Roten Armee nützen und damit den Interessen des polnischen Volkes schaden.

Virulenter bis aktiver Antisemitismus, dezidierter Antikommunismus und Ablehnung des bewaffneten Widerstands (vor dem deutschen Zusammenbruch) waren somit die Grundkomponenten des offiziellen polnischen Widerstands und seiner militärischen Abteilung, der Armia Krajowa.

Im August 1943, drei Monate nach der endgültigen Niederschlagung des Warschauer Ghettoaufstands, gab der Kommandant der Armia Krajowa, Roweckis Nachfolge-General Bór-Komorowski, sein »Dokument zur Bandenbekämpfung« heraus. Er schloß sich damit offen dem nationalsozialistischen Sprachgebrauch an, der Partisanen-Gruppen prinzipiell als Banden bezeichnete. Bewaffnete Banden, so Bór-Komorowskis Erklärung, bestehend aus Juden und geflohenen sowjetischen Kriegsgefangenen, würden die Einwohner der polnischen Städte und Dörfer terrorisieren:

»Männer und Frauen – Jüdinnen ganz besonders – nehmen teil an diesen Attacken. Diese schmählichen Aktionen demoralisierter Individuen tragen weitgehend bei zum vollständigen Ruin vieler Bürger, die bereits schwer getroffen sind durch den vier Jahre währenden Kampf gegen den Feind.« Der Armia-Krajowa-Kommandant bedauert, daß die Deutschen, die von der Bevölkerung zur Hilfe gerufen wurden, nicht energisch genug einschritten. Daher habe er »zum Schutze der unschuldigen Bevölkerung, mit Einverständnis des Regierungsdelegierten eine Anweisung an meine Kommandanten herausgegeben, im Falle von Plünderungen oder dem Auftreten subversiver Elemente bewaffnet einzuschreiten. (...) Ich habe meine Kommandanten weiter angewiesen, zum Zwecke der Einrichtung örtlicher Selbstverteidigungs-Organisationen und Warnsysteme die Kooperation der örtlichen Bevölkerung mit den Zentralen des Regierungsdelegierten zu garantieren.«[11]

Das bedeutete nichts anderes, als daß der regierungsoffizielle polnische Untergrund die Bevölkerung in ihrem antisemitischen – und damit oft genug mörderischen – Verhalten gegen die geflüchteten Ghettokämpfer/innen unterstützen und die Armia Krajowa statt des Kampfes gegen die deutschen Besatzer den Kampf gegen die jüdischen und kommunistischen Partisanen aufnehmen sollte. Interessant ist hier noch, daß Bór-Komorowski genauso wie Stroop, der »Bezwinger« des aufständischen Warschauer Ghettos, den hohen Anteil der jüdischen Frauen am bewaffneten Kampf hervorhebt. Die Nationalsozialisten wie ihre antisemitischen polnischen Gegner wurden von der augenscheinlichen Widerlegung gleich zweier ihrer hartnäckigsten Vorurteile irritiert: daß Juden nicht kämpfen können. Und daß Frauen nicht kämpfen können.

Die einzigen polnischen Untergrundgruppierungen, die die kämpfenden Ghettos unterstützten, waren (mit Ausnahme einer Abteilung der polnischen Pfadfinder und einzelner Individuen oder Kleinsttruppen des offiziellen Untergrunds) die Kommunisten und eine Handvoll linker Splittergruppen. Die Polnische Kommunistische Partei, die zu einem Viertel aus jüdischen Mitgliedern bestand, wurde 1938 auf Anweisung Stalins von der Komintern aufgelöst. Im Januar 1942 konstituierte sie sich neu als »Polnische Arbeiterpartei«, PPR. Noch immer gehörten ihr viele jüdische Mitglieder an, und nach der Ermordung des ersten Parteivorsitzenden der neugegründeten PPR, Marceli Nowotki, leitete sie ein Jahr lang der Warschauer Jude Pawel Finder, bis er im November 1943 von der Gestapo verhaftet wurde. Sein Nachfolger als Parteivorsitzender war von da an Gomulka.

Die militärische Einheit der PPR, die Gwardia Ludowa (Volksgarde), die sich 1944 in Armia Ludowa (Volksarmee) umbenannte, wurde zum Hauptverbündeten der jüdischen Ghetto-Kämpfer/innen und Partisanen.

Der offizielle polnische Untergrund hatte die Abwarte-Taktik seines Allgemeinen Aufstandsplans unter anderem damit begründet, bewaffnete Aktionen würden nur Repressalien der Deutschen gegen die Bevölkerung herausfordern. Die »Trybuna Chlopska«, eines der kommunistischen Untergrundblätter, nahm zu diesem Argument Stellung: »Wenn dem so ist, wie kommt es dann, daß in Warschau, wo es bislang keinerlei Partisanen-Aktionen gab, jeden Tag Hunderte von Menschen auf offener Straße verhaftet und dann ganz einfach von der Gestapo ermordet werden? Sind Auschwitz, Treblinka, die Ermordung der beinahe gesamten jüdischen Bevölkerung oder die Verschleppung von Polen, die als Sklavenarbeiter nach Deutschland geschickt und dort täglich mißhandelt werden, sind das die Folgen von Partisanen-Aktivitäten? Ganz sicher nicht!«[12]

Die Untergrund-Publikationen der Kommunisten wandten sich auch ausdrücklich gegen die antisemitische Haltung weiter Teile der polnischen Bevölkerung. Im Oktober erklärte die zweite Ausgabe des »Przelom«:

»Die Jahrhunderte alte Arbeit der reaktionären und sozialfeindlichen Kräfte wirkt sich nun so aus, daß ein Teil der polnischen Gesellschaft den Mord an der jüdischen Bevölkerung als etwas ansieht, daß ihn nicht betrifft. Mehr noch: Es gab Fälle aktiver Kollaboration mit den Mördern und Bemerkungen, daß nun zumindest ein Fremdkörper aus dem polnischen Organismus entfernt würde. Es kann keinen Zweifel daran geben, daß es (unsere) einheimische Reaktion geschafft hat, die polnische Gesellschaft gegen viele Nazi-Verbrechen zu immunisieren. Aber der Tag ist gekommen, an dem laut und deutlich gesagt werden muß, daß die Ermordung der jüdischen Bevölkerung die Vernichtung eines Teils des polnischen Volkes bedeutet und seine Schwächung nicht nur in quantitativer Hinsicht.«[13]

Einen eindeutigen Aufruf zur Unterstützung der jüdischen Bevölkerung veröffentlichte wenige Monate später, im Februar 1943, das Krakauer Regionalkomitee der PPR: Nachdem all die entschieden verurteilt wurden, die »wie die Hyänen aus dem Unglück anderer Menschen ihre Beute schlagen, indem sie die Juden ihrer letzten Habe berauben und diejenigen, denen es gelungen ist, den Folterknechten zu entkommen, erpressen«, fährt die Erklärung der Krakauer Kommunisten fort:

»An zahlreichen Orten haben sich die Juden bereits zu einem verzweifelten Aufstand gegen die Deutschen erhoben. Sie sind daher Freiheitskämpfer. Die Anzahl der jüdischen Flüchtlinge und Partisanen wird noch anwachsen. Unsere Pflicht ist es, ihnen zu helfen. Wir müssen daran denken, daß sie, wenn sie von unserer Seite auf moralische Unterstützung statt auf Gleichgültigkeit und Ablehnung treffen, eher den Mut finden können, zu fliehen und die Besatzer zu bekämpfen. Wir müssen daher eine Atmosphäre der Freundschaft, des Mitleidens und der Hilfe schaffen. (...) Gebt den flüchtigen Juden Unterkunft, wenn sie euch um Hilfe bitten! Helft wenn möglich den Juden, den Händen der Faschisten zu entkommen, und warnt sie vor drohenden Gefahren. Rettet die jüdischen Kinder, die in den Wäldern und auf dem Land herumirren, vor dem Hungertod. Brandmarkt all die Polen als Verräter und Hitler-Kumpane – mit denen sich unsere Nation in der Zukunft noch befassen wird –, die mit den Mördern kollaborieren, die, die ihnen helfen, Juden zu fangen, die, die Juden berauben oder an die Deutschen ausliefern! (...) Erinnern wir uns daran und sprechen wir es laut aus:

Ein Antisemit ist ein Verbündeter Hitlers, und ein Jude ist unser Verbündeter im Kampf gegen Hitler!«[14]

Doch die Polnische Kommunistische Partei PPR und ihre militärische Organisation Gwardia Ludowa waren keine Massenbewegungen, sie hatten selbst kaum Waffen, waren lange Zeit von regelmäßigen Verbindungen zur Sowjetunion abgeschnitten und hatten permanent vor Verhaftung und Ermordung auf der Hut zu sein. Viele der Kommunisten waren als Kommunisten und Juden doppelt gefährdet. Es waren zwei schwache Verbündete, die sich da zusammentaten. Doch was ihnen an Waffen, Logistik und Rückhalt in der Bevölkerung fehlte, glichen sie durch ihre Entschlossenheit und ihren Mut wieder aus. Neben ihrer Ablehnung oder sogar Verfolgung durch den offiziellen polnischen Widerstand standen die jüdischen Widerständler/innen noch vor einer Reihe weiterer unüberwindlich scheinender Schwierigkeiten.

3

Die Ghettos waren vollkommen isoliert – voneinander und vom »arischen« Teil der jeweiligen Stadt. Es war verboten, das Ghetto zu verlassen, nur die Arbeitskommandos, die in Werkstätten außerhalb der Mauern eingesetzt waren, konnten – unter strenger Bewachung – morgens und abends die Tore passieren. Am 10. Oktober 1940 gab Gouverneur Fischer für Warschau eine Sonderbekanntmachung heraus, nach der »ein Jude, der unberechtigterweise das ihm zugewiesene Wohnviertel verläßt, mit dem Tode bestraft wird«, desgleichen jeder Pole, der einem Juden »bewußt Unterkunft gewährt oder in anderer Weise« hilft.[15] Bereits am 8. November desselben Jahres verurteilte ein Standgericht der Sicherheitspolizei die ersten beiden Juden, die sich nicht an dieses Verbot gehalten hatten, zum Tode.[16] Wer also die Aufgabe übernahm, Informationen zu beschaffen und von Ghetto zu Ghetto zu verbreiten, Kontakte mit nichtjüdischen Genoss/inn/en oder Freund/inn/en herzustellen und aufrechtzuerhalten, später auch Waffen zu organisieren, begab sich bereits beim ersten Schritt dieser Mission, beim Verlassen des ummauerten Gefängnisses, in Lebensgefahr. Es waren vor allem Frauen, die diese riskante Aufgabe übernahmen und damit eine der entscheidenden Funktionen im

Widerstand der jüdischen Untergrundorganisationen. Ohne Informationen, Kontakte, Waffen war jeder Widerstand von vornherein zum Scheitern verurteilt. Ohne die Arbeit der Ghetto-Emissärinnen hätte es keinen Aufstand in Warschau, Wilna, Bialystok und all den anderen Städten gegeben.

Nicht jede/r war für diese Arbeit geeignet, die Schwierigkeiten begannen nur mit dem Verlassen des Ghettos und steigerten sich endlos im Verlauf der Mission. Grundbedingung für die erfolgreiche Ausführung eines solchen Auftrags war ein möglichst »arisches« Aussehen. Wer jüdisch aussah, war auf den Straßen außerhalb des Ghettos rasch verloren. Vladka Meed, Mitglied des »Bund« und der ZOB, der Warschauer jüdischen Kampforganisation, beschreibt in ihren Erinnerungen »On Both Sides of the Wall«, wie prekär das Problem der äußeren Erscheinung war. Vieles konnte kaschiert werden durch ein Kopftuch, ein umgehängtes Kreuz, gefärbte Haare, »aber die Augen... Wie konnte jemand diese tiefe Melancholie verstekken, diesen gehetzten Blick? Immer wieder sagten unsere nichtjüdischen Freunde, ›eure Augen verraten euch. Macht euren Blick lebendiger, fröhlicher, dann fallt ihr nicht so auf‹. Aber diese Augen hörten nicht auf, zu beobachten, Schatten zu sehen, schnell über die Schulter zu blicken. (...) Diese Augen, gejagt von der Angst, verraten zu werden, jagten und verrieten uns selbst. Ständig fragten Juden mit arischem Aussehen ihre arischen Freunde: ›Warum werden wir denn immer wieder erkannt, sehen wir denn nicht perfekt arisch aus?‹«[17]

Ein weiteres Problem war die Sprache. Viele polnische Juden sprachen nur jiddisch, und auch die, die Polnisch konnten, verrieten sich durch ihren Akzent. Wer auf der »arischen Seite« der Stadt lebte oder ständig hin und her pendelte, mußte sich zudem auch mit den polnisch-katholischen Bräuchen auskennen, mußte wissen, wie man sich in einer Kirche bewegt, mußte die Gebete kennen, die Feiertage, selbst Sprichwörter und Redewendungen. Und dennoch, selbst Menschen, die perfekt polnisch sprachen, blond und blauäugig waren, ihren Blick unter Kontrolle und das Ave Maria auf den Lippen hatten, entgingen den »Smalcowniks« nicht. »Smalcowniks« wurden die Polen genannt, die sich darauf spezialisiert hatten, Juden zu erpressen. Wer einen Juden an die Deutschen verriet, bekam dafür Kopfgeld, doch das reichte den »Smalcowniks« nicht. Hatten sie einen Juden, eine Jüdin ausfindig gemacht, folgten sie ihm oder ihr bis zu seinem/ihrem Versteck. Dann begannen sie, ihrem Opfer die letzten Habseligkeiten abzunehmen, mit der Drohung, sie würden es sonst an die Deutschen verraten. War der Erpresser vollkommen sicher, daß aus seinem Opfer nichts mehr herauszuholen war, ging er zu den Deutschen, gab die Adresse an und kassierte zusätzlich noch sein Kopfgeld. Diese polnischen Kollaborateure waren gefürchteter als die Deutschen, die sich eher täuschen ließen. Die Besatzer hatten ein bestimmtes Bild von »dem Juden«, entsprach man diesem Bild nicht, hatte man eine reelle Chance, einer Verhaftung zu entgehen. Doch die Polen erkannten sehr wohl »ihre« Juden. Vladka Meed schreibt in ihren Erinnerungen: »Offenbar war etwas unverkennbar Jüdisches an uns, das dem polnischen Auge, speziell dem forschenden Auge eines polnischen Polizisten und vor allem dem trainierten Auge des Smalcowniks auf den ersten Blick erkennbar war.«[18]

Auch die überlebenden Frauen, die Marie Syrkin befragte, kommen immer wieder auf dieses Problem zurück. Die deutschen Soldaten und Wachen, erzählen sie, liefen mit der Vorstellung herum, jeder Jude sehe aus wie eine Karikatur aus dem »Stürmer«. Sie kamen gar nicht auf die Idee, daß eine junge Frau, die so perfekt ihren Träumen von einem »Gretchen« entsprach, der verhaßten Rasse angehören könnte. Reyna, eine Kurierin des Warschauer Ghettos, berichtet, daß sie bereits ungehindert durch mehrere Straßen gekommen war, die von deutschen Kontrollen nur so wimmelten, dann aber erkannte sie eine Polin und schrie sofort: Eine Jüdin! Eine Jüdin! Reyna, die sich ihres perfekt arischen Aussehens bewußt war, ging auf die Frau zu und drohte ihr: »Wenn du mich noch einmal eine Jüdin nennst, werde ich dafür sorgen, daß du bestraft wirst.« Gestapo-Männer kamen dazu, Reyna wandte sich sofort an sie und beklagte sich über die »beleidigenden Äußerungen« dieser Frau. Die Gestapo-Leute prüften Reynas (gut gefälschte) Papiere und lachten nur über die absurde Unterstellung, dieses Mädchen könnte tatsächlich eine Jüdin sein. Reyna kam mit heiler Haut davon.[19]

In solchen Situationen hing das Überleben von der Qualität der falschen Papiere ab. Doch begnügten sich auch die Deutschen gelegentlich mit einem kritischen Blick auf den Ausweis, gaben sich polnische Polizisten häufig nicht damit zufrieden. Sie verlangten, daß man Verwandte angab, etwas über das

Viertel sagte, in dem man angeblich wohnte, oder über den Ort, in dem man angeblich geboren war. Schon ein kurzes Zögern bei der Beantwortung dieser Fragen konnte zum Verhängnis werden. Männer wurden häufig festgenommen, um zu überprüfen, ob sie beschnitten waren. Wenigstens diese Gefahr drohte den Frauen nicht, mit einer der Gründe, warum sie für Kurierdienste ausgewählt wurden. Doch auch ganz allgemein konnten sich Frauen besser verkleiden, sie konnten sich mit einem Kopftuch als polnische Bäuerin tarnen, sie konnten unauffälliger mit schweren Taschen beladen durch die Straßen gehen, sie konnten die Beamten eher mit einem Lächeln »bestechen«, und überdies galten Frauen den Deutschen wie der polnischen Polizei als weniger verdächtig und gefährlich als Männer, die zudem häufig auf offener Straße für den Zwangsarbeitsdienst in Deutschland verhaftet wurden.

Diese jungen Frauen des Widerstands beschafften die ersten Informationen über die Situation in anderen Ghettos, sie trugen die ersten Nachrichten über die Massenvernichtung von Wilna nach Warschau, von Warschau nach Bialystok und weiter von Stadt zu Stadt, sie transportierten die ersten Aufrufe zum bewaffneten Kampf quer durch Polen, Litauen und Weißrußland, sie besorgten später die Waffen und schmuggelten das Material für Bomben und Molotow-Cocktails in das Ghetto. Sie waren auch die ersten Mitglieder der Widerstandsgruppen, die für ihre Arbeit mit dem Leben bezahlten. Sofia Satorska, die erste »gefallene« Kämpferin der Kommunisten im Warschauer Ghetto, Verbindungsfrau zur Polnischen Kommunistischen Partei, wurde 1940 von der Gestapo ermordet. Lena Kozibrodzka, Emissärin der linkszionistischen Gruppen im Warschauer Ghetto, war deren erstes Mitglied, das die Deutschen verhafteten – sie wurde in Auschwitz getötet. Von keiner dieser Frauen ist bekannt, daß sie selbst unter der schlimmsten Folter ihre Kamerad/inn/en preisgegeben hätte.

Jeder Auftrag war eine Fahrt ins Ungewisse, eine Herausforderung des Schicksals: War es schon schwer genug, sich in ein und derselben Stadt auf »beiden Seiten der Mauer« zu bewegen, war es noch viel gefährlicher, über Land zu fahren. Juden war es verboten, öffentliche Verkehrsmittel zu benutzen, Züge wurden kontrolliert, jeder Bahnhof wurde überwacht, die Emissärinnen des Ghettos mußten auf der Reise von einer Stadt in die andere oft ein halbes Dutzend Kontrollen über sich ergehen lassen. Da standen sie vor ihren Jägern, Pistolen und Sprengstoff im Einkaufsbeutel, in der Hand den gefälschten Ausweis, lächelten, plauderten, bekreuzigten sich, harmlose polnische Bauernmädchen. Und war diese Hürde genommen, hatte ihnen der Nazioffizier nach einem kurzen Flirt noch eine gute Reise gewünscht, mußten sie erst noch ins Ghetto zurückgelangen, das sie offiziell nie verlassen hatten. Kletterten sie über die Mauer, schlüpften sie durch ein Loch im Stacheldraht, konnten sie dabei jederzeit erwischt werden. Schmuggelten sie sich unter ein heimkehrendes Arbeitskommando, konnte es passieren, daß die jüdische Polizei oder die deutschen Wachen am Eingang genauer zählten als sonst, daß sie alle kontrollierten oder ausgerechnet sie zur Kontrolle herausbeorderten. Emanuel Ringelblum, der Chronist des Warschauer Ghettos, verweist ausdrücklich auf die wichtige Rolle, die diese Frauen für den Widerstand spielten: »Diese heroischen Mädchen, Chajke und Frumke – sie sind ein Thema, das nach der Feder eines großen Dichters verlangt. (...) Tag für Tag waren sie in Todesgefahr. (...) Sie reisten von Stadt zu Stadt, sie kamen an Orte, die kein Abgesandter, keine jüdische Institution je erreicht hat. (...) Wie oft haben sie dem Tod ins Auge geblickt? Wie oft sind sie festgenommen und durchsucht worden? (...) Die Geschichte der jüdischen Frau ist eine glorreiche Seite in der Geschichte des jüdischen Volkes in diesem Krieg. Und die Chajkes und Frumkes nehmen den ersten Platz in dieser Geschichte ein.«[20]

Doch trotz der unermüdlichen Arbeit der Kurierinnen gelangte das Wissen um das Ausmaß des Massenmordes erst spät in die Ghettos. Die systematische Vernichtung der jüdischen Bevölkerung in Osteuropa begann mit dem Einmarsch der deutschen Truppen in der Sowjetunion.[21] Zuvor hatten die Besatzer in Polen auf das Konzept der Ghettoisierung gesetzt. In einem einzigen Stadtteil wurden sämtliche jüdischen Einwohner einer Stadt zusammengepfercht, in überfüllte Wohnungen gesteckt, unter unerträglichen hygienischen Bedingungen, ohne Heizmaterial und ohne auch nur annähernd ausreichende Ernährung. Dazu kam die Zwangsarbeit in den Werkstätten innerhalb und außerhalb des Ghettos, Arbeit, die zwölf, oft 19 Stunden pro Tag dauerte. Die Alten und Schwachen, die Armen, die kein Geld hatten, um sich auf dem Schwarzmarkt zu versorgen, starben unter diesen Bedingungen schnell. Im Warschauer Ghetto waren bis zum Juni 1942 bereits 100000 Menschen verhungert, erfroren, an Erschöpfung oder den ständig grassierenden Seuchen gestorben. Frauen, denen es gelungen war, etwas Eßbares aufzutreiben, umwickelten ihre Taschen mit Stacheldraht, um nicht von den verelendeten Kinderbanden, die auf der Straße dahinvegetierten, beraubt zu werden.[22]

Erst im Verlauf des Jahres 1942 sickerte die Wahrheit über die Massenvernichtung durch – doch nur wenige nahmen sie ernst. Es war zu schrecklich, zu unvorstellbar, um wahr zu sein. Als im Februar 1942 drei Männer, die wie durch ein Wunder der Vergasung in Chelmno entkommen waren, den jüdischen Autoritäten im Warschauer Ghetto berichteten, daß in Chelmno im November und Dezember 1941 80000 polnische Juden und mehrere hundert Zigeuner aus Bessarabien vergast worden waren, stießen sie auf offene Skepsis, erinnert sich Marek Edelmann, einer der Führer des Aufstandes.[23] Schon im Januar 1941 waren die Schwestern Sarah und Roza Zilber aus Wilna angereist, um die Warschauer über die Massaker in Litauen und Weißrußland zu informieren.[24] Doch es dauerte noch lange, bis dieses Wissen durchdrang – und auch geglaubt wurde. Zwar hatten linke Gruppierungen in einigen Ghettos schon bald nach der Besetzung Polens damit begonnen, einen bewaffneten Widerstand zu organisieren, aus dem Verständnis heraus, man müsse den Faschismus als den Hauptfeind der Menschheit bekämpfen[25], doch der eigentliche Ghettowiderstand wandte sich – aus mehreren einsichtigen Gründen – dem Gedanken des bewaffneten Aufstands erst zu, als klarwurde, daß die Deutschen tatsächlich vorhatten, das gesamte jüdische Volk auszurotten. Und das war zu einem Zeitpunkt, zu dem bereits die ersten Deportationszüge in die Vernichtungslager abgefahren waren und die großen endgültigen Liquidierungsaktionen kurz bevorstanden.

4

Die Absicht, sich den Schlächtern bewaffnet zu widersetzen, reichte natürlich nicht. Wer mit der Waffe in der Hand kämpfen wollte, mußte erst eine Waffe haben. Doch nichts war schwieriger für die Juden Polens und Litauens, als an Waffen zu kommen. Die Armia Krajowa (AK) weigerte sich, etwas aus ihren eigenen gut gefüllten Arsenalen herzugeben. Im Dezember 1942 übergab das Warschauer Kommando der Armia Krajowa zehn Pistolen und eine Handvoll Munition an den Ghettowiderstand. Ein Teil der Pistolen war so beschädigt, daß er unbrauchbar war. Im Januar 1943 telegrafierte der Kommandant der AK an seinen Vorgesetzten Sikorski in London: »Jetzt, wo es zu spät ist, kommen Juden aus diversen kleinen kommunistischen Gruppen bei uns an und wollen Waffen haben, als hätten wir ganze Stapel davon. Zur Probe habe ich ihnen ein paar Pistolen gegeben. Ich bin ganz und gar nicht sicher, daß sie sie gebrauchen werden. Ich will ihnen keine weiteren Waffen geben, denn, wie Sie wissen, haben wir selbst keine.«[26] Rowecki hält sich hier nicht ganz an die Wahrheit. Nach ihren eigenen Angaben besaß das Warschauer Kommando der Armia Krajowa zu diesem Zeitpunkt 135 schwere Maschinengewehre, 190 leichte Maschinengewehre, 6045 Gewehre, 1070 Pistolen und Revolver, 7561 Handgranaten und sieben kleine Panzergranatwerfer.[27]

Da von dieser Seite trotz permanenter dringlicher Bitten nichts zu bekommen war, mußten sich die jüdischen Kämpfer/innen ihre Waffen auf anderen Wegen besorgen. Ein Teil wurde gestohlen, bei Einbrüchen in deutsche Waffenlager geraubt. Der andere Teil wurde von Schmugglern im Ghetto und illegalen Waffenhändlern auf der »arischen« Seite der Stadt gekauft. Doch die Preise waren der verzweifelten Situation angemessen: Für eine Pistole und ein Magazin Munition bezahlte ein Jude 10000 bis 20000 Zloty. Dasselbe kostete im Vergleich dazu einen Käufer der AK nur 3000 Zloty. Gewehre, die für den Straßenkampf viel besser geeignet waren als Pistolen, für die jedoch von Juden bis zu 25000 Zloty verlangt wurden, waren quasi unerschwinglich.[28] Häufig genug erwiesen sich die Waffen, die schnell und heimlich übergeben wurden und beim Kauf nicht überprüft werden konnten, bei genauerem Hinsehen als unbrauchbar. Um jedoch diese erpresserischen Preise – für oftmals schlechte Ware – überhaupt zahlen zu können, mußte erst Geld beschafft werden. Auch das erwies sich als äußerst schwierig. Die Mehrheit der Ghettobevölkerung hatte nicht einmal genug, um sich ernähren zu können. Und nur wenige von denen, die (noch) über Besitz verfügten, sympathisierten mit dem Widerstand. Diese wenigen spendeten freiwillig. Andere wurden – notfalls mit der Waffe in der Hand – zum Spenden gezwungen. Gelegentlich überfielen die Widerständler/innen auch die Ghettobank, auf der die Gelder des Judenrates und der Schmuggler und Schwarzhändler lagen und darauf warteten, von den Deutschen »übernommen« zu werden.[29] Jede dieser Geldbeschaffungsaktionen barg wiederum zahlreiche Gefahren in sich: ein Bankraub oder ein Raubüberfall auf eine Privatperson schon an sich. Doch auch die »harmlose« Spendensammlerin mußte sich, um Geld von den reicheren Ghettobewohnern zu erbitten, als Mitglied des Untergrunds zu erkennen geben – und damit möglichem Verrat ausliefern. Und immer wieder »fielen« die Kurierinnen, die die mühsam organisierten Waffen ins Ghetto schmuggelten, wie etwa Regina Justman, die mit neun Revolvern und fünf Handgranaten, die ihr von der kommunistischen Gwardia Ludowa übergeben worden waren, von den Deutschen verhaftet wurde. Trotz aller Bemühungen gelang es den Aufständischen bei weitem nicht, sich ausreichend zu bewaffnen.

5

Zu all diesen organisatorischen, technischen, logistischen Problemen kamen noch die internen Schwierigkeiten hinzu, die für die jüdischen Kämpfer/innen weit schwerer wogen, da sie hier nicht den Deutschen oder antisemitischen und kollaborierenden Polen gegenüberstanden, sondern der eigenen Bevölkerung. Die Untergrundorganisationen entstanden nicht spontan aus Initiativen der Ghettobewohner/innen. Sie waren das Werk der politischen Gruppierungen, die mit ihren Vorschlägen zum bewaffneten Kampf nicht immer auf Zustimmung bei ihren Schicksalsgenoss/inn/en stießen. Im wesentlichen waren es drei Gruppierungen, die den Widerstand in den Ghettos initiierten, organisierten und zum Aufstand führten: die linkszionistische Jugendbewegung, der »Bund« und die Kommunistische Partei beziehungsweise deren Zellen in den Ghettos.

Die Mitglieder der Polnischen Kommunistischen Partei, die von der Komintern aufgelöst worden war, hatten in Einzelorganisationen wie »Hammer und Sichel«, »Vereinigung zum Befreiungskampf«, »Spartakus« weitergearbeitet (sofern sie nicht den »Säuberungsprozessen« zum Opfer gefallen oder gar von Stalin an die Gestapo ausgeliefert worden waren) und formierten sich im Januar 1942 neu zur PPR, der Kommunistischen Polnischen Arbeiterpartei mit ihrem militärischen Arm, der Gwardia Ludowa (Volksgarde).

Der »Bund« wurde 1896 von den jüdischen Mitgliedern der russischen Sozialdemokratischen Partei gegründet und agierte bis zu seinem Austritt als autonome Organisation innerhalb der Sozialdemokratie. Er wurde zu einer der stärksten und aktivsten sozialistischen Kräfte im Zarenreich (also auch im russischen Teil Polens) und war die bedeutendste Organisation der jüdischen Arbeiter/innen in Rußland und Polen.[30] Der »Bund« gab mehrere Zeitschriften mit hoher Auflage heraus – in Jiddisch, denn die Agitationssprache des »Bund« war Jiddisch. Um die Jahrhundertwende kam es zu ernsthaften Differenzen innerhalb der Sozialdemokratischen Partei, vor allem die Gruppe um die von Lenin herausgegebene »Iskra« polemisierte scharf gegen die Autonomie der jüdischen Organisation; auf dem zweiten Parteitag der russischen Sozialdemokraten, im Juni 1903, trat der »Bund« geschlossen aus der Partei aus. In den Auseinandersetzungen zwischen Bolschewiken und Menschewiken stellte sich der »Bund« auf die Seite der Menschewiken und wurde 1912 eine autonome Sektion der menschewikischen Partei, was nach dem Sieg der Revolution zu seinem Verbot und der Verfolgung seiner führenden Mitglieder durch die bolschewistische Partei führte.[31] In Polen spielte der »Bund« nach 1918 eine zunehmend bedeutendere Rolle als Vertreter der jüdischen Arbeiter/innen und als Selbstverteidigungsorganisation gegen die Pogrome in den 20er und 30er Jahren. Aus den letzten Wahlen vor der deutschen Okkupation, 1938, ging er als stärkste Partei unter den Juden hervor.[32] Der »Bund« begriff sich von Anfang an als Teil der sozialistischen Arbeiterbewegung in Rußland und Polen und kämpfte für die Errichtung des Sozialismus in diesen Ländern, eines Sozialismus, der auch den Juden Freiheit, völlige Gleichberechtigung und die Teilnahme am kollektiven Arbeitsleben in einer Gesellschaft ohne Klassen- und Rassenunterschiede bringen sollte. Die zionistische Politik der Auswanderung, der Schaffung eines jüdischen Staates in Palästina, lehnte der »Bund« vehement ab.[33] Auch noch nach der Ghettoisierung der jüdischen Bevölkerung durch die deutschen Besatzer begriff sich der »Bund« als Teil der polnischen Arbeiterbewegung und versuchte seine Kontakte zur PPS, der Polnischen Sozialistischen Partei, aufrechtzuerhalten.

Unter den zionistischen Parteien und Gruppierungen spielten die Linkszionisten die entscheidende Rolle in der Formierung des Ghettountergrundes und des Partisanenkampfes. Zwar bildeten auch die Revisionisten (die rechten Zionisten) Kampfeinheiten (vor allem die Jugendorganisation Betar), doch erlangten sie, mit Ausnahme von Warschau, keine so große Bedeutung wie die Linken und in erster Linie deren Jugendorganisationen. Im Laufe der Revolution von 1905 entstanden drei »proletarisch-zionistische« Fraktionen, von denen die Jüdische Sozialdemokratische Arbeiterpartei Poale Zion die wichtigste Rolle spielte. Borochov, der führende Ideologe der Poale Zion, vertrat die Haltung, dem jüdischen Volk müsse ein eigenes Territorium zur Verfügung gestellt werden, auf dem es sich in Klassen konstituieren könne, um unter »normalen« Bedingungen den Klassenkampf zu führen und einen eigenen sozialistischen jüdischen Staat zu errichten.[34] Ein Teil der Partei arbeitete gezielt darauf hin, Zionismus und Kommunismus miteinander zu verbinden. Das führte 1919 zur Spaltung in eine rechte und eine linke Poale Zion, die Linken bemühten sich um die Aufnahme in die Dritte Internationale (Komintern), scheiterten allerdings.

Eine relativ eigenständige Rolle spielte die linkszionistische Jugendbewegung Hechaluz (Der Pionier). Ihre Mitglieder, Mädchen und Jungen gleichermaßen, bereiteten sich in landwirtschaftlichen Kibbuzim und städtischen Kollektiven auf das Leben in einem sozialistischen »Erez Israel« vor, organisierten sich weitgehend autonom und waren relativ unabhängig von den Hierarchien der zionistischen Parteien. Drei dieser Jugendorganisationen sollten während der deutschen Besatzung den wichtigsten Part im jüdischen Widerstand übernehmen: die marxistische Haschomer Hazair (Der Junge Wächter), die gemäßigt linke Dror (Freiheit) und die liberal-gemäßigte Akiba, die vor allem in Krakau die Initiative zum bewaffneten Kampf ergriff.

Der Einmarsch der deutschen Truppen in Polen verursachte auch unter den jüdischen Parteien und Gruppen Verwirrung und Auflösung. Viele der anerkannten Führer flüchteten in den sowjetisch besetzten Teil des Landes, versuchten nach Palästina zu entkommen oder hielten sich versteckt. Sie waren als bekannte Persönlichkeiten exponierter als andere und mußten mit ihrer sofortigen Verhaftung rechnen.[35] Auch die Führer/innen der Jugendbewegung hatten sich in den sowjetischen Teil Polens zurückgezogen, doch im Gegensatz zu ihren erwachsenen Kollegen beschlossen sie, in die Gefahrenzone zurückzukehren. Gerade sie hätten sich am ehesten retten können, denn sie waren jung, kräftig und unabhängig, hatten Verbindung zu ihren Genoss/inn/en in Palästina und von allen Flüchtlingen die besten Chancen, noch zu emigrieren. Doch sie verzichteten auf all diese Vorteile, um zu den bedrohten jüdischen Massen im Herrschaftsbereich der deutschen Besatzer zurückzukehren. Unter ihnen war auch Zivia Lubetkin, 25 Jahre alt, Mitbegründerin der Hechaluz, eine der späteren Anführerinnen des Warschauer Ghettoaufstands.[36] Die Entscheidung, zurück in die Hölle zu gehen, ist diesen jungen Frauen und Männern sicher nicht leichtgefallen. Marie Syrkin erzählt die Geschichte von Hanka, die als Mitglied einer Haluz-Gruppe in Lemberg lebte, das noch nicht von den Deutschen besetzt war. Ihre Gruppe beschloß, einen von ihnen nach Warschau zu schicken; die Wahl fiel auf Hanka, die als besonders zuverlässige und mutige Genossin bekannt war. Um über die Zonengrenze zu gelangen, muß Hanka nachts durch einen halb zugefrorenen See schwimmen. Als sie in das eiskalte Wasser taucht, verliert sie die Nerven und kehrt um. Niemand macht ihr Vorwürfe, doch Hanka kann sich selbst nicht verzeihen. Zwei Tage später verschwindet sie aus Lemberg – als man wieder von ihr hört, ist sie bereits in Warschau.[37]

Bis zum Einmarsch der Deutschen hatten die Haluz-Gruppen eine politische Betätigung in der Diaspora abgelehnt und sich vor allem auf die Auswanderung nach Palästina konzentriert. Angesichts der neuen Situation änderte sich ihre Haltung, und Schritt für Schritt machten sich diese Jugendlichen daran, politische und gesellschaftliche Verantwortung in den Ghettos zu übernehmen.[38] Sie sammelten ihre Mitglieder, gewannen neue hinzu und organisierten sich in Zellen, die sich regelmäßig trafen, die Lage diskutierten und praktische Aufgaben übernahmen. Sie richteten Suppenküchen ein, geheime Bibliotheken, illegale Schulen, sogar Universitätskurse, kümmerten sich um die hungrigen herumstreunenden Kinder und gaben mehrere illegale Zeitschriften heraus. Zu Anfang wandten sich diese Blätter vor allem an die Mitglieder der Bewegung, waren im entsprechenden Jargon geschrieben und befaßten sich mit den ideologischen Differenzen und Diskussionen der Gruppen.

Bald jedoch änderte sich der Ton, die Untergrundpresse der Jugendbewegung richtete sich nun auch an die unpolitische, nichtorganisierte Ghettobevölkerung, wandelte sich vom »Vereinsblatt« zur wichtigen Informationsquelle für alle Juden.[39] Hier konnten die isolierten, von aller Welt abgeschlossenen Ghettobewohner/innen erfahren, was in anderen Städten geschah, was die ausländischen Sender über den Frontverlauf berichteten, wie die Verordnungen und Aktionen der Deutschen einzuschätzen waren und – schließlich – daß es im Ghetto Menschen gab, die vorhatten, sich gegen die Besatzer zur Wehr zu setzen.

Die Haluz-Gruppen wuchsen mit diesen Aktivitäten zu verschworenen Gemeinschaften heran, die ihre Mitglieder einschätzen und einander vertrauen konnten. In dieser abgesicherten Konspiration entwickelten sich die ersten Diskussionen über Sinn und Möglichkeiten bewaffneten Widerstands. – Eine scheinbar wahnwitzige Idee, angesichts der Übermacht des Gegners, angesichts der eigenen isolierten Lage, angesichts der kaum vorhandenen Unterstützung von außen. Keine/r dieser Jugendlichen hatte einschlägige Erfahrungen, kaum einer hatte in einer Armee gedient oder verfügte gar über taktisch-militärisches Wissen. Waffen kannten diese 16- bis 25jährigen aus Abbildungen in Büchern, eine jahrtausendealte antimilitaristische Tradition ihres Volkes hatte auch die Jungen geprägt. »Juden können nicht kämpfen«, sagten Polen und Deutsche gleichermaßen. »Wir sind Menschen der Schrift und nicht der Waffen«, sagten auch die eigenen Leute, die Erwachsenen.[40] Die Jungen erinnerten sich an die Kämpfe gegen die Philister, an die Belagerten von Masada, die nicht aufgegeben hatten, und auch an die revolutionäre Tradition in Rußland, wo sowohl bei den Sozialrevolutionären als auch bei den Bolschewisten Juden sehr wohl mitgekämpft hatten. Schließlich war ja auch Trotzki, der Gründer der Roten Armee, Jude. An den wenigen Waffen, die sie sich besorgt hatten, begannen die jungen Leute sich auszubilden. Mädchen und Jungen gleichermaßen. Sie waren zusammen aufgewachsen, koedukativ, hatten gemeinsam in den landwirtschaftlichen Kollektiven und den städtischen Kommunen gelebt und gearbeitet, zusammen gelernt und diskutiert, nun machten sie auch keinen Unterschied zwischen den Geschlechtern, als es um den Umgang mit Pistolen und Revolvern ging.

Doch waren sich auch die Jungen einig, sie mußten erst die Erwachsenen, die alten erfahrenen Parteileute für ihre Idee, für den bewaffneten Widerstand gewinnen. Das erwies sich jedoch als eine der größten Schwierigkeiten in der Organisierung des Ghettountergrunds. Die »Alten« mißtrauten sowohl dem Sinn einer aktiven Gegenwehr als auch einander. Sie konnten ihre Erfahrungen aus der Vorkriegszeit nicht vergessen, ihre Differenzen und Linienkämpfe. Die Funktionäre des »Bund« und der Zionisten waren nicht bereit, mit den Kommunisten zusammenzuarbeiten – beide Organisationen waren von der sowjetischen Regierung verboten und verfolgt worden. Die Kommunisten mißtrauten dem »Bund«, weil er sie auf seiten der Menschewiken bekämpft hatte, und den Zionisten wegen ihres Separatismus.

Der »Bund« verachtete die Zionisten als kleinbürgerliche Elemente, die die jüdischen Werktätigen der Arbeiterbewegung entfremden wollten, und die Zionisten bekämpften den »Bund«, weil er sich der Errichtung des jüdischen Staates widersetzte. Einig waren sich jedoch die Funktionäre des »Bund« und der Zionisten in der Ablehnung der »jugendlichen Hitzköpfe«[41], die bereit waren, mit den Kommunisten zusammenzuarbeiten, und die nun scheinbar drohten, gemeinsam die Deutschen zu noch schlimmeren Repressalien zu reizen als allen bisher erlittenen. Man dürfe den Mördern keinen Vorwand liefern für noch mehr Massaker, hielten die »besonnenen« Politiker den Jungen der Hechaluz-Bewegung vor. Die Ghettos, die gute Arbeit lieferten, würden von den Deutschen verschont, predigten die offiziellen – von den Deutschen eingesetzten – Autoritäten des Judenrates. »Das ist nicht die erste schwere Prüfung, die unserem Volk auferlegt wird«, beschwichtigten einige der religiösen Führer. Die »jugendlichen Hitzköpfe« blieben von all diesen Argumenten nicht unbeeindruckt. Sie achteten die ältere Generation und maßen deren Argumenten durchaus Gewicht zu. Emanuel Ringelblum, einer der wenigen »Älteren«, die sich sofort auf die Seite der Befürworter/innen des bewaffneten Widerstands gestellt hatten, schreibt in seiner biographischen Skizze über Mordechai Anielewicz, den 24jährigen Führer des Warschauer Ghetto-Aufstands: »Anielewicz und die Jungen von Haschomer Hazair und den Arbeiterorganisationen schenkten den Meinungen der Erwachsenen viel zuviel Aufmerksamkeit, diesen Abwieglern und Kalkulierern, die maßen und wogen und mit allen möglichen vorgefertigten Argumenten ankamen.«[42]

Das Argument, das wohl am schwersten wog, war das der Kollektivstrafe. Für jede Widerstandshandlung wurden anschließend »Unschuldige« hingerichtet, jeder politische Anschlag hatte einen deutschen Terroreinsatz gegen die Bevölkerung zur Folge. Konnten die Verfolger eines aktiven Untergrundmitglieds nicht habhaft werden, holten sie statt dessen seine Frau, seinen Mann, seine Kinder oder Eltern ab, oft auch alle Bewohner des Hauses, in dem sie oder er gelebt hatte. Die linkszionistischen Jugendgruppen und die Kommunisten hielten dagegen, daß die Deutschen solche Vorwände nicht brauchten, daß die totale Vernichtung des jüdischen Volkes beschlossene Sache sei und es nur zwei Möglichkeiten gebe: sich passiv zu ergeben oder den Mördern ihre Arbeit so schwer wie möglich zu machen; wie Sklaven noch eine Zeitlang von der Gnade der Schlächter zu leben, um dann doch in das Gas getrieben zu werden, oder aufrecht, als würdige Menschen zu sterben. Über diesen Auseinandersetzungen verging die Zeit, kostbare Zeit, um einen möglichst effektiven Widerstand zu organisieren. In Bialystok zum Beispiel gelang die Einigung der unterschiedlichen Bewegungen und Parteizellen erst am Vorabend des Aufstands.[43]

7

Hatten sich die Gruppen und Parteien untereinander geeinigt und sich zur Kampforganisation zusammengeschlossen, mußten sie erst noch die Bevölkerung für ihre Sache gewinnen. Das jedoch stellte sich unter allen Problemen, mit denen der Widerstand konfrontiert war, als eines der größten und tragischsten heraus. In vielen Städten, wie etwa in Wilna oder Bialystok, gelang es den Kämpfer/inne/n bis zuletzt nicht, die Ghettobewohner/innen von der Richtigkeit eines Aufstands zu überzeugen. Warschau, wo die Rebellion zur Volkserhebung wurde, an der das gesamte Ghetto teilnahm, war die Ausnahme, nicht die Regel. Die zermürbten, ausgehungerten, verängstigten Menschen schwankten zwischen der Hoffnung, auf wundersame Weise zu überleben, und einer fatalistischen Todeserwartung.

Sie waren zu müde, zu erschöpft von der ständigen Hetze, dem Sichverstecken, dem täglichen Kampf um ein Stück Brot, der mörderischen Arbeit in den Werkstätten, um sich noch wehren zu können. Oder sie klammerten sich verzweifelt an die Versprechungen der Deutschen und ihrer Handlanger, ihre Arbeitskraft würde gebraucht, sei es im Ghetto, sei es in »Arbeitslagern« im Osten, in die sie bei den Deportationen »ausgesiedelt« würden. Viele meldeten sich freiwillig zu den Abtransporten, weil sie ahnten, daß ihnen ein schneller Tod bevorstand, und sie keinen Sinn mehr in einem Leben sahen, das in Angst und Verelendung bestand, in Einsamkeit und in der Trauer um ihre Liebsten, die bereits »verschwunden« waren, abtransportiert ins Ungewisse. Oder auch, weil sie dachten, ihre einzige Chance zum Überleben bestehe in diesen angeblichen Arbeitslagern. Wer sich nicht freiwillig meldete, wurde gezwungen, und wer nicht zur angegebenen Stunde auf dem »Umschlagplatz« erschien, wurde gejagt und, falls gefunden, auf der Stelle erschossen. Die Deutschen, die darauf bedacht waren, die »Endlösung« so reibungslos wie möglich durchzuführen, erfanden ständig neue Lügen und Tricks, um die Menschen zu übertölpeln. Selbst als den Ghettobewohnern endgültig klar war, daß all die Alten, die Kranken, die Waisenkinder, die Frauen, die Arbeitslosen, die bereits abgeholt worden waren, nicht »umgesiedelt« wurden, sondern in einer selbst geschaufelten Kalkgrube in Ponar oder in den Gaskammern von Chelmno und Treblinka ermordet worden waren, selbst dann noch erklärten die Mörder den Arbeitern, die aus den Fabriken zur Deportation beordert wurden, sie müßten nur ihren Arbeitsplatz wechseln. Und als die Besatzer herausfanden, daß sich in den Ghettos Unruhe verbreitete, daß sich Widerstand regte, entwickelten sie ein der jeweiligen Stadt genau angepaßtes Desinformationssystem, um die Widerständler über den Zeitpunkt der anstehenden Liquidierungsaktion im ungewissen zu halten oder sie bewußt im Datum zu täuschen. So fand zum Beispiel die jüdische Kampforganisation in Tschenstochau heraus, daß die Deutschen die totale Liquidierung des Ghettos für den Morgen des 25. Juni 1943 planten. Die Kämpferinnen und Kämpfer verteilten sich auf ihren Posten und hielten sich in Bereitschaft. Am Nachmittag des Vortages kam die Meldung durch, es habe sich um falschen Alarm gehandelt. Die Widerständler/innen trugen ihre Waffen zurück in die Verstecke und gingen nach Hause oder zur Arbeit. Eine Stunde später stürmten die Deutschen das Ghetto.[44]

Die Strategie der Zermürbung, Verelendung und Desinformation erwies sich so in vielen Städten als erfolgreich. Nicht aber gegen den Untergrund; die Kampforganisationen griffen auch in den ausweglosesten Situationen zu den Waffen, als die Stunde des Aufstands gekommen war; auch den getäuschten Kämpfer/inne/n von Tschenstochan gelang es, sich nach der ersten Überrumpelung wieder zu formieren und den Mördern ihr Handwerk so schwer wie möglich zu machen. Doch die Aufständischen standen häufig allein. Die Bevölkerung, die sie vor dem sicheren Tod retten wollten, die sie beschworen, den Aufstand zu nützen, um aus dem Ghetto auszubrechen, der Deportation zu entgehen oder doch zumindest einige ihrer Gegner mit in den Tod zu nehmen, machte nicht mit. Aba Kovner, der Führer des Aufstands in Wilna, berichtet, daß die Tausende, die sich auf dem »Umschlagplatz« zum Abtransport eingefunden hatten, den Kämpfenden mitleidige Blicke zuwarfen.[45]

Und Chayke Grosman, eine der Organisatorinnen der Bialystoker Revolte, schildert in ihren Erinnerungen die Tragödie der Verzweiflung, die sich in ihrem Ghetto während der großen Liquidierung, am Morgen des Aufstandstages, abspielte:

»Es ist acht Uhr morgens. Unsere Läufer verteilen sich über das ganze Ghetto, um die Leute aufzufordern, sich in die Verstecke zurückzuziehen, sie erklären und betteln: Juden! Geht nicht freiwillig. Das ist keine Aussiedlung nach Lublin. Die Deutschen lügen, wie immer. Jeder Abtransport aus dem Ghetto bedeutet den Tod in den Gaskammern. Versteckt euch. Kämpft mit allem, was ihr auftreiben könnt. Unsere Kameraden wandten sich von einer Gruppe zur anderen, flehend, beschwörend. Aber der Strom ergoß sich weiter durch die Straßen. Es sah so aus, als sei ein schneller Tod einfacher, als ein Leben in Qualen zu verlängern. Das Leben in einem Loch, in einem Mauerspalt, in den Abwasserrohren, in einer Höhle – vielleicht wird es als Fluch begriffen im Vergleich zu einem schnellen Tod? Vielleicht haben wir nicht begriffen, wie verzweifelt das Leben von Eltern ist, die zusehen müssen, wie ihre Kinder verhungern und vor Schwäche sterben? Ein Leben ohne Hoffnung. Was ist ein solches Leben wert? Vielleicht sind die Massen an diesem Morgen deswegen ihrem Tod entgegengeflutet. (...) Vergeblich standen unsere Genossen an den Zufahrtstraßen. Vergeblich blockierten wir drei Brücken über die schlammige Bialka. Vergebens versuchten wir die Juden wieder nach Hause zu schicken. Sie wollten nicht auf uns hören, sie verschlossen ihre Ohren vor unseren Rufen.«[46]

8

Schon in der ersten Organisierungsphase des jüdischen Widerstands war der Streit um die richtige Kampfform entbrannt, und er flammte immer wieder auf, verstärkt durch die Einsicht, daß die Ghettobevölkerung sich einem Aufstand aller Voraussicht nach nicht anschließen würde. Die Frage, die sich den Kämpfer/inne/n stellte, war: Aufstand im Ghetto oder Bildung von Partisaneneinheiten? Die Beantwortung dieser Frage hing von mehreren Faktoren ab: Gab es dichte Wälder in der Umgebung der Stadt? Wie feindlich oder freundlich war die nichtjüdische Bevölkerung gestimmt, ohne deren Unterstützung eine Partisanengruppe kaum überleben konnte? Gab es bereits sowjetische Partisaneneinheiten, denen man sich anschließen konnte oder die einen wenigstens unterstützen würden? Die topographischen Bedingungen waren vor allem in Litauen und Belorußland erfüllt, wo ausgedehnte Wälder und Sümpfe gute Möglichkeiten boten, sich zu verstecken. Seit Ende 1942/Anfang 1943 operierten hier auch sowjetische Partisanen, die zumindest über die allernötigste Logistik und Ausrüstung und über Verbindung zur Roten Armee verfügten. In Warschau und anderen zentralpolnischen Städten gab es weder weite unbesiedelte Waldgebiete noch größere Partisanenformationen. Nur einzelne Gruppen der Gwardia Ludowa hatten – schlecht ausgerüstete – kleinere Basen eingerichtet, die ständig von Denunziationen durch die Bevölkerung und Überfällen polnischer Faschisten oder auch regulärer Einheiten der Armia Krajowa bedroht waren. Die nichtjüdische Bevölkerung war in allen Teilen Polens und Litauens den Partisanen extrem feindlich gesonnen, sei es aus traditionellem Antisemitismus und Antikommunismus, sei es aus Angst vor den brutalen Vergeltungsmaßnahmen der Deutschen, sei es aus beiden Gründen. Nur in Minsk stellte sich die Lage anders dar, die russischen Bauern unterstützten die Partisanen – aus Überzeugung oder aus Angst vor Repressalien der näherrückenden Roten Armee –, die Wälder erschwerten das Eindringen deutscher Antipartisanen-Einheiten, und die bereits operierenden Freischärler waren gut organisiert. Unter diesen Bedingungen war es möglich, einen größeren Teil der Ghettobewohner nach und nach in die Wälder zu schmuggeln und zu Kampfgruppen zu formieren. Der Minsker Untergrund einigte sich daher schnell darauf, daß der Kampf im Ghetto sinnlos sei. Auch die ZOB in Warschau entschied den Streit Ghetto oder Partisanen relativ rasch zugunsten eines Aufstands im Ghetto. In anderen Städten konnte lange keine Einigung erzielt werden.

Die Befürworter/innen eines Ghettoaufstands argumentierten: Nur ein geringer Teil der Bewohner/innen könne den Weg in die Wälder einschlagen. Es sei unmöglich, größere Gruppen von Menschen aus dem Ghetto zu schmuggeln, ohne aufzufallen. Die Älteren und Schwächeren und die Kinder könnten ein Leben im Freien in den langen Wintern nicht überstehen. Eine größere Gruppe von Juden könne sich auch gar nicht außerhalb des Ghettos halten, da sie nicht nur keine materielle Hilfe von der Bevölkerung erwarten könne, sondern statt dessen mit Verrat und Pogromen rechnen müsse. Zudem sei bekannt, daß die existierenden Partisaneneinheiten keinen aufnahmen, der keine Waffe mitbrachte. Und woher sollte man Waffen für die gesamte Ghettobevölkerung auftreiben oder auch nur für die, die bereit waren, mitzugehen? Und, vor allem anderen: Wenn die Jungen und Starken, die Kampffähigen in die Wälder gingen, ließen sie das Ghetto vollkommen schutzlos zurück und lieferten es kampflos der Liquidierung aus.

Die Befürworter/innen des Partisanenkampfes hielten dagegen: Es sei unvernünftig, sich in einem völlig aussichtslosen Kampf zu opfern. Es ginge schließlich nicht nur darum, würdig zu sterben, sondern auch darum, den Feind möglichst effektiv zu bekämpfen. Größere Sabotageaktionen und Anschläge, direkte Überfälle auf die Deutschen seien aber nur im Rahmen des Partisanenkampfes möglich. Je schneller die Deutschen – durch die vereinten Kräfte der Partisanen und der Roten Armee – vertrieben würden, desto mehr der noch überlebenden Juden könnten gerettet werden.

Die beiden Fraktionen einigten sich in den meisten Städten letzlich auf eine Doppelstrategie: Die Kampforganisation würde den Aufstand im Ghetto führen, doch ab sofort sollten auch Verbindungen mit den Partisanen im Umland aufgenommen und kleinere Basen installiert werden, in die sich die Überlebenden des Aufstands flüchten konnten, um weiterzukämpfen. Selbst die vehementesten Befürworter/innen des Freischärlertums schlossen sich dieser Linie an, denn auch sie waren nicht bereit, ihre Schicksalsgenossen im Ghetto allein zu lassen, die Bevölkerung hilflos den Deutschen auszuliefern.[47]

Und so traten diese jungen Frauen und Männer in den isolierten Ghettos Polens, Litauens und Belorußlands der Übermacht ihrer Mörder gegenüber, ausgerüstet mit einer Handvoll Pistolen, ein paar Gewehren, mit Molotow-Cocktails und selbstgebauten Flaschenbomben, mit Glühbirnen, die mit Säure gefüllt waren, mit Messern, Äxten und mit ihren bloßen Händen, bereit, den Exekutoren der »Endlösung« so viele Verluste wie nur irgend möglich zuzufügen und selbst in Würde zu sterben, anstatt wie Lämmer zur Schlachtbank zu gehen.

Warschau

»Schau, Hans, eine Frau schießt!«

Knapp 400000 Juden lebten laut offizieller Statistik[1] vor dem Einmarsch der Deutschen in Warschau, einer traditionell rebellischen Stadt, einer Stadt der Arbeiterbewegung, einer Stadt des jüdischen Lebens, neben Wilna das Zentrum polnisch-jüdischer Politik. Galt Wilna als das Jerusalem der Diaspora, so war Warschau das Herz der weltlichen Intelligenzija, geprägt von einer revolutionären Atmosphäre, die 1905 ihren vorläufigen Höhepunkt erreicht hatte. Nun, nach der Kapitulation der polnischen Armee, strömte ein Heer von Flüchtlingen in die Hauptstadt und suchte Zuflucht im traditionellen Judenviertel, wo vorwiegend das jüdische Proletariat, die Armen, die Underdogs lebten. Als Ludwig Fischer, der Gouverneur des Warschauer Distrikts, am 2. Oktober 1940 seine »Sonderverordnung über die Errichtung eines Ghettos in Warschau«[2] erließ, wurden an die 450000 Menschen hinter eine 6 Kilometer lange und 3 Meter hohe Mauer gesperrt, die mit Glasscherben und Stacheldraht zusätzlich gesichert wurde und deren Tore streng bewacht waren.[3] Das Areal wurde von den Deutschen im Laufe der Zeit immer wieder verkleinert, die Einwohnerzahl stieg, durch den ständigen Zustrom von Flüchtlingen und »Ausgesiedelten«, bis zum April 1941 auf etwa 500000 Menschen an.[4] Hatten früher in den proletarischen Straßen des Viertels im Durchschnitt sieben Leute in einem Raum gelebt, so waren es nun dreizehn, während gleichzeitig Tausende auf den Straßen und in den notdürftigen Sammelunterkünften hausten.[5] Ständig wurden neue Straßenzüge geräumt, die Bewohner/innen mußten binnen weniger Tage ihre Häuser verlassen und zusehen, wo sie nun unterkamen. Nun, da sie ihre Opfer an einer Stelle konzentriert und jedem Zugriff ausgeliefert hatten, konnten die NS-Behörden mit ihrer Arbeit beginnen. Ihr Ziel: Warschau sollten »judenfrei« werden. Die Taktik, die sie in der ersten Phase anwandten, hieß Aushungern. Gouverneur Ludwig Fischer formulierte seine Aufgabe völlig unverschleiert:

»Die Juden werden vor Hunger und Elend eingehen, und von der jüdischen Frage wird nur noch ein Friedhof übrigbleiben.«[6] Erreicht werden sollte dieses Ziel auf zwei Wegen: Durch radikale Einschränkung der Arbeits- und damit Verdienstmöglichkeiten und durch ebenso radikale Beschränkung der Nahrungsmittel. Die Zeitschrift des »Bund« »Za Naszą i Waszą Wolność« (Für unsere und eure Freiheit) meldete im August 1941, daß am 30. Juni 1941 von den rund 550000 Bewohner/inne/n des Ghettos nur 27000 berufstätig waren.[7] Dazu kamen die kleinen Händler, die Schwarzarbeiter/innen, die Menschen, die nur gelegentlich Arbeit fanden – und die Schmuggler, die Schwarzmarkthändler, die organisierten Gangster wie Gancwajchs gefürchtete Bande. 60 Prozent der Ghettobewohner/innen verdienten nichts. 130000 lebten von den Wassersuppen, die von den Volksküchen ausgegeben wurden, mehr als zwei Drittel der Menschen im Ghetto hungerten.[8] Banden ausgezehrter Kinder bevölkerten die Straßen und versuchten, sich ein Stück Brot zu stehlen oder zu rauben. Selbst Fälle von Kannibalismus kamen vor. Emanuel Ringelblum meldet in seiner Ghetto-Chronik, daß in der Krochmalnastraße 13 eine verzweifelte Frau Teile der Leiche ihres Kindes gegessen hatte.[9]

Nichts überließen die Mörder dem Zufall. Die Kalorienzuteilung war entsprechend den Rassengrundsätzen genau geregelt: Deutsche erhielten täglich 2310 Kalorien, Polen 634 und Juden 184. Die Preise standen dazu im exakt umgekehrten Verhältnis.[10] Unter diesen Bedingungen starben als erste die Armen und die Arbeiterinnen und Arbeiter, denn die Deutschen stellten in vielen Werkstätten nur Handwerker ein, die ihre eigenen Maschinen und Arbeitsgeräte mitbrachten. Die »Glücklichen«, die dennoch in den Bürstenmachereien, in den Nähereien und anderen Textilwerkstätten Arbeit fanden, waren häufig Frauen.[11] Sie schufteten von acht Uhr morgens bis sieben Uhr abends für einen Hungerlohn, von dem ihnen noch Geld für die zwei Teller Wassersuppe pro Tag abgezogen wurde, und für die »Sozialversicherung«, deren Beiträge direkt in die Kassen der deutschen Behörden wanderten. Hunger, Hetze und grenzenlose Erschöpfung machten diesen Frauen das tägliche Leben zur Qual: »Unter den furchtbarsten Bedingungen sitzen in dunklen Räumen und feuchten Löchern, auf Hockern und Bänken, über Tische und Maschinen gebeugte Menschen (konkret: meist Frauen, Anm. d. Verf.). Sie nähen Kleidung und Wäsche,

Blusen und Mützen, Matratzen und Steppdecken, sie stellen Spielzeug, Puppen, Lametta, Fliegenfänger, Kämme, Sicherheitsnadeln, Druckknöpfe, Strohschuhe, Sackleinwand und Bürsten her. In den Bürstenwerkstätten schneidet man die Borsten mit der Hand und spannt den stechenden Draht auf. Frauen und Kinder haben blutige, zerstochene, immer entzündete Finger, ihre Augen sind vor Überanstrengung dunkel umrändert, ihre Rücken gebeugt. (...) Es sind moderne Galeerensklaven, die Arbeit wird nur für das Essen verrichtet, und die Arbeiter bekommen lächerliche Abfälle dieses Essens.«[12] – Und nicht einmal zum Essen läßt ihnen der Akkord Zeit, die Frauen schlingen die Suppe während der Arbeit hinunter.

Seuchen breiten sich im Ghetto aus, Fleckfieber, Bauch- und Paratyphus, sie machen unter den von Hunger, Kälte und Erschöpfung geschwächten Menschen schnelle Beute. Die Selbsthilfeeinrichtungen des Ghettos versuchen alles, um die Gefahr einzudämmen, doch sie haben keine ausreichenden Mittel zur Verfügung, und die sanitären Verhältnisse sind katastrophal. Das Ergebnis dieser Politik des Aushungerns und der Verelendung gab ihren Erfindern recht: Bis zum Juni 1942 waren 100000 Ghettobewohner/innen, vor allem Flüchtlinge und Arbeiter/innen, tot.[13] Gouverneur Ludwig Fischer war denn auch zufrieden, und SS-Brigadeführer Wiegand, Chef der SS und Polizei im Distrikt Warschau, hob bei einem Treffen in der Zentrale Generalgouverneur Franks einen weiteren Vorteil der Hungerstrategie hervor: Sie würde die Juden davon abhalten, auf rebellische Gedanken zu kommen.[14] – Er sollte sich täuschen.

Im Januar 1942 trafen die Schwestern Sarah und Roza Zilber aus Wilna ein, berichteten über die Massaker in Litauen und überbrachten den Aufruf der FPO (Vereinigte Partisanen Organisation, der Wilnaer jüdische Widerstand) zum bewaffneten Aufstand im Ghetto. Ihnen folgten Emissärinnen aus Bialystok, überbrachten Nachrichten von systematischen Schlächtereien. Es gelang ihnen, mit führenden Persönlichkeiten der wichtigsten Parteien zu sprechen, doch sie stießen auf Mißtrauen und Unglauben: So etwas geschah vielleicht in den besetzten Gebieten der Sowjetunion, aber nicht in Zentralpolen und schon gar nicht in Warschau, wo man unmöglich eine halbe Million Menschen umbringen könne, ohne daß die zivilisierte Welt davon erführe. Im Februar trafen die ersten Augenzeugenberichte von den Vergasungen in Chelmno ein – und auch sie wurden nur von wenigen geglaubt. Viel wahrscheinlicher erschien da, trotz der ständigen Lügen der Deutschen, die Versicherung von Generalgouverneur Frank: Die Ghettos von Warschau, Radom und Krakau würden auf jeden Fall erhalten werden.[15]

Die jungen »Pioniere« der Hechaluz-Bewegung jedoch, die Jugend des »Bund« und die Kommunisten im Ghetto erfaßten, daß das Unglaubliche die entsetzliche Wahrheit war und daß etwas dagegen getan werden mußte. Auch die anderen politischen Organisationen suchten nun Kontakte nach »draußen«. Der »Bund« versuchte, seine alten Verbindungen zu den polnischen Sozialisten zu erneuern beziehungsweise zu festigen, die rechten Zionisten knüpften Verbindungen zu PLAN, einer radikal-patriotischen polnischen Gruppierung. Bereits Anfang des Jahres 1942 gründeten die Revisionisten ihre eigene Kampfeinheit, die ZZW (Jüdischer Militärverband), die später aktiv am Aufstand teilnehmen sollte, sich aber nicht der ZOB, der jüdischen Kampforganisation, die den Aufstand organisierte und leitete, anschloß.[16] Gleichzeitig organisierten sich die Bewohner verschiedener Straßen in autonomen Hauskomitees, die von den offiziellen Komitees des Judenrates unabhängig waren. Sie kümmerten sich um das Überleben und den Schutz ihrer Mitglieder und wurden später die Kerne des »wilden« Widerstands.[17]

Im März 1942 trafen sich die Führer der Linkszionisten (unter ihnen Zivia Lubetkin) und der Kommunistischen Partei, um die Möglichkeiten und Formen eines gemeinsamen Widerstands zu diskutieren. Das Ergebnis dieser Treffen war die Gründung des Antifaschistischen Blocks im Mai, dem die Jugendgruppen Haschomer Hazair und Dror, die Jüdische Arbeiterpartei (Linke und Rechte) Poale Zion und die Kommunistische Partei PPR angehörten. Der »Bund« weigerte sich, dem Antifaschistischen Block beizutreten, doch sein Jugendverband »Zukunft« bildete eigene Kampfgruppen.[18]

Gezielt und systematisch begann nun die Organisierung des bewaffneten Kampfes. Je fünf Mitglieder des Antifaschistischen Blocks bildeten eine Gruppe, jede Gruppe bildete sich im Umgang mit Sprengstoff und Säuren aus und schulte sich im Sanitätsdienst. Von den Ausbildern hatte nur einer, May Szmidt von der PPR, militärische Erfahrung.[19] So mußten sich die zukünftigen Kämpfer/innen das nötige Können selbst aneignen – und so hatten die jungen Männer auch keinen Vorsprung vor ihren Genossinnen. Frauen wie Männer hielten zum erstenmal in ihrem Leben eine Waffe in der Hand, Frauen wie Männer lernten ohne Unterschiede damit umzugehen, Frauen wie Männer diskutierten die beste Taktik des Straßenkampfes, von Angriff und Rückzug. Dennoch – in der Führung des Widerstands waren die Frauen, die als Emissärinnen bereits die ersten und schwierigsten Aufgaben der Untergrundarbeit übernommen hatten, kaum vertreten. Kommandant des Antifaschistischen Blocks war Mordechai Anielewicz von Haschomer Hazair, sein Stab war ausschließlich männlich besetzt.[20] Frauen sollten zwar, wie Emanuel Ringelblum bemerkte, die ruhmreichste Seite in der Geschichte des jüdischen Widerstands schreiben, von den Entscheidungen auf höchster Ebene jedoch waren sie, bis auf Ausnahmen wie Niuta Tejtelbojm (»Wanda«)* und Zivia Lubetkin in Warschau, Vitka Kempner in Wilna, Chayke Grosman in Bialystok und Gola Mirer in Krakau, weitgehend ausgeschlossen.

Am 22. Juli 1942 teilte SS-Sturmbannführer Herman Hoefle dem Vorsitzenden des Judenrates, Czerniakow, mit, daß alle »unproduktiven« Juden des Ghettos in den Osten ausgesiedelt würden. Am folgenden Tag verkündeten weiße Plakate im ganzen Ghetto, daß sich alle, mit Ausnahme der Beschäftigten in den deutschen Betrieben, der Angehörigen des Judenrates und der jüdischen Polizei, auf dem »Umschlagplatz« zur Deportation in den Osten einzufinden hätten. Am selben Tag noch trieb die jüdische Polizei (die diese Arbeit unter Aufsicht der Deutschen ausführte) 2000 Gefangene und 4000 Bettler und Obdachlose auf die Lastwagen, die sie sofort abtransportierten.[21] Von nun an wurden täglich Tausende Menschen in die Gaskammern von Treblinka verschleppt, bis diese erste große Liquidierungsaktion am 12. September 1942 abgeschlossen war: Von den 500000 Bewohner/inne/n des Warschauer Ghettos waren nur noch etwa 60000 übrig. Die offizielle Nazi-Statistik zählte 35639, erfaßte jedoch nicht die »Illegalen«, denen es gelungen war, sich zu verstecken und den Razzien zu entgehen.[22] Wenige Tage nach Beginn der Aktion trafen sich Vertreter fast aller politischen Gruppierungen, um die Lage zu diskutieren. Wi-

* siehe Seite 293

derstand ist zwecklos, sagten die einen, denn wir haben kaum Waffen, und wir sind zu wenige. Die Repräsentanten von Haschomer Hazair und der Kommunisten hielten dagegen: »Selbst wenn diese Deportationen nicht die endgültige Zerstörung des Ghettos bedeuten, wissen wir doch genau, daß die Flüchtlinge und die nach Warschau Umgesiedelten schon alle am Hunger gestorben sind. Und selbst wenn die Deportierten nun wirklich in Arbeitslager gebracht würden, wäre 75 Prozent von ihnen der Tod gewiß. Es ist daher besser, mit Würde zu sterben und nicht wie gehetzte Tiere. Es gibt keinen Ausweg, alles was uns bleibt, ist zu kämpfen. Selbst wenn wir nur zu einem symbolischen Kampf in der Lage sind, ist das besser als die passive Hinnahme der Schlächterei. (...) Wir haben keine Alternative – die Vernichtung steht uns so oder so bevor. Laßt uns unsere Verzweiflungstat als Protest in das Antlitz der Welt schleudern, die sich so gleichgültig verhält angesichts des Verbrechens der Nazis an Hunderttausenden polnischer Juden!«[23]

Es war auf diesem Treffen keine Einigung zu erzielen, doch die Befürworter des Kampfes begannen, nach Unterstützung von außen zu suchen. Ihre dringlichen und flehentlichen Appelle an den offiziellen polnischen Widerstand, das Ghetto mit Waffen zu unterstützen, blieben jedoch ungehört oder wurden dezidiert zurückgewiesen. Die wenigen, die der Vernichtung der Warschauer Juden nicht tatenlos zusehen wollten, waren selber machtlos und konnten nur geringe Hilfe bieten. Eine dieser seltenen Initiativen wurde von zwei Frauen getragen, Zofia Kossak-Szczucka, Vorsitzende einer kleinen katholischen Organisation und bekannte Autorin historischer Romane, und Wanda Krahelska-Filipowiczowa, einer »Veteranin« der polnischen sozialistischen Bewegung. Beide wurden für ihre Solidarität mit dem Ghetto schließlich in Konzentrationslager verschleppt.[24] Die gut ausgerüstete Armia Krajowa verweigerte schlicht jede Hilfe, während eine Spezialeinrichtung der polnischen Zentrale des offiziellen polnischen Untergrunds, »Antyk« (Anti-Kommunistische Agentur), die Vernichtungspolitik der Nationalsozialisten lautstark begrüßte. Im Sommer 1942, während täglich die Lastwagen mit den Deportierten aus der Stadt fuhren, erklärte »Antyk« in einem offiziellen Schreiben: »Ob wir es wollen oder nicht, der Kommunismus greift uns an. Die Vernichtung der europäischen Juden durch die Deutschen, die das Ergebnis des Deutsch-Jüdischen Krieges sein wird, stellt von unserem Gesichtspunkt her eine unzweifelhaft begrüßenswerte Entwicklung dar, denn sie wird die Explosivkraft des Kommunismus zur Zeit des deutschen Zusammenbruchs – oder auch schon früher – schwächen.«[25] Unter diesen Bedingungen war der Ghettowiderstand hilflos, ein Aufstand unmöglich.

Die Überlebenden der Liquidierungsaktion wurden auf drei Arbeitslager verteilt, von denen jedes von einer Mauer umgrenzt war: das Zentralghetto (von den Deutschen »Restghetto« genannt), das Gelände der Bürstenmacher und das Werkstattgelände (von den Besatzern »produktives Ghetto« genannt), wo die deutschen Fabrikanten Toebbens, Schultz, Röhrich und Schilling ihre Betriebe hatten.[26] Den Bewohnern jedes der drei Gebiete war es verboten, mit denen eines anderen zu sprechen. Die Arbeit in den Werkstätten war nun reine Zwangsarbeit, die tägliche Essensration bestand aus einem Teller Suppe und einem Stück Brot, die Arbeitszeit dauerte zwölf bis 19 Stunden täglich. Der offizielle Lohn von drei Zloty pro Tag wurde direkt von den Unternehmern an den Judenrat und von dem wieder an die SS ausgezahlt, die so einen täglichen Schnitt von 100000 Zloty machte.[27] Vladka Meed, die selbst Zwangsarbeiterin bei Toebbens war, beschreibt in ihren Erinnerungen den Frondienst:

»Halbtot vor Unterernährung und Schmerzen und in ständiger Hetze schafften manche Arbeiterinnen ihre Stückzahl nicht mehr und brachen über den Maschinen zusammen. Das passierte mehrmals täglich. Die anderen mußten ihre Arbeit mitübernehmen, um die Stückzahl einzuhalten. Unaufhörlich ratterten die Nähmaschinen. Mit schwerem Kopf, ausgedörrter Zunge, brennenden Augen sahen wir nichts als die grünen Soldatenhosen, die Nadel – 10 Zentimeter rauf, 10 Zentimeter runter, wir nähten und nähten, Quadrat reihte sich an Quadrat, (...) unser Universum bestand aus Quadraten, Quadraten bis an den Horizont. Ungeduldig warteten wir darauf, daß es Nacht wurde, daß wir, nachdem wir den Teller Suppe, der unsere tägliche Ration war, hinuntergeschlungen hatten, endlich ins Bett fallen und die Augen schließen konnten. Wenn wir nur am nächsten Tag nicht mehr aufwachen müßten und zurück in dieses Chaos! Aber es gab Zeiten, da wurden wir sogar um unsere so heiß ersehnte kurze Nachtruhe gebracht. Die unersättliche Gier der Deutschen nach immer noch mehr Produktion zwang uns manchmal, bis zu 30 Stunden am Stück durchzuarbeiten.«[28]

Der Aufseher ging mit einer Peitsche bewaffnet durch die Arbeitsräume; sah er, daß eine der Frauen über ihrer Maschine eingenickt war, schlug er auf sie ein. Die Arbeiterinnen fanden ein Versteck in einem der Lagerräume, wo sie sich in Halbstundenschichten zum Schlafen hinlegten, doch auch diese Zuflucht wurde entdeckt: »Mit einem teuflischen ›Aha‹ stürzte er sich auf sein wehrloses Opfer und schlug gnadenlos auf sie ein, die Schläge seiner Peitsche übertönten das Stöhnen seines Opfers. Sein Mund schäumte wie der eines tollwütigen Hundes. (...) Das war unser Leben in den ›ruhigen‹ Perioden zwischen den Selektionen.«[29]

Seit der großen Liquidierungsaktion hatte sich die Stimmung im Ghetto verändert. Wer jetzt noch am Leben war, hatte meist seine ganze Familie verloren. Alte Menschen und Kinder gab es kaum noch im Ghetto, und auch die Anzahl der Frauen war überproportional reduziert. Waren Anfang 1942 noch 134 Frauen auf 100 Männer gekommen, entsprach nun das Verhältnis Frauen zu Männer 70 zu 100.[30] Die offiziell registrierten Kinder machten nur noch zwei bis drei Prozent der Gesamtbevölkerung aus.[31] Übriggeblieben waren junge, arbeitsfähige Frauen und Männer, die als Arbeitssklav/inn/en benutzt werden konnten, und die, die illegal in den Kellern und auf den Dachböden der Häuser und in den Ruinen des Niemandslandes zwischen den drei Ghettobezirken hausten. Hätten wir uns gewehrt, sagten sich diese Menschen nun, dann wären unsere Eltern, unsere Kinder, unsere Liebsten noch am Leben, oder wir wären alle gemeinsam in den Tod gegangen und hätten zumindest ein paar Deutsche mitgenommen. »Die Leute schworen sich«, berichtet Emanuel Ringelblum, »nie wieder werden uns die Deutschen ungestraft hier wegbringen. Wir werden untergehen, aber die grausamen Eindringlinge werden mit ihrem Blut für unseren Tod bezahlen. Wir brauchen uns keine Gedanken um unser Überleben zu machen, denn jeder von uns trägt sein Todesurteil bereits in der Tasche. Wir sollten besser daran denken, mit Würde zu sterben, im Kampf zu sterben.« Das war nun nicht mehr nur die Haltung der organisierten Kämpfer/innen. »Der Funke«, erinnert sich Vladka Meed, griff auf die ganze Bevölkerung über, »er begann zu glühen, langsam, zögernd, dann aber immer stärker«.[32]

Am 25. August 1942 schoß Israel Kanal, Mitglied der zionistischen Akiba, auf den Chef der jüdischen Polizei, Szeryński, und verletzte ihn an der Schulter.[33] Das war der erste »terroristische« Anschlag im Ghetto – und er stieß auf breite Zustimmung. Kaum jemand war so verhaßt wie dieser Handlanger der Deutschen, der ihnen mit seiner Truppe die »Arbeit« der Deportationen abgenommen und auch sonst zu deren vollen Zufriedenheit operiert hatte. Ende Oktober 1942 hielten die Gruppen, die den Antifaschistischen Block gebildet hatten, eine Konferenz ab, auf der die Gründung der jüdischen Kampforganisation, der ZOB, beschlossen wurde. Der Bund schloß sich an. Als Kommandant wurde Mordechai Anielewicz von Haschomer Hazair gewählt, dem Stab gehörten Vertreter aller beteiligten Gruppen und Parteien (der Poale Zion, der Kommunisten, des Bund, der Hechaluz-Jugend) an, die (vermutlich) einzige Frau im Stab der ZOB war Zivia Lubetkin.[34] In den einzelnen Werkstätten wurden Koordinierungskommissionen der ZOB gegründet, ständige Vertreter nach »draußen« wurden gewählt, die im »arischen« Teil der Stadt für die Beschaffung von Waffen und Verstecken und für die Verbindungen zum offiziellen polnischen Widerstand verantwortlich waren. Die einzelnen Gruppen bestanden aus je sechs Mitgliedern, die nach Werkstätten organisiert waren. Parallel zur ZOB bestand weiterhin die ZZW der rechten Zionisten, die autonom blieb, sich aber im Kampf mit der ZOB koordinierte.[35]

Die ZOB beschloß, sofort aktiv zu werden, ihre ersten Aktionen sollten sich gegen die Verräter und Kollaborateure im Ghetto richten. – An jedem dieser beiden ersten entscheidenden Anschläge war eine Frau beteiligt. Am 23. Oktober 1942 erschossen drei Mitglieder von Haschomer Hazair, Elijah Różański, Mordechai Grower und Emilia Landau, den Stellvertreter Szeryńskis, Jacob Lejkin. Emilia Landau, Tochter des Fabrikbesitzers Aleksander Landau, eines Mäzens der Linkszionisten, war eine der aktivsten Kämpferinnen der ZOB und spielte während des Januar-Aufstands noch eine wichtge Rolle. Am 29. November führten David Szulman, Ber Brojdo und Sarah Granatsztejn, alle drei Mitglieder von Dror, das Attentat auf den Leiter der Wirtschaftsabteilung des Judenrates, Israel First, durch – erfolgreich. David Szulman gelang es, First, den Verbindungsmann zwischen Judenrat und Gestapo, zu töten.[36]

Die wichtigste Aufgabe jedoch war nun die Waffenbeschaffung. Die ZOB verfügte über ein paar Revolver, doch die Waffen, die Regina Justman von der Gwardia Ludowa erhalten hatte, um sie in das Ghetto zu schmuggeln, waren – mit ihrer Trägerin – der Gestapo in die Hände gefallen. PPR und Gwardia Ludowa (der militärische Arm der Kommunistischen Partei PPR) bemühten sich weiterhin, Pistolen, Revolver und Handgranaten aufzutreiben, angetrieben durch ihre jüdischen Mitglieder, allen voran Niuta Tejtelbojm, einer der zentralen Aktivistinnen des Warschauer Untergrunds.* Da an Handfeuerwaffen so schwer heranzukommen war, gingen die ZOB-Kämpfer/innen dazu über, Bomben und Molotow-Cocktails zu produzieren. Vladka Meed, die an der Herstellung der ersten Flaschenbomben beteiligt war, erinnert sich: »Michal kam in meinen Keller in der Gornoszlonskastraße mit einem Chemiebuch unter dem Arm. ›Komm schon, ich muß dir was erklären.‹ Er las mir eine Passage vor, in der es darum ging, Kaliumkarbonat, Salzsäure, Zyankali, Zucker und Benzin zu mischen. Chemische Formeln schwirrten mir im Kopf herum. (...) ›Ein Versuch würde sich lohnen‹, beschloß Michal. ›Aber was ist mit den Geräten?‹ fragte ich. ›Wir versuchen, die Chemikalien in ganz normalen Flaschen zu mischen‹, erwiderte er aufgeregt, ›irgend etwas wird schon dabei herauskommen.‹«[37] Die beiden machten sich auf, das nötige Material zu besorgen, eine schwierige Aufgabe, da jeder Bestandteil nur in kleinen Mengen und in weit auseinanderliegenden Geschäften besorgt werden durfte. Die Mühe lohnte sich – schon bei der ersten Probe gab es eine beeindruckende Explosion. Doch es war unmöglich, diese Experimente weiter in den gefährdeten Verstecken auf der »arischen« Seite durchzuführen. Vladka Meed informierte die ZOB und schmuggelte von da an Material über die Mauer in das Ghetto, wo in eigenen Werkstätten unermüdlich Flaschenbomben produziert wurden.[38] Wenig später übergab die Gwardia Ludowa ein »Rezept« zur Herstellung von Molotow-Cocktails, mit denen ebenso verfahren wurde.[39]

Das Planziel der deutschen Besatzer, Warschau »judenfrei« zu machen, war noch nicht erreicht. Auch die verbliebenen 60000 Menschen (nach offizieller Nazi-Statistik knapp 40000), die noch im Ghetto lebten, sollten nach Himmlers Ansicht (in Übereinstimmung mit Hitler) verschwinden. Doch dem konsequenten Endlöser widersetzten sich starke Kräfte in Industrie

* siehe Seite 293

und Wehrmacht, die auf ein bestimmtes Kontingent an jüdischen Zwangsarbeitern nicht verzichten wollten. Generalleutnant Schindler, Generalinspekteur der Wehrmacht, und Max Frauendorfer, Chef der Arbeitsabteilung unter Generalgouverneur Frank, wandten – unterstützt von Frank selbst – gegen Himmlers Pläne ein, eine totale Vernichtung der Juden, insbesondere der etwa 100000 unersetzlichen jüdischen Facharbeiter, im Generalgouvernement tangiere die Interessen der Kriegsproduktion.[40] Himmler war nicht bereit, nachzugeben, er besichtigte die Werkstätten im Ghetto und stellte fest, daß die dortigen Unternehmer wie Toebbens, Schilling etc. vor allem für die eigene Tasche produzierten. Zudem konnte er sich auf die Beschlüsse der Wannseekonferenz berufen und wußte sich mit seinem obersten Kriegsherrn einig. So befahl der Reichsführer SS, die endgültige Vernichtung des Warschauer Ghettos müsse bis zum 15. Februar 1943 abgeschlossen sein.[41] Die ZOB wußte zwar das genaue Datum der nächsten bevorstehenden Liquidierungsaktion nicht, bereitete sich aber unabhängig davon auf eine bewaffnete Aktion am 22. Januar vor – sechs Monate nach dem Beginn der ersten großen Aktion. Sie druckte einen Aufruf an die Bevölkerung des Ghettos und schlug ihn an allen Häuserwänden und in den Werkstätten an.

»Am 22. Januar sind sechs Monate seit dem Beginn der Aussiedlung aus Warschau vergangen. Wir alle gedenken jener furchtbaren Tage, an denen 300000 unserer Brüder und Schwestern deportiert und auf bestialische Weise im Todeslager Treblinka ermordet wurden. Sechs Monate eines Lebens in ständiger Furcht sind verflossen, nie wußte man, was einem der nächste Tag bringen würde. (...) Heute müssen wir begreifen, daß uns die Henkersknechte Hitlers nur deshalb am Leben ließen, weil sie unsere Arbeitskraft bis zum letzten Tropfen Schweiß und Blut, bis zum letzten Atemzug ausnutzen wollen.«[42]

Die ZOB verfügte bis zu diesem Zeitpunkt über 50 Kampf-Einheiten von je 20 bis 30 Mitgliedern. Von den ca. 1250 Kämpferinnen und Kämpfern war nur ein Teil mit Handfeuerwaffen ausgerüstet, die meisten mußten sich mit den Flaschenbomben, mit Glühbirnen, die mit Schwefelsäure gefüllt waren, mit selbstgebauten Handgranaten und mit Molotow-Cocktails begnügen.[43] Die wenigen, die eine Pistole oder ein Gewehr hatten, wußten, daß sie jeden Schuß gezielt abgeben müßten, denn die Munition war so knapp wie die Waffen selbst. Der Großteil der Kämpferinnen und Kämpfer lebte noch legal, ging zur Arbeit und wohnte in einer regulären Wohnung. Nur fünf Gruppen lebten bereits unter konspirativen Bedingungen, waren also jederzeit bereit und in der Lage, zu den Waffen zu greifen.

Es gelang den Deutschen, den Widerstand zu überrumpeln. Am 18. Januar, vier Tage vor der von der ZOB geplanten Widerstandsaktion, marschierten sie im Ghetto ein. Nur die fünf illegalen Gruppen waren fähig, sofort zu reagieren. Doch auch damit hatten die Invasoren nicht gerechnet. Als die Lastwagen mit den Gendarmen, lettischen und litauischen Hilfstruppen und polnischer Polizei, in die Gesiastraße einrollten und an den Werkstätten der »Ostdeutschen Baustelle« entlangfuhren, warf die ZOB-Aktivistin Emilia Landau, die bereits das Attentat auf den stellvertretenden Chef der Ghettopolizei ausgeführt hatte, die erste Handgranate. Sie traf gut, mehrere Deutsche waren sofort tot, doch auch Emilia Landau selbst wurde getötet.[44] Das Signal zum Angriff war gegeben, die Invasoren fanden sich in einem Hagel aus Kugeln und Molotow-Cocktails wieder, Panik brach aus, Schreckensrufe waren zu hören: »Die Juden schießen!«[45] 20 Minuten später mußten sich die Deutschen und ihre Helfer zurückziehen. Als sie wiederkamen, brachten sie Lastwagen voll Handgranaten, kleine Panzerwagen, Feldgeschütze und Maschinengewehre mit, doch die Kämpfe gingen weiter. Die ZOB hatte spontan ihre Taktik geändert, vom offenen Angriff ging sie jetzt zum Partisanenkampf über: Die Kämpferinnen und Kämpfer verbarrikadierten sich in Häusern, warteten, bis die Angreifer in diese Häuser eindrangen, und attackierten sie dann von allen Seiten. Auf diese Weise gelangten sie auch an die dringend benötigten Waffen ihrer gefallenen Feinde. Die bekamen es nicht nur mit den organisierten Einheiten der ZOB zu tun, ganze Häuserblocks, koordiniert von den Häuserkomitees, beteiligten sich an der Verteidungsschlacht. Die Kämpfe dauerten vier Tage, vom 18. bis zum 21. Januar.[46] Die Deutschen hatten ihre erste Niederlage gegen die »feigen, kampfunfähigen« Juden erlitten. Der Schock saß tief.

Zwar war es dem Leiter der Aktion, SS-Oberführer Dr. Ferdinand von Sammern-Frankenegg, dem SS- und Polizeiführer im Distrikt Warschau, gelungen, etwa 1000 Juden zu töten und 5500 abzutransportieren[47], doch von der Erfüllung seines Auftrags, das gesamte Ghetto zu vernichten, war er weit entfernt. Himmler schlug daraufhin SS-Obergruppenführer Krüger, dem Sicherheitschef des Generalgouvernements, vor, im Ghetto ein umzäuntes Konzentrationslager einzurichten, alle Maschinen und Menschen dorthin zu konzentrieren und dann als nächsten Schritt dieses Lager zu vernichten. Doch Krüger, vorsichtig geworden durch die Erfahrung des Januaraufstands, lehnte die Einrichtung des Lagers ab und bestand darauf, weiterhin Stück für Stück die Maschinen aus dem Ghetto zu entfernen und den Abtransport der Menschen mit Hilfe psychologischer Tricks zu versuchen. Die deutschen Unternehmer im Ghetto sollten ihren Arbeiterinnen und Arbeitern versichern, daß es nur um eine Verlagerung ihrer Arbeitsplätze ginge, und sie überreden, sich freiwillig zum Transport zu melden.[48] Doch diese Taktik, die anderswo durchaus erfolgreich war, schlug in Warschau fehl. Die Menschen im Ghetto ließen sich nicht mehr belügen, der Funke der Rebellion hatte gezündet, die gesamte Bevölkerung bereitete sich auf den letzten Akt des großen Dramas vor, auf den Aufstand, den bewaffneten Widerstand.

Die ZOB hatte schwere Verluste hinnehmen müssen, vier Fünftel ihrer Kämpferinnen und Kämpfer waren gefangengenommen oder getötet worden.[49] Sie ging in aller Eile daran, sich neu zu organisieren, nun, nach den Erfahrungen im Januar, in konsequenter Illegalität. Die Aktiven lebten von nun an kaserniert, jedes Versteck war gleichzeitig ein Waffen- und Bombenlager, Wachpatrouillen kontrollierten ständig die Ghettotore und die umliegenden Straßen. Die jüdische Kampforganisation war in jeder Sekunde bereit, loszuschlagen.[50] Gleichzeitig bauten die Ghettobewohner/innen »ihre« Bezirke zu Festungen aus. Unter dem Vorwand, Luftschutzkeller gegen die Luftangriffe zu bauen, errichteten die Ghettobewohner ein perfektes System von Bunkern und Kanalisationswegen, die sowohl die Häuser untereinander verbanden, als auch nach draußen, auf die »arische« Seite der Stadt führten. Bei Ausbruch des Aufstands war das Warschauer Ghetto eine doppelte Stadt: Unter den Häusern und Straßen erstreckte sich ein Labyrinth von geheimen Gängen und Verstecken. Die Kinder benutzten das Kanalsystem, um Lebensmittel und Waffen in das Ghetto zu schmuggeln, später sollten die umzingelten Kämpfer/innen durch die Kanäle flüchten.[51] Die »Zivilisten«, also die Frauen und Männer, die nicht im Widerstand organisiert waren, besorgten sich Waffen und rüsteten sich mit Messern, Säuren und Benzin aus. Vertreter der ZOB mobilisierten nun ganz offen in den Werkstätten. Bei den Bürstenmachern hielt die ZOB-Aktivistin Sara Żagiel eine Rede, in der sie erklärte, worum es der Kampforganisation inhaltlich ging: Erstens dürfe es nie mehr zu einer Situation wie während der ersten großen Liquidierungsaktion im Juli des vergangenen Jahres kommen. Zweitens sollte sich das Ghetto in den allgemeinen Kampf gegen den Faschismus einreihen. Drittens sollten sich so viele wie möglich nach dem Aufstand in die Wälder retten und bei den Partisanen weiterkämpfen. Doch sie ließ auch keinen Zweifel daran, daß der Aufstand von vorneherein zur Niederlage verdammt, daß an einen Sieg nicht zu denken war.[52] »Trotzdem« war die Parole. Und sie wurde angenommen. Yitzhak Zuckerman, Mitglied des Untergrunds, charakterisiert die neue Atmosphäre im Ghetto: »An dem Tag, an dem der jüdische Taschner freiwillig und ohne sich bezahlen zu lassen, einen Pistolenhalfter für den Kämpfer nähte, an dem Tag, an dem der jüdische Bäcker bereitwillig und gratis dem Kämpfer einen Laib Brot übergab, an dem Tag wußten wir, daß wir unter unserem eigenen Volk lebten. Die Gemeinschaft der Überlebenden hatte sich in eine Gemeinschaft der Kämpfer verwandelt.«[53] Und Emanuel Ringelblum notierte in diesen Monaten zwischen Januar und Anfang April:

»Wir haben erlebt, wie sich das psychologische Gesetz bestätigte, daß ein vollkommen unterdrückter Sklave keinen Widerstand mehr leisten kann. Aber es scheint, daß sich die Juden von den schweren Schlägen, die sie erlitten haben, ein wenig erholen. Daß sie die Bedrückung aus ihren schrecklichen Erfahrungen bis zu einem gewissen Grad abschütteln und sich ausrechnen, daß die friedliche Hinnahme der Schlächterei ihr Unglück nicht vermindert, sondern vergrößert. Mit wem auch immer du sprichst, du hörst denselben Aufschrei: Wir hätten die Deportationen nie zulassen dürfen! Wir hätten auf die Straße laufen sollen, alles in Brand stecken, die Mauern niederreißen und auf die andere Seite flüchten. Die Deutschen hätten zwar ihre Rache genommen, es hätte uns zwar Tausende Tote gekostet, aber nicht 300000. Jetzt schämen wir uns vor uns selbst, wir sind entehrt in unseren eigenen Augen und in den Augen der Welt, unsere Gelehrsamkeit hat uns nichts geholfen. Wir müssen uns jetzt verteidigen, wir müssen Widerstand leisten.«[54]

Vladka Meed erinnert sich an einen ihrer Besuche im Ghetto, wenige Tage vor dem Aufstand. Eine Jugendfreundin begegnete ihr auf der Straße, sie wußte, daß Vladka etwas mit dem Widerstand zu tun hatte: »›Warte einen Moment‹, versuchte sie mich festzuhalten, und dann fragte sie mich flüsternd: ›Kannst du mir nicht sagen, wie ich an eine Waffe komme?‹ (...) Das war die Stimmung im Ghetto: Sich verstecken, sich gegen die Deportation wehren, sich um jeden Preis verteidigen.«[55]

Vladka Meed und ihre Genoss/inn/en auf der »arischen« Seite arbeiten nun noch fieberhafter als je zuvor. Verbindungen zu den Partisanen müssen verbindlich gemacht, Verstecke für die Flüchtenden müssen vorbereitet, und vor allem und noch immer müssen Waffen, Waffen, Waffen organisiert werden. Bis zur letzten Minute pendelt Vladka Meed zwischen dem Ghetto und der »arischen« Seite hin und her, klettert mit Taschen voll Sprengstoff über die Mauer hinein und mit neuen Aufträgen wieder heraus. Emissäre der ZOB suchen die Aktiven auf der anderen Seite auf und beschwören sie, mehr Waffen zu besorgen, mehr Wohnungen zu organisieren, das Unmögliche zu leisten. In den ZOB-Bunkern innerhalb des Ghettos werden ohne Pause Bomben und Handgranaten produziert, die kasernierten Widerständler/innen stehen in ständiger Alarmbereitschaft. Kein Unterschied wird gemacht zwischen Männern und Frauen, soweit es die kämpferischen Aufgaben betrifft. Die Frauen stehen ebenso unter Waffen wie die Männer, die Frauen patrouillieren in den Straßen, Frauen halten die Verbindung zwischen den einzelnen Gruppen aufrecht, Frauen füllen Flaschen mit Sprengstoff, bauen Handgranaten und Molotow-Cocktails. Das ist aber noch nicht alles, was die weiblichen Mitglieder der Kampforganisation zu tun haben: Hinzu kommen ihre »Hausfrauen«-Pflichten. Die wurden nicht zwischen den Geschlechtern aufgeteilt wie fast alle anderen Arbeiten. Männern oblag die politische und militärische Führung, den Frauen das Kochen. Emanuel Ringelblum berichtet von einem Besuch in einer der konspirativen Wohnungen: »Es war eine Wohnung mit zwei Zimmern und Küche in der Swietojerskastraße 32. Drei Etagen tiefer befand sich die Wache des deutschen Werkschutzes. Im Lokal der ZOB hielten sich Tag und Nacht zehn Menschen auf, die zu allem entschlossen waren. Dort befanden sich auch die Waffen. Die Kämpfer durften das Lokal nicht verlassen, die Verpflegung wurde ihnen zugestellt. Der

Weg zum Lokaleingang führte über die Dachböden benachbarter Häuser; die Tür wurde nur auf ein verabredetes Klopfzeichen geöffnet. Drei Kämpferinnen, die in der Wohnung wohnten, bereiteten die Mahlzeiten zu und führten verschiedene gefährliche Anweisungen und Missionen der ZOB aus. Disziplin und Ordnung waren mustergültig.«[56]

Der Stab der Aufständischen hatte sich nach Ghettobezirken in vier Gebietszentralen aufgeteilt: Eine war für das Zentralghetto verantwortlich, eine für das Gelände der Bürstenmacher, eine für den Bereich der Werkstätten (das »produktive« Ghetto), die ZZW (die Kampfeinheit der rechten Zionisten) übernahm das Gebiet um den Muranowskiplatz. Insgesamt zählten ZOB und ZZW zusammen etwa 2000 aktive Kämpferinnen und Kämpfer. In der ZOB waren zu diesem Zeitpunkt bereits alle Parteien und Gruppen der Linken und der Gemäßigten organisiert: Haschomer Hazair, Dror, »Bund«, Kommunisten (PPR), Linke und Rechte Poale Zion, Gordonia, Hanoar Hazioni und Akiba.[57] Die verantwortlichen Vertreter dieser Gruppen und Parteien innerhalb der ZOB waren Männer. Doch einzelne Kampfgruppen der ZOB wurden auch von Frauen kommandiert.

Himmler war nun nicht mehr bereit, länger zu warten. Er wollte seinem Führer zum Geburtstag (20. April) ein »judenfreies Warschau« schenken. Dazu kam, daß die Deutschen häufig ihre Überraschungsangriffe an hohen Feiertagen starteten, in der Erwartung, daß sich ihre Opfer an solchen Festtagen in Sicherheit wähnten. Dieses Jahr, 1943, fielen Ostern und Pessach zusammen, und beide fielen auch noch in die Woche von »Führers Geburtstag«. Der Termin für die endgültige Liquidierung des Ghettos wurde auf Montag, 19. April, festgesetzt. Da Krüger nach dem Desaster im Januar den Fähigkeiten von Sammern-Frankenegg nicht mehr ganz traute, beorderte er sich für die Ghettoaktion einen erprobten Spezialisten im Partisanen-Abwehrkampf, SS-Brigadeführer Jürgen Stroop, der gerade in Lwow stationiert war.[58] Stroop war ein »alter Kämpfer«, Mitbegründer der NSDAP in Lippe, während des Krieges hatte er sich im Einsatz gegen die Partisanenbewegung in der Ukraine bewährt und anschließend Spezialeinheiten für Terroraktionen auf dem Kaukasus ausgebildet. Er schien Krüger der richtige Mann, um mit dem Warschauer Ghetto fertig zu werden.

In der Nacht vom 18. auf den 19. April 1943 umstellten die

Deutschen das Ghetto mit Maschinengewehren und einer dichten Kette polnischer Polizei. Die Späher der ZOB gaben um 2.15 Uhr Alarm, 15 Minuten später waren die Kampfgruppen auf ihren Plätzen.[59] Um fünf Uhr morgens marschierten die Angreifer ein. Gegen die knapp 2000 Widerständler/innen und eine schlecht bewaffnete Bevölkerung boten sie auf: ein Bataillon der Panzergrenadiere und eine Kavallerieabteilung der Waffen-SS, zwei Artillerieabteilungen und eine Pionierabteilung der Wehrmacht, eine Gruppe der Sicherheitspolizei, polnische Polizei, ein Bataillon der SS-Schule in Trawniki, ukrainische und lettische Hilfstruppen und die Feuerwehr.[60] Gegen ein paar hundert Pistolen, ein paar Gewehre und Maschinengewehre, gegen Handgranaten und Molotow-Cocktails setzten die Vollstrecker der »Endlösung« Panzer, Maschinengewehre, Maschinenpistolen in quasi unbeschränkter Zahl und mit nie versiegender Munition, Feuerwerfer, Gasbomben und später auch noch Bombenflugzeuge ein.[61] An der Spitze der geschulten, trainierten Angriffsarmee stand ein »verdienter« General. An der Spitze der Ghettokämpfer/innen, von denen kaum eine/r älter als 25 war, stand der 24jährige Mordechai Anielewicz, der, wie seine Gefährtinnen und Gefährten, Waffen bis vor kurzem nur auf Bildern gesehen hatte.

Als die erste Abteilung der Invasoren die Ecke Nalewskistraße/Gesiastraße erreichte, wurde sie mit einem Kugelhagel empfangen. Die Soldaten flüchteten in wilder Panik, die Kämpfer/innen eilten aus dem Haus, um die liegengebliebenen Waffen einzusammeln, und zogen sich sofort wieder zurück.[62] Dasselbe wiederholte sich auf dem Areal der Zamenhof- und Milastraße. SS-Männer und ukrainische Hilfstruppen prügelten sich um die wenigen Plätze, die ihnen Deckung boten, dann zogen sie sich fluchtartig aus dem Ghetto zurück. Um halb acht Uhr morgens eilte Sammern-Frankenegg zu Stroop ins Bristol-Hotel, um zu melden: »Im Ghetto ist alles verloren. Wir mußten uns zurückziehen, wir können nicht mehr rein, wir haben eine Menge Toter und Verwundeter.«[63]

Nun übernahm Stroop die Sache. Mit 5000 Mann zog er zu Mittag ins Ghetto ein, ausgestattet mit schwerer und leichter Artillerie.[64] Die Kämpfe konzentrierten sich jetzt um die Lagerhäuser der »Werterfassung« und das Hospital in der Gesiastraße. Als sich die ZOB-Kämpfer/innen zurückziehen mußten, steckten sie die Werterfassungs-Lagerhallen, in denen die

SS das den Juden geraubte und durch ihre Sklavenarbeit erzeugte Gut hortete, in Brand. Daraufhin stürmten die SS-Männer das Hospital, warfen die Patient/inn/en und Krankenschwestern in die Flammen, zerschmetterten die Köpfe der neugeborenen Babies an den Wänden und schlitzten den schwangeren Frauen die Bäuche auf.[65] Am Nachmittag des ersten Tages stießen die Invasoren mit den Einheiten der ZZW auf dem Muranowplatz zusammen und wurden kurz darauf erstmals auch mit den »wilden« Gruppen aus der Bevölkerung konfrontiert. Am Abend zog sich Stroop zurück und zählte seine Verluste.

Am zweiten Tag versuchten die Deutschen und ihre Hilfstruppen, das Gebiet der Bürstenmacher anzugreifen. Sie stießen auf so heftigen Widerstand, daß sie schließlich Emissäre mit weißen Tüchern zu den Kämpfer/inne/n schickten, um um einen 15minütigen Waffenstillstand zu bitten: ein historisches Ereignis. Die ZOB-Leute ließen sich nicht darauf ein, die Angreifer erlebten neue Überraschungen. »Schau, Hans, eine Frau schießt!« rief ein Soldat voll Entsetzen[66], und das war nicht die einzige Frau, die den verwirrten »Helden« zu schaffen machte. Ein Beobachter der Kämpfe von der »arischen« Seite hielt in seinem Tagebuch fest: »Bei einem Feuergefecht zwischen den sich in den Haustoren der dem Ghetto benachbarten Häuser verbergenden SS-Leuten und den auf den Mauern des Ghettos stehenden Juden fällt ein von einer Kugel getroffener Jude, der das Maschinengewehr bediente. Im gleichen Moment packt die neben ihm stehende Frau die Waffe, richtet sie erneut gegen die Deutschen und beschießt sie weiter.«[67] Ein jüdischer Augenzeuge berichtet später: »Die Unseren kämpften, so gut sie konnten. (...) Ich blickte in die ruhigen Gesichter der Frauen, sie waren ohne Tränen, ohne Furcht, entschlossen, würdig zu sterben.«[68] Da die Deutschen der Kämpfe nicht Herr werden, schießen sie das Gelände der Bürstenmacher mit Feuerwerfern in Brand, die ZOB-Kämpfer/innen müssen sich aus einem Meer von Flammen zurückziehen. Doch sie geben nicht auf. Bis zum 22. April liefern sie ihren Gegnern Schlachten aus Häusern und auf offener Straße. Wer sich nicht mehr zurückziehen kann, versucht, möglichst viele Gegner mit in den Tod zu nehmen. Die Kunstmalerin Franciszka Rubinlicht, die den Aufstand aus ihrem Versteck verfolgte, gab zu Protokoll: »Jeder junge Mann, jedes junge Mädchen stirbt heute als Held.

Eben jetzt hat ein 16jähriges Mädchen einige Handgranaten, sogenannte Flaschen, am Gürtel befestigt, sich den Kopf mit Benzin begossen, sich selbst angezündet und sich auf einen vorbeifahrenden Panzer gestürzt. Glücklicherweise hatte sie Erfolg; sie zerstörte den Panzer und kam zugleich mit der Besatzung des Panzers ums Leben.«[69] Stroop schrieb in seinen Bericht vom 21. April: »Erstmalig wurde die Teilnahme der Frauenorganisation der Chaluzzenbewegung (sic) festgestellt.«* [70] Diese »Chaluzzenmädel«, wie er sie später nennen sollte, verfolgten ihn noch bis ins Gefängnis, wo er seinen Zellengenossen mehrmals von ihnen erzählte. Er gab sogar eine eigene Verordnung heraus, nach der gefangengenommene Frauen genau zu durchsuchen seien, da sie angeblich Waffen in ihren Schlüpfern verborgen hätten.[71] Schließlich gab er den Befehl, unter den Frauen gar keine Gefangenen mehr zu machen, sondern sie sofort zu erschießen, da sie immer wieder noch in der letzten Sekunde eine Handgranate zündeten und damit nicht nur sich selbst, sondern auch den, der sie festnehmen wollte, in die Luft sprengten.[72]

Am vierten Tag der Kämpfe beschlossen die Deutschen, das Ghetto auszuräuchern. Sie schossen mit Flammenwerfern die Häuser reihenweise in Brand, warteten, bis die verzweifelten Bewohner/innen aus den Fenstern sprangen, um sie dann im Flug abzuschießen. Zufrieden notierte Stroop in seinem Bericht vom 22. April: »Die von den Flammen erfaßten Juden sprangen massenweise, zu ganzen Familien, aus den Fenstern oder ließen sich an zusammengeknüpften Bettlaken herab. Es ist Vorsorge getroffen worden, daß (...) diese (...) sofort liquidiert werden konnten.«[73]

Auf Hilfe von außen konnte das kämpfende Ghetto nicht hoffen. Einmal startete die Armia Krajowa einen Angriff vor den Ghettomauern, eine Aktion führte eine Pfadfindergruppe durch, die schon mehrmals Waffen für die Ghettokämpfer organisiert hatte, und vor allem die Gwardia Ludowa bemühte sich mehrmals, die Kämpfenden von außen zu unterstützen. Einen der wenigen erfolgreichen Angriffe leitete Niuta Tejtelbojm: Am 20. April setzte ihre Gruppe der Gwardia Ludowa eine deutsche Maschinengewehrstellung vor der Ghettomauer

* Bernard Mark korrigiert Stroop: Eine Frauenorganisation des Hechaluz gab es nicht. – Aber auffallend viele kämpfende Frauen.

Frauen aus dem Widerstand im Warschauer Ghetto

außer Gefecht.[74] Gleichzeitig versammelten sich Trauben von Zuschauern in den an die Ghettomauern grenzenden Straßen und kommentierten, nicht selten zugunsten der Deutschen, das »Ereignis«.[75]

Die Kämpfe verlagerten sich nun auf die Bunker. Die Angreifer mußten ihre Taktik ändern. Da es ihnen kaum je gelang, in einen der ZOB-Bunker einzudringen, ohne dabei selbst schwerste Verluste zu erleiden, gingen sie dazu über, Löcher in die Befestigungsmauern zu sprengen, um Giftgas einzuleiten oder die Bunker unter Wasser zu setzen.[76] Die stärksten Stellungen der ZOB hielten sich in dieser Phase in der Lesznostraße. Die Kampfgruppe Hersz Kawe, die einen Bunker in der Lesznostraße 74 verteidigte, wurde von einer Frau kommandiert, von Roza Rozenfeld, die noch kämpfte, bis ihr das Wasser buchstäblich bis zum Hals stand. Als die SS-Leute sahen, daß nun ihre Chance gekommen war, erschossen sie Roza Rozenfeld und mit ihr die junge Kämpferin Halinka Rochman, die Rozas Körper mit dem ihren decken wollte. In diesem Kampf fielen noch vier weitere Frauen: Zocha Brzezińska, Tosia Zebularz, Sara Klejman und Chawa Brander.[77] Inzwischen waren einige Kampfgruppen gezwungen, durch das Kanalsystem die Flucht anzutreten. Ende Mai wurden die Überlebenden einer Stellung in der Lesznostraße evakuiert, doch nicht alle konnten sofort durch die mit Leichen verstopften Abwässerkanäle geschleust werden. Regina Fuden und Lea Korn, die bereits erfolgreich einen Teil ihrer Genoss/inne/n herausgebracht hatten, kehrten in das brennende Ghetto zurück, um auch die anderen zu befreien.[78] Doch die Deutschen hatten inzwischen herausgefunden, daß ihnen ihre Opfer auf diesem Weg entgingen. Sie umstellten die Kanaldeckel auf der »arischen« Seite und warteten, bis jemand herauswollte, mauerten sie zu oder schossen Granaten mit Giftgas in die Kanäle und bereiteten so den Flüchtenden einen langsamen und qualvollen Tod.[79]

Ein Bunker in der Franciszkanskastraße 30 hielt sich drei Tage lang, vom 1. bis zum 3. Mai, unter schwerstem Beschuß. Als die Deutschen angriffen, antwortete die ZOB-Kämpferin Debora Baran mit einer Handgranate, der ein Hagel von Kugeln und Granaten folgte. Die Angreifer mußten sich immer wieder zurückziehen. Zuletzt kam es zum Nahkampf mit mehreren Frauen der ZOB, die sich mit ihren Handgranaten erbittert zur Wehr setzten. Keine von ihnen konnten die Sieger lebend gefangennehmen.[80] Die Lesznostraße hielt sich am 6. Mai noch immer. Erst am 7. Mai fielen hier die letzten Stellungen der Aufständischen. Ein Überlebender berichtete später: »Bevor wir die Steinwand, die uns von dem unterirdischen Gang (auf die »arische« Seite, Anm. d. Verf.) trennte, niederreißen konnten, waren wir von den Deutschen eingeschlossen. Auf ihre

Aufforderung, den Bunker zu verlassen, antworteten wir nicht. Dann wandten sie Giftgas an. (...) Wir waren uns klar darüber, daß alles zu Ende war. (...) Als erste wurde die Kämpferin Ita Heyman, die zu dieser Zeit Dienst am Eingang hatte, durch das einströmende Gas vergiftet. Sie entschloß sich als erste, zog den Revolver heraus und bestimmte die letzte Kugel für sich selbst. Als wir zu ihr hineilten, hörten wir gerade noch die letzten Worte der Sterbenden: (...) ›Ich will niemandem eine Last sein, ich will nur nicht in ihre Hände fallen.‹ Im nächsten Moment waren die Deutschen auch schon im Bunker.«[81] Einer der Kommandeurinnen dieses Abschnitts gelang es, sich durch die Kette der Deutschen zu schießen und in einer der benachbarten Ruinen zu verschwinden.[82]

Am 8. Mai entdeckten die Angreifer den Stabsbunker der ZOB in der Milastraße 18. Sie umstellten den Bunker von allen Seiten und eröffneten das Feuer, das sofort erwidert wurde. Als sie schließlich auch hier zu Giftgasbomben übergingen, begingen die erstickenden Kämpfer/innen Selbstmord, unter ihnen Anielewicz und seine Frau, Mira Furcher. Zu spät wurde ein Notausgang gefunden, nur einigen wenigen, unter ihnen die ZOB-Aktivistinnen Tosia Altman und Zivia Lubetkin, gelang es, zu entkommen. Als Stroop schließlich selbst zum Bunker kam, um sich von seinem Sieg über die Führung des Aufstands zu überzeugen, mußte er feststellen: »Die Leute, die ich gern verhört hätte, waren alle tot.«[83]

Die Zentrale des Widerstands war nun zwar ausgeschaltet, doch die Kämpfe gingen noch immer weiter. In dieser letzten Phase des Aufstands waren es vor allem die »wilden« Gruppen, die »Trümmerleute«, die Stroops endgültigen Sieg vereitelten. Ein Augenzeuge beschrieb später diese »Geistergestalten«, die immer wieder aus den rauchenden Trümmern des inzwischen niedergebrannten Ghettos hervorkamen und die deutschen Patrouillen überfielen: »Aus den Kellern huschten einige gespensterhafte Gestalten, (...) Kleider in Fetzen, Waffe in der Hand. (...) In einer Bretterbude standen auf ein paar Ziegelsteinen verbeulte Töpfe, schmutzige, zerzauste Frauen kochten das Essen. Kinder, den Waldtieren ähnlich, forderten ihre Ration.«[84] Am 22. Mai notierte Goebbels in sein Tagebuch: »Die Schlacht im Warschauer Ghetto dauert an. Die Juden leisten noch immer Widerstand.«[85] Die Juden leisteten selbst im Juni noch Widerstand. Bei den letzten Ausfällen in der Bonifraterskastraße fiel die Kämpferin Janka Gontarska, in der Kurzastraße hielt sich noch eine Jugendgruppe. Als sie einen Trupp deutscher Soldaten überfielen, wurden sie überwältigt, zwei Mädchen waren unter ihren Toten.[86] Erst im Juli 1943, gut zehn Wochen nach seinem Einmarsch im Ghetto am 19. April, konnte SS-Brigadeführer Stroop seine Arbeit als erledigt betrachten.

Die überlebenden Ghettokämpferinnen und -kämpfer schlossen sich den Partisanen an, viele von ihnen kehrten während des Warschauer Aufstands von 1944 in die Stadt zurück, um sich auch an diesem Kampf zu beteiligen. Zivia Lubetkin, eine von ihnen, beschreibt die äußerst zwiepältige Situation der jüdischen Kämpfer/innen in dieser polnischen Auseinandersetzung:

»Die polnische Regierung in London hielt es für klug, den Aufstand genau in dem Moment zu beginnen, in dem die Deutschen abziehen würden, die Rote Armee aber noch nicht in die Stadt einmarschiert war. Dadurch würde sich der verhaßte Feind aus dem Osten einem fait accompli gegenübersehen. Die Stadt wäre von der unabhängigen polnischen Armee und Regierung befreit worden. (...) Wir waren uns der politischen Natur dieses Aufstands ebenso bewußt wie die Führer der PPR und der Armia Ludowa (so nannte sich inzwischen der militärische Arm der kommunistischen PPR, die Gwardia Ludowa, Anm. d. Verf.), beschlossen aber dennoch, daran teilzunehmen. (...) In unseren Augen war der Aufstand, trotz seiner politischen Implikationen, immer noch ein Kampf gegen die Deutschen.«[87]

Die ZOB-Gruppe sammelte sich in ihrem Hauptquartier in der Lesznostraße und nahm Kontakt auf zum Kommando der Armia Krajowa. Das Angebot der überlebenden Ghettokämpfer/innen, sich am polnischen Aufstand zu beteiligen, stößt hier auf keine Begeisterung. Die Emissäre des ZOB werden vertröstet. Doch inzwischen hatten sie erfahren, daß die Armia Ludowa sich in der Altstadt von Warschau sammelte. Die alten Kontakte aus der Zeit des Ghettoaufstands wurden wieder aufgenommen, die ZOB-Leute von der Armia Ludowa mit offenen Armen empfangen. Zivia Lubetkin: »Das waren anständige Leute mit wirklichem Kampfgeist. Sie waren der Auffassung, daß, da nur ein paar Dutzend jüdischer Kämpfer den Ghettoaufstand überlebt hatten, es nicht gerecht wäre, wenn die jetzt noch ihr Leben verlieren würden. Sie betrachteten es als ihre moralische Pflicht, uns am Leben zu erhalten. Deshalb wollten sie uns an Abschnitten postieren, an denen keine direkte Lebensgefahr bestand. Natürlich weigerten wir uns, diese Bedingungen anzunehmen. Wir hatten uns dem polnischen Aufstand nicht angeschlossen, um einen guten Eindruck zu machen, sondern um zu kämpfen.«[88]

Einen Monat lang hielt sich die Altstadt unter der Führung der Gwardia Ludowa, dann mußten sich die Aufständischen zurückziehen: Sie hatten vom Ghetto gelernt und organisierten ihren Rückzug durch das Kanalsystem. Für die jüdischen Kämpfer/innen war es das zweite Schlachtfeld, das sie auf diesem Weg verließen. Nach der Kapitulation der Armia Ludowa tauchten die Aktivist/inn/en der Armia Ludowa unter, indem sie sich unter die Zivilbevölkerung mischten – eine Lösung, die für die ZOB-Mitglieder nicht in Frage kam, da der Antisemitismus weiter Teile der Bevölkerung nicht abgenommen hatte und auch die Deutschen noch immer Jagd auf die wenigen überlebenden versprengten Juden machten. Zivia Lubetkin und Marek Edelman gelang es schließlich, sich mit ihrer Gruppe in einem ausgebombten Haus an der Weichsel zu verstecken. Nach einem Monat fanden ihre Genoss/inn/en heraus, daß sie noch am Leben waren, ihr Versteck aber kurz vor der Entdekkung durch die Deutschen stand. Sie organisierten eine trickreiche Rettungsaktion: Verkleidet als Angehörige des Roten Kreuzes behaupteten sie, sie müßten in die – von den Deutschen bereits evakuierte – Stadt zurück, um Typhuskranke abzuholen. Die Idee zu dieser Aktion hatte Ala Margolis, Verbindungsfrau des »Bund« und Mitglied der ZOB auf der »arischen« Seite Warschaus. Zusammen mit der Ärztin Inka Schweiger organisierte sie den gewagten Coup - und führte ihn mit Erfolg durch: Die ganze Gruppe der versteckten ZOB-Frauen und -Männer konnte gerettet werden.[89] Am 17. Januar 1945 sah diese Handvoll Überlebender des Ghettoaufstands die ersten sowjetischen Tanks in Warschau einrollen. Mit sehr gemischten Gefühlen – Freude über das Ende des Terrors, den Abmarsch der Deutschen und untröstliche Trauer über die zahllosen Toten – erlebten sie die Befreiung, für die sie seit gut zweieinhalb Jahren gekämpft hatten.

Wilna

»Liza ruft«

Litauen galt als das geistige Zentrum der Ostjuden. Etwa eine halbe Million Juden lebte in dem kleinen Vielvölkerstaat, die größte unter seinen ethnischen Minderheiten.[1] Das jüdische Herz Litauens war Wilna, das erst 1939 auf Grund einer Klausel des Hitler-Stalin-Paktes der bis dahin unabhängigen Republik eingegliedert wurde.[2] In Wilna befand sich das YIVO-Institut, eine einzigartige Sammlung zur Geschichte und Kultur der Juden Osteuropas, die der NS-Ideologe Rosenberg später als zusätzliche »Quelle« für seine Rassentheorien mißbraucht. In Wilna sammelte sich die politische Elite der linkszionistischen Jugendbewegung, denn Wilna war die einzige Stadt, aus der polnische (und litauische) Juden legal nach Palästina ausreisen konnten.[3] Eine Reihe legendärer Führer/innen des späteren jüdischen Widerstands waren beim Einmarsch der Deutschen in der Stadt versammelt; unter ihnen die zukünftigen Kommandanten des bewaffneten Widerstands in Bialystok, Tamara Sznajderman und ihr Mann Mordecai Tenenbojm-Tamarof und Chayke Grosman.[4] Es ist daher nicht verwunderlich, daß die Idee des bewaffneten Aufstands in Wilna entstand und von hier aus nach Polen, Weißrußland und in die anderen Ghettos Litauens getragen wurde. Und wie in kaum einer anderen Stadt spielten, sowohl im Wilnaer Ghetto wie später bei den Partisanen-Einheiten aus Wilna, Frauen eine bedeutende Rolle.

Im Juni 1940 besetzt die Rote Armee Litauen, auch Wilna kommt unter sowjetische Herrschaft. Weite Teile der Bevölkerung sympathisieren allerdings mit den Deutschen, Staatspräsident Smetona und andere hochrangige Regierungsmitglieder fliehen nach Deutschland.[5] Der Russenhaß der Bevölkerung war historisch gewachsen, seit den Zeiten des Zarenreiches war das kleine Land immer wieder von Rußland annektiert worden, auch die bolschewistische Regierung hatte es 1918 kurzerhand zu einer sowjetischen Republik gemacht.[6] Da auch der Antisemitismus in Litauen Tradition hatte, kam es während der kurzen Unabhängigkeit des Staates zu einer Reihe antijüdischer Ausschreitungen, zumal die Juden auch noch der Sympathien für den Sowjetstaat verdächtigt wurden. Dieser Verdacht war spätestens seit 1939 durchaus begründet, denn vor die Wahl gestellt, den Deutschen oder der Roten Armee in die Hände zu fallen, zog die jüdische Bevölkerung die Rote Armee eindeutig vor.[7] Als diese dann im Juni 1940 tatsächlich einmarschierte und Litauen in der Folge nach sowjetischem Gesetz regiert wurde, veränderte sich allerdings auch das Leben der jüdischen Bevölkerung beziehungsweise der zionistischen Gemeinschaft. Während die jüdischen Lohnarbeiter von der Vergesellschaftung der Wirtschaft profitierten, verlor ein Teil des jüdischen Mittelstandes seine bisherige Existenzgrundlage. Alle Parteien außer der kommunistischen wurden verboten, ebenso die nichtkommunistische Presse. Privatschulen und Bibliotheken wurden verstaatlicht. Unterrichtssprache in den jüdischen Schulen war zwar weiterhin Jiddisch, Hebräisch- und Religionsunterricht aber waren von nun an untersagt. Die zionistischen Parteien und Gruppen gingen in den Untergrund, auch die linkszionistische Hechaluz-Bewegung, nur ein Kibbuz der marxistischen Haschomer Hazair konnte legal weiterexistieren – als anerkannte Kolchose.[8] Dennoch war das immer noch das kleinere Übel, und als die Rote Armee von den einmarschierenden deutschen Truppen zurückgetrieben wurde, folgte ihr ein Strom jüdischer Flüchtlinge.

Am 26. Juni 1941 besetzte die deutsche Wehrmacht Wilna, in ihrem Gefolge hielten auch SS und SD Einzug in der Stadt und begannen sofort mit ihrer »Arbeit«. Zusammen mit litauischen Freiwilligen, von ihren Opfern »Fänger« genannt, ermordeten sie in den ersten Wochen nach dem Einmarsch 20000 junge Männer, ihr besonderes Augenmerk galt den geistigen und politischen Führern der Wilnaer Juden.[9] Zwischen Juni und Oktober 1941 massakrierten SS und ihre litauischen Helfer fast die Hälfte der rund 80000 litauischen Juden. Die etwa 40000, die im September noch am Leben waren, wurden in zwei Ghettos kaserniert.[10] Das sogenannte Ghetto Nummer 2 wurde im mittelalterlichen Judenviertel eingerichtet, dessen wenige enge Straßen im 16./17. Jahrhundert mit drei- bis viertausend Bewohnern bereits überfüllt gewesen waren. Nun zwängten die neuen Herren auf dieses Areal 11000 Menschen, die meisten von ihnen Alte und Schwache. Die anderen 29000 wurden in das Ghetto Nummer 1 getrieben, das »neue« Judenviertel aus dem 19. Jahrhundert, ein etwas größeres Gebiet.[11]

Kaum sind die Ghettomauern errichtet, gehen die Massaker weiter. Als erste werden die »unproduktiven« Bewohner/innen des Ghetto Nummer 2 liquidiert, das Ghetto daraufhin aufgelöst. Doch auch im Ghetto Nummer 1 finden täglich Selektionen statt, bis zu Ende des Jahres nur noch 15000 Wilnaer Juden am Leben sind. Hatten sich die Nazis in den ersten Wochen der Besatzung auf die Vernichtung der Männer konzentriert, wurde nun die Ermordung der Frauen »nachgeholt«.[12] Diese Massenmorde fanden nicht, wie im Falle der meisten anderen Städte, in entfernten Todesfabriken statt, sondern vor den Toren der Stadt: in Ponar, einem ehemaligen Erholungsgebiet. In den Wäldern von Ponar hatte die Rote Armee riesige Gruben ausgehoben, um ihre Tanks zu tarnen. Von den ersten Tagen der Besatzung an karrten nun Lastwagen Tausende und aber Tausende Wilnaer Juden zu den Gruben, befahlen ihnen, sich an den Rändern aufzustellen, und mähten sie nieder.[13] Als Herrscher im Ghetto etablierten die Deutschen Jacob Gens, einen Revisionisten (Mitglied der rechtszionistischen Betar), der sich von allen kollaborierenden Judenrats-Funktionären in Polen und Litauen als der grausamste und skrupelloseste erwies.[14] Der erste Versuch der Besatzer, einen ihnen genehmen Judenrat zu bilden, war gescheitert. Die linken Zionisten weigerten sich von vornherein, Mitglieder in den Judenrat zu entsenden, und auch der anerkannte Führer der Wilnaer Juden, der 86jährige »Vater des litauischen Jerusalem«, Jacob Wygodzki, ein liberaler Zionist, lehnte ab.[15] Schließlich bildete sich doch ein erster Judenrat, seine Mitglieder kamen vor allem aus dem gebildeten Mittelstand, auch einige Funktionäre des »Bund« waren darunter. Die Nazis, denen dieses Gremium nicht ins Konzept paßte, brachten alle Mitglieder noch vor der Errichtung des Ghettos um und fanden schließlich in Jacob Gens, den sie zum Chef der jüdischen Polizei ernannten, und einer von ihm zusammengestellten Mannschaft ihre idealen Stellvertreter. Gens profilierte sich zum überzeugten Verfechter der Devise »Arbeiten, um zu leben« und setzte diese bewährte Taktik seiner deutschen Herren erfolgreich durch: Bis zuletzt wiegte er die Ghettobevölkerung in der Gewißheit, daß die, die bisher überlebt hatten, gebraucht würden – sie müßten nur beweisen, daß sie geschickte und unermüdliche Arbeiter waren. Selektionen führte Gens selbst durch, auch hier ein eifriger Vertreter der nationalsozialistischen Ideologie: Das Gesetz der Auslese gebot, daß man die Schwachen opferte, um die Starken zu erhalten.

Als sich der Untergrund in Wilna zu formieren begann, bestand die Bevölkerung des Ghettos vorwiegend aus jungen Frauen und Männern, die innerhalb und außerhalb des Ghettos Sklavenarbeit leisteten und auch weiterhin ständig von Selektionen bedroht wurden. Nur wer einen »Schein« hatte, also Arbeitspapiere, war lebensberechtigt, und das System der »Scheine« wurde ständig verändert. Der zu Anfang ausgegebene Arbeitspaß galt für die/den Arbeitende/n, den Ehepartner und zwei Kinder unter 16 Jahren. Wer einen »Schein« hatte und nicht verheiratet war, erklärte jemanden ohne das Papier zu seinem Ehemann oder seiner Ehefrau, Paare mit nur einem oder keinem Kind deklarierten fremde Kinder als ihre eigenen. Doch zuletzt galt das »Recht auf Leben« nur noch für die direkten Besitzer eines »Scheins«. Wer nicht arbeitete, war des Todes.[16] Die Aktivist/inn/en der Wilnaer zionistischen Jugendbewegung und der kommunistischen Zelle im Ghetto waren sich eher als ihre Genoss/inn/en anderswo bewußt, daß das Schicksal der Juden in Osteuropa nicht die »Aussiedlung« in Arbeitslager, sondern die Vernichtung war. Bevor noch irgend jemand wußte, was in Chelmno und Treblinka geschah, hatten die Wilnaer in Ponar den Beweis für die wahren Absichten der Deutschen vor Augen. Die Mitglieder der Kommunistischen Partei und der linkszionistischen Hechaluz-Organisationen Haschomer Hazair und Dror, die den ersten Massakern entgangen waren, trafen sich im Ghetto, um die Lage zu diskutieren. Einige Frauen und Männer von Haschomer Hazair hatten in einem Kloster Zuflucht gefunden: Die Oberin des Dominikanerinnen-Konvents Kolonja Wileńska, Anna Borkowska, hielt die Gruppe versteckt. Hier entwickelte sich die Idee des bewaffneten Widerstands, hier entstand der Vorschlag, alle antifaschistischen Kräfte im Ghetto zu vereinen.[17] Parallel dazu hatte sich im Ghetto eine Gruppe um Joseph Glazman von Betar gebildet, die gleichfalls die Devise ausgab: Keine Unterwerfung unter die Vernichtung![18] Die »Kloster-Gruppe« beschloß, ins Ghetto zurückzukehren, und kurz darauf, am Silvesterabend 1941, fand die entscheidende Sitzung statt: 150 Mitglieder der Hechaluz-Bewegung diskutierten einen Aufruf zum bewaffneten Kampf, den Aba Kovner entworfen hatte und der nun angenommen und sofort veröffentlicht wurde: »Laßt uns nicht wie die Schafe zur Schlachtbank gehen! (...) Die einzige Antwort für unsere Mörder ist: die bewaffnete Erhebung! (...) Besser, wir fallen als freie Kämpfer, als wir leben von der Gnade der Mörder.«[19] Neben den Zionisten hatte sich auch eine kommunistische Zelle im Ghetto etabliert, unter der Führung von zwei Männern, Itzhak Witenberg und Berl Szeresznyevski, und zwei Frauen, Chenia Borowska und Sonia Madaysker. Sonia Madaysker, wie Chenia Borowska bis zuletzt eine der entscheidenden Aktivistinnen des litauischen Widerstands, war zu diesem Zeitpunkt 28 Jahre alt. Acht Jahre hatte sie bereits im Gefängnis verbracht, trotz ihrer Jugend eine erfahrene Kämpferin des politischen Untergrunds.[20]

Am 23. Januar 1942 trafen sich alle bestehenden Untergrundgruppen im Ghetto und gründeten die Farejnikte Partizaner Organizazie, FPO. Sie vereinte linke und rechte Zionisten, Kommunisten und den »Bund«, eine Koalition, die in anderen Städten nur schwer oder gar nicht zu erreichen war. Zum Kommandeur der FPO wurde der Kommunist Itzhak Witenberg gewählt, da er über die besten Verbindungen zum kommunistischen Untergrund außerhalb des Ghettos – dem einzigen verbündeten des jüdischen Widerstands – verfügte. Zu den Gründungsmitgliedern der FPO gehörten auch ungewöhnlich viele Frauen, unter ihnen die Linkszionistinnen Roza Korczak, Tamara Sznajderman, Chayke Grosman und Vitka Kempner, und die Kommunistinnen Chania Borowska und Sonia Madaysker.[21] Die FPO organisierte sich vorerst in Trios, deren Mitglieder derselben Gruppe angehörten. Ein paar Monate später wurden die Trios in Quintette umgewandelt, deren fünf Mitglieder möglichst aus unterschiedlichen politischen Organisationen kommen sollten.[22]

Auch die Aktivist/inn/en der FPO hatten – mit wenigen Ausnahmen – keinerlei militärische Erfahrung; wie ihre Genoss/inn/en in Warschau, Bialystok und Krakau mußten sie sich den Umgang mit Waffen und Sprengstoff selbst beibringen. Die Beschaffung von Waffen war in Wilna nicht ganz so schwierig wie etwa in Warschau. Die Deutschen hatten in Borbiszki, einem Vorort, große Arsenale und Reparaturwerkstätten angelegt, in denen sie eroberte Schußwaffen und Munition horteten und sie von jüdischen Zwangsarbeitern ausbessern ließen. Unter diesen Arbeitern waren auch Angehörige der FPO, die unter Lebensgefahr Revolver, Gewehre, (in ihre Einzelteile zerlegte) Maschinengewehre und Handgranaten in das Ghetto schmuggelten.[23] Zusätzlich versuchte die FPO, Waffen von der Armia Krajowa zu bekommen, wurde jedoch, wie alle anderen jüdischen Widerständler auch, von dieser bestens ausgerüsteten Armee des offiziellen polnischen Untergrunds abgewiesen. Nur die Kommunisten gaben von ihren minimalen Waffenbeständen einiges an den jüdischen Untergrund ab, hatten jedoch selbst so wenig, daß sie umgekehrt eine Zeitlang von der FPO materiell unterstützt wurden.[24]

Die FPO begann sofort nach ihrer Gründung mit der Arbeit. Eine Welle von Sabotageakten blockierte die Rüstungsindustrie in Wilna, die FPO-Mitglieder unter den Sklavenarbeiter/inne/n zerstörten ganze Maschinenparks und stellten gleichzeitig massenhaft Ausschußware her, fehlerhafte Einzelteile, die nicht sofort entdeckt wurden, sondern erst an der Front ihre Funktion erfüllten, wenn plötzlich Maschinengewehre nicht funktionierten, die Munition nicht paßte, Kanonen nach hinten losgingen.[25] Gleichzeitig sandte die FPO eine Reihe von Kurieren und Emissärinnen aus, die in den Ghettos anderer Städte von den Schlächtereien in Ponar berichten und die Idee des bewaffneten Widerstands propagieren sollten. Bereits Ende Januar 1942 brach Chayke Grosman nach Warschau und Bialystok auf. Sie war von den Wilnaer und Warschauer Kommunisten bevollmächtigt, die Kommunisten in Bialystok einer gemeinsamen Front aller antifaschistischen Kräfte im Ghetto einzugliedern und sie mit der Organisierung des bewaffneten Widerstands zu beauftragen. Für die FPO sollte sie versuchen, die Warschauer Linkszionisten für einen bewaffneten Aufstand zu gewinnen und außerdem Geld für den Wilnaer Untergrund zu sammeln. Es gelang ihr zu diesem Zeitpunkt zwar noch nicht, die Warschauer von der Notwendigkeit des Kampfes zu überzeugen, sie bekam aber das geforderte Geld und kehrte damit im März 1942 nach Wilna zurück.[26] In der Zwischenzeit waren auch die Schwestern Sara und Roza Zilber in mehreren schwierigen Missionen unterwegs, auch sie reisten nach Warschau und hatten dort etwas mehr Erfolg als Chayke Grosman: Zwar konnten sie die jüdischen Autoritäten des Ghettos nicht überzeugen, stießen aber mit ihren Berichten über die Massenvernichtungen bei einzelnen Angehörigen der linkszionistischen Jugendbewegung auf Gehör. Als sie nach Wilna zurückfahren wollten, wurden sie auf dem Bahnhof verhaftet, in den Pawiak, das politische Gefängnis von Warschau, gesperrt und einige Monate später erschossen. Ein unersetzlicher Verlust für die FPO, denn nun war die Verbindung zwischen Wilna und Warschau für mehrere Monate unterbrochen, eine Koordination des Widerstands in den beiden Städten für längere Zeit nicht mehr möglich.[27] Chayke Grosman verließ Wilna im April 1942, um den bewaffneten Untergrund in Bialystok aufzubauen.[28]

Die FPO nahm zur selben Zeit erste Kontakte zu den sowjetischen Partisanen auf, die in der Nähe von Wilna damit begannen, eine kleine Basis einzurichten. Die Debatte über die »richtige Linie« – Ghettoaufstand oder Partisanenkampf – hatte den Wilnaer Untergrund entzweit. Junge Aktivist/inn/en quer durch alle politischen Gruppierungen hatten im Gegensatz zur Führung der FPO darauf bestanden, daß jeder Widerstand im Ghetto zwecklos und nur der Kampf in den Wäldern sinnvoll und effektiv sei. Sie sammelten sich um Yekhiel Szejnboim von der Jugend-Gruppe Dror und bildeten im Frühling 1942 eine eigene Organisation – »Yekhiels Gruppe«, etwa 100 Frauen und Männer –, nahmen ihrerseits Verbindung mit den Partisanen auf und bereiteten sich darauf vor, Basen für eine jüdische Partisanenformation in den umliegenden Wäldern zu gründen.[29] Die sowjetischen Partisanen hatten ein starkes Interesse daran, ihre Truppen durch die kampffähigen Mitglieder des Ghettountergrunds zu verstärken, auch sie plädierten gegen einen Aufstand innerhalb der Ghettomauern und sandten wiederholt Emissäre in die Stadt, die der FPO ihre Vorschläge und Angebote überbrachten. Im April 1942 einigten sich der Kommandant der sowjetischen Partisanen-Bewegung Litauens, Albertas Kunigenas (»Alksnis«), und die Führung des jüdischen Widerstands darauf, daß die FPO als autonome, im Ghetto agierende Abteilung der litauischen Partisanenbewegung eingegliedert würde, den Kontakt zu den Partisanen über deren Politkommissar Margis verbindlich aufrechterhalten und sich ihnen nach einem Aufstand im Ghetto direkt anschließen sollte. Als lokale Leitung der gesamtlitauischen Bewegung fungierte das Wilnaer Städtische Parteikomitee, in das nun Itzhak Witenberg, Berl Szerszniewski und Chaina Borowska als stimmberechtigte Mitglieder und Verantwortliche der FPO gewählt wurden. Sonia Madaysker wurde zur organisatorischen Leiterin des Komsomol (des sowjetischen Jugendverbandes) innerhalb und außerhalb des Ghettos ernannt.[30]

Die Aufgabe, den seit der Verhaftung und Ermordung der Zilber-Schwestern und dem Weggang Chayke Grosmans nach Bialystok unterbrochenen Kontakt mit Warschau und den anderen Städten Polens und Litauens wieder aufzunehmen, übernahm nun die Polin Irene Adamowicz aus Warschau. Sie reiste kreuz und quer durch das Land, überbrachte Botschaften, Geld und Waffen und propagierte die Idee des bewaffneten Aufstands. Ihren größten Erfolg hatte sie im Ghetto von Kovno, wo sie zwei Tage lang mit den Verantwortlichen der zionistischen Parteien und der Hechaluz-Bewegung konferierte, die sofort nach ihrer Abreise mit dem Aufbau einer bewaffneten Untergrundorganisation begannen.[31] In Wilna führte die FPO im Juli 1942 ihre erste große Sabotageaktion durch, die erste überhaupt in ganz Litauen. Vitka Kempner, 19 Jahre alt, Mitglied von Haschomer Hazair und Aktivistin der FPO, färbte sich das Haar noch eine Schattierung blonder, schmuggelte sich an einem Morgen im Juni 1942 mit einem Arbeitskommando aus dem Ghetto, trennte den »Judenstern« von ihrem Kleid ab und machte sich auf den Weg. Ihre Aufgabe bestand vorerst darin, die geeignete Stelle zu finden, an der ein FPO-Kommando die Eisenbahnstrecke Wilna–Polotsk, auf der die deutschen Truppenzüge an die Ostfront fuhren, verminen konnte. Aufgrund der grausamen Repressalien der Besatzer durfte kein Verdacht auf das Ghetto fallen, und so mußte die entsprechende Stelle weit genug von der Stadt entfernt sein und auf jeden Fall so liegen, daß die Saboteure die Mine unbeobachtet anbringen konnten. Nach drei Tagen hatte Vitka Kempner den geeigneten Ort ausgekundschaftet. Im Ghetto war in der Zwischenzeit die Mine fabriziert worden, und am Abend des 8. Juli brachen Vitka Kempner und zwei ihrer Kampfgefährten nach Wilejka (Novaya Vilnia), ca. 60 Kilometer südöstlich von Wilna, auf. Während einer der Männer Wache stand, montierten Vitka und der zweite den Sprengsatz. Ohne Zwischenfälle kehrten sie in das Ghetto zurück und warteten mit den anderen Eingeweihten auf die Explosion. Sie war enorm und das Ergebnis beträchtlich: Ein deutscher Truppen- und Munitionstransport war auf die Mine aufgefahren, ein Teil des Zuges flog in die Luft, die anderen Waggons entgleisten, mindestens 200 Soldaten wurden getötet. Bauern aus der Umgebung sammelten die herumliegenden Waffen ein und übergaben später einen Teil davon einer Partisaneneinheit der FPO.[32]

Eine ihrer Aktivistinnen, die die FPO als Sekretärin bei der Ghettopolizei eingeschleust hatte, erfuhr, daß im Oktober 1942 die jüdische Bevölkerung von Oshmyany, einer kleinen litauischen Stadt nicht weit von Wilna, liquidiert werden sollte – von Gens und seiner Mannschaft, im Auftrag der Deutschen. Sie informierte die FPO, die sofort eine Emissärin losschickte, um die Einwohner/innen von Oshmyany zu warnen. Liza Magun übernahm den Auftrag, gelangte als »Arierin« getarnt in das Städtchen und erzählte den jüdischen Bewohnern, was ihnen bevorstand. – Sie glaubten ihr nicht.[33] Liza Magun stammte aus Wilna. Sie war 22 Jahre alt, Mitglied von Haschomer Hazair und Aktivistin der FPO. Im Februar 1943 wurde sie von der Gestapo in Wilna verhaftet und ermordet.[34] Als die FPO einen Monat später ihre »Kampf-Regeln« konzipierte, wählte sie als Code für die Aufnahme der Kampfhandlungen, für den Start des Aufstands das Losungswort »Liza ruft«.[35]

Während Liza Magun nach Oshmyany reiste, machten sich zwei weitere Frauen zu einer noch riskanteren Mission auf. Die FPO wollte sich nicht mehr auf die seit April 1942 bestehende Verbindung zu den Partisanen über deren Politkommissar Margis beschränken. Sie beschloß, direkten Kontakt zu Moskau aufzunehmen. Der Plan war gewagt, denn um auf die sowjetische Seite der Front zu gelangen, mußte man erst eine lange Strecke durch das von den Deutschen besetzte Gebiet reisen und dann noch irgendwie durch die deutschen Frontstellungen kommen. Sonia Madaysker und Cesia Rosenberg wurden mit der Aufgabe betraut. Anfang Oktober 1942 brachen sie, als Polinnen verkleidet, mit falschen »arischen« Papieren ausgestattet, auf. Zweimal wurden sie festgenommen, zweimal konnten sie wieder entkommen, zweimal setzten sie trotz dieses »schlechten Omens« die Reise fort. Schließlich wurden sie von der Gestapo aufgegriffen, allerdings nicht als Jüdinnen erkannt. Da ihre falschen Papiere sie als Bürgerinnen von Wilna auswiesen, brachten die Gestapo-Offiziere ihre Gefangenen mit bewaffneter Eskorte im Zug nach Wilna – wo den beiden Frauen auf dem Bahnhof zum dritten Mal die Flucht gelang. Unverrichteterdinge, aber heil kehrten sie in das Ghetto zurück.[36]

Die Lage im Ghetto verschlimmerte sich von Tag zu Tag. Die Bewohner/innen waren ständig auf der Jagd nach einem »Schein« oder einem Versteck, zermürbt von der unmenschlichen Zwangsarbeit und der Angst vor der nächsten Selektion. Sogar die gynäkologische Abteilung im Krankenhaus konnte nur noch illegal arbeiten. Am 5. Februar 1942 bereits hatten die Deutschen einen Erlaß herausgegeben, nach dem es Juden verboten war, sich fortzupflanzen. Dennoch bekamen die Frauen weiterhin Kinder, die sie in einem getarnten Hinterzimmer des Krankenhauses zur Welt bringen und verstecken mußten, bis sie aus dem Säuglingsalter heraus waren. Einige dieser Kinder konnten bei Familien auf der »arischen« Seite untergebracht, andere mit einem falschen Geburtsdatum nachträglich registriert werden. Wieder andere wurden bei der nächsten Selektion abtransportiert.[37]

Im März 1943 veröffentlichte die FPO ihre Kampfregeln, in denen auch ihr praktisch-politisches Programm verbindlich formuliert wurde: Das primäre Ziel der »Farejnikten Partizaner Organizazie« war der bewaffnete Aufstand im Ghetto, der einen Massenausbruch ermöglichen und damit das Leben und die Ehre der jüdischen Bevölkerung verteidigen sollte. Erst danach würde sich die FPO der Partinsanenbewegung in den Wäldern anschließen und in diesem Rahmen ihren Kampf fortsetzen.[38] Wenig später, am 8. Mai 1943, formierte sich – in höchster Konspirativität – das städtische Untergrundkomitee, in dem sich die drei in Wilna operierenden kommunistischen Gruppen vereinigten: die litauische, die der polnischen Minderheit und die jüdische aus dem Ghetto. Itzhak Witenberg und Sonia Madaysker waren nun in Personalunion Mitglieder der FPO und des Untergrundkomitees, die FPO wußte jedoch nichts von dessen Existenz.[39] Von nun an überschlugen sich die Ereignisse. Ende Juni 1943 verhaftete der deutsche Sicherheitsdienst zwei Mitglieder des Untergrundkomitees, einer von ihnen sagte unter der Folter aus, daß er Kontakt zu dem jüdischen Kommunisten Itzhak Witenberg im Ghetto hatte. Am 8. Juli kam Kittel, der Chef der Sicherheitspolizei, persönlich ins Ghetto und stellte sein Ultimatum: Entweder würde Witenberg ausgeliefert oder das gesamte Ghetto liquidiert. Die FPO stand vor einem unlösbaren Dilemma: Durch seine Tätigkeit im Untergrundkomitee hatte Witenberg die Deutschen auch auf die Spur des Ghettowiderstands gebracht. Die FPO war zwar bereit, sich bewaffnet zu verteidigen, das hätte jedoch zugleich den endgültigen Ghettoaufstand bedeutet – und dazu war die Bevölkerung nicht bereit. Gens hatte den Ghettobewohner/inne/n eingehämmert, daß sie vor der Entscheidung Witenberg – oder alle stünden, mit dem Erfolg, daß nun die Massen selbst Jagd auf den Gesuchten und seine Mitkämpfer/innen machten. Widerstand erschien ihnen völlig zwecklos, eine Wahnsinnsaktion, die Auslieferung des Untergrundchefs schien die einzige Rettung. Die FPO stand vor der Entscheidung, entweder ihren Führer preiszugeben oder sich auf einen Kampf mit dem eigenen Volk einzulassen. Seine engsten Gefährten Aba Kovner, Sonia Madaysker und Joseph Glazman suchten Witenberg in seinem Versteck auf, um ihm die Entscheidung der Organisation zu überbringen: Er solle sich stellen. Nach langen Diskussionen gab Itzhak Witenberg nach und ging schließlich »freiwillig« in den Tod. Die Gestapo folterte ihn noch mehrere Tage, bis sie ihn schließlich umbrachte. Nach der Befreiung wurden in einer Folterzelle des Gestapo-Hauptquartiers in Wilna Witenbergs letzte Worte, mit Blut an die Wand geschrieben, gefunden: »Rächt euch! Itsik Witenberg, 16. Juli 1943.«[40]

Die Tragödie der »Witenberg-Affäre« hatte die FPO zu der Erkenntnis gezwungen, daß ihre politische Einschätzung der Lage im Ghetto falsch war. Sie hatte es abgelehnt, zu den Partisanen zu gehen, weil sie die Ghettobevölkerung nicht im Stich lassen, sondern in den Aufstand führen wollte. Viele würden in diesem Kampf zwar fallen, viele aber – zumindest mehr als nur die organisierten Kämpfer/innen – auch gerettet werden und in die Wälder entkommen können. Nun hatte sich herausgestellt, daß die Bevölkerung einem Aufstand entschieden feindlich gegenüberstand und eher die Aufständischen angreifen, als sich beteiligen würde. Gens' Gift hatte gewirkt. Strategie und Taktik mußten neu überdacht, die Kontakte zu den Partisanen intensiviert werden. Joseph Glazman, dessen Untergrundtätigkeit seinem ehemaligen Betar-Kameraden Gens bekannt war, mußte das Ghetto sofort verlassen, er nahm eine Gruppe von 24 FPO-Aktivist/inn/en mit und schlug sich in die Wälder durch. Von der Gruppe, die sich – nach Witenbergs Decknamen – »Leon«-Gruppe nannte, kamen nach einem Zusammenstoß mit einer deutschen Patrouille schließlich 13 im Wald von Narocz, 90 Kilometer nördlich von Wilna, an und gründeten eine Basis der jüdischen Partisanen.[41] Sicherheitschef Kittel wußte, daß Untergrundleute das Ghetto verließen, und drohte mit verschärften Repressionen: Als sofortige Rache für Glazmans Flucht ließ er 32 Männer erschießen und verkündete, daß in zukünftigen Fällen die Familie des Betreffenden hingerichtet würde, falls er keine Familie hatte, die Bewohner seines Hauses. Die Arbeitseinheiten würden straff in Zehnergruppen organisiert, fehlte bei der Rückkehr ins Ghetto auch nur ein Mann, würden alle neun anderen erschossen.[42] Teile der FPO neigten nun zwar zu Yekhiel Szejnboims Haltung und bereiteten sich auf den Exodus in die Wälder vor, doch aufgrund von Kittels Drohungen konnten nur kleine Gruppen aus dem Ghetto geschleust werden.[43] Und völlig hatten die Widerständler/innen die Idee des Aufstands noch nicht aufgegeben. Als die jüdische Kommunistin Gessia Glezer (»Albina«) im Auftrag Moskaus nach Wilna kam, um mit der FPO-Führung über einen endgültigen Anschluß der Organisation an die Partisanen zu verhandeln, lehnten die Ghettokämpfer/innen ab.[44] Mit ein Grund für ihre negative Entscheidung war sicher auch die neue Linie, die Moskau nun vertrat: Der spezifisch jüdische Untergrund sollte sich auflösen und in den lokalen Widerstand integrieren, nationale statt ethnischer Organisierung war die Devise.[45] Die FPO war aber von Anfang an davon ausgegangen, daß sie auch im Rahmen der Partisanenbewegung als autonome jüdische Einheit kämpfen würde.

Am 1. September 1943 umstellten deutsche und estländische Einheiten das Ghetto und verwehrten den Zwangsarbeitern, die außerhalb des Ghettos arbeiteten, den Eintritt. Hinter den Mauern begann die Jagd auf die Bewohner, die deutschen Besatzungsbehörden hatten die Deportation von 3000 Männern und 2000 Frauen in die Arbeitslager Estlands angeordnet. Das FPO-Kommando begriff, daß nun die entscheidende Stunde gekommen war, und gab die Losung »Liza ruft« aus, das Codewort für den Beginn des Aufstands.[46] Das erste Kampfbataillon sammelte sich in der Szpitalnastraße, das zweite Bataillon wurde von den Deutschen umzingelt, bevor es noch an die Waffen gelangen konnte. Die Kämpfer/innen beschlossen nun, alle vorhandenen Kräfte in der Straszunastraße unter dem Kommando von Yekhiel Szejnboim zu konzentrieren. Sie waren nur mit Revolvern und Handgranaten ausgerüstet, das Maschinengewehr, nach dem sie geschickt hatten, kam nicht mehr zu ihnen durch. Am späten Nachmittag kam ein deutscher

Trupp durch die Straszunastraße und forderte die Bewohner/innen mit Lautsprechern auf, ihre Verstecke zu verlassen. Das FPO-Kommando eröffnete das Feuer, die Deutschen schossen mit automatischen Waffen zurück und töteten als ersten Yekhiel Szejnboim. Daraufhin übernahm die 22jährige Roza Korczak von Haschomer Hazair das Kommando und hielt die Stellung, bis die Angreifer das Gebäude sprengten.[47] Roza Korczak konnte lebend entkommen und schloß sich den Partisanen an. Später schrieb sie über die ausweglose Situation der FPO an diesem 1. September: »All unsere Pläne, unsere Erwartungen, unsere Gebete lösten sich in Rauch auf. (...) Es gab keine Hoffnung mehr, daß sich die Schlacht, die eine Handvoll Kämpfer schlagen wollte, in eine Massenerhebung umwandeln ließe. (...) Die Rebellion, sollte sie ausbrechen, würde nichts als eine individuelle Aktion sein, die die Tore für einen Massenausbruch nicht öffnen könnte.«[48] Der Kampf in der Straszunastraße bestätigte diese Einschätzung, und so beschloß die FPO nun endgültig, sich in die Wälder abzusetzen und den Partisanen anzuschließen.[49]

Drei Emissäre der Partisanenkommandanten Markov und »Yurgis« (S. Zimanas) trafen am 7. September im Ghetto ein und erklärten sich bereit, die Kämpfer/innen aufzunehmen – allerdings nur unter der Bedingung, daß sie ihre eigenen Waffen mitbrachten und Ärzte, die von den Freischärlern dringend benötigt wurden. Die litauische Partisanenbewegung war zu diesem Zeitpunkt bereits in zwei Zonen aufgegliedert, die nördliche, in den Wäldern um den Narocz-Fluß, stand unter dem Kommando von Markov, die südliche, in den Rudniki-Wäldern, unterstand »Yurgis«. Die FPO-Aktivist/inn/en verließen nun gruppenweise das Ghetto in Richtung Narocz. Während sich die letzte Gruppe auf die Flucht vorbereitete, kam der Befehl von Yurgis, sich seiner Einheit in den Rudniki-Wäldern anzuschließen. Wieder standen die jüdischen Widerständler/innen vor einer schweren Entscheidung. Die Rudniki-Wälder lagen zwar wesentlich näher, doch der Großteil ihrer Gefährt/inn/en befand sich bereits im Narocz-Gebiet oder auf dem Weg dorthin. Durch eine Teilung ihrer ohnehin dezimierten Kräfte war die Einrichtung einer autonomen jüdischen Partisaneneinheit ernsthaft gefährdet.[50] Doch die Zeit drängte, die Gruppe unterwarf sich Yurgis' Anordnung. Vitka Kempner und die 24jährige Zelda Treger, Mitglied von Haschomer Hazair, organisierten die Flucht. Sie setzten sich mit Sonia Madaysker im »arischen« Teil der Stadt in Verbindung und arbeiteten einen hastigen, aber gut durchdachten Plan aus.[51] Am 23. September um neun Uhr morgens stürmte Kittel mit seinen Truppen das Ghetto, um es endgültig zu liquidieren. Die verbliebenen etwa 200 FPO-Kämpfer/innen machten sich auf ihren Weg durch die Abwässerkanäle. Roza Korczak beschreibt ihre Odyssee: »Der Tunnel ist vollkommen dunkel. Das schwache Licht einer Lampe erhellt unseren Weg, wir gehen los. Meine Schultern scheuern gegen die Rohre, ich kann meine Hand nicht bewegen. (...) Ein einziger Gedanke beherrscht mich: Meine Waffe darf nicht naß werden, und ich darf nicht zurückfallen. Das Rohr geht plötzlich in einen engen, runden Tunnel über, der nur einen halben Meter hoch ist. Ich krieche. Das schmutzige Wasser steht mir bis zu den Schultern. (...) Die Schlange kommt zum Stillstand. Die Meldung kommt durch, daß in der Mitte jemand ohnmächtig geworden ist und den Weg blockiert. (...) Ich habe jeden Zeitsinn verloren. (...) Plötzlich der geflüsterte Befehl: Macht euch fertig zum Aussteigen.«[52]

Zu Mittag war die Gruppe gestartet, um sieben Uhr abends, als es bereits dunkelte, kam sie an. Der Kanaldeckel wurde gehoben, und die erschöpften Kämpfer/innen stiegen auf die Straße auf der »arischen« Seite Wilnas. Sie wurden von Sonia Madaysker und ihrer Mannschaft erwartet, die sie in die Verstecke in der Stadt brachten. Sie teilten sich in zwei Gruppen auf, eine unter dem Kommando von Aba Kovner, die andere unter dem Kommando von Chenia Borowska, und machten sich auf den Weg in die Rudniki-Wälder, wo sie Ende September 1943 ankamen.[53]

Die Kranken, Schwachen und Alten des Wilnaer Ghettos wurden sofort in Ponar ermordet; die meisten Frauen und Kinder wurden nach Majdanek verschleppt; der Rest in die Arbeitslager von Estland und Lettland transportiert.[54]

Bialystok

»Chaikele, wohin gehst du?«

Obwohl die Stadt Bialystok polnisch war (zu Beginn des Zweiten Weltkriegs lag sie im sowjetisch besetzten Teil Polens), zählten sich ihre jüdischen Bewohner/innen nach Charakter und Tradition zum litauischen Judentum, starke Bande bestanden vor allem zu Wilna, dem »Jerusalem der Diaspora«.[1] Am 27. Juni 1941 marschierte die deutsche Armee in Bialystok ein, in ihrem Gefolge das 316. SS-Polizeibataillon, das bereits zwei Stunden später das erste Massaker unter der jüdischen Bevölkerung durchführte. Sie jagten alle Männer, derer sie in den engen Gassen des alten Judenviertels habhaft werden konnten, in die Große Synagoge, verrammelten den Eingang und setzten das Gebäude in Brand. 1000 Männer und Jungen verbrannten lebendigen Leibes, 1000 wurden in den Straßen erschossen. Im Laufe des Juli ermordeten die deutschen Besatzer weitere 5000 Bialystoker Juden in Pietrasza, einen halben Kilometer außerhalb der Stadt. Am 26. Juli kam der Befehl für alle Juden, binnen fünf Tagen in das Ghetto umzuziehen, 65000 Menschen wurden hier auf einem Areal von etwa 20 Straßen zusammengepfercht, das Verlassen des Ghettos war bei Todesstrafe verboten.[2]

Unter den entsetzlichen Lebensbedingungen in diesem Massengefängnis ließen die Besatzer das Bialystoker Ghetto bis zum Februar des folgenden Jahres unverändert bestehen. Bialystok, das zweitgrößte Textilzentrum im Vorkriegspolen, avancierte zu einem der wichtigsten Versorgungszentren der Wehrmacht, die jüdische Bevölkerung stellte einen großen Teil der Facharbeiter/innen und wurde daher eine Zeitlang von der direkten Vernichtung »verschont«. Ihre Arbeitskraft war vorerst unersetzlich. Für den mit den Deutschen kooperierenden Judenrat war es daher in Bialystok noch einfacher als in anderen Ghettos, die Bevölkerung von seiner Ideologie des »Wer arbeitet, wird überleben« zu überzeugen.[3]

Die ersten, die über Mittel und Formen des Widerstands nachdachten, waren auch in Bialystok, wie in vielen anderen

Ghettos Polens und Litauens, die jungen Pionierinnen und Pioniere der linkszionistischen Haschomer Hazair und die Kommunisten. Die kommunistische Zelle des Ghettos schloß sich Anfang 1942 mit den anderen kommunistischen Gruppen der Stadt zum Bialystoker Antifaschistischen Block zusammen. Die jungen Frauen und Männer vom Haschomer Hazair wurden gleichzeitig von Emissär/inn/en der FPO in Wilna in ihren Untergrundüberlegungen bestärkt. Anfang 1942 kamen Edek Boraks und Chayke Grosman von Haschomer Hazair aus Wilna, nahmen Kontakt mit beiden Gruppen auf und überbrachten ihnen den Aufruf der FPO zum bewaffneten Widerstand. Chayke Grosman war außerdem von den Kommunisten in Warschau ermächtigt, aus den Reihen der Bialystoker Kommunisten zusammen mit den anderen Gruppen eine vereinigte Widerstandsorganisation aufzubauen. Sie arbeitete erfolgreich: Bereits im März formierte sich der Vereinigte Antifaschistische Block, dem nicht nur Haschomer Hazair und die Kommunisten angehörten, sondern auch der linke Flügel des »Bund« und vor allem dessen Jugendorganisation »Zukunft«.[4] Der rechte Flügel des »Bund« gründete zusammen mit der gemäßigt linkszionistischen Jugendorganisation Dror den sogenannten Zweiten Block.[5]

Als im November 1942 die ländlichen Ghettos in der Umgebung von Bialystok zerstört wurden, beschloß der Vereinigte Antifaschistische Block, sich zu bewaffnen. Doch nun entbrannte die Debatte, die in allen Ghettos Osteuropas geführt und unterschiedlich entschieden wurde: Was ist sinnvoller und effektiver, der Kampf im Ghetto oder in den Wäldern? Die Gegner/innen des Partisanenkampfes argumentierten, es wäre schiere Feigheit, die wehrlose und kampfunfähige Bevölkerung zu verlassen, nur die Jungen und Starken könnten das Leben und den Kampf in den Wäldern riskieren. Außerdem seien die Aussichten auf Erfolg im Wald nicht viel größer als im Ghetto, da es an den grundlegendsten Bedingungen mangle: einer profunden Kenntnis des Umlandes und der Unterstützung durch andere Partisanen und durch die Bevölkerung. Die stärksten und einflußreichsten Opponenten der Partisanenlösung waren die Kommunistin Chayke Mendelson und der spätere Führer des Aufstands, Mordecai Tenenbojm, der aus Wilna gekommen war und sich, obwohl er organisatorisch zu Dror gehörte, dem Antifaschistischen Block angeschlossen hatte.

Die energischste Befürworterin des Partisanenkampfes war Judith Nowogródzka, eine alte, angesehene Kommunistin aus Warschau. Sie hielt einen Aufstand innerhalb des Ghettos für reinen Selbstmord. Obwohl sie wußte, daß sie selbst aufgrund ihres Alters und ihres Herzfehlers dazu verdammt sein würde, in der Stadt zu bleiben, plädierte sie mit all ihrer Überzeugungskraft dafür, wenigstens die Jugend zu retten und in die Wälder zu schicken.

Die stärkste Fraktion in dieser Debatte stellten die Befürworter/innen des »dritten Weges«, angeführt von den Kommunisten Joseph Kawe und Rebecca Wojskowska, die später Politkommissarin des Bialystoker Partisanenbataillons Forois (Vorwärts) wurde. Der dritte Weg sah vor, den Aufstand im Ghetto zu wagen, dabei möglichst viele der Bewohner/innen durch eine anschließende Massenflucht zu retten und gleichzeitig eine Partisaneneinheit zu gründen, die die Flüchtlinge aufnehmen und den Kampf weiterführen könnte. Dieser Vorschlag setzte sich zuletzt durch, gegen den heftigen Widerspruch Judith Nowogródzskas, die schließlich die Konsequenzen zog, aus dem Vereinigten Antifaschistischen Block austrat und eine eigene Organisation gründete, »Judiths Gruppe« genannt, der sich vor allem Jugendliche aus allen politischen Fraktionen anschlossen.[6] Judiths Gruppe zog auch kriminelle Jugendliche an, sie ist vielleicht das einzige Beispiel für eine erfolgreiche Verbündung von organisiertem politischen Widerstand und Angehörigen des Subproletariats, die normalerweise von der organisierten Linken als »unzuverlässige Elemente« abgelehnt wurden.

Die Debatte um Ghettokampf oder Wald war noch nicht entschieden, als am 5. Februar 1943 deutsche Truppen in das Ghetto eindrangen, um ihre erste große Liquidierungsaktion durchzuführen. Der Vereinigte Antifaschistische Block arbeitete in aller Eile einen Schlachtplan aus, der jedoch nicht mehr umgesetzt werden konnte, da alle Verbindungslinien unterbrochen waren und die Kämpfer/innen nur extrem unzulänglich bewaffnet waren. Die vom Block gebildeten Trios mußten auf eigene Faust kämpfen, ausgerüstet mit Schwefelsäure, Äxten, Messern, Eisenstangen und ein paar Handgranaten. Da jede dieser Kleinstgruppen allein und isoliert kämpfte, ist über ihre Aktionen so gut wie nichts bekannt. Die wenigen Augenzeugenberichte, die überliefert sind, handeln allerdings vorwiegend von Frauen. Von Frida Fel zum Beispiel, die eine Handgranate in eine Gruppe von Deutschen schleuderte und auf der Stelle niedergemäht wurde. Doch die Granate explodierte. Oder von einer Gruppe von Kämpfer/inne/n, die, angeführt von Rachel Rozensztejn, Sarah Rozenblat und Hela Manela, aus einem Haus in der Chmielnastraße die Deutschen mit Flaschen bombardierten, die mit Schwefelsäure gefüllt waren. Alle Widerstandskämpfer/innen kamen dabei ums Leben, nur Sarah Rozenblat (die ihr Kind noch in letzter Minute einer Nachbarin übergeben hatte, um selbst an den Kämpfen teilnehmen zu können) gelang es zu fliehen.[7]

Die Liquidierungsaktion dauerte vom 5. bis zum 12. Februar, die »Arbeit« ließ sich nicht so schnell und problemlos erledigen, wie die Invasoren gedacht hatten. Sie stießen auch in der nichtorganisierten Bevölkerung auf Widerstand, etwa 20000 Menschen hatten sich in Verstecke zurückgezogen, die sie gelegentlich mit Äxten und Stangen verteidigten, als sie entdeckt wurden. Am Ende der einwöchigen Jagd hatten die Deutschen 2000 Menschen erschossen, 5000 nach Treblinka und 3000 nach Auschwitz transportiert. Noch bevor sie das Ghetto verließen, in der Nacht des 11. Februar, machte der Vereinigte Antifaschistische Block kurzen Prozeß mit den bekannten Verrätern und Kollaborateuren. Einige wurden verprügelt, mehrere getötet.[8]

Im März verließ eine Gruppe von Kämpfer/inne/n das Ghetto, um die Partisaneneinheit Forois (Vorwärts) zu gründen.[9] Die beiden Untergrundgruppen diskutierten die Februaraktion und ihre Schwierigkeiten und Fehler und kamen zu dem Schluß, daß das getrennte Operieren der beiden Blocks ihre größte Schwäche war. Im Mai schlossen sie sich zusammen und gründeten den Antifaschistischen Kampfblock, dem nun Haschomer Hazair, Dror, Hanoar Hazioni, Betar, der Bund und die Kommunisten angehörten. Der Kampfblock war ca. 500 Mitglieder stark, die sich in Fünfergruppen organisierten, die wiederum drei Einheiten bildeten, entsprechend den drei Sektoren des Ghettos.[10]

Nicht nur seine Uneinigkeit war eine entscheidende Schwäche des Widerstands gewesen, sondern auch der Mangel an Waffen. Alle Kräfte wurden nun mobilisiert, um an Schußwaffen und Sprengstoff zu kommen. Mordecai Tenenbojm, gemeinsam mit dem Kommunisten Daniel Moskowicz Kommandant des Kampfblocks, wandte sich an die politische Leitung des offiziellen polnischen Untergrunds in Bialystok um Unterstützung. Das »Direktorat des zivilen Widerstandes« antwortete auf sein Ansuchen mit der Frage: »Was ist Ihre Haltung zur Sowjetunion?«[11] Tenenbojm schrieb zurück: »Meine Herren, das ist jetzt nicht die Zeit, sich in politische ›Verhandlungen‹ zu vertiefen. (...) 200 Granaten und ein paar Dutzend Revolver werden die polnische Wiedergeburt nicht entscheidend beeinflussen, aber sie könnten die letzten Tage des zweitgrößten überlebenden Ghettos in Polen entscheiden.« Um die Dringlichkeit seines Anliegens noch einmal klarzustellen, fügte Tenenbojm hinzu: »Ein entschlossener Pole kann seinem Land auf andere Weise dienen: Er kann immer noch warten, bis der Tag kommt, an dem die Regierung der Republik die Anweisung (zum Handeln) gibt. Wir können nicht warten. Jeder Tag kann für uns den Abtransport zur Hinrichtung bedeuten. Wir müssen sofort handeln.«[12]

Die Mühe war vergebens. Die jüdischen Widerständler/innen blieben bei ihrer Suche nach Waffen auf sich gestellt. Ein paar Mitglieder des kommunistischen Bialystoker Antifaschistischen Komitees unterstützten sie, sogar antifaschistische deutsche Soldaten, zwei polnische Ingenieure und flüchtige sowjetische Kriegsgefangene. Den Rest mußten sich die Kämpfer/innen durch Einbrüche in deutsche Arsenale, Kasernen und Reparaturwerkstätten organisieren. Einmal überfielen sie sogar ein Gestapogebäude und eroberten 30 Gewehre. Junge Frauen, die in einer ehemaligen polnischen Kaserne arbeiteten, stahlen ein ganzes Maschinengewehr und schmuggelten es, in seine Einzelteile zerlegt, in das Ghetto. Die unverfrorenste Aktion aber führten Chayke Grosman, Bronia Winicka, Malka Różycka und Hanna Rud durch. Drei der Frauen konnten von einem Polen, der ein Stück weit entfernt von der Stadt auf dem Lande lebte, ein Maschinengewehr kaufen. Es mußte »nur« noch transportiert werden. Da erzählte Bronia Winicka dem deutschen Unternehmer, bei dem sie arbeitete, sie hätte die Möglichkeit, Fleisch zu organisieren. Wenn er ihr seinen Wagen borgte, könne er die Hälfte davon abhaben. So brachten vier Ghetto-Jüdinnen ein Maschinengewehr, das für den Kampf gegen die Deutschen bestimmt war, in einem deutschen Auto an seinen Bestimmungsort. Doch trotz aller Bemühungen gelang es dem Antifaschistischen Kampfblock nicht, sich halbwegs ausreichend zu bewaffnen. Die Hälfte der Waffen ging sofort an die Forois-Partisanen, so daß letztlich beide Kampfeinheiten, die im Ghetto und die in den Wäldern, zu wenige hatten.[13]

Im Juni 1943 beschloß Himmler in Berlin, das Bialystoker Ghetto endlich liquidieren zu lassen. Gewarnt durch den Widerstand des Untergrunds während der Februaraktion und vor allem durch die Erfahrungen im Warschauer Ghettoaufstand, übertrugen die Verantwortlichen der Endlösung diese Aufgabe SS-Gruppenführer Odilo Globocnik.[14] Er kam nach Bialystok und brachte ein deutsches Polizeiregiment und zwei auf den Partisanenabwehrkampf spezialisierte ukrainische Bataillone mit. In der Nacht vom 15. auf den 16. August umstellte Globocnik das Ghetto mit einem dreifachen Ring aus lokalen Polizei- und Gendarmerieeinheiten. Er selbst wollte mit seinen 3000 SS-Männern, den Ukrainern und regulären Wehrmachtstruppen, unterstützt von der Luftwaffe, einmarschieren. Um zwei Uhr morgens war die Umzingelung vollständig. Die Aktivist/inn/en des jüdischen Kampfblocks, die soeben eine Krisensitzung beendet hatten, in der ein Schlachtplan für den bevorstehenden deutschen Überfall ausgearbeitet worden war, hatten sich gerade schlafen gelegt, als einer ihrer Wachtposten Alarm schlug.[15] Chayke Grosman, die selbst an der Sitzung teilgenommen hatte, schildert in ihrem Bericht »The days of the Uprising« diesen Moment:

»Gedeliahu (...) kam in mein Zimmer, es war etwa zwei Uhr morgens. ›Schnell, steh auf, zieh dich an‹, sagte er, ›durch das Tor an der Yourovetskastraße ist eine Einheit deutscher SS-Truppen gekommen und postiert gerade Wachen vor allen Werkstätten.‹ (...) Alle unsere Pläne waren zerschlagen: zum Beispiel der Plan, die Deutschen zu überraschen, bevor sie das Ghetto umstellen konnten, sie sofort anzugreifen, wenn sie durch das Tor kamen – all das konnte nicht mehr ausgeführt werden. (...) Wir wußten: Jetzt hatte die Stunde unserer Vernichtung geschlagen.«[16]

Die Verantwortlichen setzten sich erneut zusammen, korrigierten ihren Schlachtplan wo nötig und riefen die Kämpfer/innen zusammen, um ihnen Anweisungen zu geben und die Waffen zu verteilen. 300 der Kämpfer bekamen Schußwaffen und Handgranaten ausgehändigt, die anderen 200 – vor allem die Frauen – mußten sich mit Molotow-Cocktails, selbstproduzierten Bomben, Messern und Äxten begnügen.[17] Chayke Grosman: »Die Mädchen rebellierten. Sie wollten am bewaffneten Angriff teilnehmen. Niemand wollte verzichten, weder Männer noch Frauen. Aber einer mußte schließlich.«[18] – Es waren die Frauen. Zumindest die Frauen, die nur »einfache« Kämpferinnen waren und nicht herausragende Aktivistinnen wie Chayke Grosman, Sarah Rozenblat und Judith Nowogródzka. Um vier Uhr morgens kleben die Deutschen ihren Anschlag an die Wände: Alle müssen sich zum Abtransport einfinden. Wenig später überkleben junge Mädchen aus dem Waisenhaus die deutschen Plakate mit dem Aufruf des Kampfblocks:

»Fünf Millionen europäischer Juden wurden bereits von Hitler und seinen Henkersknechten ermordet. Nur noch ein Zehntel der polnischen Juden ist übrig. Über drei Millionen polnischer Juden wurden zu Tode gefoltert in Chelmno und Belzec, in Auschwitz und Treblinka, in Sobibor und anderen Vernichtungslagern. Ihr müßt wissen, daß alle Juden, die deportiert wurden, in den Tod gegangen sind. Glaubt nicht der Propaganda der Gestapo, die euch etwas erzählt von Briefen, die Deportierte geschrieben haben sollen. Das ist nichts als eine zynische Lüge. Die Straße der Deportierten führt in die riesigen Krematorien und in die Massengräber in den Tiefen der polnischen Wälder. Über jeden von uns ist bereits das Todesurteil verhängt. Wir haben nichts zu verlieren! (...) Laßt uns nicht wie Schafe zur Schlachtbank gehen! Auch wenn wir zu schwach sind, unser Leben zu verteidigen, sind wir doch stark genug, unsere jüdische Ehre und unsere Menschenwürde zu verteidigen. (...) Geht nicht freiwillig in den Tod! Kämpft um euer Leben bis zum letzten Atemzug! (...) Wollt ihr euch in Rattenlöchern verstecken, während eure Liebsten und Nächsten zur Ermordung abgeholt werden? Wollt ihr eure Frauen, eure Kinder, eure Eltern, eure Seelen verkaufen, für ein paar Wochen verlängerter Sklavenarbeit?«[19]

Doch die Ghettobevölkerung verschließt ihre Augen vor dem verzweifelten Appell, sie strömt zum Sammelplatz. Chayke Grosman:

»Unsere Kundschafter kamen mit schrecklichen Neuigkeiten zurück. Menschenmassen strömten zur Jurowiecka-Straße. (...) Unsere Kameraden wandten sich von einer Gruppe zur anderen, flehend, beschwörend. Aber der Strom ergoß sich weiter durch die Straßen. (...) Es sah so aus, als sei ein schneller Tod einfacher, als ein Leben der Qualen zu verlängern. (...)

Wie Mondsüchtige liefen sie in der Herde. (...) Sie wollten nicht auf uns hören. (...) Die Situation war sehr ernst. Wir mußten sofort eine Entscheidung treffen, aber welche? Sollten wir bei unserem alten Plan bleiben, obwohl der wichtigste Grund für unseren Kampf, die Verteidigung der Massen, eigentlich nicht mehr existierte? (...) Sollten wir ehrenhaft Selbstmord begehen? Oder sollten wir unseren Plan ändern?«[20]

In Wirklichkeit dachten die Verantwortlichen des Kampfblocks nicht daran, den Plan aufzugeben, sie hofften immer noch darauf, daß die Bevölkerung zumindest im letzten Moment die Chance auf einen Massenausbruch nutzen würde. Doch geändert werden mußte der Plan notgedrungen, da Globocnik, der aus den Erfahrungen in Warschau gelernt hatte, die Strategie des Kampfblocks zunichte machte. Das Ghetto war durch die Bialka in zwei Bezirke geteilt, einer mit festen Wohnhäusern aus Stein, geeignet für Angriff und Rückzug, der andere mit kleinen Hütten und Holzhäuschen besiedelt, dazwischen große Wiesen, offenes Feld. Globocnik trieb die Massen auf diese Seite des Flusses und zwang den Widerstand, auf einem offenen Areal zu kämpfen, das kaum Deckungsmöglichkeiten bot.[21] Eilig wurden alle Kämpfer/innen auf die andere Seite des Flusses beordert, sie kamen, behindert durch die Massen, nur langsam voran, mußten vorbei an Freunden und Verwandten, die in den Tod zogen. Chayke Grosman begegnete ihrer eigenen Mutter:

»Einen Moment lang war ich versucht, sie nicht zu beachten und weiterzulaufen. Ich hatte vor mir selbst Angst. (...) Aber ich konnte mich nicht beherrschen, ich hatte nicht genug Stärke, an ihrem faltigen Gesicht vorbeizugehen, das vor der Zeit gealtert war, ihr graues Haar zu übersehen. Ich schämte mich, als ich sie in ihrer Einsamkeit sah. Ich war schockiert über meine Schwäche, fühlte mich wie ein Deserteur. Aber als ich sie so sah, allein, zerriß es mir das Herz. Ich ging zu ihr hin. ›Chaikele, wohin gehst du?‹ Ich konnte nicht antworten. Ich küßte ihre trockenen Lippen, ihr graues Haar und rannte, rannte weg. Ich sah sie nie wieder.«[22]

Das Zeichen zum Angriff wird gegeben. Eine Gruppe junger Frauen unter der Führung von Milka Datner, Basia Kaczalska, Khaya Biala und Fania* setzt die Fabriken und Werkstätten in

* Der Nachname ist nicht überliefert.

Brand. Gleichzeitig greift eine Gruppe von Kämpfer/inne/n mit Maschinenpistolen und Gewehren die Deutschen in der Smolnastraße an und zwingt sie zum Rückzug. Währenddessen beginnt die Gruppe um Milka Datner mit dem Sturm auf den Zaun und versucht, ihn anzuzünden, um den Massen, die auf dem Weg zum Sammelplatz durch die Smolnastraße müssen, den Ausbruch zu ermöglichen.[23] Chayke Grosman: »Wir wußten, daß wir alle dabei sterben würden. Wir wußten, daß die, die den Zaun durchbrachen, die Angreifer, ein offenes Ziel für das höllische Feuer des Feindes sein würden, daß bestenfalls ein paar wenige überleben würden. Aber hinter uns waren die Massen. Wir mußten die Blockade durchbrechen, damit sie flüchten konnten. In diesem Augenblick waren hier an die 20000 Juden versammelt. (...) Auch wenn Hunderte fielen, konnten doch Tausende versuchen, wegzukommen.«[24]

Als die Kämpfer/innen den Hauptangriff auf den Zaun führen, ist Chayke Grosman dabei: »Genau vor uns war der Zaun. Kontinuierlich schossen wir uns den Weg frei. Doch unser Feuer wurde nicht erwidert. Wo war der Feind? Wir erreichten den Zaun und begannen, daran hochzuklettern.« – Auf der anderen Seite wartete bereits eine Maschinengewehreinheit auf die Angreifer/innen:

»Die ganze Welt begann zu beben. (...) Nun trafen uns Schüsse. Ein Hagel von Schüssen, die ersten unserer Kameraden gingen verwundet zu Boden. (...) Wir mußten uns zurückziehen und gelangten in die Gärten der Nowogrodzkastraße. (...) Wir standen auf dem offenen Feld mit direkter Sicht auf den Feind. Die Schlacht tobte nun von Angesicht zu Angesicht. (...) Eine Kanone spuckte Feuer, (...) Splitter sausten über unsere Köpfe. Wir stürmten ihre Positionen, mußten uns aber wieder zurückziehen. Ich hörte nicht auf zu schießen. Ich fiel hin, stand auf und lief zum Zaun. Ich kehrte wieder um, als ein Hagel von Kugeln uns zurückzwang. (...) Meine Füße bluteten, ich war mit Schlamm bedeckt.«[25]

Als die Schlacht in der Smolnastraße zu Ende war, hatte sich eine Gruppe, zu der auch Chayke Grosman gehörte, in das Ghetto zurückziehen können, eine andere Gruppe, bestehend aus 60 Kämpfer/inne/n und unbewaffneten »Zivilist/inn/en«, schaffte es, durchzukommen, 37 von ihnen wurden noch auf der Flucht erschossen, die restlichen 23 konnten in die Wälder entkommen.[26]

Während noch die Schlacht um den Zaun tobte, fuhr Globocnik in das Ghetto ein. Er selbst saß in einem gepanzerten Auto, flankiert von drei leichten Tanks. Seine Truppen wurden von einem SS-Mann angeführt, der – etwas leichtsinnig – in arroganter Haltung, eine Peitsche in der Hand, auf dem ersten Lastwagen stand. Er stand da nicht lange. Als die Truppe das Gebäude des Judenrates in der Jurowieckastraße erreichte, schoß ihn Dora*, eine junge Frau aus Warschau, vom Wagen. Sie überlebte ihre kühne Attacke nicht.[27] Doch die Deutschen, die nun um sich schießend weiterzogen, wurden sofort wieder angegriffen, in drei Häusern der Straße hatten sich Widerständler/innen festgesetzt und stoppten die Weiterfahrt der Kolonne. Renia Wiernik, eine alte Kommunistin, »die Mutter der Partisanen« genannt, war nach einem schweren Feuergefecht die letzte Überlebende im Haus Nummer 26. Sie wartete, bis die Deutschen in das Gebäude eindrangen, und sprengte dann mit ihrer letzten Handgranate sich selbst und ihre Häscher in die Luft. Als die Kolonne weiterfuhr, stieß sie auf die zweite Widerstandsgruppe und schließlich, am Ende der Jurowieckastraße, auf den erbitterten Widerstand von Judith Nowogródzkas starker Kampfeinheit aus 60 Mädchen und Jungen. Die Deutschen schickten jetzt ihre Tanks vorweg, als sie in die Cieplastraße einbogen, doch auch das nützte ihnen nichts, sie wurden von einem Hagel von Handgranaten und selbstgemachten Bomben empfangen, denen auch die Tanks nicht alle standhalten konnten. Die Verteidiger der Cieplastraße waren vor allem Frauen und Mädchen, angeführt von Sarah Rozenblat. Der 18jährigen Frida Rybalowska gelang es im Verlaufe des Gefechts, ein Maschinengewehr zu erobern, es herumzuschwenken und gegen die Angreifer zu richten. Die Deutschen riefen nun die Luftwaffe zu Hilfe, die die Kampfstellungen der Widerständler/innen bombardierte und viele von ihnen tötete.[28] Um zwei Uhr nachmittags trieben sie die überlebenden Kämpfer/innen in einen Kessel zwischen Smolna-, Nowogrodzka- und Cieplastraße.[29] Chayke Grosman berichtet von dieser letzten Schlacht um das Ghetto:

»Das Feld vor uns war mit Leichen übersät. Die Schlacht wurde heißer, (...) die Sonne stand nun höher und brannte auf unsere Haut. (...) Wir wurden immer weniger, die Munition

* Der Nachname ist nicht überliefert.

ging uns langsam aus. Und dann brach plötzlich das Tor an der Fabritznastraße, das immer geschlossen war, auf, ein Tank kroch herein, fuhr in Richtung Cieplastraße und blieb plötzlich stehen. Es sah ganz so aus, als hätte ihn eine Benzinbombe getroffen. Andere Tanks standen uns nun gegenüber, uns paar hundert Kämpfern, Pionieren eines unterdrückten Volkes, einer ausgebluteten Nation. Ha-ha-ha! Es war das Lachen des Todes, das in den Straßen und Gärten umging; das war das Schlachtfeld der Schwachen. Leute aus der Menge schlossen sich uns an, ganz normale, einfache Leute, weder organisiert noch bewaffnet. Eine Frau (...) schrie auf die Menge ein: Kommt schon! Worauf wartet ihr? Auf sie! (...) Es waren nicht viele, die sich uns anschlossen, aber daß sie kamen, war eine große Ermutigung. Wir würden noch einmal versuchen, die bewaffnete Kette der Deutschen zu durchbrechen, um einen Fluchtweg freizuschlagen für die Massen, die in der Jurowiekkastraße auf ihren Bündeln lagerten, so nahe – und doch so weit entfernt. Über unseren Köpfen brummte ein Flugzeug. Es flog sehr tief, kreiste ein paarmal über uns und verschwand wieder. War es nur gekommen, um uns angst zu machen? Nein, da war es wieder – und nahm uns unter Beschuß. (...) Zwei Reihen von SS-Truppen näherten sich aus der Cieplastraße, (...) und jetzt kamen sie aus der Jurowiecka- und der Smolnastraße auf uns zu. (...) Sie umzingelten uns mit einer Wand aus Feuer. (...) Uns ging die Munition aus. (...) Die Massen würden uns nicht folgen. Wir konnten sie nicht in den Wald führen, nicht einmal in die letzte Schlacht. Wir hatten Deutsche getötet, wir hatten gekämpft, wir hatten eine Brücke aus unseren Körpern gebildet; aber die Massen machten keinen Gebrauch davon. (...) Die Front kam nun näher, wir waren fast vollständig eingekreist. Aber nein! Jetzt kam der Befehl, durch die Reihen der Soldaten zu stürmen und uns unseren Einheiten in der Grodnastraße anzuschließen. Ein einziges Maschinengewehr deckte unseren Rückzug. (...) Ich sprang auf und rannte wie verrückt. (...) Der Revolver in meiner Hand war zu nichts mehr nütze. Die Handgranaten und Kugeln waren mir ausgegangen. Mein Mantel war zerfetzt, (...) von Kopf bis Fuß war ich mit Blut und Schlamm bedeckt. Mein Rachen brannte, mein Herz klopfte.«[30]

Chayke Grosman versuchte, in die Grodnastraße durchzukommen, schaffte es aber nicht. Als sie sah, daß die Schlacht endgültig verloren war, überkamen sie Zweifel und Verzweiflung: »Wo waren sie, all die Kämpfer, die ich vor kurzem noch lebendig gesehen hatte, sogar noch in der letzten Minute der Schlacht? Wo wart ihr, meine Liebsten? Ohne euch war das Leben nichts mehr wert. Nur ich war hier, mitten in der Masse, die auf den Transport wartete. Ein Gedanke schoß mir plötzlich durch den Kopf: Sollte ich mitgehen?«[31] Sie geht nicht mit. Sie besinnt sich. Wozu hat sie gekämpft, wenn sie jetzt kapituliert, wenn sie sich jetzt freiwillig den Mördern ausliefert? Sie sagt sich: »Dein Leben lang warst du aktiv im Untergrund; du hast gegen die Deportationen gekämpft, hast erklärt: Sie gehen wie die Schafe zur Schlachtbank. Tag für Tag, Nacht für Nacht, hast du dich selbst und die anderen beschworen: Sie dürfen uns nicht kriegen!«[32]

Am folgenden Tag ermordeten die Deutschen auf dem Sammelplatz die Eltern, die sich weigerten, sich von ihren Kindern zu trennen, und transportierten anschließend 1000 Kinder nach Theresienstadt, von wo sie weiter nach Auschwitz verschleppt wurden – direkt in die Gaskammern.[33] In der Nacht des 19. August erlitt Judith Nowogródzka einen Herzanfall, dennoch unternahm sie, gestützt von ihren Kampfgefährt/inn/en noch einen Versuch, mit ihrer Gruppe die Reihen der Deutschen zu durchbrechen. Kurz darauf war sie tot, gefallen im Ghettoaufstand, den sie von Anfang an zugunsten des Partisanenkampfes vehement abgelehnt hatte.[34] Die Widerstandsgruppen in der Ciepla- und der Nowogrodzkastraße konnten sich bis zum 20. August halten. Dann war die Schlacht um das Ghetto zu Ende. Einige der Kämpfer/innen fielen den Deutschen lebend in die Hände, unter ihnen Sonya Szmit von Haschomer Hazair, die letzte Kommandantin des Vereinigten Kampfblocks des Bialystoker Widerstands. Doch sie war noch lange nicht bereit, aufzugeben. Die Deutschen hatten sie mit den restlichen Überlebenden und noch nicht deportierten Ghetto-Bewohner/inn/en in ein hastig errichtetes Konzentrationslager innerhalb des Ghettos gesperrt. Sonya Szmit ermutigte ihre Kampfgefährt/in/nen, einen Tunnel zu graben, und führte ihre – erfolgreiche – Flucht an. Sie erreichten den Wald, gerieten dort allerdings in einen deutschen Hinterhalt, aus dem nur wenige lebend entkommen konnten. Sonya Szmit fiel im Feuergefecht.[35]

Eine andere Gruppe von Widerstandskämpfer/inne/n war bereits im Zug nach Treblinka, doch auch sie waren nicht bereit, sich zu ergeben. Sie brachen ein Loch in die Wand des Viehwaggons, Wolf Wolkowyski, einer der Führer des Vereinigten Kampfblocks, rief: »Genossen, wir springen!« und gab damit das Zeichen zum Massenausbruch. Vielen Menschen gelang die Flucht, sie erreichten das Forois-Partisanen-Lager in den Wäldern. Vier Kämpfer des Blocks waren unter ihnen, drei Männer und eine junge Frau.[36] Auch Chayke Grosman konnte aus dem Ghetto zu den Partisanen entkommen, sie lebt heute in Israel.

Krakau

»Keine Angst, ich werde nicht weinen!«

Krakau, die alte Hauptstadt Polens, war eine der ältesten jüdischen Gemeinden des Landes. 60000 Juden lebten hier zu Ausbruch des Zweiten Weltkriegs, ihre Zahl stieg Ende 1939, als Juden aus Österreich, Polnisch-Sachsen und dem Warthegau nach Krakau deportiert worden waren, auf über eine Viertelmillion an.[1] Generalgouverneur Hans Frank machte die historische Stadt zu seiner Residenz, zur »Hauptstadt« des Generalgouvernements Polen, und erklärte sofort, er könne nicht dulden, daß in seiner Umgebung auch »Nichtarier« lebten: Krakau mußte »judenfrei« gemacht werden. Am 18. April 1940 gab Stadthauptmann Schmidt eine Verordnung heraus, nach der bis zum 15. August alle Juden die Stadt verlassen haben mußten. Eine Verordnung, der die jüdischen Bewohner/innen Krakaus selbst dann nicht hätten nachkommen können, wenn sie gewollt hätten – denn wohin sollten sie gehen? Im September wurden 35000 gewaltsam deportiert, im November beauftragte Frank Obersturmbannführer Rudolf Pavl mit der endgültigen Lösung des »Problems«. Ein erster Schritt in diese Richtung war die Konzentrierung der jüdischen Bevölkerung in einem sogenannten »jüdischen Wohnbezirk« – im Krakauer Vorort Podgórze wurde im März 1941 ein ummauertes Ghetto eingerichtet, verbunden mit dem üblichen Verbot für Juden, sich ohne Spezialerlaubnis außerhalb der Mauern zu bewegen. Im Juni 1941 ging die Aktion Reinhard ans Werk und transportierte mehrere tausend Ghettobewohner/innen in das Todeslager Belzec oder tötete sie auf der Stelle.[2]

Ende des Jahres bildete sich eine erste Zelle des Widerstands. Die jüdische Gemeinde von Krakau war stark mittelständisch geprägt und beeinflußt von der Agudath-Israel-Partei. Die Linke war relativ schwach vertreten, die einflußreichste zionistische Jugendorganisation war Akiba, eine Gruppe, die die liberalen Ideale des 19. Jahrhunderts mit einer romantisch-kollektivistischen Moral des Kibbuz-Lebens verband. Die Krakauer Führer von Akiba waren Adolf Liebeskind, Simon Drenger und seine Frau Gusta Dawidson-Drenger, genannt Justyna. Gusta Drenger schrieb im Gefängnis ein Kriegstagebuch, das gerettet werden konnte und heute eine wichtige Quelle für die Erforschung des Krakauer Widerstands darstellt. Auf Grund ihres sozialen und politischen Hintergrunds lag es den Akiba-Verantwortlichen näher, sich in den Kreisen des offiziellen, von der Exilregierung in London gesteuerten polnischen Untergrunds nach Verbündeten umzusehen, als bei den linken Gruppen und Parteien. Als sie feststellen mußten, daß von seiten der Armia Krajowa keinerlei Hilfe für Juden zu erwarten war, begannen sie ihre Fühler in die andere Richtung auszustrecken.[3]

Etwa zeitgleich mit der Umstrukturierung von Akiba zu einer Untergrundorganisation hatte sich in den ersten Monaten des Jahres 1942 im Ghetto noch eine zweite Gruppe gebildet, die vor allem aus Kommunisten und Mitgliedern der marxistischen linkszionistischen Pioniergruppe Haschomer Hazair bestand, ebenfalls über Wege und Möglichkeiten jüdischen Widerstands diskutierte und im Sommer 1942 zur Praxis überging. Im August brachte die Gruppe einen deutschen Transportzug zum Entgleisen; da sie noch über keinen Sprengstoff verfügten, hatten die Saboteurinnen und Saboteure die Schrauben der Gleise gelokkert. Noch im selben Monat überfielen sie gemeinsam mit Mitgliedern von Akiba die deutsche »Optima«-Fabrik und stahlen Uniformen, Winterkleidung und Stiefel. Im August und September töteten sowohl Liebeskind und seine Akiba-Gruppe als auch die kommunistisch/linkszionistische Gruppe unter Heshik Bauminger (Haschomer Hazair) mehrere SS-Männer und Gendarmen und eroberten dabei auch einige Waffen.[4]

Gleichzeitig unternahm Akiba im September einen ersten Versuch, eine Partisanenbasis in den umliegenden Wäldern zu gründen. Eine Partisanenarmee nach dem Vorbild Titos, das war der Traum der Drengers. Die jugoslawische Volkserhebung war in ihren Augen die Initialzündung, die einen lodernden Brand in ganz Europa auslösen sollte. Alleine konnten die Tito-Partisanen die Entscheidung nicht herbeiführen, und so ging es darum, in jedem Land Europas eine Partisanenarmee zu schaffen, um mit vereinten Kräften den Faschismus zu besiegen. »Es liegt alles in unseren Händen«, zitiert Gusta Drenger ihren Mann in ihrem Tagebuch, »wenn alle unterdrückten Völker mitmachten, wie groß wäre unsere Aussicht auf Erfolg!«[5] Doch der Versuch, die Idee in die Praxis umzusetzen, scheitert.

Die kleine Gruppe, die aufgebrochen war, um in der Gegend von Rzeszow einen Stützpunkt einzurichten, fiel der Feindseligkeit der Landbevölkerung, ihrer eigenen mangelnden Erfahrung und Unkenntnis der geographischen Lage und schließlich Verrat zum Opfer. Die Führer von Akiba mußten ihr Konzept ändern und auf Kämpfe innerhalb der Stadt umstellen.[6]

Am 28. Oktober 1942 umstellten SS-Truppen, litauische und ukrainische Einheiten und polnische Polizei das Ghetto. 6000 Bewohner/innen, vor allem Alte und Kinder, wurden gefangengenommen und in das Vernichtungslager Belzec transportiert, einige hundert an Ort und Stelle erschossen.[7] Die beiden Widerstandsgruppen im Ghetto beschlossen nun, sich zu vereinigen. Bereits im September hatte Gola Mirer erste Gespräche zwischen den Verantwortlichen der beiden Organisationen in die Wege geleitet. Gola Mirer war eine alte erfahrene Kommunistin, die noch eine wichtige Rolle im Krakauer Widerstand spielen sollte. 1933 war sie zu 15 Jahren Zuchthaus verurteilt worden, hatte es jedoch geschafft, aus dem Gefängnis auszubrechen, und lebte seither im Untergrund. Unter dem Eindruck der Oktober-Razzia beschleunigten die Gruppen ihre Verhandlungen und gründeten schließlich die ZOB, die Vereinigte Jüdische Kampforganisation, die bis Ende des Jahres etwa 300 Mitglieder zählte.[8] Viele junge Frauen und Männer hatten sich nach dem Schock des 28. Oktober angeschlossen. »Sie waren jetzt frei«, schreibt Gusta Drenger in ihrem Tagebuch, »ihre letzten Bindungen an das alltägliche Leben waren zerstört. Die bisher gezögert hatten, einen kleinen Bruder, die einzige Schwester, ihre alten Eltern zu verlassen, fühlten sich nun, nach der Aktion, plötzlich frei (...).«[9] Eltern und jüngere Geschwister waren tot, vergast in Belzec.

Der Kampf, beschloß die ZOB, sollte in der Stadt geführt werden. Der Aufbau eines Partisanenstützpunktes hatte sich als aussichtslos erwiesen, also sollten Generalgouverneur Frank und seine Mannschaft in ihrer eigenen Residenz das Fürchten lernen. Die ZOB organisierte sich als Stadtguerilla: Nicht im Ghetto, sondern mitten in Krakau, unter der Nase der NS-Häuptlinge sollten ihre Aktionen stattfinden. Haschomer Hazair und die Kommunisten richteten sich Stützpunkte im Krakauer Arbeiterbezirk Nowy Pradnik ein, Akiba bestand darauf, aus dem Ghetto heraus zu operieren und sich nach vollbrachter Tat wieder in das Ghetto zurückzuziehen.[10]

Das Hauptproblem war nun, wie in allen anderen Städten auch, die Beschaffung von Waffen. Auch die Krakauer ZOB wandte sich zuerst an die Armia Krajowa, deren lokales Kommando über ein sogar noch größeres Areal verfügte als die Warschauer Zentrale. Für die jüdische Kampforganisation jedoch hatte die Armee des regierungstreuen polnischen Untergrunds nicht eine einzige Pistole übrig. Obwohl bestens ausgerüstet, dachte das Krakauer Kommando der Armia Krajowa gar nicht daran, ernsthaft gegen die Besatzer vorzugehen. Neben ihrer Verpflichtung auf den »Aufstandsplan« der Exilregierung hatte die Krakauer AK noch zwei spezielle Gründe für ihre Passivität. Zum einen waren in der »Hauptstadt« des Generalgouvernements starke SS-Formationen präsent, zum anderen befürchtete die Londoner Exilregierung, die Deutschen würden bei der kleinsten Provokation die historische Stadt zerstören. Dazu kam die generell antisemitische Linie des polnischen Untergrunds, der sich auch in Warschau und allen anderen Städten weigerte, die jüdischen Kämpfer/innen zu unterstützen.[11] Die kommunistische Gwardia Ludowa hatte selbst kaum Waffen, gab aber der verbündeten ZOB Adressen ihrer Genoss/inn/en in Warschau, die möglicherweise über mehr verfügten. Hela Schipper von Akiba wurde mit der gefährlichen Mission betraut. Hela Schipper sah »arisch« aus und wurde mit perfekt gefälschten Papieren ausgestattet, dennoch war die Reise ein enormes Risiko. Gusta Drenger beschreibt in ihrem Tagebuch die fast unüberwindlichen Schwierigkeiten, denen sich die Emissärinnen des Widerstands aussetzten; und nicht nur sie, sondern jeder Mensch, der es wagte, das Ghetto zu verlassen:

»Wie einfach war es, zu sagen: ›Lauft weg vor den Deportationen!‹ Aber wie sollte man denn wegkommen durch den von Polizei bewachten Stacheldraht? Es reichte schon, wenn ein Polizist deine blauweiße Armbinde * sah, damit er dich sofort niederschoß. Man konnte natürlich die Armbinde entfernen, aber wenn dich Passanten dabei beobachteten, lieferten sie dich der Polizei aus. Selbst wenn du dich in den dunkelsten Torbogen verkrochen hättest, um diese fundamentale Verwandlung vorzunehmen, irgendwer hätte sicher gesehen, daß da jemand als Jude in die Toreinfahrt ging und als – ja als was eigentlich? – wieder herauskam. Und auch wenn man das Zeichen loswurde

* Die Juden in Osteuropa mußten eine blauweiße Armbinde tragen.

– man blieb doch immer man selbst. Man blieb einfach ein Jude ohne Armbinde. Man verriet sein Jüdischsein mit jeder ängstlichen Bewegung, mit jedem unsicheren Schritt, mit seinem gebeugten Rücken, der die ganze Last der Sklaverei zu tragen schien. Man verriet sich durch seine Augen, die die Augen eines gehetzten Tieres waren, durch die ganze Erscheinung, der das Ghetto seinen Stempel aufgedrückt hatte. (...) So hatte ein Jude, bevor er den nächsten Bahnhof erreichte, schon eine ganze Reihe Schlachten hinter sich. (...) Ein Jude brauchte alles *sangfroid* der Welt, um stolz erhobenen Hauptes durch den Bahnhof zu gehen, das Starren der Polizisten mit einem kalten Blick zu erwidern und schließlich in ein Zugabteil zu treten, als täte er das jeden Tag.* Doch innerhalb des Abteils begann erst die Herrschaft des Mobs. Vor den aufdringlichen Blicken dieser Leute gab es kein Entkommen. (...) Durch ununterbrochene Anspannung seiner ganzen Nerven konnte der Jude zwar seine Identität verbergen, aber er konnte nicht vermeiden, die Gespräche der Mitreisenden zu hören, die ihm das Blut in den Adern zum Kochen brachte. Worüber sprachen sie? Sie sprachen über die Juden. Sie sagten, die Juden hätten endlich bekommen, was sie verdienten. (...) Und da saß er, in seiner Ecke des Abteils, ein Mensch, der noch nicht den Schmerz über den Verlust seiner Liebsten und Nächsten verwunden hatte, und nicht ein Muskel in seinem Gesicht durfte zucken.«[12]

Hela Schipper kam heil nach Warschau, und auf der Rückreise nach Krakau trug sie zwei Brownings unter ihrem Mantel und drei Pistolen und Munition in ihrer Reisetasche. Noch mehrmals reiste sie hin und her, jedesmal mit Waffen beladen, bis sie den Deutschen in die Hände fiel.[13] Mit den Revolvern und Pistolen aus Warschau, zusammen mit Waffen, die sie den Deutschen gestohlen oder bei Einbrüchen organisiert hatten, waren die Kampfgruppen der ZOB nun halbwegs ausreichend ausgerüstet, um größere Aktionen zu wagen. Von September bis Dezember 1942 führten sie insgesamt zehn spektakuläre Attentate und Sabotage-Akte durch, von Angriffen auf die Eisenbahnlinie Krakau–Bochnia, über Anschläge auf SS-Offiziere bis zur Brandstiftung im Warenlager der Organisation Todt.[14]

Ermutigt durch ihre Erfolge plante die ZOB für Weihnachten eine konzertierte Aktion. Aus Warschau kamen die kampf-

* Für Juden war es verboten, die Eisenbahn zu benutzen.

erprobten ZOB-Mitglieder Yitzchak Zuckerman und Eve Fulman, um ihre Gefährt/inn/en in Krakau bei der Vorbereitung zu unterstützen. Der endgültige Angriffsplan, von den Verantwortlichen der ZOB und der kommunistischen Gwardia Ludowa gemeinsam ausgearbeitet, wurde am 17. Dezember den Aktivist/inn/en vorgestellt: Am 22. Dezember um sieben Uhr abends sollten die Cafés Cyganerja, Esplanada und Zakopianka, in denen deutsche Offiziere und Beamte ihre Abende verbrachten, mit Handgranaten und selbstgebauten Bomben angegriffen werden. Gleichzeitig sollten andere Kampfeinheiten die Offiziersmesse im Gebäude des National-Museums attackieren und das Scala-Kino, aus dem zu diesem Zeitpunkt die deutschen Soldaten aus der Vorstellung strömen mußten. Im selben Augenblick sollten außerdem mehrere Wehrmachts- und SS-Garagen in Brand gesteckt, die Motorboote der Gendarmeriepatrouillen auf der Weichsel demoliert und jeder Deutsche in Uniform erschossen werden, wo immer er sich blicken ließ. Der Plan konnte weitgehend umgesetzt werden, der Schock sowohl für die Besatzer als auch für die untätige Armia Krajowa war enorm. Krakau, Hans Franks »Hauptstadt«, war kein ruhiges Pflaster mehr für die deutschen Herren. Der Traum des jüdischen Untergrunds, zu beweisen, daß Krakau keine Stadt war, in der Frank sich aufführen konnte, wie er wollte, war in Erfüllung gegangen. Das Erdbeben, das Krakau erschütterte, hatte Auswirkungen bis nach Berlin. Obwohl völlig von der Schlacht um Stalingrad okkupiert, forderte Hitler von Himmler eine Erklärung dafür, wie es möglich sei, daß Juden deutsche Offiziere und Regierungsbeamte in der Hauptstadt des Generalgouvernements angreifen konnten.[15]

Die Ehre der Gestapo stand nun auf dem Spiel, die Verfolgung der Krakauer Stadtguerilla wurde zur Hetzjagd, mehrere Verräter stellten sich als Jagdhunde zur Verfügung. Ende Dezember 1942 und Anfang Januar 1943 wurde fast die gesamte ZOB verhaftet oder in Feuergefechten mit ihren Verfolgern getötet, wie Hannah Spitzer und Hannah Sternlicht. Eve Fulman und Eve Liebeskind, deren Mann bei der Verhaftung erschossen worden war, fielen den Jägern lebend in die Hände. Eve Liebeskinds Schwester Mira, die die Kampforganisation im Ghetto von Radom mitaufgebaut und an der Krakauer Weihnachtsaktion teilgenommen hatte, wurde nach langen, brutalen

Folterungen erschossen. Auch Shimon Drenger war verhaftet worden, Gusta Drenger konnte entkommen, stellte sich aber der Polizei. – Sie wollte das Schicksal ihres Mannes teilen.[16] Über die Gründe dieser so romantischen wie selbstmörderischen Aktion läßt sich nur spekulieren. Es mag sein, daß Gusta Drenger, die, nachdem die gesamte Gruppe tot oder gefangengenommen war, alleine zurückblieb, einen Moment lang von völliger Verzweiflung und Resignation überwältigt wurde. Eine Stelle in ihrem Tagebuch könnte darauf hinweisen:

»Wenn wir die Wahrheit sagen sollen, jeder ist des Lebens überdrüssig. Wir können die permanente Panik nicht mehr aushalten, und manchmal hat man den heimlichen Wunsch, das Ende möge bald kommen. Der Geist der Revolte hat sich noch nicht erhoben (in der Masse der Ghettobevölkerung, Anm. d. Verf.), niemand will gegen den Feind kämpfen – und ist es denn ein Wunder? Das könnte doch nur ein Mensch, der nicht drei Jahre lang unter der Last von Grausamkeit, Erniedrigung und Beraubung gelebt hat. (...) Manchmal denke ich, daß alle Spuren unseres Volkes vom Erdboden verschwinden, alle Erinnerungen ausgelöscht werden. Nichts von dem, was uns lieb und teuer ist, wird bleiben. Bei allem, was mir heilig ist, mein einziger Wunsch ist, zu sterben. Ich will nicht mehr leben. Ich will nicht mehr weiterleben auf unseren Ruinen.«[17]

Gusta Drenger wird in das Helclów-Gefängnis gebracht, wo sie mit 49 Frauen, darunter ihren Kampfgefährtinnen Gola Mirer, Shoshana Jolles, Genia Maltzer und Celia Drenger, ihrer Schwägerin, die Zelle teilt. In dieser Zelle Nummer 15 schreibt Gusta Drenger ihr »Tagebuch der Justyna«, die einzelnen Blätter versteckt sie in einem Ofen, aus dem sie von jüdischen Arbeitskommandos aus dem Männergefängnis herausgeschmuggelt und an andere Vertrauenspersonen weitergegeben werden.[18] Warum haben diese jungen Männer und Frauen sich nicht in ihr Schicksal ergeben? Warum haben sie sich auf die aussichtslose Schlacht mit einem übermächtigen Gegner eingelassen? Gusta Drenger gibt im »Tagebuch der Justyna« eine Antwort, die auch für ihre Kampfgefährtinnen in Warschau und Minsk, Wilna und Bialystok gilt:

»Wie konnten wir es *nicht* tun? Die Geschichte hätte uns diese Sünde nie verziehen. Was konnte uns davon abhalten, das einzige zu tun, was einem Menschen mit Selbstrespekt noch übrigblieb? (...) Egal, was passiert, wir sind verloren. Laßt uns eine Tat hinterlassen, die vielleicht eines Tages jemanden veranlaßt, mit Respekt auf uns zurückzublicken.«[19]

Gusta Drengers Kampfgeist ist wieder erwacht. Sie denkt an Flucht. Auch die Männer, erfährt sie, haben bereits den Ausbruch geplant, während des Transports zur Erschießung in Plaszów soll er stattfinden. Am 19. März werden 20 Frauen zur Deportation nach Auschwitz oder Hinrichtung in Plaszów geholt, unter ihnen ist Gusta Drengers 16jährige Schwägerin Celia, die sich mit den Worten »Hab keine Angst, ich werde nicht weinen« von ihr verabschiedet. Die restlichen 30 Frauen werden wenig später aus ihrer Zelle in den Kellerbunker gebracht, von dem die Transporte nach Plaszów abgehen. Hier hecken sie ihren Fluchtplan aus, den sie am 29. April in die Tat umsetzen. In Zweierreihen werden die Frauen vom Helclów-Gefängnis in das Männergefängnis Montelupich geführt, wo die Lastwagen auf sie warten. Als sie die Straße vor dem Gefängnis erreichen, stürzen sich Gusta Drenger und Gola Mirer auf ihre Bewacher, einige Genossinnen kommen ihnen zu Hilfe, die anderen laufen wie vorgesehen in alle Richtungen davon. Gola Mirer, Rose Jolles und die flüchtenden Frauen werden von Maschinenpistolensalven niedergemäht, nur Gusta Drenger, Genia Maltzer und zwei andere können entkommen.[20] Gusta Drenger versucht, Kontakt mit anderen überlebenden Akiba-Mitgliedern aufzunehmen, trifft schließlich ihren Mann und wenig später ihre Schwägerin Margot Drenger, die die beiden Flüchtigen in ein Versteck bringt, das in der Nähe von Wisnicz vorbereitet worden war. Beide sind verletzt, haben Schußwunden an den Beinen, gönnen sich aber nur eine kurze Zeit der Rekonvaleszenz: Sie wollen weiterkämpfen. Margot Drenger schrieb nach der Befreiung: »Sie hätten höchstwahrscheinlich den Krieg überleben können. Aber schon nach kürzester Zeit begannen sie wieder mit ihren Partisanen-Aktivitäten. Sie gaben ein Bulletin heraus, organisierten Aktionen, transportierten Waffen von Krakau nach Warschau. Sie fielen auf einer dieser Missionen. Man weiß nicht genau, wann und unter welchen Umständen sie verhaftet und ermordet wurden.«[21] Später wurde wenigstens das Datum herausgefunden: Am 8. November 1943 wurde zuerst Gusta, dann Shimon Drenger festgenommen.[22]

Während die überlebenden ZOB-Mitglieder im Gefängnis saßen und ihren Ausbruch vorbereiteten, wurde das Krakauer Ghetto liquidiert. Am 13. März machte sich Untersturmführer

Leopold Goeth daran, seinen Auftrag auszuführen. Tausende wurden zur Erschießung nach Plaszów getrieben, Tausende nach Auschwitz verschleppt, Tausende sofort niedergemacht. Der – arbeitsfähige – Rest der Ghettobevölkerung wurde in das Arbeitslager von Plaszów verschickt. Dieses Lager war die Hölle auf Erden. Die darin gequält wurden, beneideten die, die »nur« zur Erschießung nach Plaszów gebracht wurden. Goeth, Österreicher aus Wien, Mitglied der illegalen NSDAP seit 1930, Mitglied der SS seit 1932, ab 1940 im Dienst der Waffen-SS, hatte sich in Treblinka, Sobibor und Belzec in Sachen Vernichtung bereits bewährt. Im Zwangsarbeitslager von Plaszów führte er ein derartig brutales Terrorregiment, daß die Gefangenen die Übernahme des im Januar zum Konzentrationslager umbenannten Arbeitslagers durch die reguläre SS-Administration als vergleichsweise Erleichterung empfanden. Doch Goeth wurde dadurch noch nicht sofort seines Postens enthoben. Am 2. Mai 1944 ließ er alle Gefangenen nackt zur Selektion antreten. 1400 wurden zur Vergasung nach Auschwitz bestimmt, unter ihnen alle Kinder. Als sie auf den Lastwagen abtransportiert wurden, zwang er ihre Mütter, sich der Straße entlang auf den Boden zu setzen und zuzusehen, während aus dem Lautsprecher der deutsche Schlager »Mami, kauf mir ein Pferdchen« plärrte.[23]

Die Kämpferinnen der ZOB, die den Verhaftungen und Ermordungen entgehen konnten, schlossen sich den Partisanen in den Wäldern von Wisnicz Nowy an. Hillel Wodzislawski, einer der Führer von Akiba, hatte hier nach der großen Verhaftungswelle eine Partisaneneinheit aufgebaut, die von April bis September 1943 den deutschen Besatzern schwer zu schaffen machte, allein elf Züge auf der Strecke Krakau–Lvov brachten sie in dieser Zeit zum Entgleisen.[24] Ihre Erfolge brachten die jüdischen Partisan/inn/en nicht nur in Konflikt mit den Deutschen, sondern auch mit der polnischen Armia Krajowa, die gemäß ihren Weisungen aus London strikt gegen jede bewaffnete Aktion war. Als ein Kommando der ZOB-Partisanen einen polnischen Bauern, der einen ihrer Stützpunkte verraten hatte, bestrafen wollte, kam es zu einem bewaffneten Zusammenstoß, und die lokalen Gruppen der Armia Krajowa eröffneten nun die Jagd auf die jüdischen Partisanen. Sie hielten sich bis zum Sommer 1944, dann flüchteten die wenigen Überlebenden über die Slowakei nach Ungarn, wo sie sich dem jüdischen Untergrund in Budapest anschlossen.[25]

Minsk

»Lebendig kriegen mich die Fritzen nicht!«

Als die deutschen Truppen am 22. Juli 1941 in der Sowjetunion einmarschierten, befanden sich in ihrem Gefolge bereits die sogenannten Einsatzkommandos mit ihrem Spezialauftrag, sowjetische Funktionäre, kommunistische Parteiführer und *alle* Juden zu liquidieren.[1] Das Vorrücken der Wehrmacht war von unbeschreiblichen Gemetzeln an der Zivilbevölkerung begleitet. Die Besatzungsbehörden in den eroberten sowjetischen Gebieten nahmen sich erst gar nicht die Mühe, Ghettos zu errichten, die jüdischen Einwohner/innen wurden sofort ermordet. Nur in Minsk, der belorussischen Hauptstadt und zugleich der Stadt mit der größten jüdischen Gemeinde in Weißrußland, wurde nach den ersten brutalen Massakern ein Teil der jüdischen Bevölkerung in zwei Ghettos gesperrt, wobei eines, ähnlich wie in Wilna, bald wieder »aufgelöst« wurde.[2] 1939 lebten 80- bis 90000 Juden in der Stadt, sie stellten mehr als ein Drittel der Einwohner.[3] Sofort nach ihrem Einzug in Minsk am 28. Juni befahlen die Deutschen allen Männern zwischen 14 und 45, sich registrieren zu lassen. Für Nichterscheinen drohten sie die Todesstrafe an. Etwa 40000 meldeten sich und wurden auf ein Feld bei Drozdy getrieben, wo sie fünf Tage lang ohne Essen und Wasser, bestrahlt von Scheinwerfern und umstellt von Maschinengewehren, ausharren mußten. Am fünften Tag wurden die nichtjüdischen Gefangenen (vorläufig) freigelassen. (Insgesamt wurden in Minsk von den deutschen Besatzern bis zur Befreiung im Juli 1944 700000 Menschen ermordet.) Gleichzeitig befahlen die Besatzungsbehörden allen jüdischen Intellektuellen, auch denen, die älter als 45 waren, sich zu melden. Viele taten es, da sie dachten, als Intellektuelle würden sie respektiert. Die Gruppe der jüdischen Gefangenen von Drozdy und die Hinzugekommenen wurden daraufhin in einen Wald in der Nähe getrieben und mit Maschinengewehren niedergemäht.[4] Die überlebenden Juden der Stadt wurden in die beiden Ghettos gesperrt. Hier, hinter Mauern und Stacheldraht, ging das

Morden weiter. Jede Nacht brachen deutsche Killertruppen in einzelne Häuser ein, verwüsteten sie, vergewaltigten die Frauen. Bei Großrazzien in den Nächten des 14., 25. und 31. August verschleppten die Besatzer erneut Tausende von Ghettobewohner/innen.[5]

Bereits Ende Juli 1941 organisierte sich die Untergrundbewegung im Ghetto. Sie war in vielfacher Hinsicht eine Ausnahmeerscheinung – verglichen mit anderen Ghettos in Polen und Litauen. Der Minsker Widerstand verlor keine Zeit damit, unterschiedliche politische Tendenzen vereinen zu müssen. Die sowjetischen Juden betrachteten sich als Teil des sowjetischen Verteidigungskampfes und begannen sofort, sich in dieser Richtung zu formieren. Auch die Mitglieder des Judenrates und der jüdischen Polizei agierten in Minsk, im Gegensatz zu fast allen anderen Ghettos in Osteuropa, nicht als Erfüllungsgehilfen der deutschen Behörden, sondern als gewählte Vertreter der jüdischen Bevölkerung. Der Vorsitzende des Minsker Judenrates, Elye Mushkin, war selbst aktives Mitglied des Untergrunds. Dazu kam, daß die Minsker Juden sich nicht einer ganz so feindlichen Umwelt gegenübersahen wie ihre Schicksalsgefährt/inn/en in Polen und Litauen. Die Beziehungen zur belorussischen Bevölkerung waren zum Teil freundschaftlicher Natur, es gab sogar (im polnischen Belorußland undenkbar) Heiraten zwischen den beiden Bevölkerungsgruppen, und so manche Russin war ihrem jüdischen Mann in das Ghetto gefolgt. Der Minsker Untergrund mußte also weder den Widerstand des Judenrates bekämpfen und überwinden, noch war er von der nichtjüdischen Bevölkerung vollkommen isoliert und bedroht. Diese Vorteile beschleunigten die Formierung einer bewaffneten Verteidigungskraft und sprachen gleichzeitig für den Entschluß, sich den Partisanen anzuschließen und es nicht auf einen Aufstand im Ghetto ankommen zu lassen. »Das Ghetto bedeutet den Tod« war die Devise, die die Minsker Untergrundorganisation nach ihrem entscheidenden Treffen im August 1941 ausgab.[6] Sie beschloß, sofort Waffen zu organisieren, denn »das Gewehr ist die Eintrittskarte für den Wald«[7], und gruppenweise Ghettobewohner/innen aus der Stadt in die umliegenden Wälder zu schleusen. Sie sollten sich zum Teil den bestehenden Partisaneneinheiten anschließen, zum anderen eigene jüdische Basen gründen. Da die Minsker Untergrundstrategie darin bestand, möglichst alle Ghettobewohner/innen zu retten, mußten spezielle »Familienlager« organisiert werden, Partisanenstützpunkte, in denen nicht nur die bewaffneten Kämpfer/innen, sondern auch die unbewaffnete und kampfunfähige Bevölkerung sicher überleben konnte. Die Zwangsarbeiter/innen in den deutschen Waffenlagern und Rüstungsbetrieben stahlen Gewehre, Revolver und Munition und schmuggelten sie in das Ghetto. Die jungen Frauen taten sich dabei besonders hervor.[8] Dank ihrer Geschicklichkeit gelangte eine große Menge Waffen in das Ghetto, die Frauen räumten ganze Waffenlager aus, was natürlich nicht unbemerkt blieb – spätestens im Herbst 1941 wurde den Deutschen bewußt, daß sich im Ghetto ein offensichtlich ziemlich reger Widerstand formiert hatte.

Drei Galgen standen an einem Oktobermorgen des Jahres 1941 auf dem Stadtplatz. An ihnen hingen zwei Männer und in ihrer Mitte eine junge Frau, alle drei trugen ein Schild um den Hals, auf dem stand, sie hätten die deutschen Herren bekämpft.[9] Einen Monat später, am 24. Jahrestag der Oktoberrevolution, umstellten deutsche Truppen das Ghetto. Sie zwängten 12000 Menschen in ein Warenlager und ließen sie einen Tag lang stehen, so eng aneinandergepreßt, daß die Kleinkinder in den Armen ihrer Mütter erstickten. Am nächsten Tag wurden die Männer in Tuchinka erschossen, die Frauen und Kinder starben langsam und qualvoll in Vergasungswagen.[10] Kurz darauf kontaktierte Isai Pavlovich Kazinets, Slavek genannt, die Führer des Ghettountergrunds und informierte sie darüber, daß es in der Stadt vier weitere Widerstandsorganisationen gab. Nach dem Treffen Slaveks mit Hersh Smoliar, dem Vorsitzenden der Ghettogruppe, schlossen sich alle fünf Gruppen zu einer einheitlichen Untergrundorganisation unter Slaveks Führung zusammen. Sie definieren sich von Anfang an als städtischer Teil der Partisanen-Bewegung; eines ihrer wichtigsten Ziele ist, so viele Juden wie möglich aus dem Ghetto in die Wälder zu schmuggeln.[11]

Die Massaker gehen weiter. Als am 20. November wieder 5000 Menschen in Tuchinka ermordet werden, bewaffnen sich die überlebenden Ghettobewohner/innen mit Messern, Scheren und was immer sie sonst auftreiben konnten, und erklären, sie wollten sich von nun an wehren und lieber sofort sterben, als sich passiv abführen und schlachten zu lassen. Die Minsker Ghettobevölkerung – soweit sie über den Untergrund und dessen Pläne informiert ist – ist damit einverstanden, sich in die Wälder durchzuschlagen; wie die Bevölkerung von Warschau steht sie geschlossen hinter dem aktiven Widerstand.[12]

Doch die Umsetzung des Plans gestaltet sich schwierig. Die Partisanen nehmen nur bewaffnete und kampffähige Leute und Ärztinnen und Ärzte auf. Die Einrichtung von Familienlagern für die »Zivil«-Bevölkerung wird immer dringender, zu viele sind bereits gestorben, und ein Ende des Mordens ist nicht abzusehen. Im Dezember 1941 kommt die Nachricht, daß Kommandant Bystrov bereit ist, größere Gruppen jüdischer Partisanen aufzunehmen. Sofort machen sich mehrere Frauen und Männer auf den Weg und gründen im Gebiet von Rudensk eine eigene Maschinengewehreinheit, die sich zu einer der aktivsten und erfolgreichsten Partisaneneinheiten Belorußlands entwickelt und später der Stalin-Brigade eingegliedert wird.[13]

Am 2. März 1942 feierte das Ghetto den Purim-Tag. Wilhelm Kube, General-Kommissar für Weißrußland, einer der berüchtigtsten Schlächter in den besetzten sowjetischen Gebieten, beschloß, den Tag mit einem Massaker zu feiern. Am 1. März befahl er dem Judenrat, eine riesige Grube in der Ratomskayastraße ausheben zu lassen. Danach forderte er die Auslieferung von 5000 Menschen. Der Judenrat weigerte sich. Am 2. März um zehn Uhr morgens stürmten SS-Trupps und ukrainische Einheiten das Ghetto und schossen wahllos auf alle, die sich auf der Straße befanden. Die Kinder fingen sie ein und trieben sie zur Grube. Dann nahmen sie sich das Waisenhaus vor, zwangen alle Kinder, herauszukommen und in die Ratomskayastraße zu gehen, wo Kube bereits in seiner Limousine wartete (nach einigen Berichten war auch Eichmann im Auto). Die SS-Männer warfen nun die Kinder in die Grube, schütteten Kalk über sie und begruben sie lebendigen Leibes. Auf dem Höhepunkt der Panik stieg Kube aus dem Auto und warf Süßigkeiten unter die schreienden, weinenden, erstickenden Kinder. Diese Heldentat Kubes während des Purim-Massakers war wohl der letzte Anlaß für die Kommandanten der Partisanenbewegung, seinen Tod zu beschließen.[14]

Verzweifelt bemühte sich der Ghettountergrund, die Evakuierung der Bevölkerung voranzutreiben. Während die junge Kämpferin Mina Liss als Emissärin des Ghettos mit den Partisanen über die Errichtung eines Familienlagers verhandelte, verhafteten die Deutschen Niunka Markovitz, die Hauptorganisatorin der Waffenbeschaffung und des Waffentransfers in die Wälder. Die Gestapo intensivierte nun ihre Jagd auf den organisierten Untergrund, und es gelang ihr, auch Mina Liss bei ihrer Rückkehr ins Ghetto festzunehmen. Trotz schrecklicher Folterungen gab sie keinen Namen preis, und so verlegten sich ihre Häscher auf wahllose Erschießungen.[15] Wer jetzt noch nicht tot war, »verdankte« sein Leben dem Bedarf von Wehrmacht und Industrie an Zwangsarbeiter/inne/n. Sie wurden bis zur letzten Kraftreserve ausgepreßt und beim kleinsten Vergehen umgebracht. In der »Oktober«-Fabrik zum Beispiel arbeiteten junge Frauen, vorwiegend ehemalige Medizinstudentinnen. Als sie eines Tages zehn Minuten zu spät zur Arbeit erschienen, wurden sie in das Stadtzentrum getrieben und dort alle erschossen.[16] Daß das Ghetto überhaupt noch bestand, hatte seinen Grund auch in Minsk in den üblichen Differenzen zwischen Endlösern auf der einen und Wehrmacht und Industrie auf der anderen Seite. Die Wehrmacht wollte auf das Potential der hochqualifizierten jüdischen Facharbeiter/innen nicht verzichten und intervenierte bei Himmler, zunächst unterstützt von Generalkommissar Kube, der als »Kolonialherr« von Weißrußland selbst ein Interesse an der Gratisarbeit der jüdischen Sklav/inn/en hatte.[17] Doch Kube änderte seine Meinung, als er feststellen mußte, daß seine Sklavinnen und Sklaven an ihrer Befreiung und seiner Niederlage arbeiteten. Am 31. Juli 1942 sandte er seinen Report »Partisanenbekämpfung und Judenaktion im Generalbezirk Weißruthenien« an seinen Vorgesetzten, den Reichskommandanten für das Ostland, Gauleiter Hinrich Lohse. »Bei allen Zusammenstößen mit Partisanen in Weißruthenien hat es sich herausgestellt, daß das Judentum (...) der Hauptträger der Partisanenbewegung ist«, heißt es in diesem Report[18] und weiter: Die Beschäftigung mit dem weißruthenischen Judentum sei angesichts dieser großen Gefahr für die deutsche Administration eine vorrangige politische Aufgabe. Es bestehe die Gefahr, daß die jüdische Bevölkerung die Partisanen unterstütze, und es wäre für ihn und seine Mannschaft besser, alle Juden in Weißruthenien zu beseitigen. Allerdings lägen ihm Forderungen der Wehrmacht als Arbeitgeber der Juden vor, die sich vermutlich noch steigern würden. Er jedoch wäre dankbar, wenn zumindest die weitere Zufuhr von Juden aus dem Reich nach Minsk gestoppt werden könnte, bis er die Partisanengefahr beseitigt habe. Das Judentum sei ein Feind

Deutschlands und stelle eine Gefährdung dar, die mehr koste, als seine Dienste als Arbeitskraft einbrächten.[19]

Immerhin war es Kube gelungen, einige der wichtigsten Mitglieder des Widerstands zu verhaften und zu ermorden; der Untergrund mußte sich neu organisieren. Das Ghetto wurde in zwei Zonen eingeteilt, eine unter der Führung S. Kazdans, eine unter dem Kommando von Celia Madaysker, der Schwester von Sonia Madaysker, einer der Führer/innen des Wilnaer Untergrunds.[20] Die Sabotageaktionen wurden verstärkt, in einer ehemaligen sowjetischen Fabrik vernichteten die Arbeiterinnen einen Teil der Uniformenproduktion, den anderen Teil brachten sie zu den Partisanen. In anderen Betrieben zerstörten die Arbeiterinnen und Arbeiter Maschinenhallen, oder sie nähten Uniformmäntel und Stiefel so zusammen, daß sie unbrauchbar waren. Drei Frauen, Rosa Liphiskaya,Celia Butbinik und Katya Zirlin, schmuggelten mit Hilfe eines elfjährigen Jungen den Inhalt eines deutschen Arsenals in die Wälder.[21] Gleichzeitig gründete eine Gruppe von Ghettobewohner/inne/n in der Umgebung von Koidanovo eine neue Partisaneneinheit, die im Laufe der nächsten Monate zu einer Brigade mit 15000 Kämpferinnen und Kämpfern anwuchs. Breina Kreinowitz wurde zur Verbindungsfrau gewählt, ihre Aufgabe war es, Menschen aus dem Ghetto nach Koidanovo zu schleusen. Kaum hatte sie eine Gruppe, ausgerüstet mit Waffen, Kleidung und gelegentlich sogar einem Funkgerät, in der Basis abgeliefert, kehrte sie zurück ins Ghetto, um eine neue zu holen.[22]

Nachdem die Deutschen eine großangelegte Angriffsaktion in den Wäldern um Minsk gestartet hatten, mußten sich auch die jüdischen Einheiten zurückziehen – der Kontakt zum Ghetto riß ab. Emma Radova, Leiterin der Verbindungszentrale, kam ins Ghetto und versprach Hilfe von seiten des städtischen Untergrunds, doch die Verantwortlichen des Ghettowiderstands lehnten ab: Die einzige wirkliche Hilfe sei die Wiederherstellung des Kontakts zu den Partisanen und die schleunige Evakuierung der restlichen Bevölkerung in die Wälder. Auf eigene Faust sandten sie in drei verschiedene Richtungen Kuriere aus: Herschel Smolar, Sonia Levin und Dora Berson, die daraufhin im Gebiet von Rudensk die 11. Minsker Brigade gründete, aber auch immer wieder ins Ghetto zurückkehrte, um neue Gruppen zu holen, bis sie in einem Feuergefecht mit der deutschen Polizei starb.[23]

Im Juli 1943 unternahmen die Partisanen, die in einem Feldtribunal Generalkommissar Kube zum Tode verurteilt hatten, den ersten Attentatsversuch. Sie legten einem Autokonvoi von hohen Nazioffizieren einen Hinterhalt, töteten auch einige von ihnen, doch Kube war nicht dabei. Mehrere weitere Versuche scheiterten gleichfalls, bis David Kemach, der Chef einer Spionageabteilung der Partisanen, den Auftrag übernahm. Er fand heraus, daß sich Kube in seiner Privatresidenz vorzugsweise junge Frauen als Hauspersonal hielt. Alle Angestellten des Kubeschen Privathaushalts wurden genauestens von der Gestapo überprüft, dennoch gelang es, ein paar junge Partisaninnen einzuschmuggeln. Maria Borisovna Osipowa, eine Offizierin aus Kemachs Abteilung, sollte herausfinden, welche der Frauen am vertrauenswürdigsten und am geeignetsten für die Durchführung der schwierigen Operation war. Sie traf sich mehrmals heimlich mit Halina Mazanik, die als Dienstmädchen bei Kube arbeitete, und fragte sie schließlich, ob sie bereit wäre, die Aufgabe zu übernehmen. Halina antwortete, ohne zu zögern. Wenig später kam sie in den Wald, um den Sprengstoff abzuholen, versteckte ihn in einem Eierkorb und kehrte mit ihrer Freundin und Kampfgefährtin Maria Graievska in die Stadt zurück, wo ihr ein Mitglied des Untergrunds das Material abnahm. Am 20. September 1943 übergab Maria Borisovna Osipowa Halina Mazanik die Bombe. Halina ging wie üblich in Kubes Haus, wie üblich stand am Tor eine Wache, die sie kontrollieren sollte. »Schauen Sie«, sagte Halina, »hier ist ein seidenes Halstuch für Kubes Frau und eine Flasche Parfum. Morgen bringe ich Ihnen auch so ein Tuch für Ihre Frau mit.« Lächelnd ging sie in das Haus und direkt in Kubes Schlafzimmer, wo sie die Bombe, deren Zeitzünder auf Mitternacht eingestellt war, deponierte. Als sie die Treppen herunterkam, begegnete sie Kubes Frau, die ihre Nervosität bemerkte und fragte, was los sei. »Nichts«, meinte Halina, »ich hab nur so schreckliche Zahnschmerzen. Könnte ich wohl schnell zum Zahnarzt laufen?« Nun, ausnahmsweise, erlaubte Kubes Frau, sie solle aber schleunigst wieder zurückkommen. Halina Mazanik dachte gar nicht daran. Am selben Tag wurde sie zurück in den Wald gebracht, kurz zuvor war ihre Familie abgeholt worden, um auch sie bei den Partisanen in Sicherheit zu bringen. Punkt Mitternacht explodierte die Bombe unter Kubes Bett und tötete einen der sadistischsten Mörder des Besatzungsregimes. Halina Mazanik kämpfte weiter bei den Partisanen und lebte später als hochgeehrte »Veteranin« in Minsk. Erst Jahre nach dem Krieg wurde bekannt, daß sie, die alle für eine Russin gehalten hatten, Jüdin war.[24] Da die Kube-Aktion in höchster Konspirativität geplant und durchgeführt wurde, wußten andere Partisanengruppen nichts davon und starteten gleichzeitig, in derselben Nacht, einen großen Sprengstoffanschlag. Die Gruppe aus der Kutuzov-Einheit bestand aus zwei Männern und zwei Frauen, Celia Klebanova und Vitka Rudovich, der Anschlag in der Nacht des 20. September war ihre dritte erfolgreiche Aktion. Zuvor hatten sie einen mit Tanks beladenen Zug zum Entgleisen gebracht und einen anderen Militärtransportzug gesprengt.[25]

In der Zwischenzeit war es auch gelungen, ein Familienlager, unter der Führung von Simon Zorin, einzurichten. Der Kommandant der Partisanen von Budiuni, Semion Goczenko, den Minsker Juden aus einem Kriegsgefangenenlager befreit hatten, erwies nun seine Dankbarkeit, indem er Zorin gestattete, auf seinem Gebiet das Lager für die »zivilen« Ghettoflüchtlinge aufzubauen. Bald waren 600 Menschen im Lager versammelt, einige von ihnen gründeten die »Parchomenko«-Kampfeinheit, die meisten, nun Zorins 106. Division genannt, machten sich nützlich, indem sie die kämpfenden Partisan/inn/en verpflegten, ihnen Uniformen nähten, Schuhe fertigten, die Verwundeten pflegten. Das Familienlager verfügte über eine Wäscherei, eine Bäckerei und eine Krankenstation. Die Kinder übernahmen spezielle Aufgaben: sie sollten die restlichen Ghettobewohner in das Lager führen. Am mutigsten und unermüdlichsten erwies sich die 12jährige Sima Perston. Sie hatte im Ghetto zusehen müssen, wie ihre Mutter und ihr kleiner Bruder ermordet wurden, nun meldete sie sich für die gefährlichsten Aufträge. Bevor sie losging, hörte sie sich konzentriert ihre Anweisungen an und wiederholte sie Wort für Wort. Dann steckte sie ihre Pistole in eine eigens angefertigte Tasche ihres Mantels, »beruhigte« ihren erwachsenen Vorgesetzten mit den Worten »Keine Angst, lebend kriegen mich die Fritzen nicht« und machte sich auf den Weg. Manchmal gelang es ihr nicht, ins Ghetto zu kommen. Dann versteckte sie sich in einem ausgebombten Haus vor der Umzäunung und wartete hungrig und frierend bis zum Abend. Mit der ersten zurückkehrenden Arbeitskolonne schmuggelte sie sich in das Ghetto und ging an die Arbeit. Nach der Liquidierung des Ghettos nahm Sima als jüngste Kombattantin an militärischen Operationen teil, im Sommer 1944 marschierte sie in der ersten Reihe der Partisanen-Armee in das befreite Minsk ein.[26]

Ende Oktober 1943 mußten die Evakuierungen unterbrochen werden, da die Partisanen selbst in eine Schlacht gegen angreifende deutsche Spezialeinheiten verwickelt waren. Sobald sie die Angreifer vertrieben hatten, kehrte Celia Klebanova in das Ghetto zurück, um neue Gruppen abzuholen. Sie kam vergebens, am 21. Oktober war das Minsker Ghetto liquidiert worden, die Emissärin stand vor rauchenden Trümmern.[27] Am Tag des letzten Massakers war es 26 Bewohner/inne/n gelungen, sich in einem Versteck zu verbergen und das Gemetzel zu überleben. Ein halbes Jahr später, im Juni 1944, lebten nur noch 13 von ihnen, die Kinder lagen bereits im Koma, auch die Erwachsenen standen kurz vor dem Hungertod. Musya, ein junges Mädchen mit »arischem« Aussehen, beschloß, das Risiko auf sich zu nehmen: Sie verließ das Versteck, um in der Stadt nach Nahrungsmitteln zu suchen. Durch Zufall traf sie Anna Dvach, eine frühere Arbeitskollegin, die sie sofort zu sich nach Hause nahm, ihr zu essen gab und sie mit weiterem Essen bepackt zurück ins Ghetto führte. Dank ihrer Hilfe überlebten die 13 letzten Ghettobewohner/innen in ihrem Versteck bis zum Einmarsch der Roten Armee am 3. Juli.[28] Insgesamt konnten sich 10000 Minsker Juden vor der Ermordung und Deportation in die Wälder retten, mehr als in jeder anderen von den Deutschen besetzten Stadt Osteuropas. Die Hälfte der 10000 Geretteten fiel als Partisan/inn/en in den Kämpfen. 5000 erlebten die Befreiung.[29]

Bei den Partisanen

»Stil, di nacht is ojsgesternt
un der frost hot stark gebrent«

16 Jahre alt ist Rachel* aus Kletsk, einem kleinen ostpolnischen Städtchen, als ihre Eltern im Oktober 1941 von den Deutschen ermordet werden. Neun Monate später, im Juli 1942, stecken die Besatzer das Ghetto von Kletsk in Brand, einigen Bewohnern gelingt es, ein Loch in den Zaun zu reißen, sie fliehen. Auch Rachel und ihre Schwester zwängen sich durch die schmale Öffnung, doch nur Rachel entkommt, ihre Schwester bricht tot zusammen, getroffen von einer deutschen Kugel. Rachel rennt, bis sie in den Wald kommt, irrt durch mehrere Dörfer, bittet schließlich in einem Bauernhaus um Nachtquartier, als sie nicht mehr weiterkann. Die Bäuerin nimmt sie freundlich auf, gibt ihr zu essen, bietet ihr sogar an zu bleiben.

Doch Rachel will nur noch eines – zu den Partisanen. Am nächsten Morgen gelangt sie über die sowjetische Grenze, trifft auf eine Gruppe Landarbeiter, einer von ihnen, ein alter Mann, nimmt sie in sein Haus mit. Eine Nacht kann sie sich ausschlafen, am nächsten Abend erklärt ihr ihr Gastgeber, sie müsse wieder fort, die Deutschen hatten mit Repressalien gedroht: Wer Juden versteckt, wird sofort erschossen. Er zeigt ihr noch den Weg in den Wald, dann irrt Rachel wieder allein durch eine mondhelle Nacht, fürchtet sich vor jedem Geräusch, läuft und läuft, bis sie an ein einsames Haus kommt. Sie klopft, wird eingelassen, bekommt Angst, der Besitzer erscheint ihr nicht vertrauenswürdig. Doch sie ist zu erschöpft, um weiterzugehen. »Was soll's«, sagt sie zu ihm, »liefern Sie mich nur den Deutschen aus.« Doch der Mann denkt nicht daran, zumindest vorerst nicht: »Du bist viel zu hübsch, um dich den Deutschen zu übergeben«, erklärt er ihr. Rachel versteht, springt auf und läuft davon. Als sie sich in Sicherheit glaubt, setzt sie sich hin, um zu verschnaufen, doch da hört sie Schritte, die Jagd geht

* Der Nachname ist nicht bekannt.

weiter. Als jemand »Rachel« ruft, denkt sie, jetzt ist alles aus. Doch der vermeintliche Häscher ist ein Freund aus ihrer Stadt, auch er auf der Suche nach den Partisanen. Sie beschließen, zusammen weiterzugehen, als sie Schüsse hören. Die Deutschen! Weinend vor Erschöpfung schleppt sich Rachel mit ihrem Freund in einen Schober, 24 Stunden warten sie unter dem Heu vergraben, wagen kaum zu atmen. Am Abend des folgenden Tages kriechen sie heraus und stehen plötzlich bewaffneten Männern gegenüber. Sie sehen aus wie Partisanen – und sind es auch. Noch einen Tag müssen sie in ihrem Versteck warten, dann will die Gruppe einen Boten schicken, um sie abzuholen.

Statt des Boten kommt ein deutscher Gendarm. »Her mit euch!« schreit er, verlangt ihre Papiere, bedroht sie mit seinem Gewehr. Rachel tritt als erste vor, weist sich aus. Als die Prozedur zu Ende ist, befiehlt ihnen der Gendarm, mitzukommen. Er führt sie immer tiefer in den Wald und liefert seine beiden »Gefangenen« schließlich im Lager des sowjetischen Partisanenführers Kapusta ab. Er selbst zieht sich die deutsche Uniform aus und schlüpft wieder in seine Partisanenkluft. Kapusta persönlich kommt, um die beiden in Augenschein zu nehmen, und seine erste Frage ist: »Warum habt ihr keine Waffen mitgebracht? Ohne Waffe können wir euch nicht aufnehmen.« Doch Rachel, endlich am Ziel ihrer Odyssee, denkt gar nicht daran, jetzt noch aufzugeben, und schafft es, Kapusta zu überreden. Sie können bleiben, beim nächsten Überfall erobern sie sich die nötigen Waffen selbst.[1]

Als die Deutschen am 23. September 1943 das Ghetto umzingeln, ist Vitka Kempner klar, daß damit alle Fluchtwege für die letzte Gruppe der Wilnaer FPO, die sich noch im Ghetto versteckt hält, abgeschnitten sind. Doch irgendwie muß sie herauskommen. Zusammen mit Zelda Treger und Sonia Madaysker heckt sie einen Fluchtplan durch das Kanalsystem aus. Der Plan gelingt, Vitka Kempner, Roza Korczak und ihre Gefährtinnen werden auf der »arischen« Seite der Stadt in sichere Verstecke gebracht. Doch damit fängt ihre komplizierte, gefährliche Reise erst an: Ihr Ziel sind die Partisanen in den Wäldern von Rudniki.

Die Gruppe teilt sich, etwa 50 Frauen und Männer, unter ihnen Chenia Borowska und Aba Kovner, warten im Keller des Puschkin-Palastes auf die Ankunft des Boten, Vitka Kempner, Zelda Treger und Sonia Madaysker halten die Verbindung zwischen den Verstecken aufrecht, besorgen Essen und neue Kleider und benachrichtigen die Partisanen. Doch statt des versprochenen Führers kommt ein Kurier des städtischen Untergrunds mit der Botschaft, die Wilnaer müßten sich alleine auf den Weg machen, mehrere Führer waren auf dem Weg in die Stadt von den Deutschen abgefangen und erschossen worden. Heimlich, zu zweit und zu dritt, schleichen sich die FPO-Kämpfer/innen durch die nächtlichen Straßen. Nach Mitternacht treffen sie sich vor der Stadt und brechen gemeinsam auf. Nach gut 24 Stunden Fußmarsch haben sie ihr Ziel erreicht: den Stützpunkt der sowjetischen Partisanen unter der Führung des Kommandanten Jurgis in den Wäldern von Rudniki. Sie werden bereits erwartet, Waffen haben sie mitgebracht, es gibt keine Schwierigkeiten. Auch die Frauen werden problemlos in die Kampfeinheiten eingegliedert, Vitka Kempner schließt sich einer speziellen Sabotagegruppe an, Chenia Borowska wird politische Kommissarin eines Bataillons, Zelda Treger macht sich bald wieder auf den Weg zurück in die Stadt, um überlebende Ghettobewohner/innen nachzuholen.[2]

Zwei Wege zu den Partisanen. Den meisten Juden, denen es gelang, aus den Ghettos und Arbeitslagern zu flüchten, blieb gar kein anderer Weg als der in die Wälder. Sie waren weder politisch organisiert, noch hatten sie Waffen, alles, was ihnen geblieben war, war das nackte Leben. Viele von ihnen suchten gar nicht unbedingt den Kampf, sondern in erster Linie eine Möglichkeit zu überleben. Die meisten scheiterten. Sie gerieten direkt in deutsche Kontrollen oder an Bauern, die sie an die Deutschen verrieten. Sie wurden von antisemitischen polnischen Zivilisten ermordet oder von Kommandoeinheiten der polnischen Untergrundarmee Armia Krajowa. Sie verliefen sich in den Sümpfen und starben an Hunger und Kälte. Oder sie kamen sogar bei den Partisanen an, wurden aber wieder weggeschickt, weil sie nicht wie Kämpfer aussahen und auch keine Waffen hatten, weil zu ihrer Gruppe Frauen und Kinder gehörten, mit denen sich die auf Beweglichkeit angewiesenen Partisanen nicht belasten wollten, weil sie Juden waren und auch bei den sowjetischen Partisanen nicht wenige Antisemiten das Sagen hatten.

Den bewaffneten Gruppen des Ghettountergrunds erging es häufig nicht anders. Nicht alle hatten so gut organisierte Kontakte zu den sowjetischen Kommandanten wie die Kämpfer/

innen aus Wilna und Minsk, und selbst sie wurden teilweise entwaffnet und schutzlos den deutschen Suchtrupps ausgeliefert. Bis Ende 1943 war die Partisanenbewegung in Polen und Litauen und selbst in Teilen der Sowjetunion ein ziemlich unübersichtlicher Haufen, unter den sich auch einfache Kriminelle, Plünderer und rechtsradikale Antisemiten gemischt hatten. Die Situation klärte sich erst, als eigens ausgebildete Kommandos aus den nicht besetzten Gebieten der Sowjetunion ankamen, Waffen und Ausrüstung in großem Maßstab mitbrachten und die Bewegung strukturierten. Doch da war es für die meisten Juden schon zu spät. Ende 1943 waren alle Ghettos liquidiert und viele der Überlebenden auf ihrem Irrweg durch die Wälder ermordet worden.[3]

Bereits am 18. Juli 1941 hatte das ZK der KPdSU zum Partisanenkrieg gegen die deutschen Invasoren aufgerufen. Doch dabei blieb es für lange Zeit, denn nach Stalins Liquidierungsaktionen waren kaum genügend erfahrene Offiziere für die Rote Armee aufzutreiben, geschweige denn Kommandeure für den Guerillakrieg. Am 30. Mai 1942 wurde ein Generalstab für den Partisanenkampf geschaffen und Stalins Oberkommando unterstellt. In den besetzten sowjetischen Gebieten operierten zu dieser Zeit bereits zehntausend Partisanen in mehr oder weniger »wilden« Gruppen, die nun in militärischer Form organisiert wurden: Die kleinste selbständige Einheit war die Abteilung (otryad), bestehend aus 50 bis 100 Kämpferinnen und Kämpfern, aufgeteilt in Züge und Kompanien. Die Abteilungen wurden später in Brigaden und die schließlich in Brigadegruppen zusammengefaßt. Große Brigadegruppen in strategisch wichtigen Gebieten formierten sich in Divisionen, doch die Erfahrung ergab, daß es wesentlich einfacher und effektiver war, in kleineren Einheiten zu operieren.[4]

Das wichtigste Ziel des Partisanenkampfes war, möglichst große Teile der deutschen Armee im Guerillaabwehrkampf zu binden und damit die Front zu schwächen. In der zweiten Hälfte 1943 war die deutsche Armee gezwungen, zehn Prozent ihrer Kräfte von der Ostfront abzuziehen und gegen die Partisanen einzusetzen, die zu einer ernsthaften Gefährdung für die Besatzungstruppen und den Nachschub an die Front geworden waren. Die Freischärler/innen überfielen deutsche Patrouillen, deutsche Kasernen und Waffenarsenale, sie boykottierten die Stromversorgung, fingen Lebensmittel- und Kleidungstransporte ab und blockierten vor allem den Schienenweg. Immer wieder fuhren deutsche Truppenzüge mit Soldaten und Munition beladen auf Minen auf und explodierten, oder sie entgleisten auf den von den Partisanen gelockerten Schienen.[5]

Das Leben der Partisanen bestand natürlich nicht nur aus Angriffen, Überfällen und Sabotage. Der Alltag war beschwerlich und nicht weniger gefährlich als die militärischen Aktionen. Nur wenige Stützpunkte konnten sich über längere Zeit ungestört halten, die meisten Lager mußten immer wieder abgebrochen, neu aufgebaut, wieder abgebrochen werden. Dazwischen lagen tagelange Märsche, hinein in die Sümpfe, heraus aus dem Waldgebiet, in das die Deutschen eingedrungen waren, weg aus der ganzen Region, die zu unsicher geworden war. Die Lager bestanden aus kleinen, getarnten Hütten, Erdlöchern und Höhlen; in den weniger geschützten Gebieten mußten die Kämpfer/innen zumindest im Sommer im Freien schlafen, um sofort aufbrechen zu können und keine verräterischen Spuren zu hinterlassen. In den Sümpfen waren die Mükken eine noch schlimmere Plage als die Läuse. Im Winter stand Frieren auf der Tagesordnung, denn der Rauch eines wärmenden Feuers hätte den Stützpunkt verraten können. Frauen und Männer schliefen in ihren Kleidern und hatten selten ein Stück zum Wechseln. Das tägliche Essen mußte unter großen Gefahren bei den Bauern in den umliegenden Dörfern beschafft werden – gaben sie nicht freiwillig, wurde es »requiriert«, war eine solche Aktion nicht durchführbar oder hatten die Bauern, was häufig der Fall war, selbst nichts mehr, wurde gehungert. Jede Lebensmittelbeschaffung war ein mühsames Unterfangen, denn das ausgewählte Dorf mußte weit vom Lager entfernt sein, um eventuelle Verfolger in die Irre zu führen. Im Winter wurde alles noch komplizierter, denn im frischgefallenen Schnee waren Spuren unvermeidlich.[6]

Nur die größeren Brigaden, die in den vergleichsweise sicheren Sumpfgebieten oder dicht bewaldeten Regionen stationiert waren, konnten es sich leisten, Familienlager einzurichten; die kleineren Einheiten in den überschaubareren Wäldern in der Umgebung der großen polnischen Städte waren auf ihre uneingeschränkte Mobilität angewiesen. Für die geflüchteten, unbewaffneten Ghettobewohner/innen jedoch waren die Familienlager die einzige Chance zu überleben. Die jüdischen Widerständler/innen drängten ihre sowjetischen Verbündeten ständig, solche Lager zuzulassen, doch sie hatten nur selten Erfolg. Selbst wenn die topographischen Bedingungen gegeben waren, weigerten sich viele Kommandanten, sich mit dem »zivilen« Volk zu belasten. Der Grund dafür lag nicht nur in den Erfordernissen der Guerillataktik, sondern auch in politischen Überlegungen. Partisanengruppen wurden, ebenso wie ganze Abteilungen der Roten Armee, nach nationalen Kriterien organisiert, in Litauen sollten litauische Einheiten, kommandiert von litauischen Offizieren, kämpfen, in der Ukraine ukrainische, im polnischen Belorußland polnisch-belorussische und so weiter. Die Juden, die selbst über kein Gebiet verfügten und über alle Regionen verstreut waren, wurden der entsprechenden Einheit ihrer Heimatregion eingegliedert, ihr Anspruch auf eigene ethnische Gruppen wurde ihnen bis auf wenige Ausnahmen verwehrt.[7] Dazu kam, daß ein großer Teil der Bevölkerung von Litauen bis an die Ukraine traditionell antisemitisch war und die sowjetische Führung befürchtete, die vielen jüdischen Partisaninnen und Partisanen könnten die ganze Partisanenbewegung in Schwierigkeiten bringen. Diese Überlegung war vom rein taktischen Gesichtspunkt aus durchaus richtig. Viele Bauern weigerten sich, Juden mit Lebensmitteln zu versorgen, schlimmer noch, sie schreckten auch nicht davor zurück, Partisanengruppen, in denen sie Juden erkannten, an die Deutschen oder die kollaborierende lokale Polizei zu verraten. Dieselben Bauern waren allerdings, spätestens seit Stalingrad, bereit, die sowjetischen Partisanen zu unterstützen, nicht immer aus Sympathie, sondern auch, weil sie in ihnen die künftigen Sieger erkannten. Eine starke Konzentration von Juden konnte also tatsächlich zu sonst vermeidbaren Feindseligkeiten und Gefahren führen. Außerdem waren auch die Partisanen selbst und ein Teil ihrer Kommandanten nicht frei von antisemitischen Gefühlen und Vorurteilen, so daß das Leben der jüdischen Kämpfer/innen gelegentlich sogar von seiten der eigenen Genossen gefährdet war. Erst als Ende 1943 im Rahmen der Neustrukturierung strenge und eindeutige Order gegen jedes antijüdische Verhalten erging und Politkommissare aus Moskau anreisten, um nach dem Rechten zu sehen, besserte sich die Lage der überlebenden Juden innerhalb der Partisanenbewegung.[8] In einigen Gebieten Belorußlands, in der Ukraine und in Litauen wurden Familienlager für die geflohene Zivilbevölkerung eingerichtet. Frauen, die kleine

Kinder zu versorgen hatten oder aus anderen Gründen nicht am direkten Kampf teilnahmen, Kinder und Alte lebten in diesen Camps, bewacht von einer kleinen, bewaffneten Gruppe, und versorgten die Kämpfer/innen mit Essen und Wäsche, fabrizierten Schuhe und Uniformen, reparierten die Waffen und pflegten die Verwundeten. Sie sorgten auch für das, was an gesellschaftlichem Leben möglich war, für emotionale Wärme und eine familiäre Atmosphäre. Überlebende berichten von regelrechten Festen, von Abenden, an denen Lieder gesungen, Gedichte vorgetragen, Schwänke erzählt und sogar Theaterstücke aufgeführt wurden.[9]

Frauen, die in einem Partisanenlager ankamen, egal ob bewaffnet oder unbewaffnet, ob aktive Ghettokämpferin oder »Zivilistin«, wurde erst einmal nahegelegt, sich dem Familienlager anzuschließen oder, wenn es keines gab, in der Feldküche zu arbeiten. Nicht selten wurde ihnen der Revolver, den sie unter Lebensgefahr in einem deutschen Depot gestohlen und in das Ghetto geschmuggelt hatten, abgenommen, mit der Begründung, eine Frau könne ohnehin nicht kämpfen und den Männern fehle es an Waffen. So manche Frau mußte erst in der Küche ihre »natürlichen« Pflichten erfüllen, bevor sie sich einer bewaffneten Einheit anschließen durfte. Und selbst die aktiven Kämpferinnen waren gegen sexistische Ausbeutung nicht gefeit. Kamen sie von einer gefährlichen Aktion zurück, bei der sie einen Zug gesprengt, einen Gendarmerieposten überfallen, ein Munitionsdepot ausgeraubt hatten, wurde von ihnen noch verlangt, das Essen zu kochen und womöglich die Socken ihrer Kampfgefährten zu stopfen. Nur in den größeren Stützpunkten waren die »Hausfrauen«-Pflichten klar verteilt, auf spezielle Küchen-, Wäsche- und Nähkommandos, die aus Männern und Frauen bestanden und die aktiven Kämpfer/innen von diesen Aufgaben befreiten.[10]

Trotz strenger Strafen kam es auch zu Vergewaltigungen[11], und viele Frauen waren gezwungen, sich einen vertrauenswürdigen Gefährten zum »Ehemann« zu nehmen, mit dem sie unbelästigt einen Schlafplatz teilen konnten. Es kam vor, daß sich Kommandanten und andere höhere Offiziere eine Frau aus der Gruppe zur Geliebten nahmen, ob sie wollte oder nicht, und sogar anderen Offizieren aus ihrem Stab Frauen »zuteilten«.[12] Die (mir zugängliche) Literatur erwähnt diese Probleme, wenn überhaupt, nur am Rande. Die überlebenden Kämpferinnen, die schriftlich oder in mündlichen Zeugenaussagen über ihre Erfahrungen berichteten, waren meist in einer Position, in der ihnen derlei nicht zugemutet wurde. Es hätte wohl niemand gewagt, eine Vitka Kempner, eine Chenia Borowska oder Chayke Grosman jemandem »zuzuteilen«. Diese erfahrenen und erprobten Untergrundkämpferinnen sahen keine Feldküche von innen, sie standen in den militärischen Aktionen ihren »Mann«, sofern sie sie nicht sogar selber anführten. Doch in einem teilten wohl auch sie das Schicksal ihrer weniger bekannten Schwestern: Frauen mußten sich doppelt bewähren. Rushka*, mit der Marie Syrkin bei ihren Recherchen unter überlebenden jüdischen Kämpferinnen in Palästina sprach[13], berichtet, daß jede einzelne Frau sich für ihr ganzes Geschlecht verantwortlich fühlte: Jede mußte ständig beweisen, daß Frauen genauso vertrauenswürdige und fähige Kämpfer waren wie die Männer. Keine durfte sich eine Schwäche, einen Fehler leisten, denn das hätte auf alle Frauen zurückgeschlagen.

Rushka erzählt, daß sie selbst auf dem Weg zu einer Sabotageaktion in einen Teich fiel. Es war tiefster Winter, und die nassen Kleider froren ihr an der Haut fest. Ihre Kameraden beschworen sie, zurückzugehen und sich sofort aufzuwärmen, aber Rushka weigerte sich. Eisverkrustet führte sie die Aktion durch, brachte den Sprengstoff an den Gleisen an und marschierte wieder zurück. Und sie war bei weitem nicht die einzige, die so handelte. Frauen meldeten sich immer wieder zu den schwierigsten Aktionen, sagten kein Wort, wenn sie verwundet wurden, und gönnten sich kaum Pausen, um zwischen den Aktionen zu verschnaufen und sich zu erholen. In einer Rede vor Arbeiterinnen in Tel Aviv würdigte Rushka den Einsatz ihrer einstigen Kampfgefährtinnen:

»Wenn ich auf unsere Arbeit von der ersten bis zur letzten Stunde zurückblicke, muß ich immer an die jungen Frauen denken, viele von ihnen enge Freundinnen, mit denen ich aufgewachsen war und mit denen ich die gefahrvolle Zeit verbrachte. (...) Ich kann nicht an einen einzigen Aspekt unserer Arbeit denken, zu dem mir nicht der Name einer jungen Genossin einfiele. Ich will euch etwas über sie erzählen. Und ich will vor allem eines sagen: das waren keine außergewöhnlichen Frauen. Das waren nicht Frauen mit einer speziellen Ausbildung oder

* Der Nachname ist nicht überliefert.

speziellen Qualitäten. Das waren Mädchen, die in die Arbeit hineingewachsen und dadurch zur Erfüllung der höchsten Anforderungen gereift waren. Keine von ihnen war eine Ausnahme. Sie waren alle so. Wir sahen, wie Menschen über sich hinauswuchsen in der täglichen Erfüllung ihrer schwierigen und gefährlichen Pflichten. Und das war ja das Schwerste, die Tatsache, daß die Arbeit Tag für Tag gemacht werden mußte, jeden Tag aufs neue. Das erfordert mehr Mut als eine heroische Heldentat, die nur ein paar Minuten dauert. Diese jungen Frauen mußten ihr Heldentum täglich beweisen, und genau das taten sie.«[14]

Daß bei den Partisanen, vor allem den jüdischen Partisanen, viele Frauen mitkämpften, war auch den Deutschen nicht unbekannt, und bald machten sie sich diese erstaunliche Tatsache zunutze. V. A. Andreyev, Kommandant einer Partisaneneinheit in den Wäldern von Bryansk, berichtet die Geschichte von Irena[15], einer jungen Frau mit ungewöhnlichem Mut und Eifer. Eines Tages erschien sie bei seiner Einheit, gestand, daß sie Jüdin war, und bat um Aufnahme. Sie wurde den üblichen Tests unterzogen und bestand sie glänzend. Als letzte Prüfung wurde ihr auferlegt, einen Kommandanten der Wehrmacht zu erschießen. Sie besorgte sich ohne Probleme eine Pistole, zog los und schoß den Deutschen in den Rücken. Am nächsten Tag erfuhren die Partisanen, daß der Kommandant noch am Leben war, Irena hatte den falschen Mann erwischt, einen Offizier, der seinem Vorgesetzten von Auftritt und Figur ähnelte und offenbar bewußt zu dessen Schutz als eine Art Doppelgänger eingesetzt wurde. »Mach dir nichts draus, auf jeden Fall ein Faschist weniger«, trösteten die Genossen die tiefbetrübte Irena, »Hauptsache, du bist davongekommen.« Partisanenkommandant Andreyev über die junge Kämpferin: »Sie war ein Gewinn für unsere Truppe. (...) Sie putzte, bügelte die Wäsche der Männer, wusch, nähte, flickte. Systematisch und sorgfältig erlernte sie den Umgang mit allen Waffengattungen und ließ keine Gelegenheit aus, an militärischen Operationen teilzunehmen. Dank ihrer Kontakte in Vigonichi (der nahe gelegenen Stadt, Anm. d. Verf.) schaffte sie es sogar, zehn Gewehre, mehrere Pistolen und Leuchtraketen in mehreren Farben für das Bataillon zu organisieren. Nur ein einziges Mal passierte ihr ein Fehler. Das war, als wir um das Lagerfeuer saßen. Sie spielte mit der Leuchtmunition, dabei ging ihr eine der grünen Raketen los und explodierte genau in dem Moment über dem Lager, als ein unidentifiziertes Flugzeug über dem Wald kreiste.«[16]

Der Fehler war kein Fehler, sondern Absicht. Irena war eine deutsche Spionin und wurde wenig später durch Zufall entlarvt. Auch Shalom Cholawski berichtet über einen ähnlichen Fall. Eine junge Frau, die sich Marusya nannte und sich als sowjetische Kriegsgefangene ausgab, die aus Minsk geflohen war, kam zu den Partisanen von Nesvizh und wurde auch aufgenommen. Sie verriet sich erst, als sie, beauftragt, Waffen zu organisieren, mit einem ganzen Maschinengewehr ankam, das sie unmöglich alleine hatte transportieren können. Irena und Marusya waren nicht die einzigen Spioninnen, die die deutsche Abwehr, sei es als Jüdinnen oder als Russinnen getarnt, unter die Partisanen schleuste, und sie gerieten zu einer weiteren Belastung für die »echten« Frauen: Jede, die neu hinzukam, wurde nun mit Mißtrauen betrachtet, jede konnte eine Agentin des Feindes sein.[17]

Die Geschichte der jüdischen Partisaninnen ist noch weitgehend ungeschrieben. Nur einzelne Frauen sind namentlich bekannt, doch auch über ihr Leben wird nicht viel berichtet. Eine von ihnen ist Zenia Eichenbaum aus Pultusk. Sie war 14 Jahre alt, als sie vor den Deutschen nach Slonim floh. Kaum hatte sich in den umliegenden Wäldern von Volchi Nory eine Partisaneneinheit gebildet, schloß sich Zenia Eichenbaum ihr an und arbeitete zuerst als Krankenschwester. Sie gehörte zur Gruppe 51, einer jüdischen Einheit der Shchors-Abteilung unter dem Oberkommando von Fyodorovich, der selbst Jude war und daher eine rein jüdische Einheit zuließ. Mit 17 weigerte sich Zenia, weiterhin als Krankenschwester zu arbeiten, sie wollte Kämpferin werden. Schon im August 1942 nahm sie am Angriff auf Kossovo teil, dem die Gruppe 51 ihren Ruf als einer der erfolgreichsten Trupps der belorussischen Partisanenbewegung verdankte. Fyodorovich hatte erfahren, daß die etwa 500 überlebenden Juden von Kossovo am 3. August liquidiert werden sollten. Am 2. August stürmte er mit seinen Kämpfer/inne/n die Stadt, attackierte die deutsche Garnison, gewann die Schlacht und zerstörte die Kaserne. 300 der jüdischen Einwohner gingen mit den Partisanen, die 200, die in der Stadt blieben, wurden am nächsten Tag, als die Deutschen Kossovo zurückeroberten, ermordet. Berühmt wurde die Gruppe 51 auch als besonders geschickte und gewagte Spezialtruppe für Schienensabotage. Eine/r der besten und unermüdlichsten Saboteure war Zenia Eichenbaum. Als ihr Sprengstoffkommando im August 1943, kurz nach der Schlacht von Kossovo, auf eine deutsche Patrouille stieß und ihre Kameraden sich auf der Stelle zurückziehen wollten, schrie die 17jährige Zenia sie an: »Ihr Feiglinge, wohin rennt ihr denn? Vorwärts! Vorwärts!« Sie ergriff das Kommando, die Gruppe stürmte die deutschen Reihen und verblüffte sie damit so sehr, daß sie die Flucht ergriffen. Am 23. März 1943, einen Tag vor der Ankunft der Roten Armee, fiel Zenia Eichenbaum in einem Scharmützel mit deutschen Soldaten, die sich bereits auf dem Rückzug befanden. Posthum wurde sie zur »Heldin der Sowjetunion« ernannt.[18]

In der Gegend von Radom kämpfte die polnisch-jüdische Levi-Gruppe, eine Partisaneneinheit der kommunistischen Gwardia Ludowa. Eine der Löwinnen (Levi heißt auf hebräisch Löwe) war Zofia Jamajka. Zofia, die aus einer bekannten chassidischen Familie stammte, war 14 Jahre alt, als die Deutschen Warschau besetzten. Sie mußte die Schule abbrechen, auch der Studentenclub Spartakus, in dem Zofia aktiv war, löste sich auf. Doch bald nach dem ersten Chaos erschienen antifaschistische Flugblätter in der Stadt, und Zofia, begeistert darüber, daß es offensichtlich Menschen gab, die ihr Schicksal nicht hinnehmen wollten, ging daran, den Spartakusclub neu zu organisieren – mit Erfolg. Nach der Errichtung des Ghettos nahm sie als Delegierte des Clubs an einer Kaderschulung für den aktiven Kampf teil und wurde anschließend Kommandantin einer bewaffneten Untergrundzelle. Doch vorerst war an bewaffneten Kampf noch nicht zu denken, das schlichte Überleben unter den mörderischen Bedingungen des Ghettos mußte organisiert werden. Zofia Jamajka übernahm die Verantwortung für eine Kindergruppe in einem der autonomen Hauskomitees, richtete eine Suppenküche für Jugendliche ein und machte nebenbei noch ihren Schulabschluß – illegal, denn Lernen war den Juden im Ghetto strengstens verboten. Als die ersten Kontaktleute der Gwardia Ludowa in das Ghetto kamen, um Kämpfer/innen für ihre Partisaneneinheit anzuwerben, meldete sich Zofia sofort und wurde auch sogleich akzeptiert.

Sie besuchte einen Trainingskurs für den Partisanenkampf und wurde an allen Waffengattungen und zur Feldkrankenschwester ausgebildet – die allgemein verbindliche, auch für Männer gültige, kommunistische Kaderschulung. Obwohl sie nun alle Bedingungen erfüllte, obwohl sie sich freiwillig gemeldet hatte, obwohl sie am Ziel ihrer Wünsche angelangt war, zögerte Zofia nun, bat darum, noch eine Zeitlang in der Stadt bleiben zu dürfen. Wäre sie in die Wälder gegangen, hätten ihre Eltern womöglich dafür bezahlen müssen: Wer das Ghetto verließ, ließ seine nächsten Angehörigen als Geiseln zurück. Zofia wußte, daß ihre Eltern im Rahmen der Kollektivstrafe sofort erschossen würden, wenn man ihre Abwesenheit entdeckte. Sie brachte es nicht über das Herz, dieses Risiko einzugehen, sie blieb. Ihr Dilemma löste sich im Juli 1942 auf grausame Weise: Zusammen mit den anderen 300000 Ghettobewohnern, die der ersten großen Liquidierungsaktion zum Opfer fielen, wurden auch Zofias Eltern nach Treblinka deportiert.

Im August machte sich Zofia Jamajka zusammen mit einer Handvoll Genossinnen und Genossen auf den Weg in die Wälder. Sie waren noch nicht weit gekommen, als sie in eine Kontrolle gerieten, verhaftet wurden und sich in einem Viehwaggon nach Treblinka wiederfanden. Das endgültige Ende ihres Weges schien gekommen. Irgendwann auf offener Strecke öffneten die Wachen die Tür des Waggons, um die Leichen herauszuwerfen. Viele der geschwächten, halb verhungerten Insassen dieser überfüllten, schmutzigen, erstickenden Viehtransporter starben schon auf der Reise, bevor sie an ihrem Bestimmungsort, der Gaskammer, ankamen. Zofia stellte sich tot und ließ sich mit den Leichen aus dem Wagen fallen. Es klappte. Ohne Papiere und Kontakte blieb Zofia Jamajka nichts anderes übrig, als wieder zurück nach Warschau zu gehen. Eine Zeitlang konnte sie sich mit Hilfe einer Genossin im »arischen« Teil der Stadt verstecken, sie bekam falsche Papiere und lernte, sich als Katholikin auszugeben. Schließlich, als ihre »arische« Erscheinung perfekt war und sie das Vaterunser und Ave Maria vor und zurück aufsagen konnte, wußte, wann man in der Kirche aufstand und wann man sich hinkniete, als sie sich »instinktiv« bekreuzigte, wenn sie jemand erschreckte, übergab ihr die Gwardia Ludowa die Verantwortung für den Druck des »Gwardist«, der illegalen Zeitung. Im September 1942 kam die Gestapo der Druckerei auf die Spur und verhaftete Zofia Jamajka mitten in der Arbeit. Dennoch gelang es ihr, sich herauszureden: Sie sei ein armes Waisenkind und in die Stadt gekommen, um als Putzfrau zu arbeiten. Sie hätte keine Ahnung gehabt, daß sie ausgerechnet in einer kommunistischen Höhle den Boden schrubbte.

Ihre falschen Papiere hielten der Überprüfung stand, und so wurde Zofia nach drei Monaten im Pawiak (dem polnischen Gefängnis von Warschau) entlassen.

Wieder mit Hilfe einer Genossin gelang es ihr endlich, in den Wald zu kommen, und im Dezember wurde sie Mitglied der Levi-Einheit. Zofia arbeitete zuerst als Verbindungsfrau zwischen den verschiedenen Partisanengruppen der Region, baute dann eine Erkundungseinheit auf, nahm an Sabotageaktionen teil und wurde schließlich einer Spezialtruppe zur Liquidierung von Spionen und Agenten zugeteilt. Als die Levi-Gruppe im Januar 1943 die Stadt Gowarczow überfiel, fünf Stunden lang besetzt hielt, sowohl die Polizeistation als auch das Hauptquartier zerstörte und außerdem noch eine Liste mit Spitzeln und Provokateuren der Gestapo erbeutete, kämpfte Zofia Jamaijka in der vordersten Front.

Am 9. Februar 1943 drang eine deutsche Anti-Partisanen-Einheit in das Gebiet ein, in dem die Levi-Gruppe operierte, und zwang die nur 50 Frauen und Männer starken »Löwen«, sich zurückzuziehen. Den Rückzug deckten zwei Männer der Gruppe und Zofia Jamajka, inzwischen 18 Jahre alt, am Maschinengewehr. Sie ließ die Deutschen bis auf 20 Meter an sich herankommen und eröffnete dann das Feuer. Die gesamte Gruppe konnte entkommen, Zofia und ihre beiden Helfer fielen im Kugelhagel der Angreifer. Im April 1963, anläßlich des 20. Jahrestages des Aufstands im Warschauer Ghetto, verlieh die polnische Regierung Zofia Jamajka posthum das Virtuti Militaris, eine der höchsten militärischen Auszeichnungen.[19]

Schon im Wilnaer Ghettountergrund, der FPO, waren ungewöhnlich viele Frauen in ungewöhnlich hohen Positionen aktiv. Das änderte sich nicht, als sich die FPO nach der Liquidierung des Ghettos den sowjetischen Partisanen anschloß. Schon im Juli 1943 hatte einer der FPO-Führer, Joseph Glazman, Wilna verlassen und sich den Partisanen im Wald von Narocz unter der Führung von Kommandant Markov angeschlossen. Mit Markovs Billigung bildeten die Wilnaer eine eigene jüdische Einheit, die sich Mes't nannte, »Rache«. Wenige Wochen später erklärte Markov Mes't für aufgelöst: Es seien zu viele Personen ohne militärische Erfahrung in der Gruppe, das könne sich sein Bataillon nicht leisten. Die Kämpfer würden daher einer belorussischen Abteilung eingegliedert, die anderen sollten sich in der unbewaffneten Versorgungseinheit nützlich machen.

Markovs Ansprache endete damit, daß er einen großen Teil der jüdischen Kämpfer/innen entwaffnen ließ – allen voran die Frauen. Sie protestierten heftig, einige weinten vor Wut. »Wir sind nicht hierher gekommen, um uns zu verstecken, sondern um zu kämpfen«, erklärten sie, »wir haben unsere Waffen zu einem teuren Preis erstanden, ihr könnt sie uns doch nicht einfach rauben! Wir haben uns schon als Kämpferinnen bewiesen, bevor wir in den Wald kamen!«[20] – Es nützte ihnen alles nichts. Schon wenige Tage später begannen Zehntausende deutsche Soldaten, den Wald zu durchkämmen. Die Partisanen traten den Rückzug an, doch der verantwortliche Kommandant erlaubte nur Belorussen und den Juden, deren Waffen nicht konfisziert worden waren, mitzukommen. Die anderen sollten versuchen, sich zu verstecken. Wer sich trotzdem den Abmarschierenden anschloß, wurde mit Waffengewalt zurückgehalten. Verzweifelt irrten die unbewaffnet Zurückgebliebenen durch die Sümpfe auf der Suche nach einem sicheren Unterschlupf. Mehr als die Hälfte von ihnen fiel den Deutschen in die Hände, nur eine der jungen Frauen aus Glazmans ehemaliger Einheit überlebte. Erst nach dieser Tragödie nahm Markov, der mit seinen Einheiten in das Narocz-Gebiet zurückgekehrt war, jüdische Kämpferinnen und Kämpfer ohne weitere Vorbehalte in seine Truppen auf. Einige der überlebenden Kinder ließ er mit Flugzeugen in den unbesetzten Teil der Sowjetunion evakuieren, wo sie das Kriegsende erlebten.[21]

Die von Aba Kovner und Chenia Borowska geführte Gruppe von FPO-Kämpferinnen und -Kämpfern richtete in den Wäldern von Rudniki, nur 35 Meilen von Wilna entfernt, eine rein jüdische Partisaneneinheit ein. Die Gruppe wuchs schnell auf 250 Frauen und Männer an und teilte sich in drei Bataillone: Mstitel (Der Rächer), Za pobedu (Zum Sieg!), Smert Faschizmu (Tod dem Faschismus). Kommandosprache der Bataillone war Jiddisch, die Kampflieder waren jiddisch, die Pflege und Erhaltung der jüdischen Kultur betrachtete diese Gruppe als eines der wichtigsten Ziele ihres Kampfes. Ihre Lieder, wie »Sog nit kejnmol as du gejst dem letztn weg«, wurden weit über Litauen hinaus bekannt und werden heute noch gesungen. Die FPO-Partisanen errichteten auch ein Familienlager für die Flüchtlinge aus Wilna und den anderen litauischen Städten, während die Kämpfer/innen sich sofort an ihre Arbeit machten. Eine ihrer ersten großen Aktionen führten sie in Wilna selbst durch.

Vier Partisan/inn/en, unter ihnen Vitka Kempner, kehrten in die Stadt zurück, setzten sich in Verbindung mit Sonia Madaysker, sicherten sich die Unterstützung ihrer kommunistischen Untergrundgruppe und gingen dann daran, ihren Plan auszuführen: Sie sprengten die städtische Elektrizitätsstation und zerstörten die Wasserversorgung. Die Aktion war ein voller Erfolg, nichts funktionierte mehr in der Stadt, die deutschen Besatzer standen vor einem Chaos. Auf dem Rückweg befreite die Sabotagegruppe noch 60 Menschen aus dem Arbeitslager Kailis und nahm sie mit in das Partisanenlager. Dessen Stärke war inzwischen auf 350 Kämpfer/innen angestiegen, so daß ein viertes Bataillon gegründet werden konnte, das sich Borba (Kampf) nannte.

Ökonomische Operationen im Rudniki-Gebiet waren sehr schwer durchzuführen, da die Deutschen die Gegend weitgehend unter Kontrolle hatten und die ländliche Bevölkerung extrem antisemitisch eingestellt war. Nur um etwas zu essen zu haben, mußten die Partisan/inn/en jedesmal Feuergefechte mit deutschen Gendarmen oder »Selbstverteidigungsgruppen« aus den Dörfern riskieren. Das hinderte sie jedoch nicht daran, auch ihre eigentlichen Ziele weiterhin – und mit Erfolg – zu verfolgen. Sie sabotierten Straßen, Brücken, Eisenbahnlinien, sprengten Elektrizitätswerke und unterbanden mehrmals die Telefonverbindungen. Trotz – oder vielleicht auch wegen – ihrer enormen Effektivität beschloß Yurgis, der Oberkommandant der litauischen Partisanenbewegung, Ende 1943, die vier Bataillone dürften nicht länger rein jüdisch sein. Litauische Partisanen wurden ihnen eingegliedert, Nichtjuden zu Kommandanten gemacht, die Kommandostäbe wurden neu aus Juden und Nichtjuden zusammengesetzt. Dennoch gelang es den FPO-Kämpferinnen und -Kämpfern, den jüdischen Charakter ihrer Einheiten zu wahren, zuletzt sangen ihre litauischen und sowjetischen Genossinnen und Genossen die jiddischen Lieder genauso gut wie die Juden.[22] Mehrere der Partisan/inn/en aus Wilna überlebten den Krieg, wanderten nach der Befreiung nach Israel aus und dokumentierten ihre Kämpfe und ihr Leben im Ghettountergrund und in den Wäldern. Auch die Frauen, wie Vitka Kempner und Roza Korczak, meldeten sich zu Wort und verhinderten damit, daß der Anteil der Frauen an diesen Kämpfen vollständig in Vergessenheit geriet.

Niuta Tejtelbojm

»Die kleine Wanda mit den blonden Zöpfen«

Ziemlich hübsch das Mädel. Und verdammt jung. Diese langen blonden Zöpfe – eine Arierin wie aus dem Bilderbuch. Sogar das geblümte Kopftuch steht ihr. Fragt nach dem Büro eines der höchsten Beamten hier, na, der Mann hat Glück ...

Die Wachen vor dem Warschauer Gestapogebäude grinsen wissend. Die junge Frau, älter als 16 kann sie kaum sein, lächelt noch einmal und senkt dann verschämt die Augen. Sie betritt das Gebäude, geht zum angegebenen Zimmer, klopft, tritt ein, bleibt schüchtern an der Tür stehen. Der Gestapooffizier erhebt sich erstaunt, erfreut, sagt charmant: Also gibt es hier auch eine Loreley? Er weiß gar nicht, wie recht er hat mit seinem Irrtum. Die »Loreley« zieht einen Revolver aus ihrer Handtasche, zielt, trifft. Die junge Frau geht aus dem Zimmer, schließt ruhig die Tür hinter sich, schenkt den Wachen am Eingang noch einmal ein strahlendes Lächeln und ist verschwunden.[1]

Die Kollegen des toten Gestapooffiziers müssen nicht lange überlegen, wer dieses gewagte Attentat ausgeführt hat. Es ist eine der meistgesuchten »Terroristinnen« des Generalgouvernements, ihr Steckbrief hängt in allen Amtsstellen aus, 150000 Zloty sind auf ihren Kopf ausgesetzt. Da die Deutschen ihren wirklichen Namen nicht kennen, suchen sie die junge Frau als »Die kleine Wanda mit den blonden Zöpfen«.

Die kleine Wanda heißt Niuta Tejtelbojm und ist 24 Jahre alt. Ihre Zöpfe sind so lang, daß sie darauf sitzen kann, und sie hütet sich, sie abzuschneiden, denn sie lassen sie viel jünger aussehen, als sie ist, und ihre Gegner fallen immer wieder auf die »arische« Haarpracht herein. Nuita Tejtelbojm wurde 1918 in Lodz in eine chassidische Familie geboren. Sie besuchte das polnische Gymnasium, brach mit ihrer streng religiösen Erziehung und schloß sich der illegalen kommunistischen Schülergruppe an. Sie wurde zu einem der aktivsten Mitglieder, ihre Genossinnen und Genossen nannten sie »die brennende Fakkel«. Als die Gruppe aufflog, wurde Niuta von der Schule relegiert, schaffte es trotzdem, an der Warschauer Universität zugelassen zu werden, studierte Geschichte und Psychologie und machte 1939 in beiden Fächern ihr Diplom. Dann kam ihr Studium zu einem abrupten Ende, die Deutschen waren in Polen einmarschiert, ein Jahr später fand sich Niuta Tejtelbojm zusammen mit allen anderen Warschauer Juden als Gefangene im Ghetto wieder.

Sie tritt nun der jüdischen Abteilung der PPR (der Kommunistischen Partei Polens) bei und macht vom ersten Tag an ihrem Ruf als »brennende Fackel« alle Ehre. Erst bringt sie sich selbst den Umgang mit Waffen bei, dann instruiert sie ihre eigene Zelle und lehrt schließlich eine größere Gruppe von Frauen, aus der später einige der aktivsten ZOB-Kämpferinnen hervorgingen, die fremde Kunst des Schießens und Bombenbauens. Eine ihrer »Schülerinnen« erinnerte sich später an Niutas Unterricht: »Niemand konnte sich vorstellen, daß sie selbst bis vor kurzem keine Ahnung von Waffen gehabt hatte. (...) Und niemand war so geschickt darin, Menschen aus dem Ghetto raus- und Waffen und Handgranaten in das Ghetto reinzuschmuggeln, wie sie.«[2]

Im August 1942 hatte die Gwardia Ludowa (Volksgarde, der bewaffnete Arm der kommunistischen Partei) die ersten Partisanenstützpunkte in den östlichen Bezirken der Wojewodschaft Warschau eingerichtet. Einer der Organisatoren war Niuta, inzwischen Mitglied der Gwardia Ludowa. Sie übernimmt nun die Verbindung zwischen den Partisanen, dem Ghetto und dem »arischen« Teil der Stadt, schmuggelt, wie ihre Schülerin berichtet, Menschen in die Wälder und Waffen in das Ghetto. Als die Deutschen dort im Juli 1942 die erste große Liquidierungsaktion durchführen, wird Niuta Tejtelbojm von der Parteileitung in den »arischen« Teil der Stadt beordert und zur stellvertretenden Kommandantin einer Spezialeinheit des Untergrunds ernannt. Niuta wird »Terroristin« und nennt sich von nun an Wanda.

Am 8. Oktober 1942 sprengt Wandas Einheit die Eisenbahnlinie nach Warschau an sieben verschiedenen Punkten. Die Besatzer schlagen zurück, indem sie 50 Gefangene hängen, 35 von ihnen Kommunist/inn/en, und sie dann auf dem jüdischen Friedhof begraben lassen: Juden und Kommunisten, das ist für sie identisch. Am 24. Oktober rächt die Gwardia Ludowa die Ermordung der Geiseln. In einer konzertierten Aktion greifen drei Kommandos aus Wandas Spezialeinheit drei Ziele gleichzeitig an: die Druckerei der kollaborierenden Zeitung »Nowy Kurier Warszawaski«; das Mitropa-Café im Hauptbahnhof, wo sie sechs deutsche Offiziere töten und 14 verletzen; und den deutschen Café-Club an der Ecke Jerozolimski-Aleje/Nowy Swiat, den Wandas eigenes Kommando mit Handgranaten beschießt und dabei vier Offiziere tötet und zehn verletzt. Ein paar Wochen später überfällt die Gruppe am hellichten Tag die Stadtsparkasse und verschwindet, ohne einen Schuß abgeben zu müssen, mit über einer Million Zloty. Der Gestapoapparat rotiert, doch »Die kleine Wanda mit den blonden Zöpfen« ist nicht zu fassen. Ganz im Gegenteil, sie schlägt noch einmal in den Reihen ihrer Verfolger zu. Diesmal sucht sie den Gestapooffizier, dem ihr Attentat gilt, in seiner eigenen Wohnung auf. Als er die junge Frau mit dem Revolver in der Hand vor sich stehen sieht, kriecht der arische Held vor Angst unter die Bettdecke. Wanda schießt durch die Daunen und verfehlt auch diesmal ihr Ziel nicht.

Inzwischen sind die Deutschen in das Ghetto einmarschiert, die endgültige Vernichtungsaktion hat begonnen, die ZOB, die jüdische Kampforganisation, hat sich zum Aufstand erhoben. Noch am Abend des ersten Tages, am 19. April, diskutiert der Stab der Volksgarde, wie man das kämpfende Ghetto von außen unterstützen könnte. Nach Absprache mit der ZOB wird beschlossen, eine der Artilleriestellungen, die von der Außenseite der Mauer her die Kämpfenden unter Beschuß halten, anzugreifen. Mit der Durchführung der Aktion wird Wandas Spezialeinheit beauftragt. Am 20. April 1943, als innerhalb des Ghettos die Kämpfe auf dem Gelände der Bürstenmacher toben, feuert eine schwere Maschinengewehrstellung der Deutschen aus der Swietojerskastraße auf die Aufständischen. Um 18.45 Uhr greift Wandas Kommando diese Stellung an, setzt das Maschinengewehr außer Gefecht und tötet die Mannschaft, zwei Soldaten der Waffen-SS und zwei polnische Polizisten.

Die Deutschen intensivieren nun ihre Jagd auf »Die kleine Wanda mit den blonden Zöpfen« noch mehr als bisher. Die Genoss/inn/en beschwören Wanda, zumindest eine Zeitlang zu verschwinden, sich in die Wälder zurückzuziehen, sich in Sicherheit zu bringen. Doch Wanda denkt nicht daran, sie macht weiter. Als sie eines Tages im Juli 1943* nach Hause kommt,

* Das genaue Datum ist nicht bekannt.

wartet die Gestapo bereits in ihrer Wohnung auf sie. Sie versucht, sich zu vergiften – vergeblich. Tagelang wird sie gefoltert, bevor man sie endlich hinrichtet. Kurz vor ihrem Tod gelingt es ihr noch, den Genoss/inn/en draußen einen Kassiber zukommen zu lassen, in dem sie ihnen versichert, daß sie niemanden verraten hat.

Im Frühling 1945, anläßlich des zweiten Jahrestages des Aufstands im Warschauer Ghetto, wird Niuta Tejtelbojm posthum das Grunwald-Kreuz verliehen, eine der höchsten militärischen Auszeichnungen Polens.

Roza Robota

»Ich weiß, was ich getan habe
und was mich erwartet.«

Der Zug mit den Juden von Ciechanów fuhr direkt an die Rampe von Birkenau. Roza Robota, 21 Jahre alt, wußte, was ihr und ihren Leidensgefährt/inn/en bevorstand. Sie war Mitglied der linkszionistischen Pioniergruppe Haschomer Hazair und hatte vor der Liquidierung des Ghettos die jüdische Widerstandsbewegung mit aufgebaut. Drei Tage nach ihrem Einmarsch in Polen hatten die Deutschen Ciechanów besetzt, und nun transportierten sie die jüdischen Bewohner/innen der Stadt in die Gaskammer.[1]

Während Rozas Eltern mit der Masse der Deportierten in die »Dusche« getrieben wurden, selektierten die SS-Männer Roza und ein paar andere junge Frauen und Männer heraus: Sie sollten vor ihrem Tod noch als Arbeitssklav/inn/en dienen. Roza wurde der Bekleidungsstelle zugeteilt, die meisten anderen Frauen wurden zur Arbeit in den Weichsel-Union-Werken kommandiert, einem Zweigbetrieb der Krupp-Werke, in dem etwa 1000 Gefangene Zünder für Granaten herstellten. Die Frauen arbeiteten im sogenannten Pulverpavillon, der ungesündesten und am schärfsten überwachten Abteilung.

Roza Robota war noch nicht lange in Birkenau, als der Lageruntergrund Kontakt mit ihr aufnahm. Sie war als verläßlich und mutig bekannt, und so übertrug man ihr eine der gefährlichsten Aufgaben: Sie sollte den Sprengstoff organisieren für die Bomben, die in dem geplanten Aufstand gebraucht würden. Im Auftrag von Israel Gutman und Joshua Lejfer, zweier jüdischer Mitglieder der Untergrundleitung, erklärte ihr Noah Zabludowicz, der Roza aus Ciechanów kannte, worum es ging, und fragte, ob sie bereit sei, die Aufgabe zu übernehmen. Roza Robota war sofort dazu bereit. Am Abend, nach der Arbeit, traf sich Roza heimlich mit den anderen Frauen aus Ciechanów, erzählte ihnen von dem geplanten Aufstand und bat sie um ihre Hilfe: Sie sollten den Sprengstoff während der Arbeit stehlen und in den Nachtschichten, die nicht ganz so streng kontrolliert wurden, aus dem Werk schmuggeln, um ihn Roza zu übergeben. Die Frauen ließen sich gerne überzeugen, sie waren selber froh, etwas tun zu können. »Wir können es schaffen, und es hängt nur von uns ab«, sagte eine von ihnen, Ester Wajsblum, »Tausende werden fallen, aber vielleicht wird jemand gerettet werden. Wir dürfen es nicht zulassen, daß Millionen heimlich vor der Welt ermordet werden. Es ist unsere Pflicht, die Bedingungen für eine Massenflucht zu schaffen. (...) Wir dürfen nicht wie das Vieh zur Schlachtbank gehen. Wir müssen Widerstand leisten.«[2]

20 jüdische Zwangsarbeiterinnen des Pulverpavillons in den Weichsel-Union-Werken schmuggelten von da an Nacht für Nacht winzige Dosen Sprengstoff aus dem Betrieb. Sie versteckten ihn in ihrem Blechgeschirr oder im Knoten des Kopftuches und schafften es jedesmal, ungeschoren durch die Kontrollen zu kommen. Roza sammelte die nächtlichen »Rationen« ein und übergab sie einem Genossen aus Ciechanów, worauf sie noch durch viele Hände wanderten, bis sie bei Filatov, einem russischen Kriegsgefangenen und Sprengstoffexperten, landeten, der die Bomben herstellte. Doch der Aufstand fand nicht statt. Immer wieder ging etwas schief, kam etwas dazwischen. Das »Sonderkommando«, die Gefangenen, die zum Arbeitsdienst in den Krematorien eingeteilt waren, wurden ungeduldig, ihre Lage war die verzweifeltste. Sie schoben jeden Tag Tonnen von Leichen in die Öfen, sie konnten ihren Dienst schon lange nicht mehr ertragen, mehrere von ihnen hatten sich bereits umgebracht. Ihre letzte Hoffnung war, durch den Aufstand wenigstens die 400000 ungarischen Juden zu retten, die als einer der letzten großen Massentransporte in Birkenau eintrafen. Als sich auch diese Hoffnung als vergebens erwies, beschlossen sie, selbst zu handeln, unabhängig von den ständig scheiternden Plänen der Untergrundleitung. Am 7. Oktober 1944 erhoben sie sich, töteten mehrere SS-Männer und schafften es, wenigstens eines der vier Krematorien zu sprengen und damit für immer außer Betrieb zu setzen. Sie selbst versuchten zu flüchten, kamen aber alle im Kugelhagel um.

Die politische Abteilung der Lager-SS begann sofort mit ihren Nachforschungen – der Sprengstoff führte sie unweigerlich zu den Weichsel-Union-Werken. Drei Wochen später, nachdem sie bereits mehrere Arbeiterinnen festgenommen und wieder freigelassen hatten, verhafteten sie drei Frauen aus dem Pulverpavillon, Esther Wajsblum, Ella Gertner und Regina Saphirstein, und, aus Gründen, die nicht bekannt sind, auch Roza Robota, die immer noch in der Bekleidungsstelle arbeitete. Alle vier wurden schrecklich gefoltert, doch am brutalsten nahm sich die SS Roza Robota vor, bei der sie – zu Recht – eine direkte Verbindung zum Untergrund vermutete. Täglich wurde sie in den Keller des berüchtigten Block 11, der Folterkammer von Auschwitz, gebracht. Als sie schließlich, nur noch ein blutiger Klumpen Fleisch, nicht mehr gehen konnte, schleiften sie zwei Wärterinnen zur Fortsetzung der Tortur. Die Mitglieder des Lageruntergrunds, mit denen Roza Robota in direktem Kontakt gestanden hatte, bereiteten sich auf das Schlimmste vor, denn sie wußten, daß diesen Qualen niemand standhalten konnte. Doch Roza hielt stand. Noah Zabludowicz, ihr alter Gefährte aus Ciechanów, überredete Jacob, den Kapo von Block 11, ihm Zugang zu Rozas Zelle zu verschaffen. Jacob machte die Wachen betrunken und brachte Noah in den Keller. Noah Zabludowicz, der Auschwitz überlebte, berichtete später über dieses Zusammentreffen:

»Ich hatte das Privileg, Roza als letzter zu sehen, wenige Tage, bevor sie hingerichtet wurde. Nachts (...) ging ich in den Bunker von Block 11 und sah die Zellen und die dunklen Flure. Ich hörte das Stöhnen der Verdammten und war bis in mein tiefstes Inneres erschüttert. Jacob führte mich in Rozas Zelle. (...) Als meine Augen sich an die Dunkelheit gewöhnt hatten, sah ich eine Gestalt, in zerfetzte Kleider gehüllt, auf dem Zementfußboden liegen. Sie drehte ihren Kopf nach mir. Ich konnte sie kaum wiedererkennen. Nach ein paar Minuten des Schweigens begann sie zu sprechen. Sie beschrieb mir die sadistischen Methoden, die die Deutschen während der Verhöre angewandt hatten. Kein menschliches Wesen kann das aushalten. Sie sagte mir, daß sie alle Schuld auf sich genommen hatte und kein anderer in Gefahr war. Sie hatte niemanden verraten. Ich versuchte, sie zu trösten, aber sie hörte mir nicht zu. Ich weiß, was ich getan habe, und ich weiß auch, was ich zu erwarten habe, sagte sie. Sie bat darum, daß die Genossen ihre Arbeit fortsetzten. Es ist einfacher zu sterben, sagte sie, wenn man weiß, daß die anderen weitermachen.«[3]

Am 6. Januar 1945, sechs Tage vor der Befreiung Auschwitzs durch die Rote Armee, wurden die vier Frauen auf dem Appellplatz erhängt. Ester Wajsblums Schwester Hana, eine der Zwangsarbeiterinnen im Pulverpavillon, berichtete später über die Hinrichtung:

»Sie befahlen: ›Antreten.‹ Aber es war doch erst fünf Uhr. (...) Plötzlich erblickten meine Augen das Feld zwischen Block 4 und 5. Was für ein Appell ist es?(...) Während ich stand und vor mich hinträumte, sah ich sie (meine Schwester) plötzlich. (...) Unmittelbar darauf hörten wir den Befehl: ›Union nach vorne! Pulverraum vortreten!‹ (...) Ich hob meinen Kopf; knapp vor mir sah ich den Galgen. Ich kapierte, was passieren sollte. (...) Stille umgab den Platz. Ich hörte das schnelle Atmen, die zurückgehaltenen Seufzer und Tränen. Sie gingen. Die Köpfe hoch, die Augen blickten geradeaus, weit weg, zur Freiheit. Die verlorene Freiheit. Das Klappern der Stühle, die weggezogen wurden. Sie starben.«[4]

Der Weg in den bewaffneten Widerstand

Der Weg in den bewaffneten Widerstand

»Was hätte ich denn sonst tun sollen?«

1

»Warum ich das getan habe? Was hätte ich denn sonst tun sollen? Es war doch das einzige, was man tun konnte!« Dieser Satz, diese scheinbar so selbstverständliche Aussage, die »Fifi« Fernandez de Velasca Perez in Madrid mit Truus Menger in Venhuizen, Dina Krischer in Nancy, »Zala« Sadolšek in Lobnig, Gusta Drenger in Krakau und Dora Goldkorn in Warschau miteinander verbindet, die Lebenden und die Toten, diese Aussage steht quer zu allem, was in der Bundesrepublik normalerweise zu diesem Thema ausgesagt wird. Die große Mehrheit derer, die hierzulande nicht direkt von der Verfolgung durch den Nationalsozialismus betroffen waren, ist sich einig: Man hatte nichts gewußt. Oder, falls man doch etwas gewußt hatte, man konnte doch nichts tun. »Was hätten wir denn tun sollen?« steht somit gegen: »Was hätten wir denn sonst tun sollen?«

Die Auskunft, daß es – angesichts der Macht und Perfektion nationalsozialistischer Herrschaft – unmöglich war, dagegen anzukämpfen, scheint logischer und verständlicher als die Haltung des »Trotz alledem!«. Was brachte also Menschen, was brachte Frauen dazu, einen unter dem Aspekt des »gesunden Menschenverstandes« aussichtslosen Kampf gegen einen tausendfach überlegenen Gegner aufzunehmen? Was brachte sie dazu, mit ihrem Leben, ihrer Erziehung, ihrer Rolle, mit allem, was für eine Frau als »normal« gilt, zu brechen, um in ständiger Lebensgefahr Waffen zu stehlen, Bomben zu legen, Menschen zu erschießen? Was brachte sie dazu, ihre Eltern, ihr Haus, ihre Wohnung, ihre vertraute Umgebung zu verlassen, um im Schutz eines Schützengrabens die Nächte durchzuwachen, sich in einem schneeverwehten Partisanenlager mit Hunger und Kälte herumzuplagen, von einer konspirativen Wohnung in die nächste zu hetzen?

Die meisten dieser Frauen waren sehr jung. Die meisten von ihnen waren schon vor dem Beginn des Krieges beziehungsweise Bürgerkrieges politisch engagiert. Viele von ihnen stammten aus proletarischen Verhältnissen, sie hatten Ungerechtigkeiten und Armut von klein auf kennengelernt, hatten aber auch von klein auf Demonstrationen, Streiks, Widerstand miterlebt. Viele waren Jüdinnen und damit ganz persönlich getroffen von den neuen Verhältnissen, der »neuen Ordnung«. Kaum eine von ihnen stammte aus »geordneter« bürgerlicher Familie, und wenn doch, wurde diese Welt abrupt und brutal zerstört durch den Einmarsch der Endlöser.

Das Leben einer Frau in den dreißiger und vierziger Jahren dieses Jahrhunderts sah politische Aktivitäten, Kampf, Kameraderie mit »fremden« Männern nicht vor. Ein junges Mädchen, egal ob in Madrid, Amsterdam oder Warschau, egal ob proletarisch oder bürgerlich, wuchs heran, um später zu heiraten, Kinder zu bekommen und für sie zu sorgen. Es hatte auf seinen Ruf zu achten, dem Vater zu gehorchen, der Mutter zur Hand zu gehen. Für die Welt außerhalb der Familie, des Heimes hatte es sich nicht zu interessieren. Arnold Zweig, der während des Ersten Weltkriegs als Soldat in Litauen stationiert war und dort das Leben des Ostjudentums kennenlernte, schreibt in dem Buch, das er diesen Menschen widmete (»Das ostjüdische Antlitz«), über das Los der verheirateten Frauen: »Die Welt der Bücher gibt es nicht mehr; die Welt des Glaubens ist praktisch geworden und Speisegesetz; die Pflege der Kinder hat sie gelernt, als sie selbst noch Kind war und das Jüngste zu tragen und zu versorgen hatte.«[1]

Er konstatiert aber auch, daß die jungen Mädchen aus dieser Welt ausbrechen. Er lernt eine Jugend kennen, die die Gesellschaft nicht mehr so hinnehmen will, wie sie ist, die von der Revolution träumt. Die jungen Menschen, auf die sich der Beobachter Arnold Zweig bezieht, sind nicht die Kinder des jüdischen Proletariats, sondern die Töchter und Söhne aus »gutem Haus«, die Gymnasiastinnen und Gymnasiasten. Auf diese jüdische Jugend, so Arnold Zweig, wirken als Vorbilder nicht »die Eroberer und Entdecker, deren Folgen Sklaverei, Mord, Raubgier, Unrechte jeder Art waren«, auch nicht »die historischen, schon schemenhaften, unempfindlichen Makkabäer«, sondern die »Revolutionäre des langen Kampfes um die Menschenrechte und das Menschen würdige Leben auf der Erde, die ihren Kampf in Rußland fochten. All die Ermordeten, Verschollenen, Verbannten und Geflohenen, all die Täter ihrer Taten mit Wort und Waffe. Und wenn ein Mädchen mit stillem und reinem Gesicht, (...) mit verschwiegenem Munde und geradem Nacken all die Bilder der sozialistischen Studentinnen sah, die stillen und reinen Gesichter, (...) verschwiegenen Münder – sollte in ihrem Herzen dann nicht der Entschluß entbrennen: so zu leben gelobe auch ich – das zu sein vermag ich auch?«[2]

Diese Flamme brannte auch noch in den Töchtern dieser Frauen. Sie waren Kinder, als die polnischen Juden in den zwanziger Jahren von einem Pogrom in das nächste getrieben wurden, sie hatten den Antisemitismus in seiner – bis dahin – krassesten Form kennengelernt; Sicherheit und Privilegien, die ihre Mütter noch von sich aus abgelehnt hatten, waren ihnen, bevor sie sie noch verachten konnten, schon nicht mehr gewiß. Noch viel stärker traf das auf die Mädchen aus dem Proletariat zu, die von Verfolgung, Diskriminierung und Pogromen ganz direkt betroffen waren. Doch Unrecht zu erfahren, vermittelt oder auch am eigenen Leib, ist noch nicht automatisch ein Grund, sich dagegen zu wehren. Schon gar nicht für ein Mädchen. Aber das Bild von der behüteten Tochter war in den Arbeitervierteln von Warschau und Wilna längst eine Schablone, die mit der Realität nicht mehr viel zu tun hatte. Die Töchter des jüdischen Proletariats standen schon mit 12, 13 Jahren in den Fabriken oder kleinen Werkstätten, das bißchen Geld, das sie als Näherin oder Besenbinderin verdienten, wurde zu Hause dringend benötigt. An ihrem Arbeitsplatz wurden ihnen Flugblätter zugesteckt, das Wort Streik wurde flüsternd weitergegeben, und eines Tages fanden sie sich in der Masse einer verbotenen Demonstration wieder, flohen vor der Polizei, lernten, wo man sich verstecken konnte und wann man den Mund zu halten hatte. Die Gymnasiastinnen hörten Gerüchte über eine geheime Zelle an der Schule, begannen auf Gesten, ungewohnte Ausdrücke, heimlich im Schulhof liegengelassene Flugblätter zu achten, signalisierten Interesse und wurden eines Tages von einer Mitschülerin angesprochen und zu ihrem ersten Treffen der Spartakus-Gruppe oder der linkszionistischen »Pioniere« mitgenommen.

Für ein Mädchen, eine junge Frau war die politische Betätigung die einzige Möglichkeit, aus dem beschränkten, dumpfen

Trott eines vorbestimmten weiblichen Schicksals auszubrechen. In den Jugendorganisationen der Kommunistischen Partei, des »Bund« oder in der Hechaluz-Bewegung traf sie auf Gleichgesinnte, die weder das Schicksal ihrer Klasse noch ihres Volkes, noch auch das ihres Geschlechts hinnehmen wollten. Anstelle von Liebesromanen wurden die sozialistischen Klassiker gelesen, statt auf die jüngeren Geschwister aufzupassen oder Heringe auszunehmen, konnte die junge Frau hier über die Veränderung der gesamten Gesellschaft diskutieren. Die Verantwortung, die sie übernahm, beschränkte sich nicht mehr auf die nassen Windeln des Jüngsten oder den Glanz ihres Haares. Sie war nun Teil einer Bewegung, die dafür kämpfte, die Herrschaft des Kapitalismus zu stürzen oder in Palästina eine neue, klassenlose Gesellschaft aufzubauen. Und damit dieser Traum Wirklichkeit wurde, kam es auch auf sie an, auf sie ganz speziell, auf ihre Fähigkeiten, ihren Einsatz, ihren Mut. »Der Tag, an dem ich den verlorenen Kontakt mit meinem Spartakus wiedergefunden hatte, war einer der glücklichsten Tage in meinem schweren und tragischen Ghettoleben«, schreibt die Kommunistin und Kämpferin der ZOB, Dora Goldkorn, in ihren »Erinnerungen an den Aufstand im Warschauer Ghetto«, »Alles in mir brannte nach Aktivität«.[3]

Als »brennende Fackel« beschrieben ihre Genossinnen im Spartakus die junge Niuta Tejtelbojm. Als sie sich als Gefangene des Ghettos wiederfand, war ihr erster Schritt der Griff zur Waffe. Sie machte eine militärische Ausbildung und gab als nächstes ihr neu erworbenes Wissen an andere junge Frauen weiter.

Auch die jungen Frauen und Männer der linkszionistischen Jugendorganisationen änderten ihr Leben radikal. Sie hatten darauf hingearbeitet, etwas aufzubauen, etwas zu schaffen, zu einem neuen *Leben* beizutragen. Die Aufgaben, die sie sich nun stellten, waren Zerstörung und Tod. Gusta Drenger von der liberalzionistischen Akiba spricht auch für die anderen, wenn sie in ihrem »Tagebuch der Justyna« schreibt: »Mein Gott! Schaffen? Vernichten, vernichten, vernichten, soviel die in den jungen Muskeln verbliebenen Kräfte nur herzugeben vermochten. Denn nur die Vernichtung stand in ihrer Macht. Das allein lohnte sich noch zu ergreifen. Alles andere würde vergehen – nur das, was sie vernichteten, würde bestehen. Es war ein Paradoxon, wie es wenige gibt. Sie, die Jungen und

Kräftigen, in deren Macht es stand, Welten zu bauen, die seit Jahren Tag für Tag das Gebäude des Glaubens an einen rechtschaffenen Menschen errichteten, sie sollten jetzt mit Blutvergießen, Diversion, Sabotage, Umsturz, Zerstörung und Vernichtung ihr Leben krönen.«[4]

Die undenkbarste Zerstörung, das unglaublichste Blutvergießen, die systematische Vernichtung ihres ganzen Volkes hatten sie dazu gezwungen. Ihre Perspektive war: stumm und ergeben in den Tod zu gehen oder mit dem eigenen Tod die reibungslos funktionierende Vernichtungsmaschine des Feindes zu sabotieren. Dieses Leben von einer Deportation zur nächsten war es nicht wert, um den Preis weiterer Demütigungen und Qualen ein paar Wochen oder Monate verlängert zu werden, bis es ohnehin in den Öfen von Chelmno, Treblinka oder Auschwitz endete. Von einer Wohnung in die andere hetzen, einem »Schein«, der Arbeitsberechtigung, hinterherrennen, täglich an den bettelnden, verhungernden Kindern in den Straßen vorbeigehen, die Schreie der von dem ganzen Elend wahnsinnig Gewordenen mitanhören, die Ermordung der Liebsten mitansehen, erleben, wie die Mörder kleine Kinder mit dem Kopf an die Wand schlagen, bis ihr Gehirn auf das Pflaster spritzt, von Müttern hören, die ihre Säuglinge erstickt haben, damit sie durch ihr Weinen das Versteck nicht verraten, die eigenen Eltern auf dem Umschlagplatz wissen, darauf warten, daß sie auf den Lastwagen zum Abtransport gestoßen werden, die Zwangsarbeit, den Hunger, die Krankheiten aushalten: Dieses Leben war unwürdig, ein Leben auf Knien, das Leben von Sklaven. Dann lieber den Tod, aber den Tod im Kampf. Daß dieser Kampf erfolgreich sein könnte, wagten sie kaum zu hoffen. »Der Sieg«, schreibt Noemi Szac-Wajnkranc in ihren Erinnerungen »Im Feuer vergangen«, »konnte nur das eine sein: so lange wie möglich auszuhalten und so viele Deutsche wie möglich zu töten. (...) Stirb! Für meine Mutter, für den Vater, für unsere Kinder! Ich ziele auf dich! O Gott, gib, daß der Schuß trifft!«[5]

Vitka Kempner, Aktivistin der FPO in Wilna, sagt in dem Film »Die Partisanen von Wilna«: »Wir fühlten uns, als ob wir unser Leben schon verloren hätten. Das machte uns die Sache leichter.«[6] Und ihre Mitkämpferin Chaya Lazar fügt hinzu: Ihre unzureichenden Waffen, die mit Sprengstoff gefüllte Glühbirne, der Molotow-Cocktail, »das war für mich eine Wasserstoffbombe, der kostbarste Gegenstand, den ich je besessen habe«.[7] Chayke Grosman, Kämpferin aus Wilna und Organisatorin des Aufstands im Bialystoker Ghetto, erklärte der amerikanischen Journalistin Marie Syrkin: »Wir wußten, daß mit unserem Tod nicht alles zu Ende war. Daß unser Tod zu einem Symbol würde, unter dem eine neue Generation erzogen werden konnte. Das war es, woran wir in den Ghettos dachten, das war unsere Thora.«[8]

Jede dieser Frauen war bis in ihr tiefstes Inneres davon überzeugt, daß das, was sie tat, richtig, notwendig, die einzige menschenwürdige Möglichkeit überhaupt war. Diese Sechzehn-, Siebzehn-, Neunzehnjährigen folgten nicht einem Verlobten oder Ehemann in den Kampf. Sie waren nicht die »Anhängsel« eines politischen Aktivisten, durch die Tätigkeiten ihres Mannes selbst zu Aktivität gezwungen. Es war ihre eigene Entscheidung, ihr eigener Weg. Und es war trotz aller Überzeugung, trotz der Mißachtung des eigenen Lebens ein schwerer Weg.

Wenn es auch keinen Mann gab, der sie in ihrer Entscheidung beeinflußte (oder behinderte), wenn es auch keine Kinder gab, die sie nicht verlassen konnten – da waren die Eltern. Diese jungen Frauen hingen mit großer, zärtlicher und auch verantwortungsbewußter Liebe an ihren Eltern. Für viele von ihnen war die Deportation der Eltern der letzte Anstoß, die Waffe in die Hand zu nehmen. Und die, deren Vater und Mutter noch lebten, quälten sich mit dem – realistischen – Gedanken, sie könnten sie durch ihre illegalen Aktivitäten gefährden. Zofia Jamajka hatte bereits alle Voraussetzungen erfüllt, um als voll ausgebildete Kämpferin und politisch Verantwortliche zu den Partisanen zu gehen, blieb aber trotzdem in Warschau: Sie fürchtete, die Deutschen könnten ihr Verschwinden aus dem Ghetto bemerken und ihre Eltern dafür büßen lassen. Erst als ihre Mutter und ihr Vater deportiert werden, macht sich Zofia auf den Weg in die Wälder. Gusta Drenger verletzt alle Regeln der Konspirativität, um ihre Eltern in letzter Minute aus dem Krakauer Ghetto zu retten, als die »große Aktion« beginnt. Chayke Grosman riskiert, zu spät auf ihrem Posten zu sein, als der Kampf im Bialystoker Ghetto beginnt – eine unverzeihliche Handlung für eine Kämpferin in ihrer Position –, um von ihrer alten Mutter Abschied zu nehmen. Dora Goldkorn beschreibt in ihren Erinnerungen eine dieser Tragödien, die sich wohl in vielen Familien so oder so ähnlich abgespielt haben:

»Eines Tages kletterte der Vater unserer Genossin Halinka Rochmann auf den Dachboden. Die Genossen, die vor unserer ›Fabrik‹ (ein Versteck, in dem Bomben und Molotow-Cocktails hergestellt wurden, Anm. d. Verf.) Wache hielten, bemerkten ihn, erlaubten ihm aber, sie zu besuchen. (...) Herr Rochmann (bat) mit Tränen in den Augen seine Tochter, nach Hause zurückzukehren. ›Ich bin allein‹, flehte er, ›einsam wie ein Einsiedler. Komm zu mir zurück, ich habe noch genug Geld, um uns beide zu retten und auf der arischen Seite einzurichten.‹ Wir sahen, daß Halinka einen schweren und schmerzlichen inneren Kampf ausfocht. Sie rang allein mit sich und litt sehr. Dennoch schlug sie die Bitten ihres Vaters entschieden ab. ›Mein Leben gehört nicht mehr dir, Vater, sondern ihnen allen‹, entgegnete Halinka auf die flehentlichen Bitten ihres Vaters. Wir traten damals an Halinkas verzweifelten Vater heran und erzählten ihm von unserem gegenwärtigen Leben, von unseren Aufgaben und Zielen. Wir bemühten uns, ihn mit herzlichen Worten in seinem persönlichen Unglück zu trösten. Herr Rochmann war sehr bewegt, er überließ uns eine größere Geldsumme, küßte zum Abschied seine Tochter und trennte sich von ihr mit den Worten: ›Leb wohl, Tochter, möge dich Gott beschützen und dir auf deinem neuen Lebensweg helfen.‹ Herr Rochmann hat seine Tochter nie mehr gesehen. Er war ein frommer Mann und liebender Vater. Vor seinem Weggehen wünschte er uns heiß und innig in unserer Arbeit Erfolg. Halinka litt dann noch sehr, hatte sich aber bis zum Schluß tapfer in der Gewalt.«[9]

Noemi Szac-Wajnkranc, die mehrmals vergeblich versucht hatte, ihre Eltern aus dem Warschauer Ghetto zu retten, erfährt später, wie ihre Mutter während des Aufstands starb: »Ich wollte nur daran denken, daß mein geliebtes Muttchen, das Furcht gehabt hatte vor einem Eierschalensplitter im Omelette, vor Hunden, vor dem Anblick einer Waffe, das mich einst immer zehnmal ermahnt hatte, bevor ich das Haus verließ: ›Paß auf die Autos und auf die Straßenbahn auf!‹, das jede Verspätung, ob es sich um den Vater oder um mich handelte, wie eine Katastrophe durchlebt hatte, daß diese Mutter als erste die Hand nach einer Handgranate ausstreckte, daß diese Mutter sagte: ›Arbeite für die Sache, stirb lieber durch eine Kugel, aber um keinen Preis in der Kammer!‹«[10]

Julia Manzanal, »Fifi« Fernandez de Velasca Perez, Rosario

Sanchez, alle Milicianas, mit denen ich gesprochen habe, sind in Arbeitervierteln groß geworden. Alle waren bereits vor dem Beginn des Bürgerkrieges politisiert, mehr oder weniger aktiv im sozialistischen (de facto kommunistischen) Jugendverband. Alle mußten schon als junge Mädchen zum Lebensunterhalt der Familie beitragen, arbeiteten als Schneiderin, in der Fabrik, als Zigarettenverkäuferin. Julia, deren Mutter geschieden war, nahm schon mit 14 die Rolle des Familienoberhaupts ein. Sie liebte ihre Mutter und spricht heute noch mit zärtlicher Hochachtung von ihr. Rosarios und Fifis Väter waren aktive Linke, sie ermunterten ihre Töchter zwar nicht, sich politisch zu betätigen, legten ihnen aber auch keine Steine in den Weg, als sie von selbst darauf kamen.

Fifi war von klein auf eine Rebellin, sie strolchte mit ihrem Bruder durch die Stadt und erfuhr, daß nur sie, das Mädchen, dafür bestraft wurde. Sie begehrte dagegen auf, daß die Männer in der Familie mehr zu essen bekamen als die Frauen. Sie brachte sich selbst – heimlich – das Autofahren bei. In der Jugendorganisation der Partei durfte sie dann endlich all das, was Mädchen sonst nicht dürfen: sich eine Meinung bilden und sie auch laut sagen. Die Ungerechtigkeiten nicht mehr schlucken, sondern dagegen kämpfen. Ja, sogar mit Waffen umgehen. An die Front zu gehen war für sie einfach die praktische Umsetzung all dessen, was sie bisher mit großer Begeisterung gelernt und geübt hatte. Und es war die Möglichkeit, aus den lächerlichen Röcken zu schlüpfen, weite, entschlossene Schritte in Männerhosen zu machen. Sich frei zu bewegen, die verhaßte Mädchenrolle abzulegen. Nicht mehr als verkappter Junge behandelt zu werden, sondern als Genosse unter Genossen.

Julia hatte es trotz der Arbeit in der Fabrik und ihrer Verantwortung für die Familie geschafft, ihre Bedürfnisse nach einem Bohèmeleben ein wenig auszutoben. Sie war das, was man heute als »ausgeflippt« bezeichnen würde, trieb sich in Bars herum, legte Wert auf schicke Kleider, kokettierte. Sie lernte aber auch, daß eine junge Frau für dieses Verhalten bezahlen muß. Immer wieder wird sie von Männern sexuell bedrängt, belästigt, auch konkret bedroht. Sie wehrt sich, ist entsetzt über die Mißverständnisse, die sie in ihrem Drang nach Freiheit, nach einem aufregenden Leben auslöst. Eine junge Arbeiterin, die sich nicht eisern an die moralischen Regeln hält, die ihr die Gesellschaft vorschreibt, ist Freiwild. Erst in der Jugendorganisation der Kommunistischen Partei lernt sie andere Möglichkeiten kennen, gegen die eintönige, einschränkende »Normalität« zu verstoßen. Julia lernt sozialistische Theorie und militärische Praxis: »Ich war damals so glücklich«, sagt sie heute noch. Sie genießt ihre Männerkluft und setzt sich das Thälmann-Käppi schief auf den Kopf.

Rosario ist ehrgeizig. Sie will nicht wie die anderen Mädchen in ihrem Dorf das Dienstmädchen der eigenen Familie spielen oder auf dem Feld arbeiten. Sie will etwas Richtiges lernen, Schneiderin, aber auch Maschineschreiben, Buchhaltung, Allgemeinbildung. Und zwar direkt in der Hauptstadt. Ihre Eltern lassen sie gehen, obwohl sie wissen, daß die Schule, die ihre Tochter sich ausgesucht hat, ein Ausbildungszentrum der Kommunistischen Partei ist. Rosario, von der Politik eher abgeschreckt durch das fanatische Verhalten ihres Vaters, der seine republikanische Überzeugung allzu ostentativ zur Schau trug, politisiert sich eher langsam, zögernd. Aber als die Milicianos in ihre Schule kommen, um Freiwillige für die Front zu werben, ist sie die erste, die die Hand hebt. Sie zweifelt zwar daran, daß die auch Mädchen nehmen. Sie zweifelt aber keine Sekunde daran, daß *sie* das will.

Daß der Kampf gegen die Faschisten richtig und notwendig ist, ist all diesen Mädchen vollkommen klar. Sie selbst haben sich für die Revolution entschieden, sie wollen dazu beitragen, die Gesellschaft von Grund auf zu verändern, all die Ungerechtigkeiten, unter denen sie von klein auf gelitten haben, zu beseitigen. Sie wissen, wo sie stehen, wo ihr Platz ist. Doch sie könnten ihren Platz auch in der Etappe einnehmen. Sie könnten Suppe kochen und Uniformen nähen, Geld sammeln und Verwundete pflegen. Aber das hieße ja das normale, langweilige Leben als Mädchen fortsetzen. Das hieße letztlich, auf einer anderen Ebene dasselbe tun wie ihre Mütter, also genau das, was sie selbst nicht tun wollten. An die Front zu gehen, mit der Waffe in der Hand zu kämpfen war ihre einzige Möglichkeit, das eigene Leben radikal zu verändern, auch auf die Gefahr hin, es dabei zu verlieren. Diese Mädchen, Julia, Fifi, Rosario, zogen nicht nur als pflichtbewußte, politisch bewußte, disziplinierte Kommunistinnen in den Kampf gegen den Faschismus. Sie taten es nicht nur für »die Sache«. Sie taten es auch für sich, auch wenn sie sich dessen vielleicht nicht bewußt waren, auch wenn sie es heute nicht so sehen wollen. Sie nutzten ihre

Chance, verbotenes Terrain zu betreten, das einschnürende Korsett ihres weiblichen »Schicksals« abzulegen, ihre Kräfte zu messen, zu *handeln*.

Johanna Sadolšek, als Partisanin Zala genannt, wuchs in einem »Weiberhaushalt« auf. Ihren Vater kannte sie nicht, der Großvater war alt und krank, der Bruder im Priesterseminar. Den kleinen, schwer verschuldeten Hof führten Mutter und Großmutter mit Hilfe Zalas und einer Tante. Armut, Arbeit und Diskriminierung waren Zalas Leben als Heranwachsende. In Strümpfen, weil es keine Schuhe gab, marschierte die kleine Zala den langen Weg zur Schule, wo sie nicht nur lesen und schreiben lernte, sondern auch, daß die Sprache, in der sie aufgewachsen war, Slowenisch, minderwertig war, wie auch sie selbst als Angehörige einer unterdrückten, verachteten Volksgruppe. Sie wurde gezwungen, deutsch zu reden, und wurde für ihre Fehler in der neuen, ungewohnten Sprache bestraft. Wieder zu Hause, wo vielleicht der Steuereinzieher gerade das letzte Huhn beschlagnahmt hatte, ging es sofort an die Arbeit. Mit 17 übernimmt Zala offiziell den Hof, sie wird die »Bäuerin« – um den Preis, daß sie heiratet. Was sie dabei empfindet, interessiert niemanden. Die Arbeit wird nicht weniger, sondern mehr, und als ihr Mann eingezogen wird, lastet wieder alle Verantwortung auf Zalas Schultern. Aber ihr Mann war – heimlich – politisch aktiv gewesen, und Zala hatte zum erstenmal in ihrem Leben erfahren, daß man das Leben, so wie es ist, nicht hinnehmen muß.

Zala hat durch die Ehe ihre Selbständigkeit nicht verloren, als Besitzerin des Hofes bleibt sie weiterhin der »Chef«, und als Bäuerin war es für sie ohnehin ausgeschlossen, den »Beruf« aufzugeben. Aber sie ist wacher geworden, interessierter an dem, was in der Welt jenseits des eigenen Kartoffelackers vor sich geht. Im Gegensatz zu ihrem Großvater, der der deutschen Propaganda, die verarmten Höfe würden von der Schuldenlast befreit, glaubt, mißtraut Zala den Nazis, deren örtliche Vertreter sie noch vor dem »Anschluß« Österreichs als erbitterte Feinde der slowenischen Bevölkerung kennengelernt hatte. Sie registriert das Vorgehen der neuen (alten) Herren mit großer Aufmerksamkeit und die Gerüchte über Titos Befreiungsarmee, die neuerdings auch in Kärnten agieren soll, mit sympathisierender Neugier. Obwohl sie sich vor diesen Partisanen noch ein wenig fürchtet, ist ihr – wie den meisten Slowenen Kärntens

– doch bewußt, daß das »ihre« Leute sind. Und als sie ihnen endlich selbst begegnet, zögert sie keine Sekunde. Die Partisanen brauchen Hilfe? Ja selbstverständlich, Zala hilft ihnen. Die Partisanen wollen mit Zala sprechen? Zala ist zur Stelle. Die Partisanen wollen, daß Zala die anderen Frauen mobilisiert, politische und logistische Aufgaben übernimmt? Zala ist bereit. Sie reagiert auf ihre Rekrutierung, als hätte sie ihr Leben lang darauf gewartet. Daß die Faschisten ihre Feinde sind, weiß sie. Daß die Faschisten die slowenische Bevölkerung vertreiben wollen, erlebt sie ganz konkret, sie selbst rechnet ja jeden Tag damit, daß sie sie und ihre Familie holen kommen. Was die Faschisten in den Konzentrationslagern mit den Häftlingen machen, hat Zala von glaubwürdigen Zeugen gehört, und das empört sie noch zusätzlich. Nur eines hatte sie sich bisher nicht vorstellen können: daß man dagegen etwas machen kann. Daß dieser allgewaltige Gegner vielleicht zu schlagen ist. Und genau das behaupten die Partisanen.

Nun kann Zala nichts mehr halten. Zudem sie teilweise auch weiß, mit wem sie sich da einläßt. Die Kämpfer/innen der Befreiungsarmee sind keine Fremden. Der eigene Nachbar ist dabei, der Sohn des Bauern von nebenan, und – auch Frauen gibt es in Titos Armee. Die Gruppe, in der Zala ihren Kampf gegen die Nazis beginnt, besteht ausschließlich aus Frauen: ihren Freundinnen, Nachbarinnen, ihrer Schwägerin. Das Bedürfnis, etwas zu tun, fällt mit der Sicherheit, die eigenen Mitstreiter/innen zu kennen, ihnen vertrauen zu können, zusammen. Daß sie nun täglich ihr Leben riskiert, erscheint Zala ganz normal, eine quasi natürliche Entwicklung. Sie sieht sich nicht als Heldin, sondern als jemand, der einfach nur das Selbstverständliche tut. Daß sie schließlich das illegale Flugblatt mit der Waffe vertauscht, ist ebenso selbstverständlich. Die Deutschen haben sie erwischt, sie konnte ihnen entwischen, also führt sie ihr Weg ganz logisch vom verdeckten zum offenen Kampf, von der logistischen Arbeit im Hinterland zur bewaffneten Einheit in den Bergen. Daß sie sich auch bei Freunden oder Verwandten verstecken und so das Ende des Krieges abwarten könnte, fällt Zala gar nicht ein. Daß sie ihr Kind zurücklassen muß, ist zwar schrecklich, aber zu bewältigen. Zala weiß, daß sie ihrer Mutter voll und ganz vertrauen kann. Sie würde sich um das Kind kümmern, den Hof versorgen und weiterhin, wie auch bisher, den Partisanen Essen, Kleider und Verbandsmaterial bringen. Der

Zusammenhalt der Familie ist durch nichts zu erschüttern. Zala weiß auch, daß ihre Mutter trotz aller Ängste stolz auf sie ist und, was immer auch kommen möge, zu ihr hält. Tatsächlich gelingt es Zalas Mutter, als die Deutschen den Hof stürmen, zu fliehen – und auch sie schließt sich den Partisanen an.

Truus und Freddie Oversteegen wachsen auf mit Demonstrationen, mit der Frau von der Sozialhilfe, die nach »überflüssigen« Decken schnüffelt, und fremden Menschen, die sich bei ihnen versteckt halten. Sie lernen schon als kleine Kinder, daß man sich für Armut nicht zu schämen braucht, daß das bißchen, das vorhanden ist, gerecht geteilt werden muß und daß Verschwiegenheit zum Leben gehört wie Zähneputzen. Die beiden Mädchen wachsen ohne Vater auf, mit einer Mutter, die sie über alles lieben und die sie lehrt, woher die Ungerechtigkeiten kommen. Daß man sich dagegen zur Wehr setzen muß. Daß Solidarität wichtiger ist als alles Hab und Gut der Welt. Diese Mutter, die oft genug nicht weiß, was sie auf den Tisch stellen soll, weckt in ihren Töchtern den Hunger nach Menschenwürde und Gerechtigkeit. Als Fünfjährige hört Truus sagen, »die Roten gehören an die Laternenpfähle«. Auf die verschreckte Frage des Kindes, wer denn diese Roten seien, antwortet die Mutter: Wir. Als Zehn- und Zwölfjährige lernen Freddie und Truus, was Faschismus ist: daß Menschen, die Juden oder Kommunisten sind, in ihrem Wohnzimmer auf Matratzen lagern und sich nicht aus dem Haus wagen. Daß diese Menschen ihre eigene Heimat, ihr eigenes Haus verlassen mußten und nichts mehr haben als das, was ihnen Mutter zusteckt.

Als die Deutschen in die Niederlande einmarschieren, sind Truus und Freddie, 16 und 14 Jahre alt, schon Profis der Konspiration. Viel gab es – bei einer solchen Erziehung – wohl nicht, was sie im kommunistischen Jugendverband dazulernen konnten. Aber sie haben eine Organisation, die ihnen erlaubt, sofort zu handeln. Freddie und Truus sind dabei, als der triumphierende Chef der niederländischen Nazis seine erste große Niederlage erlebt: Als Mussert, die Macht der neuen Herren hinter sich, auf dem Hauptplatz von Haarlem mit stolzgeschwellter Brust nach dem Mikrophon greift, ertönt ein Konzert von Hunderten von Fahrradklingeln. Von Musserts Rede ist kein Wort zu verstehen. Erst als das Anrücken der Deutschen gemeldet wird und sich die Störenfriede verziehen, herrscht wieder Ruhe auf dem Platz. Nur: Es sind kaum noch Zuhörer da, und die

Mikrophonkabel sind durchgeschnitten. Truus und Freddie radeln tief befriedigt nach Hause, der Streich ist perfekt gelungen, die Aktion der Jugendlichen Tagesgespräch.

Zu Hause brennen Kerzen im Wohnzimmer. Truus und Freddie wünschen der jüdischen Familie so selbstverständlich »Gut Schabbes«, wie sie »Guten Tag« sagen würden. Ebenso selbstverständlich haben die Mädchen jederzeit die Umgebung des Hauses im Auge und räumen Geschirr und Essensreste weg, sobald sich ihre jüdischen *underduikers* in ihr Versteck zurückziehen. Sie verteilen Flugblätter und die Untergrundzeitschrift der Kommunistischen Partei, »De Waarheid«. Sie treffen sich mit den Genossinnen und Genossen vom Jugendverband, radeln gemeinsam hinaus aufs Land, legen sich in die Wiese, halten Picknick und besprechen dabei die Lage: Wer Lebensmittelmarken für die *underduikers* braucht, wer morgen beim Druck der Zeitung mithilft, wer anschließend die Pakete zu den Verteilerinnen und Verteilern schafft. Sie sehen völlig harmlos aus und empfinden auch selbst, obwohl sie sich ihrer Lage bewußt sind, das Ganze ein wenig als Spiel, als Abenteuer. Als aus dem Spiel Ernst wird, als sie für »Spezialaufgaben«, für den bewaffneten Widerstand rekrutiert werden, überlegen sie nicht lange. Sie können sich nicht vorstellen, einen Menschen zu töten, aber sie sind bereit, den *Feind* zu töten und die, die ihm seine Opfer ausliefern. Worauf sie sich da wirklich eingelassen haben, wird ihnen erst klar, nachdem sie bereits den ersten Schuß abgegeben – und getroffen haben.

Sie haben sich entschieden, und sie stehen zu ihrer Entscheidung. Daß man für jede Entscheidung, die man trifft, auch die Konsequenzen tragen muß, wußten sie schon vorher. Truus hatte einen Arbeitsplatz aufgegeben, weil ihr ihr Stolz, ihre Würde wichtiger waren als das dringend benötigte Geld. Der sexuelle Übergriff ihres Arbeitgebers hatte ihr zum erstenmal bewußt gemacht, daß sie eine Frau ist – und daß das Erniedrigung und Machtlosigkeit bedeutet. Ihre Reaktion war spontan, sie wehrte sich handgreiflich gegen die sexuelle Belästigung. Daß sie sich – im Gegensatz zu unzähligen anderen Mädchen, die solche Erlebnisse aus Angst und Resignation hinnahmen – so und nicht anders verhielt, lag daran, daß sie von klein auf gelernt hatte, daß der Mensch eine Würde zu verteidigen hat. Der Mensch, das hieß für Truus ganz selbstverständlich auch die Frau beziehungsweise das Mädchen. Schließlich hatte ihr eine Frau, ihre Mutter, diese Lehre vermittelt und nie erwähnt, daß sie für ihresgleichen nicht gelten könne.

Als ihre Töchter für eine hochkonspirative Arbeit angeworben werden, überläßt sie den 15- und 17jährigen Mädchen die Entscheidung. Freddie und Truus wählen den gefährlichsten Weg, der aber auch zugleich der aufregendste, intensivste und von ihnen selbst bewundertste ist. Sie haben von den Partisaninnen gehört, die in der Sowjetunion gegen die Deutschen kämpfen, und diese jungen Frauen sind ihre größten Vorbilder. Nun haben sie die Möglichkeit, dasselbe zu tun, ihren verehrten Idolen nachzueifern, als *Mädchen* der wahren Elite des Widerstands anzugehören.

Dina Lipka wächst ohne größere materielle Sorgen heran, geliebt von den Eltern, in der Atmosphäre eines bürgerlichen, religiös traditionellen Elternhauses. Daß die Töchter das Lycée besuchen, ist selbstverständlich, Dina muß um ihre Ausbildung nicht kämpfen. Doch die Fassade der Sicherheit hat Sprünge. Als Dina, deren Eltern aus Rußland und Polen stammen, in Frankreich auf die Schule kommt, erhebt die Lehrerin Einwände gegen ihre noch mangelnden Französischkenntnisse. Dinas Vater hält ruhig und selbstbewußt dagegen: Das Kind spricht russisch, das Kind spricht polnisch, das Kind spricht deutsch. Dann wird es ja wohl auch noch Französisch lernen. Eines hat Dina jedenfalls schon gelernt: Sie ist anders. Sie ist jüdisch. Dank des traditionellen Selbstverständnisses ihres Elternhauses begreift Dina dieses Schicksal nicht als Erniedrigung, sondern als Auszeichnung. Als der latente Antisemitismus ihrer französischen Umgebung von der Vernichtungspolitik der deutschen Besatzer eingeholt wird, gründet Dina eine Selbstverteidigungsgruppe an ihrer Schule. Ihre trotz aller Einbrüche relativ heile Welt wird endgültig zerstört, als jüdische Klassenkameradinnen plötzlich im Unterricht fehlen, als sie selbst sich den gelben Stern an den Mantel nähen muß.

Sie lernt diejenigen hassen, die sich das Recht anmaßen, Menschen derart zu erniedrigen und in den Tod zu schicken. Dina weiß noch nichts von Gaskammern und Krematorien, aber sie weiß, daß ihre polnischen Verwandten vielleicht schon nicht mehr am Leben sind, daß ihr eigenes Leben und das ihrer Familie in Gefahr ist. Doch anstelle von Angst entwickelt sie Haß und das immer intensivere Bedürfnis nach Rache. Politik hat sie nie sonderlich interessiert, aber jetzt sieht sie sich als

Jüdin gefordert. Und da sie weiß, daß die von den Deutschen am meisten gefürchteten Widerstandskämpfer jüdische Kommunisten sind, macht sie sich auf die Suche nach diesen Leuten. Daß sie sie findet, verdankt sie, wie sie heute sagt, ihrem »Instinkt«. Sie »weiß« einfach, daß die Leute, die über ihr wohnen, Juden sind – und daß diese Leute etwas zu verbergen haben, das über ihr Jüdischsein hinausgeht. Sie hat richtig geraten.

Als Dina »abtaucht«, ihre halblegale Existenz als getarnte Jüdin gegen ein Leben im Untergrund, als bewaffnete Widerstandskämpferin, eintauscht, weiß ihre Mutter Bescheid. Dina verstößt auch immer wieder gegen die heiligsten Regeln der Konspirativität, um heimlich ihre Mutter zu treffen: »Obwohl sie Todesängste ausstand«, erzählt Dina, »wußte ich, daß ich ihr vollkommen vertrauen konnte.« Ihre eigenen Ängste muß sie immer wieder aufs neue bekämpfen, aber nie gewinnen sie Oberhand. Ihr Haß auf die Mörder ist stärker. Das inzwischen auch nach Frankreich gedrungene Wissen um die Lager in Polen, das Wissen um die Tausende, die, wie die eigene Familie, zitternd in einem Versteck darauf warten, daß der Alptraum zu Ende geht, dieses Wissen ist stärker als der Selbsterhaltungstrieb, denn mit diesem Wissen kann Dina nicht leben. Sie kann das Leben nur noch ertragen, indem sie es dafür riskiert, die Vernichtungsmaschine der Besatzer zu zerstören.

2

Bis auf die Spanierinnen, die zum Teil schon in der Jugendorganisation militärisch ausgebildet wurden, hatte kaum eine dieser jungen Frauen Erfahrung mit Waffen und anderem Kriegsgerät. Strategie und Taktik waren für sie allenfalls politische Begriffe, aber keine militärischen. Daß sie je töten würden, hatten sie sich nicht träumen lassen. Mädchen spielen nicht Soldat, Mädchen führen keine Bandenkriege in Hinterhöfen, Mädchen lernen nicht einmal zu raufen. Fifi und Truus haben sich sicher ab und an mit Jungen geprügelt, aber immer in dem Bewußtsein, daß sie etwas Verbotenes taten, etwas, das ihnen nicht zustand.

Waren diese jungen Frauen Jüdinnen, standen sie noch dazu in einer langen Tradition des Antimilitarismus, einer auf das Wort, nicht auf das Kriegshandwerk orientierten Welt. Hierin unterschieden sie sich nicht von ihren männlichen Kameraden, und das gereichte ihnen in gewisser Weise zum Vorteil: In den linkszionistischen Gruppen und dem Jugendverband des Bund hatten in diesem entscheidenden Punkt die Männer den Frauen nichts voraus. Beide hielten zum erstenmal in ihrem Leben eine Waffe in der Hand, beide lernten gemeinsam, damit umzugehen. Es gab keine Überlegenen und Unterlegenen, keine langjährig Erfahrenen und grünen Anfängerinnen. Auch in den kommunistischen Gruppen kamen hier keine allzu großen Unterschiede zum Tragen. Die »alten«, erprobten Revolutionärinnen wußten sehr wohl, wie man mit einem Revolver umgeht, und brachten es ihren jüngeren Genossinnen bei, die dadurch genau dieselbe Ausbildung erhielten wie ihre männlichen Kameraden. »Die Schießübungen waren für uns eine natürliche Angelegenheit«, schreibt Dora Goldkorn in ihren »Erinnerungen an den Aufstand im Warschauer Ghetto« und erklärt das mit der »großen und heiligen Sache«.[11] Um die ging es natürlich auch, aber schon ein paar Zeilen weiter spürt man noch etwas anderes aus ihren Sätzen heraus: die Freude an dieser Ausbildung, den Stolz, mit etwas so Ernsthaftem und Ungewöhnlichem – mit etwas so Männlichem – wie Waffen hantieren zu dürfen.

Diese Mädchen müssen das militärische Training als einen entscheidenden Einschnitt in ihrem Leben empfunden haben. Als radikalen und endgültigen Bruch mit den Gesetzen der Weiblichkeit, die ihnen bisher als heranwachsende Frauen auferlegt waren und die sie selbst als junge Kommunistinnen noch einschränkten. Jetzt wurden sie ernst genommen. Jetzt waren sie nicht mehr die zukünftige Frau des Genossen Soundso, sondern Kämpferinnen, auf die man zählte. Dora Goldkorn: »Ich erinnere mich noch an unseren ersten Schießunterricht. Wir waren fünf Mädchen. Ich sehe sie alle. Hier sitzt Ludka Arbeijtsman aus der Wronastraße, eine sehr junge Schülerin aus der vierten Gymnasialklasse, die Jüngste unter uns, immer sprühend vor Begeisterung und Hartnäckigkeit. Und neben ihr Renia Niemiecka, die wegen der religiösen Rückständigkeit ihres Vaters sehr viel Leid und Ärger auszustehen hatte. Und dort die Tüchtigste von uns: Esia Twerska aus Wilno. Und schließlich Rózka Rosenfeld, die Leiterin unseres Zirkels. Vor uns liegt ein Gewehrmodell aus Holz. Speziell zu dem Zweck, uns die Handhabung des Gewehrs beizubringen, war eine Instrukteurin zu uns gekommen, die Genossin Lena. Wir setzten uns auf den Fußboden, hantierten mit dem hölzernen Modell und machten Zielübungen, behandelten diese Übungen aber doch mehr als Spielerei, wir waren sichtlich enttäuscht. Wir baten um eine richtige Waffe. Ludka wollte die Holzflinte nicht einmal in die Hand nehmen. Wir stritten mit unserer Instrukteurin herum, die schließlich nachgab und uns den Mechanismus des Revolvers und der Handgranate anhand von Zeichnungen erklärte. Zu der nächsten Stunde brachte man uns schon einen richtigen Revolver und eine Handgranate.«[12]

Die Ausbildung an der Waffe ist der erste Schritt in den Untergrund, der letzte und endgültige ist – in den Ghettos – die Kasernierung. Die jungen Frauen verlassen ihr Elternhaus und ziehen in eine konspirative Wohnung, die sie möglichst gar nicht mehr oder nur noch getarnt verlassen. Sie müssen sich davor hüten, von Freunden oder Bekannten auf der Straße erkannt zu werden. Der Bruch mit ihrem früheren Leben ist radikal. Sie lassen alles zurück, was bisher zu ihrem Alltag gehörte, färben sich die Haare, weisen sich mit falschen Papieren aus, verkleiden sich, wenn sie mit einer Mission beauftragt sind, als »arische« Polinnen. Das Geld, das ihnen die Organisation zur Verfügung stellt, wird für Lebensmittel und den Kauf von Waffen verwendet, alles wird mit allen geteilt, die Kampfgefährt/inn/en sind sich gegenseitig Familie, emotionale Zuflucht, Ansporn. Es gab, so Dora Goldkorn, in diesen Kommunen »keinen Platz für Hysterie, Verzagtheit, Klatschereien, Neid, Streit, Egoismus und Feigheit«.[13] Disziplin war das oberste Gebot, und ohne ein extremes Maß an Disziplin hätten sie diesen Kampf in einem Meer aus Tod und Verwüstung nicht führen können. Wie oft wurde eine Chayke, eine Zofia, eine Dora, eine Niuta wohl von heimlicher Verzweiflung überfallen, von dem Bedürfnis aufzugeben? Gusta Drenger schreibt in ihrem »Tagebuch der Justyna«, daß sie sich einmal geradezu gewünscht hat, die Deutschen würden sie endlich erwischen. Das Leben »auf Ruinen« erschien ihr in diesem Moment vollkommen sinnlos. Auch Chayke Grosman erinnert sich an einen Anfall von völligem Defätismus. Als sie nach der Niederschlagung des Aufstands im Bialystoker Ghetto auf der Flucht am »Umschlagplatz« vorbeikommt, wird sie beinahe überwältigt von dem Bedürfnis, sich zu den Wartenden zu setzen, um sich mit ihnen gemeinsam in die Gaskammer transportieren zu lassen. Es ist das Übermaß an Erschöpfung, das diese atemlosen Kämpferinnen nur noch von Ruhe phantasieren läßt, und Ruhe, das wissen sie, finden sie nur im Tod. In solchen Momenten, wenn der Kampf sinnlos erscheint, das Überleben seinen Wert restlos verloren hat, rettet sie wohl ausschließlich die hart erarbeitete Disziplin. Sie überwinden die Schwäche und machen weiter. Und im Weitermachen erkennen sie auch wieder den Sinn ihres Einsatzes.

Wie Zala sind auch viele andere Tito-Partisaninnen Bäuerinnen. Waffen sind ihnen nicht fremd, sie haben Tiere geschlachtet, können mit einem Jagdgewehr umgehen. Was sie sonst noch für den Kampf brauchen, lernen sie bei ihrer Einheit. Und sie lernen alles auf einmal: auch auf nacktem Fels zu schlafen, voll angezogen und – zwischen Männern. Zala erzählt, daß sie davor große Angst hatte, daß sie sich nicht vorstellen konnte, eine Nacht Decke an Decke mit wildfremden Männern zu verbringen, daß sie sich schlicht weigerte und dafür ausgelacht wurde. Als sie merkt, daß ihr nichts passiert, als sie erfährt, daß sexuelle Belästigung von Mitkämpferinnen streng bestraft wird, als sie schließlich selbst die kameradschaftliche und asexuelle Atmosphäre in den Berglagern erlebt, ist sie unendlich erleichtert. Alles andere erscheint ihr nicht ganz so problematisch. Daß es keine Kleider zum Wechseln gibt, daß das Essen nicht reicht, um satt zu werden, das kennt sie bereits, das war zu Hause oft nicht anders. Als schwieriger erweist sich die völlig mangelnde Hygiene. Ständig in Bewegung, in Angriff und Rückzug, auf langen Märschen von einem Einsatzgebiet zum nächsten, können die Partisan/inn/en tage-, manchmal wochenlang die Kleider nicht waschen, selbst die Unterwäsche nicht wechseln, und das ist für Frauen, die sich mit ihrer Menstruation herumplagen müssen, besonders hart. Auch das Waschen wird zum Problem unter lauter Männern, ebenso der Gang zur – nicht vorhandenen – Toilette.

Den Spanierinnen an der Bürgerkriegsfront ergeht es genauso. Sie liegen tagelang verdreckt im Schützengraben, stekken sich, wenn keiner hinsieht, Watte zwischen die Beine und vergraben sie nachts in einem Erdloch. Finden sie in langanhaltenden Gefechten keine Zeit, die Watte auszutauschen, rinnt ihnen das Blut in die Hose und verkrustet. Fifi erzählt, daß sie deshalb häufig wunde Schenkel hatte, und außerdem: »Es stank.« Am ganzen Körper konnten sie sich nur waschen, wenn sie Fronturlaub hatten, aber, so Julia: »Wann hatten wir schon Fronturlaub?« Auch sie mußten sich daran gewöhnen, neben Männern zu schlafen und nicht einmal die Stiefel ausziehen zu können.

Partisaninnen wie Frontkämpferinnen waren ständig übermüdet. Gab es keine Gefechte, mußten sie Wache schieben. Rosario erinnert sich, daß sie schnell lernte, an einen Baum gelehnt im Stehen zwei, drei Stunden zu schlafen. Wie in den Kommunen der Ghettokämpfer/innen gab es an den Fronten der spanischen Sierra und der slowenischen Berge keinen Platz für »Hysterie, Streit, Egoismus«. Keinen Platz für Schwächen, für Zusammenbrüche. Und wenn sich jemand eine Schwäche leistete, dann war es ein Mann. Die Frauen wußten, daß jedes »Versagen« ihrerseits nicht als persönlicher Fehler, sondern als Erbsünde des ganzen Geschlechts betrachtet würde. Ein Mann, dem die Tränen kamen, wurde von den Genossen getröstet und in den Arm genommen. Die Frauen fürchteten, wenn sie weinten, als Heulsuse dazustehen: typisch Frau. Mika Etchebéhère schreibt in ihren Erinnerungen an den spanischen Bürgerkrieg, »La guerra mia«, daß sie nach einer tagelangen mörderischen Schlacht so lange die Zähne zusammenbiß, bis alle anderen endlich schliefen: Erst dann konnte sie ihren Tränen freien Lauf lassen. Zala bricht ein einziges Mal zusammen: Als sie hört, daß die Deutschen ihren Hof überfallen, angezündet und ihre Cousine deportiert haben. Sie weiß nicht, was mit ihrer Mutter, ihrem Kind und ihrer Großmutter geschehen ist, und muß das Schlimmste fürchten. Sie zieht sich zurück, setzt sich auf einen Stein und weint sich die Seele aus dem Leib. Was hat das jetzt alles noch für einen Sinn, fragt sie sich, wozu soll ich weiterleben? – Um sie zu rächen, antwortet ihr Kommandant, der ihr nachgegangen ist, auf die unausgesprochene Frage.

Truus und Freddie werden gründlich ausgebildet, nachdem sie sich für den bewaffneten Widerstand entschieden haben. In einem nahegelegenen Wald lernen sie schießen, später auch, wie man Bomben baut und an Bahngleisen anbringt. Bald schon können sie nicht mehr zu Hause wohnen, sie ziehen zu Genossen, die selbst nicht aktiv sind, und von da an wechseln sie immer wieder die Wohnung. Als landesweit gesuchte »Topterroristinnen« können sie es sich nicht leisten, allzulange an ein und demselben Ort gesehen zu werden. Mal leben sie allein bei ihren fremden Gastgebern, mal zu zweit oder auch zu dritt mit Hannie Schaft. »Zu Hause« sind sie selten, ihr Tag ist voll mit Terminen: Treffen, Observation, Aktion, Flucht, neue Treffen. Zwischendurch verteilen sie illegale Zeitschriften, bringen jüdische *underduikers* in andere Verstecke, transportieren Waffen und Sprengstoff. All das in abgetragenen Kleidern, zu dünnen Mänteln, immer mit dem Fahrrad unterwegs, immer auch bewaffnet.

Sie hungern. Ihre Organisation zahlt den Kämpfer/inne/n nur das Nötigste, und oft genug reicht das Geld nicht einmal dafür. Truus erzählt, daß sie ständig ein schlechtes Gewissen gegenüber ihren Gastgeber/inne/n hatten und lieber weniger aßen, um nicht das Gefühl zu haben, sie würden sie ausnützen. Es reichte ja schon, daß sie sie allein durch ihre Anwesenheit in Lebensgefahr brachten. Eine Tasse Ersatztee und ein Stückchen Brot zum Frühstück, ein paar Kartoffeln oder eine dünne Suppe zum Abendessen, das war oft das einzige, was die jungen Frauen in den Magen bekamen. Am Abend, wenn sie einmal nichts zu tun hatten, erzählten sie sich Geschichten und lernten Sprachen. Wenn Truus und Freddie den Unterricht nicht ernst nahmen, sondern eher als entspannende Ablenkung behandelten, wurde Hannie wütend. »Sie war sehr streng«, erzählt Truus, »sie wollte, daß wir *richtig* Englisch lernten, nicht nur so nebenher.«

Nachts froren sie in ihren Betten, weil sie nicht genügend Decken hatten, morgens wuschen sie sich mit kaltem Wasser. Jeder Gang auf die Straße war ein Hasardspiel. Was, wenn man sie erkannt hatte? Was, wenn ein Verräter sie entdeckt hatte? Was, wenn die Deutschen bei einer Kontrolle ihre Waffen fanden oder die – falschen – Papiere zu genau studierten? Auch wenn sie keine Aktion vorbereiteten oder durchführten, hatten sie ständig auf der Hut zu sein. Als Illegale und gesuchte Widerständlerinnen mußten sie gar nichts *tun*, um dabei erwischt zu werden. Selbst wenn sie bei einem harmlosen Spaziergang verhaftet wurden, waren ihnen Folter und Tod gewiß, spätestens, wenn die Deutschen herausgefunden hatten, wer ihnen da in die Fänge geraten war. Ihr Leben bestand aus permanenter Anspannung. Einmal bricht Truus zusammen, mitten in einer Aktion. Sie lehnt an einer Hauswand, den entsicherten Revolver in der Tasche, und wartet auf den SD-Offizier, den sie erschießen soll. Und plötzlich fällt sie um, wird ohnmächtig. Anschließend liegt Truus tagelang in hohem Fieber, sie glaubt, ihr Ende sei gekommen. Und schämt sich für ihren Zusammenbruch, für diese unverzeihliche Schwäche. Kaum wieder auf den Beinen, stürzt sie sich in die nächste Aktion. Doch als Hannie die Nerven verliert, ist Truus diejenige, die sie zur »Schwäche« zwingt. Wenn es um andere geht, weiß sie sehr wohl, daß Weinen heilsam sein kann.

Allerdings: nur für kurze Zeit. Das Zulassen von Schwäche mußte der Wiederherstellung von Stärke dienen. Wirkliche Schwäche konnten sich diese Widerstandskämpferinnen nicht leisten. Schon der allerkleinste Fehler konnte sie verraten. Wer ernstlich krank war, konnte nicht rechtzeitig fliehen, wenn eine Adresse »heiß« war, das heißt beschattet wurde. Wer sich mit den eigenen Problemen beschäftigte, achtete nicht mehr ausreichend auf seine Umgebung und lief womöglich in eine Falle, übersah einen Spitzel, eine Kontrolle. Wer bei einem Anschlag keine ruhige Hand hatte, verfehlte sein Ziel und brachte sich und die Gefährt/inn/en in Gefahr.

Dina Lipka lernt eine Pistole laden, auseinandernehmen und damit zielen. Sie hat noch nie so ein Ding in der Hand gehabt und ist äußerst konzentriert. Sie hat keine Zeit für Ungeschicklichkeiten, keine Zeit, lange damit herumzuprobieren. Sie prägt sich die Handgriffe ein und geht schon wenig später auf ihre erste »Patrouille«, um sich selbst eine Waffe zu »organisieren«.

Dina hat Angst. Angst vor der Aktion, aber auch Angst, daß es sie trifft zu töten. Nur die tiefe Überzeugung, daß jeder Schuß einen von denen trifft, die verantwortlich sind für den Massenmord, für unausdenkbare Qualen, daß jeder »Terrorakt« den Besatzern schmerzhaft zu Bewußtsein bringt, daß auch sie für ihre Verbrechen bezahlen müssen, bringt sie immer wieder dazu, abzudrücken, die Bombe zu deponieren, den Benzinkanister anzuzünden.

Die Regeln der Konspirativität waren hart. Keine Freunde, keine Familie, keine Liebe. Kein Kino, keine Feste, keine Restaurantbesuche mit den Genossinnen und Genossen. Arbeit und Einsamkeit. Sie halten sich nicht immer daran. Die »Bande von Jacquot« trifft sich gegen alle Verbote ab und an in seiner Wohnung: »Wir haben zusammen gegessen, gesungen, geredet. Aber das war sehr selten. Nicht nur, weil es die Regeln verletzte und einfach wirklich zu gefährlich war, sondern vor allem, weil wir gar keine Zeit dafür hatten.« Treffen mußten eingehalten werden, und zwar auf die Sekunde pünktlich. Erschien jemand nicht auf dem täglichen Treffen, bedeutete das, daß sie oder er verhaftet worden war. Niemand durfte durch Zuspätkommen ein solches Mißverständnis provozieren. Die Waffen oder der Sprengstoff für die nächste Aktion mußten besorgt, der Anschlag geplant und dann ausgeführt werden. Und schon wieder war ein Tag um, die Nacht war nicht zum Schlafen da, sondern zur Durchführung von weiteren Sabotageaktionen.

»Und immer hatten wir Hunger«, erzählt Dina. Die Organisation bezahlte ihren Kämpferinnen und Kämpfern 2500 Francs pro Monat, zuzüglich der Miete und ein paar Lebensmittelmarken. Das war der Lohn eines ungelernten Arbeiters, aber davon konnte man nicht leben, wenn man keine Zeit hatte, vor Geschäften Schlange zu stehen, auf das Land zu fahren, um Lebensmittel zu hamstern, durch die Stadt zu laufen, um herauszufinden, wo es was am billigsten gab. »Wir waren ja jung«, sagt Henri, »und natürlich haben wir das ganze Geld bis zur Monatsmitte längst ausgegeben.« Dina nicht: »Ich habe es mir ganz genau eingeteilt. Meistens war ich dann die einzige, die am Monatsende noch Geld hatte, und da habe ich natürlich an die anderen abgegeben.« Essen war das Lieblingsthema der Kombattant/inn/en, wenn sie einmal Zeit und Gelegenheit hatten zusammenzusitzen. »Wir haben nicht vom Sozialismus gesprochen, nicht über Politik, sondern darüber, was wir nach der Befreiung alles essen werden«, erzählt Dina lachend. Und trotzdem haben sie nie auch nur einen Pfennig des »eroberten« Geldes für sich behalten: »Wenn wir eine Bank gemacht haben, haben wir alles an die Leitung abgegeben. Das Geld war ja für den Kampf bestimmt, für alle.«

3

Juden sind feige, unterwürfig und weibisch. Frauen sind feige, unfähig und wollen unterworfen werden. Juden können nicht kämpfen. Frauen können nicht kämpfen. Oder: Juden sind Menschen des Geistes, des Wortes. Sie tragen ihr hartes Schicksal in heldenhafter Ergebenheit. Gott prüft sie schwer als sein auserwähltes Volk, und sie nehmen die Prüfung an. Frauen sind dazu geboren, Leben zu schaffen und zu erhalten. Ihre natürliche Bestimmung ist es, zu schützen, nicht anzugreifen. Sie sind die besseren Menschen.

Kein Gegenbeweis der Realität konnte den Mythos zerstören, »die Juden« seien passiv, willig, ja »freiwillig« wie die Lämmer zur Schlachtbank gegangen. Und kein Gegenbeweis der Realität konnte den Mythos zerstören, der »richtige«, der militärische, bewaffnete Widerstand gegen den Faschismus sei Männersache gewesen. Die nationalsozialistischen Mörder, die mit den wahren Tatsachen konfrontiert wurden, erschraken darüber: Sie stießen auf kämpfende Juden und auf kämpfende Frauen. Beides beeindruckte sie nachhaltig – im Gegensatz zu vielen Historikern, die in ihrer Erforschung des Widerstands Juden und Frauen konsequent übersehen.

Wäre das schlechte Gewissen weniger gut auszuhalten, wenn man wüßte, daß sich die Opfer gewehrt haben? Ist es leichter, sich vorzustellen, wie eine graue, geduckte Masse widerstandslos in die Gaskammer flutet, als sich vorzustellen, wie eine Handvoll verzweifelter Frauen und Männer mit Molotow-Cocktails gegen die Maschinengewehre der Endlöser anrennt? Opfer haben etwas Rührendes an sich. Man kann um sie weinen, mit ihnen leiden, sich der Erschütterung anheimgeben und sich dann wieder wichtigeren Dingen zuwenden. Es ist schrecklich, aber was hätte man schon tun können? Die Konfrontation mit den Juden, die etwas getan haben, ist weniger bequem. Sie stellt die Frage nach den »Ariern«, die nichts getan haben. Sie stört das beruhigende Bild des Philosemiten vom edlen, durchgeistigten Antlitz des stumm sterbenden Juden. Sie wirft generell den Verdacht auf, daß man die Verhältnisse, so wie sie sind, nicht hinnehmen muß. Daß man sogar gegen einen scheinbar hoffnungslos überlegenen Gegner kämpfen kann. Daß Überleben um jeden Preis nicht das höchste Ziel eines Menschen sein muß.

Die Erkenntnis, daß Frauen die Waffe in die Hand genommen und auf hohe männliche Offiziere gerichtet haben, rüttelt an den Grundfesten des patriarchalen Rollenverständnisses. Von rechts bis links, von Kirchenfürsten bis zu Exponentinnen der Frauenbewegung wird auch heute noch an der Erhaltung und Verfestigung eines von allen dekretierten Dogmas gearbeitet: an dem Dogma von der friedfertigen Natur der Frau. Von ihrer Bestimmung als Spenderin des Lebens, als Beschützerin der Brut, Opfer vielleicht des männlichen Aggressionstriebes, aber selbst allem Kämpferischen abhold.

Die These des bürgerlichen Flügels der ersten Frauenbewegung, der Nationalsozialismus sei nur eine weitere Ausprägung einer männlichen Politik, die den Frauen ferner sei als der Mond, gegen die sie also auch nichts unternehmen können, wollen, sollen, diese These wird auch in heutigen Feministinnenkreisen wieder aufgewärmt. Und geglaubt. Die Frauen hätten alle Hände voll damit zu tun gehabt, ihre Familie durch die schweren Zeiten zu bringen, heißt es, nur die Männer hätten sich – auf Kosten ihrer Angehörigen – den »Luxus« des Widerstands leisten können. Diese Prämisse geht (abgesehen von ihrer Diffamierung des Widerstands) unausgesprochen davon aus, daß es nur deutsche, also »arische« Frauen gab, die noch dazu völlig unpolitisch sein mußten. Die Frage, wie eine Jüdin ihre Familie hätte durchbringen sollen und woher zum Beispiel all die Kommunistinnen kamen, die sich den »Luxus« des Widerstands sehr wohl »leisteten«, wird nicht beantwortet, weil sie gar nicht gestellt wird. Ebensowenig die Frage, wie sich die Frauen in den von den Deutschen besetzten Ländern verhielten.

Aber auch dort wabert der Mythos. Von Paris bis Warschau wird das Bild der kämpfenden Frau konsequent ausgeblendet. Auch Historikerinnen sind davon nicht frei. Annette Wieviorka, die in ihrem Buch »Ils étaient juifs, résistants, communistes« den Widerstand der M. O. I. aufarbeitet, beschreibt die Frauen der Organisation vorzugsweise in der Rolle der Unterstützerin und Lebensbewahrerin. Die Aktivistinnen, auf die sie ausführlicher eingeht, haben die Infrastruktur der kämpfenden Gruppen organisiert und jüdische Kinder außer Landes gebracht – ein wichtiges und gleichfalls verschwiegenes Kapitel der Geschichte. Eine umfassende Dokumentation dieser Rettungsaktionen auf waghalsigen Fluchtwegen quer durch das besetzte Europa ist noch nicht erstellt, die unschätzbare Leistung dieser Frauen, denen es gelungen ist, unter Einsatz ihres Lebens den Endlösern Hunderte Opfer zu entreißen, noch nicht gewürdigt. Und doch – wenn der Anteil der Frauen am Widerstand überhaupt beschrieben wird, dann in dieser Rolle, die letztlich ihrer »natürlichen Bestimmung« nicht widerspricht. Auf die Kämpferinnen, wie Jeanine Sontag, Simone Motti, Olga Bancic, geht Annette Wieviorka kaum oder gar nicht ein. Und sie, die tagelang bei Krischers in Nancy recherchierte, mit ihnen sprach, ihr Archiv auswertete, sie ignoriert Dina Krischer vollkommen. In ihrem Buch finden sich die detaillierten Lebensläufe von Henri Krischer, von Herbert Herz, von Jacquot Szmulewicz. Daß an deren Seite eine Dina Lipka (verheiratete Krischer), eine Jacqueline Bloch gekämpft haben, erfährt die Leserin nicht.

Wenn Frauen sogar fähig waren, die an allen Fronten siegreiche deutsche Armee zu bekämpfen, die allmächtige und grausame Gestapo in Angst und Schrecken zu versetzen, dann sind Frauen womöglich fähig, sich auch gegen weniger bedrohliche Gegner zur Wehr zu setzen. Wenn Frauen bewiesen haben, daß sie die Anstrengungen des Schützengrabens, des Partisanenlagers, der Illegalität genausogut aushalten wie Männer, dann verblaßt womöglich das Bild vom schwachen Geschlecht, das vom Manne beschützt werden muß – um den Preis von weniger Rechten, weniger Lohn, weniger Selbständigkeit, weniger Anspruch auf Menschenwürde. Und so wird die Kämpferin, so sie einmal doch aus der allgemeinen Verdrängung auftaucht, als kaltblütige Bestie geschildert. »Wehe, wenn sie losgelassen.« Das waren keine richtigen Frauen. »Die Leute dachten, ich wäre wie so ein Killer herumgelaufen, in jeder Hand eine Pistole, päng, päng, päng«, sagte Truus Menger. Ehemalige Mitkämpfer von Zala erzählen sich die beruhigende Geschichte, daß auch sie einmal die Nerven verlor und gezittert hat. Die Frauen an der spanischen Bürgerkriegsfront werden als Huren diffamiert. Auch Partisaninnen wie Zala haben sich mit diesem Ruf herumzuschlagen: Monster oder Hure. Aber auf keinen Fall eine ganz »normale« Frau, die es nur nicht ertragen konnte, daß ein menschenverachtendes Mordregime Millionen und aber Millionen von Menschen in seine Gewalt zwang. Die es nicht ertragen konnte, wegzusehen und zu hoffen, daß der Spuk irgendwann zu Ende sei. Die es nicht ertragen konnte, sich selbst in Sicherheit zu bringen und alle anderen ihrem Schicksal zu überlassen. Die aber auch nicht bereit war, sich auf die Rolle der helfenden, nährenden, Zuflucht gewährenden Unterstützerin zu beschränken.

Eine Fifi, Zala, Truus, Dina, Niuta wollten mehr. Sie wollten ihren Widerstand direkt ausdrücken, einen Widerstand, der nicht »nur« aus dem Abscheu vor dem Faschismus gespeist war, sondern auf einer fundamentalen Gegnerschaft zu den herrschenden Verhältnissen an sich basierte. Diese Frauen rebellierten nicht erst, als die faschistischen Generäle geputscht hatten, die Wehrmacht einmarschiert war. Sie waren schon vorher in Konflikt gekommen mit einer Gesellschaftsordnung, in der wenige über viele herrschen, in der es ein Oben und Unten gibt, eine ausbeutende und eine ausgebeutete Klasse, in der die Menschen in »höhere« und »mindere« Rassen eingeteilt werden, in der Frauen weniger Rechte haben als Männer. Sie hatten sich mit anderen zusammengeschlossen, um eine neue Gesellschaft zu schaffen, in der all diese Unterschiede aufgehoben sind. Die extreme Zuspitzung der herrschenden Verhältnisse durch den Faschismus, die Selektion der beinahe gesamten europäischen Bevölkerung in Arbeitssklaven und Herrenmenschen, in Fortpflanzungswürdige und zu Vernichtende katapultierte sie in einen Ausnahmezustand, der auch eine Chance war: die Chance, mit einer schlechten, verhaßten »Normalität« endgültig zu brechen. Sie, die bereits an ihren alltäglichen Fesseln gerüttelt hatten, waren sensibilisiert für die massiven Ketten, die das neue Regime den Menschen in den eroberten Ländern anlegte. Diese neue, bisher unbekannte Bedrohung war auch ein Anstoß, nun alles zu wagen. Der Terror der neuen Herren scheuchte sie nicht zurück, sondern mobilisierte sie, weckte in ihnen eine ungeahnte Entschlossenheit.

Und wenn sich diese Mädchen auch zum Teil dem bewaffneten Widerstand nicht nur aus politischer Überzeugung angeschlossen hatten, wenn auch eine Portion Abenteuerlust im Spiel war, das Bedürfnis, der langweiligen, einengenden Frauenrolle zu entgehen, das allein reichte nicht aus, um monate- und jahrelang Tag für Tag ein Leben an der Front, in der Illegalität auszuhalten. Die Kraft, als gejagte »Terroristin« unter der Nase des Feindes weiterzukämpfen, wurde nicht allein aus Abenteuerlust gespeist. Diese Kraft nährte sich aus dem radikalen Bruch mit *allem*, was die Gesellschaft gebietet, mit allem Gewohnten, aus der Überschreitung aller Grenzen. Diese jungen Frauen brachen mit ihrer Rolle, sie brachen das Gesetz, sie brachen den Schutzwall des Selbsterhaltungstriebes nieder. Sie hatten sich zu weit vorgewagt, um noch zurück zu können oder zu wollen.

Dazu kam ein Motiv, das Frauen ebensowenig zugestanden wird wie der Wille zu kämpfen. Was vor allem die jüdischen Widerständlerinnen selbst in den Momenten schwärzester Verzweiflung aufrechthielt, war das flammende Bedürfnis nach

Rache. Ein Motiv, das in der Retrospektive lieber verleugnet wird. Nicht unbedingt von den Betroffenen, aber von denen, die über sie schreiben. Rache ist vom humanistischen Gesichtspunkt aus ein negativer Antrieb. Widerstandskämpfer aber waren gute Menschen. Gute Menschen kämpfen *für* etwas, für den Frieden, für die Befreiung, für eine bessere Welt. Rache ist auch vom sozialistischen Standpunkt aus nicht legitim. Sie ist rückwärtsgewandt, der Revolutionär aber blickt nach vorne, auf eine von ihm zu schaffende Zukunft. Rache ist schon überhaupt nichts für Frauen. Frauen sind qua Geschlecht gute Menschen, und als Revolutionärinnen zukunftsorientiert. Abgesehen davon, ist Rache eine – wenn auch nicht sanktonierte – Leidenschaft, etwas Großes, Männliches also. Frauen sind bestenfalls rachsüchtig und damit kleinlich und enervierend. Aus all diesen Gründen also klammert man Rache in der Beschäftigung mit dem Widerstand als Motiv generell und im Zusammenhang mit dem Widerstand von Frauen noch einmal speziell aus.

»Ich habe meine Ehre als jüdische Frau verteidigt, und ich habe die Unseren gerächt«, sagt Dina Krischer, ruhig, gelassen, stolz. »Rache für die Tausende und aber Tausende, die in den Wäldern erschossen und in den Lagern ermordet wurden«, schworen die Kämpferinnen in Warschau, Wilna, Bialystok. Diese Frauen hatten nicht nur ein lange ersehntes, heiß diskutiertes, strategisch erarbeitetes, aber weit entferntes Morgen vor Augen. Vor ihnen stand nicht nur die sozialistische Gesellschaft, die die Überlebenden einmal errichten würden, in Polen, Frankreich, Palästina. Vor ihren Augen standen auch die Eltern, die in einem engen, dunklen Versteck vor der Entdekkung zitterten, die Genossinnen und Genossen, die in den Gefängnissen der Gestapo gefoltert wurden, die Schulkameradinnen, die in einem Viehwaggon nach Auschwitz gekarrt wurden, die Leichen in den Kalkgruben, die Erstickten in den Gaskammern. Auch für sie steckten sie eine neue Patrone in das Magazin, auch für sie luden sie durch, auch für sie zielten sie, auch für sie trafen sie. Auch für sie setzten sie das eigene Leben aufs Spiel.

Wenn all die Gefolterten und Ermordeten das erträumte Morgen schon nicht erleben konnten, so sollten wenigstens ihre Qualen, ihr Tod gerächt werden. Wenn es nicht gelang, das Morden aufzuhalten, dann sollten die Mörder wenigstens büßen. Rache war ein legitimes und mobilisierendes Motiv, in einem Abgrund von Trauer und Hoffnungslosigkeit weiterzukämpfen.

Rache und Haß. Wer die Augen vor dem Terror des Faschismus nicht verschloß, wer sich nicht abwandte, sondern die Konfrontation auf sich nahm, bewegte in seinem Herzen nicht nur hehre, »edle« Gefühle. Die Moral dieser Kämpferinnen und Kämpfer war hoch. Sie bemühten sich, zu differenzieren zwischen Verantwortlichen und Befehlsempfängern. Sie kämpften *auch* darum, nicht zu werden wie ihre Feinde. »Ich hätte nie einen Gefangenen erschießen können«, sagte Fifi, und Truus hält sich stets die Mahnung ihrer Mutter vor Augen, daran zu denken, daß nicht alle Deutschen Nazis sind. Die junge Partisanin erzählt in einer Sendung von Radio Moskau, daß sie verzweifelt war, als sie mit einem deutschen Panzer auch das Leben von dessen Fahrer, einem erschrockenen, blutjungen Soldaten, zerstören mußte. Aber sie weiß auch, daß jeder Schritt, den sie die deutsche Armee zurückzwingt, ein Schritt zur Verhinderung neuer Massaker ist. Dina weiß, daß der Soldat, den sie gerade erschossen hat, noch gestern den Abtransport Lyoneser Juden bewacht hat. Truus weiß, daß der SD-Offizier, auf den sie mit ihrem Revolver gezielt hat, keine Gefangenen mehr machen, foltern und exekutieren kann.

Das Morgen mag ungewiß sein, aber heute steht der Feind im Land. Und er wähnt sich unbesiegbar. Selbst wenn jedes Attentat, jeder Anschlag, jeder entgleiste Zug nur ein Nadelstich in einen Panzer sind, jeder dieser Nadelstiche trägt schließlich dazu bei, den Panzer zu brechen. Diese jungen Frauen können nicht darauf warten, daß irgendwann die Alliierten kommen oder die Rote Armee und die Besatzer aus dem Land treiben. Sie können sich nicht darauf beschränken, Vorbereitungen für die Befreiung zu treffen. Ihre Radikalität, ihr Ernst, ihr Haß, ihr Bedürfnis nach Rache lassen ihnen keine andere Wahl, als hier und jetzt zu kämpfen. Sie haben auch in den »normalen« Zeiten nicht darauf gewartet, daß sich etwas ändert, sie haben ihr Leben selbst in die Hand genommen und damit schon begonnen, es zu verändern. Wie könnten sie jetzt warten?

Jede Kugel, die einen Gestapo-Offizier trotz seiner gepanzerten Limousine, trotz seiner arroganten Selbstgewißheit, trotz seiner schrankenlosen Macht in die Knie zwingt, ist ein Sieg gegen die Herrschaft der Herrenmenschen. Zeigt ihnen, daß ihre Festungen nicht uneinnehmbar sind, daß ihre Unverletzlichkeit Illusion ist. Einzig mit einem Revolver, einer Handgranate und einer unerschütterlichen Entschlossenheit ausgerüstet, kann ein siebzehnjähriges Mädchen diesen Sieg erringen und der Welt beweisen, daß die Bestie nicht allmächtig ist, daß es durchaus sinnvoll ist, den ungleichen Kampf fortzusetzen. Und jeder Schuß, mit dem sie der Bestie eine neue Wunde zufügt, trifft auch für die, die das Ende dieses Kampfes nicht mehr erleben können.

Anmerkungen

Einleitung

1 Reuben Ainsztein: Jewish Restiance in Nazi-Occupied Eastern Europe, London, 1974, S. 608
2 derselbe, S. 598
3 Kazimierz Moczarski: Gespräche mit dem Henker. Das Leben des SS-Gruppenführers und Generalleutnants der Polizei Jürgen Stroop. Aufgezeichnet im Mokotow-Gefängnis zu Warschau, Frankfurt, 1982, S. 177f.
4 derselbe, S. 178f.
5 Siehe Broschüre der Amicale du Bataillon Carmagnole-Liberté, Bourg-La-Reine, o. J., und Rita Thalmann: Une Lacune de L'Historiographie, in: Les Juifs dans la Résistance et la Libération, Paris, 1985, S. 89
6 Truus Menger: Toen Niet, Nu Niet, Nooit, Den Haag, 1982 (ich beziehe mich hier und im folgenden auf die mir von Truus Menger zur Verfügung gestellte unveröffentlichte englische Übersetzung ihres Buches, daher keine Seitenangaben) und: Interview der Autorin mit Truus Menger, Mai 1987
7 Raoul Hilberg: Die Vernichtung der europäischen Juden. Die Gesamtgeschichte des Holocaust, Berlin, 1982; Reuben Ainsztein, op. cit., und: Isaac Kowalski: Vorwort zu Anthology on Armed Jewish Resistance (im folgenden kurz: Armed Jewish Resistance), Band 1, New York, 1986, S. 11
8 Rita Thalman, op. cit., S. 89f.
9 Siehe Armed Jewish Resistance, Band 1–3, und Reuben Ainsztein, op. cit.
10 Siehe Bibliographie zu Widerstand in Osteuropa im Anhang
11 Bernard Mark: Der Aufstand im Warschauer Ghetto, Berlin, 1958
12 Hanna Elling: Frauen im deutschen Widerstand 1933–45, Frankfurt, 1978; Karin Berger/Elisabeth Holzinger/Lotte Podgornik/Lisbeth N. Trallori: Der Himmel ist blau. Kann sein. Wien, 1985, und: Ich gebe dir einen Mantel, daß du ihn noch in Freiheit tragen kannst, Wien, 1987; Margarete Schütte–Lihotzky: Erinnerungen aus dem Widerstand, Hamburg, 1985; Gerda Szepansky: Frauen leisten Widerstand 1933–1945, Frankfurt, 1985
13 Siehe die dokumentierte Diskussion in: Les Juifs dans la Résistance et la Libération; Lucien Steinberg: La Revolte des Justes. Les Juifs contre Hitler, Paris, 1970; Interview der Autorin mit Dina und Henri Krischer in Nancy, Dezember 1987; Truus Menger, op. cit.; Berger/Holzinger et al.: Der Himmel ist blau.

14 Anne Grynberg und Alain Michel versus Adam Rayski in: Les Juifs dans la Résistance et la Libération; Interview der Autorin mit Dina und Henri Krischer
15 Siehe Adam Rayski in: Les Juifs dans la Résistance; Interview der Autorin mit Dina und Henri Krischer; Annette Wieviorka: Ils étaient Juifs, Communistes, Résistants, Paris, 1986
16 Dov Levin: Fighting Back, New York und London, 1974; Yehuda Bauer: They Chose Life, New York und Jerusalem, 1973; Shmuel Krakowski: The War of the Doomed, New York und London, 1974
17 dieselben
18 Dora Schaul: Résistance: Erinnerungen deutscher Antifaschisten, Frankfurt, 1973; Österreicher im Exil. Frankreich 1938–1945, Hrsg. Dokumentationsarchiv des österreichischen Widerstandes, Wien und München, 1984; Österreicher im Exil. Belgien 1938–1945, Hrsg. Dokumentationsarchiv des österreichischen Widerstandes, Wien und München, 1987
19 Rita Thalman, op. cit., Sigrid Jacobeit: Elsa Fugger, in: Dachauer Hefte Nr. 3, Dachau, 1987 und Vera Laska: Women in the Resistance and Holocaust, Connecticut, 1983
20 Zitiert nach Simone de Beauvoir: Das andere Geschlecht
21 Yehuda Bauer in: Armed Jewish Resistance, Band 1, S. 49
22 Jack Nusan Porter, in: Armed Jewish Resistance, Band 1, S. 293
23 Yuri Suhl: Roza Robota – Heroine of Auschwitz, in: Yuri Suhl: They Fought back, New York, 1967, S. 219ff.
24 Jacob Greenstein: Children – Couriers in the Ghetto of Minsk, in: Yuri Suhl, op. cit., S. 241ff.
25 Interview von Pilar Panes Casas mit Rosario Sanchez Mora in Madrid, Dezember 1987
26 Vera Laska: Women in Resistance and Holocaust, op. cit.
27 Women in the Struggle for Social and National Equality between the two World Wars, Belgrad, 1977
28 Oberkommando Heeresgruppe E, Gruppe Ic/AO Nr. 13000/44 g.: Feind-Nachrichtenblatt (Griechische Banden) Nr. 14 (Juli/August 1944)
29 Bernard Mark: The Herbert Baum Group, in: Yuri Suhl, op. cit., S. 55ff.
30 Tagesrapport Nr. 3 Geheime Staatspolizeistelle Köln an das Reichssicherheits-Hauptamt – IV Gst. vom 20. 12. 1944; Hauptstaatsarchiv Düsseldorf, Pag. 74–78
31 Siehe dazu Reuben Ainsztein, op. cit., S. 795f., und Vera Laska, op. cit.

Widerstand in Westeuropa

Spanien

1 Interview von Pilar Panes Casas mit Rosario Sanchez Mora, geführt im Dezember 1987 in Madrid

2 Siehe Karin Buselmeier/Clara Thalmann: Interview über die Rolle der Frau in der Spanischen Revolution 1936–1939, hrsg. von Cornelia Krasser und Jochen Schmück, Berlin, 1984; Franz Borkenau: The Spanish Cockpit. An Eye-Witness Account of the Political and Social Conflicts of the Spanish Civil War, London, 1937 (hier zitiert nach: Liz Willis: Frauen in der Spanischen Revolution 1936–1939, in: Frauen in der Spanischen Revolution, op. cit., S. 41 ff.); George Orwell: Mein Katalonien, Zürich, 1964 (hier zitiert nach Liz Willis, op. cit., S. 41 ff.)

3 Siehe Temma Kaplan: Frauen und der spanische Anarchismus, in: Frauen in der Spanischen Revolution, op. cit., S. 15f.

4 Siehe Temma Kaplan: Der Anarchismus in Spanien und die Frauenemanzipation, in: Frauen in der Spanischen Revolution, op. cit., S. 34

5 Siehe: ebenda

6 Siehe: dieselbe, S. 35

7 Karin Buselmeier/Clara Thalmann, op. cit., S. 65

8 dieselben, S. 66

9 Siehe Mary Nash: Mujeres Libres, Berlin, 1979, und Andreas Bohl: Revolution in Spanien, München, 1984, S. 140ff.

10 Siehe Andreas Bohl, op. cit., S. 143f., und Lola Iturbe: Mujeres Antifascistas/Mujeres Libres, in: Frauen in der Spanischen Revolution, op. cit., S. 86ff.

11 Zitiert nach Lola Iturbe, op. cit., S. 89

12 Lucia Sanchez Saornil: Die Frauenfrage in unseren Kreisen, in: Frauen in der Spanischen Revolution, op. cit., S. 82

13 Karin Buselmeier/Clara Thalmann, op. cit., S. 64f.

14 Siehe Franz Borkenau, op. cit., zitiert nach Liz Willis, op. cit., S. 46

15 Liz Willis, op. cit., S. 43

16 Siehe Consuelo Garcia: Die Hand des Herzens. Leben und Kämpfe der Spanierin Soledad Real, München, 1981, S. 57f.

17 Siehe Liz Willis, op. cit., S. 47

18 Interview von Pilar Panes Casas mit Rosario Sanchez Mora, op. cit.

19 Siehe George Orwell, op. cit., zitiert nach Liz Willis, op. cit., S. 49

20 »Spain and the World« vom 19.7.1937, zitiert nach Liz Willis, op. cit., S. 53

21 Siehe Andreas Bohl, op. cit., S. 150

22 »Mujeres Libres« Nr. 10, Juli 1937: Die Frauen in den ersten Tagen des Kampfes, in: Mary Nash, op. cit., S. 68f.

23 Siehe Karin Buselmeier/Clara Thalmann, op. cit., S. 68

24 Siehe: dieselben, S. 79

25 Interview von Pilar Panes Casas mit Rosario Sanchez Mora. op. cit.
26 Siehe: Mika Etchebéhère: La guerra mia. Eine Frau kämpft für Spanien, Frankfurt, 1980, S. 251 f.
27 dieselbe, S. 56 f.
28 dieselbe, S. 190 f.
29 dieselbe, S. 249
30 dieselbe, S. 140 f.
31 Karin Buselmeier/Clara Thalmann; op. cit., S. 76
32 Interview der Autorin mit Julia Manzanal, geführt im Juni 1987 in Madrid (übersetzt von Pilar Panes Casas)
33 Mika Etchebéhère, op. cit., S. 166
34 Siehe: dieselbe, S. 67
35 dieselbe, S. 223
36 dieselbe, S. 180
37 dieselbe, S. 188
38 dieselbe, S. 194
39 dieselbe, S. 251
40 ebenda
41 Siehe Clara und Pavel Thalmann: Wo die Freiheit stirbt. Stationen eines politischen Kampfes, Freiburg, 1974; Mika Etchebéhère, op. cit.; Peter Weiß: Die Ästhetik des Widerstandes, Frankfurt, 1980; George Orwell: Mein Katalonien, Zürich, 1964; Hans Magnus Enzensberger: Der kurze Sommer der Anarchie, Frankfurt, 1972
42 Interview von Pilar Panes Casas mit Rosario Sanchez Mora, op. cit.
43 Alle folgenden Informationen und wörtlichen Zitate stammen aus dem Interview, das ich mit Fidela Fernandez de Velasca Perez, »Fifi«, im Juni 1987 in Madrid geführt habe (Übersetzung: Pilar Panes Casas)
44 Alle folgenden Informationen und wörtlichen Zitate stammen aus dem Interview, das ich mit Julia Manzanal im Juni 1987 in Madrid geführt habe (Übersetzung: Pilar Panes Casas)
45 Alle folgenden Informationen und wörtlichen Zitate stammen aus dem Interview, das Pilar Panes Casas im Dezember 1987 mit Rosario Sanchez Mora geführt hat.

Tito-Partisaninnen

1 Siehe Karel Prušnik-Gašper: Gemsen auf der Lawine, Ljubljana und Klagenfurt, 1981, S. 113 f.
2 Sofern nicht anders angegeben, siehe zu dieser und den folgenden Informationen zu Jugoslawien: Women in the Struggle for Social and National Equality between the two World Wars, Belgrad, 1977
3 zitiert nach: dieselben, S. 48 (von mir aus dem Englischen übersetzt)
4 Siehe: Vertreibung und Widerstand. Zum 40. Jahrestag der Vertreibung der Kärntner Slowenen und ihrer Eingliederung in den Kampf gegen den Nazifaschismus, Klagenfurt/Celovec, 1982

5 Siehe: dieselben
6 Zitiert nach: Women in the Struggle for Social and National Equality between the two World Wars, op. cit., S. 44 (von mir aus dem Englischen übersetzt)
7 Interview mit Johanna Sadolšek-Zala, Lobnig bei Eisenkappel, Kärnten, November 1987
8 ebenda; siehe dazu auch: Lisbeth N. Trallori: Der »verschwiegene« Widerstand, in: ZeitGeschichte, 12. Jahr, Heft 5, Wien, Februar 1985
9 zitiert nach: Women in the Struggle for Social and National Equality between the two World Wars, op. cit., S. 54 (von mir aus dem Englischen übersetzt)
10 zitiert nach: dieselben, S. 52 (von mir aus dem Englischen übersetzt)
11 zitiert nach: dieselben, S. 49 (von mir aus dem Englischen übersetzt)
12 Sofern nicht anders angegeben, siehe zu dieser und den folgenden Informationen zum Widerstand der Kärntner Slowenen: Karel Prušnik-Gašper, op. cit., und: Vertreibung und Widerstand, op. cit.
13 Rita Thalmann: Les Femmes dans la Résistance Autrichienne, in: Austriaca, Cahiers universitaires d'information sur l'Autriche, Rouen, 9. Jahr, Nr. 17, November 1983, S. 89 ff. Rita Thalmann verweist hier vor allem auf Tilly Spiegel: Frauen und Mädchen im österreichischen Widerstand, Wien/Frankfurt/Zürich, 1966, und Inge Brauneis: Widerstand von Frauen in Österreich 1938–1945, unveröffentlichte Dissertation, Universität Wien, 1976
14 IngeBrauneis, op. cit., zitiert nach Rita Thalmann, op. cit., S. 90 und S. 96
15 Karel Prušnik-Gašper: Gemsen auf der Lawine erschien unter dem slowenischen Originaltitel Gamsi na plazu erstmals 1958 in Ljubljana
16 Karin Berger/Elisabeth Holzinger/Lotte Podgornik/Lisbeth N. Trallori: Der Himmel ist blau. Kann sein. Frauen im Widerstand, Österreich 1938–1945, Wien, 1985
17 Lisbeth N. Trallori: Der »verschwiegene« Widerstand, op. cit., S. 151
18 Sofern nicht anders angegeben, stammen alle folgenden Informationen und wörtlichen Zitate aus dem Interview, das ich mit Johanna Sadolšek-Zala in Lobnig bei Eisenkappel, Kärnten, im November 1987 geführt habe.
19 Siehe Lisbeth N. Trallori: Der »verschwiegene Widerstand, op. cit., S. 153
20 Unveröffentlichtes Transkript des Interviews, das Lisbeth N. Trallori für das Buch »Der Himmel ist blau. Kann sein« (op. cit.) und den von demselben Autorinnenteam gedrehten Film »Küchengespräche mit Rebellinnen« (80 min., Farbe), Produktion Medienwerkstatt Wien, Österreich, 1984, mit Johanna Sadolšek-Zala 1982 führte. Lisbeth N. Trallori stellte mir das Transkript ihres Interviews

freundlicherweise zur Verfügung. Ich zitiere es im folgenden kurz als: Interview Trallori – Zala.
21 Interview Trallori – Zala
22 zitiert nach: Lisbeth N. Trallori: Der »verschwiegene« Widerstand, op. cit., S. 155
23 Siehe Interview Trallori – Zala
24 Karel Prušnik-Gašper, op. cit., S. 82f.
25 derselbe, S. 87
26 Interview Trallori – Zala
27 ebenda
28 ebenda
29 Siehe Lisbeth N. Trallori: Der »verschwiegene« Widerstand, op. cit., S. 160
30 Siehe: dieselbe, S. 162
31 Siehe Interview Trallori–Zala
32 Siehe Karel Prušnik-Gašper, op. cit., S. 372ff.
33 ebenda
34 Siehe: ebenda
35 Interview Trallori – Zala
36 ebenda
37 ebenda
38 ebenda
39 ebenda
40 zitiert nach den Aussagen von Johanna Sadolšek-Zala im Film »Küchengespräche mit Rebellinnen«, op. cit.
41 Interview Trallori – Zala
42 ebenda

Niederlande

1 Interview der Autorin mit Truus Menger, Mai 1987 in Venhuizen, Niederlande
2 Siehe zu dieser und allen weiteren Informationen zu den Niederlanden unter deutscher Besatzung, sofern nicht anders angegeben: Erich Kock: Unterdrückung und Widerstand, Dortmunder Vorträge, Heft 35, Dortmund o. J., und: Texte zur Dauerausstellung, Widerstandsmuseum (Verzetsmuseum) Amsterdam, Amsterdam o. J.
3 Siehe: Je deed wat je doen moest. Vrouwen in verzet, hrsg. von Annemarie de Wildt, Amsterdam, 1985 (ohne Paginierung)
4 Siehe: dieselbe
5 Siehe: dieselbe
6 Siehe: dieselbe
7 Siehe: dieselbe
8 Interview der Autorin mit Truus Menger
9 Alle Informationen und wörtlichen Zitate in diesem Kapitel stam-

men aus dem Interview, das ich mit Truus Menger (unverheiratet Oversteegen) im Mai 1987 in Venhuizen, Niederlande, geführt habe, und aus der (unveröffentlichten) englischen Übersetzung ihres Buches »Toen Niet, Nu Niet, Nooit«, Den Haag, 1982 (englische Übersetzung: Albert Boer; die wörtlichen Zitate sind von mir aus dem Englischen übersetzt)

Frankreich

1 Interview der Autorin mit Dina Krischer im Dezember 1987 in Nancy und Dina Krischer: Combattante à Carmagnole, in: Les Juifs dans la Résistance et la Libération (im folgenden kurz: Les Juifs...), Hrsg. R. H. I. C. O. J., Paris, 1985, S. 98ff.
2 Carmagnole Liberté, Broschüre der Amicale Carmagnole-Liberté, Bourg-La-Reine, o. J.
3 Siehe unter anderen: Annette Wieviorka: Ils étaient juifs, résistants, communistes, Paris, 1986, und David Douvette: Une histoire controversée, in: Les Juifs..., op. cit., S. 153ff.
4 Interview der Autorin mit Henri Krischer und Herbert Herz, Nancy, Dezember 1987, und: Fred Kupferman: Introduction à un debat, in: Les Juifs..., op. cit., S. 11
5 Henri Krischer: Les barricades de la M. O. I., in: Les Juifs..., op. cit., S. 174, und: Interview der Autorin mit Henri Krischer und Herbert Herz
6 David Douvette, op. cit., S. 153f., und Annie Kriegel: La Résistance communiste, in: La France et la question juive 1940–1944. Acte du colloque du Centre de documentation juive contemporaine, Paris, 1981, S. 354ff.
7 ebenda
8 Annie Kriegel, op. cit., S. 364
9 Annette Wieviorka, op. cit., S. 28
10 Marcel Pierre Bernard: Bouches du Rhône, Dissertation, Universität Aix-en-Provence, 1982, S. 180
11 Annie Kriegel, op. cit., S. 356f., und: David Douvette, op. cit., S. 154
12 ebenda
13 Annie Kriegel, op. cit., S. 357
14 Marcel Pierre Bernard, op. cit., S. 182
15 David Douvette, op. cit., S. 155
16 Annette Wieviorka, op. cit., S. 64ff., und: Interview der Autorin mit Henri Krischer und Herbert Herz
17 Annette Wieviorka, op. cit., S. 81
18 dieselbe, S. 87
19 dieselbe, S. 116f.
20 Stéphane Courtois: Le »Groupe Manouchian«: Sacrifié ou trahi?, in: Le Monde, 2./3.6.1985

21 Annie Kriegel, op. cit., S. 357
22 Annette Wieviorka, op. cit., S. 23ff.
23 dieselbe, S. 158
24 Quelques repères pour l'histoire, in: Les Juifs..., op. cit., S. 15
25 Abraham Lissner: Diary of a Jewish Partisan, in: Yuri Suhl: They fought back, New York, 1967, S. 283
26 ebenda
27 derselbe, S. 284
28 ebenda
29 Quelques repères pour l'histoire, op. cit., S. 15
30 Annette Wieviorka, op. cit., S. 139ff., und: Rita Thalmann: Une lacune de l'historiographie, in: Les Juifs..., op. cit., S. 92
31 Rita Thalmann, op. cit., S. 90, und Gisela Dreyer: Unbekannter Widerstand – Weiblicher Widerstand. Frauen in der französischen Résistance, Sendemanuskript eines Features für den SFB
32 Annette Wieviorka, op. cit., S. 21ff.
33 Rita Thalmann, op. cit., S. 91
34 Jacques Ravine: La Résistance organisée des Juifs, Paris, 1973 (zitiert nach: Rita Thalman, op. cit., S. 91)
35 David Diamant: Les Juifs dans la Résistance 1940–44, Paris, 1971 (zitiert nach Rita Thalmann, op. cit., S. 91)
36 Rita Thalmann, op. cit., S. 90
37 Gisela Dreyer, op. cit.
38 Rita Thalmann, op. cit., S. 90f.
39 Ania Francos: Il était des femmes dans la Résistance, Paris, 1978
40 Abraham Lissner, op. cit., S. 287ff.
41 derselbe, S. 289, und: Rita Thalmann, op. cit., S. 93
42 Abraham Lissner, op. cit., S. 289f.
43 Abraham Lissner: Un franc-tireur juif raconte, Paris, 1972, S. 90f., und: Rita Thalmann, op. cit., S. 93
44 Service Liquidateur du Front National (OS-FN-FTPF), Marcel Mugnier, Paris, 1969, Archiv D. und H. Krischer, Nancy
45 Résistance, Frankfurt, 1975, S. 210ff.
46 Service Liquidateur, op. cit.
47 Rita Thalmann, op. cit., S. 93
48 ebenda
49 dieselbe, S. 93f.
50 Annette Wieviorka, op. cit., S. 252, und: Catherine Varlin: Une ville engloutie: La Résistance des femmes juives, in: Les Juifs..., op. cit., S. 101ff.
51 Abraham Lissner: Diary of a Jewish Partisan, op. cit., S. 291
52 Stéphane Courtois, op. cit.
53 ebenda
54 Annette Wieviorka, op. cit., S. 176f.
55 zitiert nach: Stéphane Courtois, op. cit.
56 Annette Wieviorka, op. cit., S. 231f.

57 zitiert nach: Stéphane Courtois, op. cit.
58 Adam Rayski: Il faut réconstituer par le menu cette histoire tragique, in: Le Monde, 19.6.1985
59 Stéphane Courtois, op. cit.
60 Henri Krischer: Le Bataillon F.T.P.–M.O.I. Carmagnole-Liberté, in: La Presse Nouvelle, September 1985
61 Ahlrich Meyer: Résistance und Klassenkampf, in: Die Tageszeitung, 11.5.1987
62 Interview der Autorin mit Dina und Henri Krischer, Herbert Herz, »Jacquot« Szmulewicz und anderen, Nancy, Dezember 1987
63 ebenda
64 Henri Krischer, op. cit., S. 176
65 Interview der Autorin mit Dina Krischer
66 Exposition (der) Mairie de Venissieux, September 1985
67 Annette Wieviorka, op. cit., S. 195
68 Exposition (der) Mairie de Venissieux, op. cit.
69 Interview der Autorin mit Henri Krischer und Herbert Herz
70 David Douvette, op. cit., S. 155
71 Henri Krischer, op. cit., S. 175f.
72 Exposition (der) Mairie de Venissieux, op. cit.
73 Dina Krischer, op. cit., S. 98, und: Interview der Autorin mit Dina Krischer
74 Interview der Autorin mit Henri Krischer und Herbert Herz
75 Interview der Autorin mit Dina Krischer
76 Léon Landini: Quelques mots d'histoire sur Carmagnole-Liberté, in: Exposition (der) Mairie de Venissieux, op. cit.
77 ebenda
78 Zu diesen und allen folgenden Aktivitäten von Carmagnole siehe: Carmagnole Liberté, op. cit.
79 Zu dieser und den folgenden Informationen zu Jeanine Sontag siehe: Broschüre der Amicale Carmagnole-Liberté zum Gedächtnis von Jeanine Sontag, Bourg-La-Reine, o. J., und: Interview der Autorin mit Dina und Henri Krischer
80 Exposition (der) Mairie de Venissieux, op. cit.
81 Interview der Autorin mit Dina und Henri Krischer, Herbert Herz u. a.
82 ebenda
83 ebenda
84 Exposition (der) Mairie de Venissieux, op. cit.
85 ebenda
86 Interview mit Dina und Henri Krischer und Herbert Herz
87 Zu den Aktivitäten von Liberté siehe: Carmagnole Liberté, op. cit.
88 Alle folgenden Informationen und wörtlichen Zitate stammen aus den Interviews, die ich im Dezember 1987 in Nancy mit Dina und Henri Krischer, Herbert Herz, »Jacquot« Szmulewicz und anderen geführt habe.

Jüdischer Widerstand in Osteuropa

Einführung:
Wie Lämmer zur Schlachtbank?

1 Yehuda Bauer: By Force of Arms, in: Anthology on Armed Jewish Resistance (im folgenden kurz: Armed Jewish Resistance). Band 1, S. 44ff.
2 Israel Gutman: Youth Movements in the Underground and the Ghetto Revolts, in: Jewish Resistance during the Holocaust. Proceedings of the Conference on Manifestations of Jewish Resistance, Jerusalem (Yad Vashem Studies), 1971
3 Reuben Ainsztein: Jewish Resistance in Nazi-Occupied Eastern Europe, S. 551ff.
4 zitiert nach: derselbe, S. 489 (von mir aus dem Englischen übersetzt)
5 derselbe, S. 841
6 derselbe, S. 518ff.
7 derselbe, S. 463ff.
8 derselbe, S. 477ff.
9 Ich folge in der Darstellung des offiziellen polnischen Widerstands im wesentlichen Reuben Ainsztein, op. cit., S. 396ff. Siehe dazu auch: Bernard Mark, Der Aufstand im Warschauer Ghetto, Berlin, 1958 und: Armed Jewish Resistance, Band 1, Einleitung von Yitzhak Arad, S. 17ff.
10 zitiert nach Reuben Ainsztein, op. cit. (von mir aus dem Englischen übersetzt)
11 ebenda
12 ebenda
13 ebenda
14 ebenda
15 Bernard Mark, op. cit., S. 26
16 ebenda
17 Vladka Meed: On Both Sides of the Wall, Beit Lohameit Haggetaot und Hakkibutz Hameuchad, 1973, S. 246
18 dieselbe, S. 246f.
19 Marie Syrkin: Blessed is the Match, New York, 1947, S. 199f.
20 Emanuel Ringelblum: Notes from the Warsaw Ghetto, New York, 1975, S. 273f. (von mir aus dem Englischen übersetzt)
21 Yitzak Arad, op. cit., S. 19
22 Reuben Ainsztein, op. cit., S. 555
23 derselbe, S. 564
24 ebenda
25 Israel Gutman, op. cit., S. 265
26 Reuben Ainsztein, op. cit., S. 590 und S. 602
27 derselbe, S. 602
28 derselbe, S. 600

29 Yitzak Arad, op. cit., S. 21, und Reuben Ainsztein, op. cit., S. 600f.
30 John Bunzl: Klassenkampf in der Diaspora, Wien, 1975, S. 62f.
31 derselbe, S. 101ff.
32 derselbe, S. 152
33 derselbe, S. 111ff.
34 derselbe, S. 108
35 Israel Gutman, op. cit., S. 261
36 derselbe, S. 262, und Marie Syrkin, op. cit., S. 194f.
37 Marie Syrkin, op. cit., S. 196
38 Israel Gutman, op. cit., S. 263
39 derselbe, S. 266f.
40 derselbe, S. 271, siehe auch Reuben Ainsztein, op. cit., S. 565
41 ebenda und Marie Syrkin, op. cit., S. 197f. (von mir aus dem Englischen übersetzt)
42 zitiert nach Israel Gutman, op. cit., S. 271ff. (von mir aus dem Englischen übersetzt)
43 Israel Gutman, op. cit., S. 271
44 Yitzhak Arad, op. cit., S. 24
45 Israel Gutman, op. cit., S. 276
46 zitiert nach Israel Gutman, op. cit., S. 276ff., und Chayke Grosman: The Days of the Uprising, in: Armed Jewish Resistance, Band 3, S. 538f. (von mir aus dem Englischen übersetzt)
47 Israel Gutman, op. cit., S. 278; Yitzhak Arad, op. cit., S. 23; Yitzhak Zuckerman: Twenty-Five Years after the Warsaw Ghetto Revolt, in: Jewish Resistance during the Holocaust, op. cit., S. 27; Moshe Kahanowitz: Why no Separate Jewish Partisan Movement was Established in World War II, in: Armed Jewish Resistance, Band 3, S. 26ff.

Warschau

1 Reuben Ainsztein: Jewish Resistance in Nazi-Occupied Eastern Europe, S. 551
2 Bernard Mark: Der Aufstand im Warschauer Ghetto, S. 15
3 Reuben Ainsztein, op. cit., S. 551
4 ebenda
5 Bernard Mark, op. cit., S. 17
6 derselbe, S. 19
7 derselbe, S. 20
8 ebenda
9 derselbe, S. 24, und Reuben Ainsztein, op. cit., S. 554
10 Bernard Mark, op. cit., S. 23
11 derselbe, S. 20f.
12 derselbe, S. 21
13 Reuben Ainsztein, op. cit., S. 555
14 ebenda

15 Reuben Ainsztein, op. cit., S. 564
16 derselbe, S. 565 ff., und Bernard Mark, op. cit., S. 142
17 Bernard Mark, op. cit., S. 40
18 Reuben Ainsztein, op. cit., S. 573 ff.; Bernard Mark, op. cit., S. 56; Vladka Meed: On Both Sides of the Wall, S. 90
19 Bernard Mark, op. cit., S. 61, und Reuben Ainsztein, op. cit., S. 575
20 Reuben Ainsztein, op. cit., S. 574 ff.
21 derselbe, S. 577 f.
22 derselbe, S. 591
23 zitiert nach: derselbe, S. 578 f. (von mir aus dem Englischen übersetzt)
24 derselbe, S. 588
25 derselbe, S. 589
26 derselbe, S. 591
27 derselbe, S. 592
28 Vladka Meed, op. cit., S. 71 f. (dieses und alle folgenden Zitate von Vladka Meed sind von mir aus dem Englischen übersetzt)
29 dieselbe, S. 72
30 Reuben Ainsztein, op. cit., S. 592
31 ebenda
32 zitiert nach Reuben Ainsztein, op. cit., S. 593 (von mir aus dem Englischen übersetzt)
33 ebenda
34 Bernard Mark, op. cit., S. 138 ff., und Reuben Ainsztein, op. cit., S. 594; Bernard Mark und Reuben Ainsztein führen nur männliche Stabsmitglieder namentlich an. In Kurzbiographien Zivia Lubetkins verweisen aber Isaac Kowalski (Armed Jewish Resistance, Band 1, S. 151), Jack Nusan Porter (ebenda, S. 293) und das vom Kibbutz Lahomeit Haggetaot herausgegebene Buch »Zeugnisse Überlebender« (Armed Jewish Resistance, Band 3, S. 614) darauf, daß Zivia Lubetkin Mitbegründerin des Antifaschistischen Blocks und der ZOB und Führungsmitglied der ZOB war.
35 Bernard Mark, op. cit., S. 138 ff., und Reuben Ainsztein, op. cit., S. 594
36 Bernard Mark, op. cit., S. 147 f., und Reuben Ainsztein, op. cit., S. 598
37 Vladka Meed, op. cit., S. 156
38 dieselbe, S. 156 ff.
39 Reuben Ainsztein, op. cit., S. 600
40 derselbe, S. 604
41 derselbe, S. 606
42 zitiert nach Bernard Mark, op. cit., S. 169
43 Reuben Ainsztein, op. cit., S. 607
44 derselbe, S. 608; vergleiche auch Bernard Mark, op. cit., S. 175
45 Bernard Mark, op. cit., S. 175

46 Bernard Mark, op. cit., S. 175ff., und Reuben Ainsztein, op. cit., S. 608ff.
47 Reuben Ainsztein, op. cit., S. 609
48 derselbe, S. 617
49 derselbe, S. 609
50 ebenda
51 Reuben Ainsztein, op. cit., S. 622, und Bernard Mark, op. cit., S. 231
52 Bernard Mark, op. cit., S. 187
53 Yitzhak Zuckerman: Twenty-Five Years after the Warsaw Ghetto Revolt, S. 31
54 Emanuel Ringelblum: Notes from the Warsaw Ghetto, S. 326 (von mir aus dem Englischen übersetzt)
55 Vladka Meed, op. cit., S. 171
56 zitiert nach Bernard Mark, op. cit., S. 226
57 Reuben Ainsztein, op. cit., S. 621f., und Bernard Mark, op. cit., S. 244ff.
58 Reuben Ainsztein, op. cit., S. 618
59 Marek Edelman: The Ghetto Fights, in: Armed Jewish Resistance, Band 3, S. 88
60 Bernard Mark, op. cit., S. 239f.
61 Reuben Ainsztein, op. cit., S. 624
62 derselbe, S. 625f.
63 derselbe, S. 626
64 ebenda
65 derselbe, S. 628
66 Marek Edelman, op. cit., S. 92
67 zitiert nach Bernard Mark, op. cit., S. 264
68 zitiert nach: derselbe, S. 283
69 zitiert nach: derselbe, S. 263
70 zitiert nach Reuben Ainsztein, op. cit., S. 652 (von mir aus dem Englischen übersetzt)
71 Fernschreiben Stroops vom 3. Mai 1943 an SS- und Polizeiführer Ost General Kröger in Krakau, zitiert nach Bernard Mark, op. cit., S. 358
72 Kazimierz Moczarski: Gespräche mit dem Henker, S. 177f.
73 zitiert nach Bernard Mark, op. cit., S. 317
74 Bernard Mark, op. cit., S. 300, und Reuben Ainsztein, op. cit., S. 634f.
75 siehe u. a. Vladka Meed, op. cit., S. 196ff.
76 Reuben Ainsztein, op. cit., S. 642f.
77 Bernard Mark, op. cit., S. 338
78 Reuben Ainsztein, op. cit., S. 658
79 Bernard Mark, op. cit., S. 345
80 derselbe, S. 353
81 derselbe, S. 363

82 ebenda
83 derselbe, S. 372 f.
84 derselbe, S. 382
85 zitiert nach Reuben Ainsztein, op. cit., S. 661 (von mir aus dem Englischen übersetzt)
86 Bernard Mark, op. cit., S. 406
87 Zivia Lubetkin: The Polish Uprising, in: Armed Jewish Resistance, Band 1, S. 152 (dieses und die folgenden Zitate von Zivia Lubetkin sind von mir aus dem Englischen übersetzt)
88 ebenda, S. 155
89 ebenda, S. 157 ff.

Wilna

1 Dov Levin: Participation of the Lithuanian Jews in the Second World War, in: Armed Jewish Resistance, Band 1, S. 272
2 Yitzhak Arad: Ghetto in Flames, Jerusalem und New York, 1980, S. 9
3 Reuben Ainsztein: Jewish Resistance in Nazi-Occupied Eastern Europe, S. 486
4 ebenda
5 Yitzhak Arad, op. cit., S. 20 f.
6 Dov Levin, op. cit., S. 286
7 derselbe, S. 267
8 Yitzhak Arad, op. cit., S. 21 ff.
9 Reuben Ainsztein, op. cit., S. 489
10 derselbe, S. 487 f.
11 derselbe, S. 494
12 Yitzhak Arad, op. cit., S. 108 ff.
13 Yitzhak Arad, op. cit., S. 75, und Reuben Ainsztein, op. cit., S. 486
14 Yitzhak Arad, op. cit., S. 124 ff., und Reuben Ainsztein, op. cit., S. 505 f.
15 Reuben Ainsztein, op. cit., S. 488
16 Yitzhak Arad, op. cit., S. 193 f.
17 Reuben Ainsztein, op. cit., S. 489
18 Yitzhak Arad, op. cit., S. 229
19 derselbe, S. 231 f.
20 derselbe, S. 189, und Reuben Ainsztein, op. cit., S. 497
21 Yitzhak Arad, op. cit., S. 234, und Reuben Ainsztein, op. cit., S. 490
22 Yitzhak Arad, op. cit., S. 239 f.
23 derselbe, S. 255
24 derselbe, S. 257, und Reuben Ainsztein, op. cit., S. 494
25 Reuben Ainsztein, op. cit., S. 501 f.
26 Yitzhak Arad, op. cit., S. 243 f.
27 Reuben Ainsztein, op. cit., S. 500

28 Yitzhak Arad, op. cit., S. 244
29 Reuben Ainsztein, op. cit., S. 498f.
30 derselbe, S. 496f.
31 Yitzhak Arad, op. cit., S. 245f.
32 Yitzhak Arad, op. cit., S. 260f.; Reuben Ainsztein, op. cit., S. 502; Yehuda Bauer: They Chose Life, in: Armed Jewish Resistance, Band 1, S. 49; Abraham Foxman: Resistance Movement in the Vilna Ghetto (nach einem Bericht von Abraham Suckewer), in: Armed Jewish Resistance, Band 1, S. 152
33 Yitzhak Arad, op. cit., S. 347
34 ebenda
35 derselbe, S. 241; siehe auch Abraham Foxman, op. cit., S. 151
36 Yitzhak Arad, op. cit., S. 253, und Reuben Ainsztein, op. cit., S. 497
37 Yitzhak Arad, op. cit., S. 316
38 Reuben Ainsztein, op. cit., S. 491
39 Yitzhak Arad, op. cit., S. 375f.
40 Reuben Ainsztein, op. cit., S. 512, und Yitzhak Arad, op. cit., S. 387ff.
41 Reuben Ainsztein, op. cit., S. 513
42 Yitzhak Arad, op. cit., S. 399
43 Reuben Ainsztein, op. cit., S. 513
44 Yitzhak Arad, op. cit., S. 409
45 ebenda
46 Reuben Ainsztein, op. cit., S. 514
47 derselbe, S. 515; siehe auch Yitzhak Arad, op. cit., S. 410ff.
48 zitiert nach Yitzhak Arad, op. cit., S. 418 (von mir aus dem Englischen übersetzt)
49 ebenda
50 derselbe, S. 423f.
51 derselbe, S. 432f.; siehe auch Reuben Ainsztein, op. cit., S. 516
52 zitiert nach Yitzhak Arad, op. cit., S. 433f. (von mir aus dem Englischen übersetzt)
53 Yitzhak Arad, op. cit., S. 433, und Reuben Ainsztein, op. cit., S. 517
54 Reuben Ainsztein, op. cit., S. 517

Bialystok

1 Reuben Ainsztein: Jewish Resistance in Nazi-Occupied Eastern Europe, S. 518
2 derselbe, S. 518f.
3 derselbe, S. 519ff.
4 derselbe, S. 522f.
5 derselbe, S. 524
6 derselbe, S. 525ff.

7 derselbe, S. 529f.
8 derselbe, S. 531f.
9 Reuben Ainsztein: The Bialystok Ghetto Revolt, in: Yuri Suhl: They Fought Back, S. 139f.
10 Reuben Ainsztein: Jewish Resistance in Nazi-Occupied Eastern Europe, S. 533
11 Reuben Ainsztein, op. cit., S. 534
12 zitiert nach Reuben Ainsztein, op. cit., S. 535 (von mir aus dem Englischen übersetzt)
13 Reuben Ainsztein, op. cit., S. 535ff.
14 derselbe, S. 537
15 derselbe, S. 538
16 Chayke Grosman: The Days of the Uprising, in: Armed Jewish Resistance, Band 3, S. 534 (dieses und alle folgenden Zitate von Chayke Grosman sind von mir aus dem Englischen übersetzt)
17 Reuben Ainsztein, op. cit., S. 539
18 Chayke Grosman, op. cit., S. 543
19 zitiert nach Reuben Ainsztein, op. cit., S. 539 (von mir aus dem Englischen übersetzt)
20 Chayke Grosman, op. cit., S. 538f.
21 Reuben Ainsztein, op. cit., S. 540f.
22 Chayke Grosman, op. cit., S. 542
23 Reuben Ainsztein, op. cit., S. 541
24 Chayke Grosman, op. cit., S. 542f.
25 dieselbe, S. 544f.
26 Reuben Ainsztein, op. cit., S. 542
27 ebenda
28 derselbe, S. 542f.
29 derselbe, S. 543f.
30 Chayke Grosman, op. cit., S. 546ff.
31 dieselbe, S. 548
32 ebenda
33 Reuben Ainsztein, op. cit., S. 544
34 ebenda
35 derselbe, S. 545
36 ebenda

Krakau

1 Reuben Ainsztein: Jewish Resistance in Nazi-Occupied Eastern Europe, S. 824f.
2 derselbe, S. 825f.
3 derselbe, S. 830f., und Shmuel Krakowski: The War of the Doomed, daraus: The Jewish Fighting Organisation in Cracow, in: Armed Jewish Resistance, Band 3, S. 137

4 Shmuel Krakowski, op. cit., S. 137, und Reuben Ainsztein, op. cit., S. 832 und S. 836
5 Reuben Ainsztein, op. cit., S. 831
6 Shmuel Krakowski, op. cit., S. 138, und Reuben Ainsztein, op. cit., S. 838
7 derselbe, S. 826
8 derselbe, S. 833
9 zitiert nach: derselbe, S. 840 (von mir aus dem Englischen übersetzt)
10 Reuben Ainsztein, op. cit., S. 837ff., und Shmuel Krakowski, op. cit., S. 139
11 Reuben Ainsztein, op. cit., S. 829 und S. 833
12 zitiert nach Reuben Ainsztein, op. cit., S. 834f. (von mir aus dem Englischen übersetzt)
13 Reuben Ainsztein, op. cit., S. 835
14 Shmuel Krakowski, op. cit., S. 139
15 Reuben Ainsztein, op. cit., S. 841f.
16 derselbe, S. 843f., und Shmuel Krakowski, op. cit., S. 140
17 zitiert nach Sefer Hapartisanim, in: Armed Jewish Resistance, Band 2, S. 112f. (von mir aus dem Englischen übersetzt)
18 Reuben Ainsztein, op. cit., S. 844f.
19 zitiert nach Sefer Hapartisanim, op. cit., S. 113 (von mir aus dem Englischen übersetzt)
20 Shmuel Krakowski, op. cit., S. 140, und Reuben Ainsztein, op. cit., S. 848
21 zitiert nach Shmuel Krakowski, op. cit., S. 140f. (von mir aus dem Englischen übersetzt)
22 Reuben Ainsztein. op. cit., S. 849
23 derselbe, S. 826ff.
24 derselbe, S. 849
25 Shmuel Krakowski, op. cit., S. 141f.

Minsk

1 Joseph Tennenbaum: Underground, in: Armed Jewish Resistance, Band 3, S. 312
2 Reuben Ainsztein: Jewish Resistance in Nazi-Occupied Eastern Europe, S. 463f., und Laster Eckman und Chaim Lazar: The Jewish Resistance, in: Armed Jewish Resistance,Band 1, S. 315
3 Laster Eckman und Chaim Lazar, op. cit., S. 314
4 Reuben Ainsztein, op. cit., S. 465f.
5 derselbe, S. 466
6 derselbe, S. 463, S. 464 und S. 467
7 Laster Eckman und Chaim Lazar, op. cit., S. 315
8 Reuben Ainsztein, op. cit., S. 472
9 derselbe, S. 469

10 ebenda
11 ebenda
12 derselbe, S. 470
13 derselbe, S. 471
14 Reuben Ainsztein, op. cit., S. 474, und Laster Eckman und Chaim Lazar, op. cit., S. 318
15 Laster Eckman und Chaim Lazar, op. cit., S. 318f.
16 dieselben, S. 319
17 Reuben Ainsztein, op. cit., S. 464
18 zitiert nach Laster Eckman und Chaim Lazar, op. cit., S. 321
19 zitiert nach: dieselben, S.323ff. (von mir aus dem Englischen übersetzt)
20 Reuben Ainsztein, op. cit., S. 477
21 Laster Eckman und Chaim Lazar, op. cit., S. 322
22 ebenda
23 dieselben, S. 320, und Reuben Ainsztein, op. cit., S. 480f. und S. 482
24 Laster Eckman und Chaim Lazar, op. cit., S. 324ff.; Isaac Kowalski: Interview with Kube's Assassin, in: Armed Jewish Resistance, Band 2, S. 376ff.; Jack Nusan Porter: Jewish Women in the Resistance, in: Armed Jewish Resistance,Band 1, S. 293
25 Reuben Ainsztein, op. cit., S. 483
26 Laster Eckman und Chaim Lazar, op. cit., S. 327f.
27 Reuben Ainsztein, op. cit., S. 483
28 derselbe, S. 483f.
29 derselbe, S. 484

Bei den Partisanen

1 Shalom Cholawski: Soldiers from the Ghetto, San Diego, New York, London 1980, S. 89f.
2 Yitzhak Arad: Ghetto in Flames, S. 450ff., und Reuben Ainsztein: Jewish Resistance in Nazi-Occupied Eastern Europe, S. 309ff.
3 Siehe dazu Reuben Ainsztein, op. cit., S. 279ff.; Yitzhak Arad, op. cit. S. 450ff.; Yitzhak Arad: Introduction , in: Armed Jewish Resistance, Band 1, S. 26ff.; Moshe Kahanowitz: Why no Separate Jewish Partisan Movement was established during World War II, in: Armed Jewish Resistance, Band 3, S. 26ff.; Dov Levin: Fighting Back, S. 179ff.; Shmuel Krakowski: The War of the Doomed, New York/London, 1984
4 Reuben Ainsztein, op. cit., S. 279ff.
5 derselbe, S. 281 und S. 285ff.
6 Siehe dazu Dov Levin, op. cit., S. 179ff.; Vladka Meed: On Both Sides of the Wall, S. 280ff.; Marie Syrkin: Blessed is the Match, S. 242ff.; Shmuel Krakowski, op. cit.; siehe auch Primo Levi: Wann, wenn nicht jetzt, München/Wien, 1986

7 Reuben Ainsztein, op. cit., S. 303ff.; Yitzhak Arad: Introduction, in: Armed Jewish Resistance, Band 1, S. 26ff.
8 Siehe dieselben, ebenda
9 Yitzhak Arad, op. cit.; siehe auch Primo Levi, op. cit., und die Aussagen überlebender FPO-Kämpfer/innen in dem Film von Aviva Kempner und Josh Waletzky: »Partisans of Wilna«, Icarus Films, New York, 1985
10 Jack Nusan Porter: Jewish Women in the Resistance, in Armed Jewish Resistance, Band 1, S. 291f.; Marie Syrkin, op. cit., S. 242ff.
11 Shmuel Krakowski, op. cit., S. 28
12 Jack Nusan Porter, op. cit., S. 292
13 Marie Syrkin, op. cit., S. 247ff.
14 zitiert nach Marie Syrkin, op. cit., S. 251f. (von mir aus dem Englischen übersetzt)
15 V. A. Andreyev: In the Forests of Bryansk, in Armed Jewish Resistance, Band 2, S. 545ff.
16 derselbe, S. 547 (von mir aus dem Englischen übersetzt)
17 Shalom Cholawski, op. cit., S. 96ff.
18 Reuben Ainsztein, op. cit., S. 335
19 Shmuel Krakowski, op. cit., S. 106f., und Dov Levin, op. cit., S. 179ff.; siehe vor allem: Esther Mark: Zofia Jamajka, in: Yuri Suhl: They fought back, S. 77ff.
20 Dov Levin, op. cit., S. 184
21 Siehe dazu Dov Levin, op. cit., S. 184ff.; Yitzhak Arad: Ghetto in Flames, S. 450ff.; Reuben Ainsztein, op. cit., S. 309ff.
22 Siehe dazu dieselben, ebenda; siehe auch die Aussagen überlebender FPO-Kämpfer/innen in Aviva Kempner: »Partisans of Wilna«

Niuta Tejtelbojm

1 Zur Biographie von Niuta Tejtelbojm siehe: Reuben Ainsztein: Jewish Resistance in Nazi-Occupied Eastern Europe, S. 634f.; Bernard Mark: Der Aufstand im Warschauer Ghetto, S. 98ff.; Yuri Suhl: Little Wanda with the Braids, in: Yuri Suhl: They fought back, S. 51ff.; Jack Nusan Porter: Jewish Women in the Resistance, in: Armed Jewish Resistance, Band 1, S. 293f.
2 zitiert nach Yuri Suhl, op. cit., S. 52

Roza Robota

1 Zur Biographie von Roza Robota siehe: Reuben Ainsztein: Jewish Resistance in Nazi-Occupied Eastern Europe, S. 800ff.; Yuri Suhl: Roza Robota – Heroine of the Auschwitz Underground, in: Yuri Suhl: They fought back, S. 219ff.; Jack Nusan Porter: Jewish Women in the Resistance, in: Armed Jewish Resistance, Band 1, S. 294; Hana Wajsblum: Widerstand in Auschwitz, in Dachauer

Hefte 3, Dachau, November 1987, S. 248ff. (das Originaldokument befindet sich unter der Signatur 033/144-3-6 im Archiv von Yad Vashem)
2 zitiert nach Hana Wajsblum, op. cit., S. 251
3 zitiert nach Yuri Suhl, op. cit., S. 222f. (von mir aus dem Englischen übersetzt)
4 Hana Wajsblum, op. cit., S. 252

Der Weg in den bewaffneten Widerstand

1 Arnold Zweig und Hermann Struck: Das ostjüdische Antlitz, Wiesbaden, 1988, S. 111
2 dieselben, S. 130f.
3 Dora Goldkorn: Erinnerungen an den Aufstand im Warschauer Ghetto, in: Im Feuer vergangen, hrsg. von Arnold Zweig, Berlin (DDR), 1960, S. 587
4 Gusta Dawidson-Draengerowa: Tagebuch der Justyna, in: Im Feuer vergangen, op. cit., S. 184
5 Noemi Szac-Wajnkranc: Im Feuer vergangen, in: Im Feuer vergangen, op. cit., S. 531
6 Aviva Kempner und Josh Waletzky: Partisans of Wilna, Icarus Films, New York, 1985
7 ebenda
8 Marie Syrkin: Blessed is the Match, New York, 1947, S. 234 (von mir aus dem Englischen übersetzt)
9 Dora Goldkorn, op. cit., S. 598ff.
10 Noemi Szac-Wajnkranc, op. cit., S. 536
11 Dora Goldkorn, op. cit., S. 588
12 dieselbe, S. 588f.
13 dieselbe, S. 594

Die Frau in der Gesellschaft

Gerda Szepansky

Frauen leisten Widerstand: 1933–1945

Lebensgeschichten nach Interviews und Dokumenten

Frauen erzählen aus ihrem Leben im Widerstand gegen die Nazidiktatur. Da steht die Christin neben der Kommunistin und Sozialdemokratin, die verfolgte Jüdin neben den Frauen, die ihre jüdischen Freunde nicht im Stich lassen. Sie bewähren sich vor der Gestapo, überstehen Gefängnis und KZ durch die Solidarität anderer Frauen. Unterschiedlich von Herkunft, Weltanschauung, Charakter und Temperament, ist ihnen allen eines gemeinsam: der Mut zur Menschlichkeit in einer unmenschlichen Zeit. Die Berliner Autorin Gerda Szepansky hat mit diesen Frauen gesprochen und ihre Lebensgeschichten aufgezeichnet, zur Erinnerung an dieses Kapitel deutscher Geschichte und den Widerstand von Frauen, von dem bisher zu wenig die Rede war.

Band 3741

Fischer Taschenbuch Verlag

fi 16/13